ヴルフェルト・デ・グレーフ

ジャン・カルヴァン
その働きと著作

菊地信光訳

一麦出版社

Johannes Calvijn
Zijn werk en geschriften
by
Wulfert de Greef

tr. by
Nobumitsu Kikuchi

Uitgeverij KOK
© 2006

Ichibaku Shuppansha Publishing Co., Ltd.
Sapporo, Japan
© 2017

Soli Deo Gloria

ジャン・カルヴァン

目　　次

W. ファン・シュパイカー教授の序言　*11*

第二版への序言　*14*

序文　*15*

カルヴァンの働きの略述

1.　カルヴァンの生涯の概観　$\cdots\cdots\cdots\cdots\cdots\cdots\cdots\cdots\cdots\cdots$　*19*

1.1　カルヴァンのジュネーブ到着までの少年・学生時代　*19*

1.2　ジュネーブでの最初の滞在（1536−1538 年）　*31*

1.3　ストラスブルクでの滞在（1538−1541 年）　*34*

1.4　再びジュネーブで　*47*

　1.4.1　都市の立法へのカルヴァンの関与　*48*

　1.4.2　ジュネーブでの衝突　*49*

　　1.4.2.1　破門権についての教会と市参事会との闘争　*50*

　　1.4.2.2　1555 年 5 月 15 日以前のいくつかの衝突　*52*

　　1.4.2.3　神学問題についてのジュネーブでの戦い　*59*

　　　a.　雅歌とキリストの陰府くだりについて　*59*

　　　b.　予定について　*60*

1.5　ジュネーブのアカデミー　*62*

1.6　他の地域とのカルヴァンの関係　*66*

　1.6.1　ベルンとのカルヴァンとジュネーブの関係　*66*

　1.6.2　ヌーシャテルとフランクフルトとのカルヴァンの関係　*72*

　1.6.3　カルヴァンのフランスとの関係　*79*

1.7　カルヴァンの最期　*97*

カルヴァンの著作への手引き

2. 最初の出版物 *107*

2.1 ニコラ・デュシュマンの「反弁証論」への序言 (1531 年) *107*

2.2 セネカの「寛容論」についての註解書 (1532 年) *108*

2.3 ニコラ・コップの学術講演 (1533 年) *III*

3. カルヴァンと聖書 *115*

3.1 聖書の翻訳 *115*

3.2 カルヴァンの註解書 *120*

3.2.1 新約聖書の註解書 *120*
3.2.2 旧約聖書の註解書 *130*

3.3 カルヴァンの講義 (Praelectiones) *135*

3.4 カルヴァンの説教 *139*

3.5 毎週の牧師会 (Congrégations) に対するカルヴァンの貢献 *148*

4. 教会の建設 *171*

4.1 共同体の建設に関する基本的なこと *171*

4.1.1 「ジュネーブにおける礼拝と教会の組織に関する条項」(1537 年) *172*
4.1.1.1 聖晩餐の執行，破門，信仰告白 *172*
4.1.2 「ジュネーブにおける平和の回復のための条項」(1538 年) *176*

4.2 礼拝の典礼上の形成 *176*

4.3 青少年の教育 *182*

4.4 装備 *185*

4.4.1　聖晩餐についてのいくつかの文書　*185*
　　4.4.1.1　「聖晩餐についての小論」(1541 年)　*185*
　　4.4.1.2　「主の晩餐の簡潔・明瞭な要約」(1560 年)　*187*
4.4.2　「フランスにおけるニコデモ派・偽ニコデモ派への文書」　*188*
　　4.4.2.1　「小論文」(1543 年)　*188*
　　4.4.2.2　「ニコデモ派諸氏への弁明」(1544 年)　*189*
　　4.4.2.3　「小論文」(1543 年)と「弁明」(1544 年)に関する通信　*190*
4.4.3　「占星術への警告」(1549 年)　*194*
4.4.4　「躓きについて」(1550 年)　*195*

4.5　「信仰の告白——フランス信仰告白」(1559 年)　*196*

4.6　教会規則と巡察　*198*

4.6.1　「教会規則」(1541 年)　*198*
4.6.2　「巡察のための規程」(1546 年)　*200*
4.6.3　「『教会規則』への補遺」(1547 年)　*201*
4.6.4　「1561 年の教会規則」　*201*

5.　ローマ・カトリック教徒との議論　　　　　　　*213*

5.1　二つの書簡 (1537 年)　*213*

5.1.1　デュシュマンへの手紙　*214*
5.1.2　ルーセルへの手紙　*214*

5.2　ローザンヌの宗教会談 (1536 年)　*215*

5.3　デュ・ティイエとの文通　*215*

5.4　「サドレートへの返答」(1539 年)　*216*

5.5　ハーゲナウ，ヴォルムス，レーゲンスブルクにおける宗教会談　*218*

5.6　悪弊の反駁 (1543 年の「聖遺物について」)　*221*

5.7　ピギウスとの議論　*223*

5.8 ソルボンヌとの議論 (1544 年) *225*

5.9 トリエントの教会会議とアウクスブルクの暫定協定 *226*

6. その他の潮流および人物との議論 ……………… *239*

6.1 再洗礼派・洗礼派との議論 *239*

6.1.1 「魂の眠り」(1542 年および 1545 年) *239*

6.1.2 再洗礼派に対するカルヴァンの「短い教書」(1544 年) *241*

6.2 自由主義者 *242*

6.2.1 「自由主義者の幻想的な分派に反対して」(1545 年) *242*

6.2.2 「コルドリエ某に対する書簡」(1547 年) *245*

6.3 教義上の主題についての議論 *246*

6.3.1 三位一体と予定について *246*

6.3.1.1 カロリとの議論 *246*

6.3.1.2 セルヴェトゥスおよびカステリョとの議論 *249*

6.3.2 反三位一体論者グリバルディ, ゲンティリス, ブランドラタとの議論 *255*

6.3.3 ポーランドのユニテリアン派との議論 *257*

6.3.4 キリスト論についてメノーとの議論 *259*

6.4 ユダヤ人との議論 *259*

7. 一致の追求とそれに続く議論 ……………… *271*

7.1 「聖晩餐についての信仰の告白」(1537 年) *271*

7.2 ブリンガーおよびチューリヒとの一致 (1549 年の「チューリヒ協定」) *272*

7.3 チューリヒ協定についてのルター派ヴェストファルおよびヘスフシィウスとの議論 *279*

8.『綱要』 289

8. 1 『綱要』（1536 年） *289*

8. 2 『綱要』（1539 年） *292*

8. 3 『綱要』（1543 年および 1545 年） *294*

8. 4 『綱要』（1550 年） *294*

8. 5 『綱要』（1559 年） *295*

9. その他の出版物 *303*

9. 1 法律家としてのカルヴァン *303*

9. 1. 1 ド・フュルステンベルクのための弁明書（1539–1540 年） *303*

9. 1. 2 ファレの領主ジャック・ド・ブルゴーニュのための 弁明書（1548 年） *304*

9. 2 教会の財産について（1545 年） *305*

9. 3 カルヴァンによって書かれたいくつかの序文 *306*

9. 3. 1 メランヒトンのロキ・コムーネスのための序文（1546 年） *306*

9. 3. 2 フランセスコ・スピエラについての文書のための序文（1550 年） *307*

9. 4 ガブリエル・ド・サコネへの祝辞（1561 年） *308*

9. 5 ボーデュアンとの議論（1561–1563 年） *308*

10. 手紙 *313*

10. 1 レリオ・ソッツィーニとの文通 *314*

10. 2 ポーランドとの文通 *316*

10. 3 メンソ・ポッピウス宛の手紙 *319*

10.4 モンベリアル伯領の牧師との文通 *319*

10.5 イングランドおよびスコットランドとの文通 *322*

11. 書誌学上のデータ ……………………………………… *331*

略語リスト *347*

文献 *349*

  1. 論ぜられたカルヴァンの著作 *372*

  2. 人名索引 *379*

  3. 地名索引 *388*

  4. 事項索引 *390*

訳者あとがき *393*

W. ファン・シュパイカー教授の序言

　カルヴァン研究の手引きは余計な贅沢というものではない．このジュネーブの宗教改革者は，30年の間に一人の人間が全生涯をかけてやっと研究消化することができる以上のものを著作した．その上，彼が生きた時代は，われわれの時代からはたいへん隔たっており，われわれの世紀の基本的生活感は当時とはまったく異なっているので，それらの間の深い溝に橋をかけることは容易でない．さらにカルヴァンはきわめて多くの文学上のジャンルを用いた人なので，彼の全体像を描く際には，その書いたものと語った言葉の諸要素を考慮することが望ましい．

　もちろん，『キリスト教綱要』はよく知られている．カルヴァンはその形式と内容について熟慮したので，カルヴァンに申し立てたい人たちでさえも，あまりにもわずかしか用いられず知られていないとしても，誰にとっても容易に近づくことのできる第一次資料とみなすことができよう．したがってそれを読む援助の手は必要とされるであろう．

　カルヴァンの註解書は，「綱要」におけるものとは異なった神学者の姿をわれわれに示しているわけではない．しかし，それらが彼に及ぼす光は確かに驚くべきものである．カルヴァンへのこの特別なアプローチは，われわれが「綱要」だけで，カルヴァンの全体を手にしているという錯覚を抱かないためには不可欠である．

　「宗教改革者全集」にある多くの文書は，今日もなおわれわれに語りかけるしかたで宗教改革の論客，護教家，擁護者としての彼について教えてくれる．今日の生活はわれわれにたいへん多くの要求をするのでとうてい十分でないとしてでもある．しかし，こうしたしかたで宗教改革を知るようになる者はそのことで実質的に豊かにされるのである．

　そして次に説教がある．説教におけるカルヴァンは「綱要」，また多くの論文，そして彼の註解書におけるカルヴァンとさえ異なっているといわ

れる．そして，実際カルヴァンが大抵の場合本来の自分自身であったに違いないのは，まさにここであった．つまり，大部分が亡命者で，励ましの言葉を求めている会衆との，目と目でのこの直接的な接触においてである．ここで，彼は牧者として自制した情熱をもって心を動かされている．では，教義学者，釈義家，論客，牧者 —— といった四人のカルヴァンがすべてカルヴァンなのであろうか？　入念な研究によって，神が彼を「突然の回心(subita conversio)」の中でその奉仕へ召されたときに「ドキリタス(docilitas)」へと，すなわち人を訓育されうるものへと回心させられたただ一人の人間だけがいつでもどこでも話題になっているのだ，という認識に至らなかったとすれば，そう考えられるかもしれない．心と悟性が一つとなって，また認識と信頼も一つとなって，そのみ言葉に従って神に仕えようとする一人の生きている人間の姿以外のカルヴァンがいるのだろうか．この一貫性を見るためにはカルヴァンが生きた時代を理解し，その背景に照らして彼が書いたその著作を見なければならない．彼の神学は突然現れたのではなく，先立つ数世紀のそれに密接に関係していた．それがまさに，彼の影響がきわめて遠くにまで，まさしく現在にまで及んでいる理由である．われわれが今日学ばなければならないことは彼によって明らかとなる．すなわち更新とは過去との断絶を表明するに及ばず，また真の宗教改革とは革命にいたるに及ばないということである．

　ヴルフェルト・デ・グレーフはカルヴァンについての多くの文献への案内書として，またカルヴァン自身のペンから生まれた多くの著作への手引きとしてその研究を謙虚に提供している．読者が手にするこの本は魅力的な旅行を予約した旅行者に提供される持ち物の類の本である．それはルートの記述を含み，興味深い問題への注意を呼び起こし，そして，今日でもそこここでわれわれの不意を襲う見解をわれわれに提示しているカルヴァン研究の手引きである —— そうした書物を誰が感謝し歓迎しないであろうか？　これによって宗教改革者に近づくことができるようになる．これによって自分の方法でさらに学びを進めるための十分な経験を積むことができるであろう．つまり，人間が多様な状況の中で「コーラム・デオ(coram

Deo)」，すなわち，神の面前に立っていることを思い起こす必要がある時にカルヴァン自身が信頼できる案内人であることを発見するのである．こうして研究が「ピエタス（pietas, 敬虔）」をも促進する．その点でこの本は真に役立つであろう．

アペルドールン　1988 年 11 月

ヴィレム・ファン・シュパイカー

第二版への序言

　1989 年に『ジャン・カルヴァン —— その働きと著作』の第一版が出版された．その序文でわたしは，この本はカルヴァン研究に携わろうとする者の手助けになるようにとの希望を述べた．そして今，多くの方々にわたしの本が用いられていることに驚いている．カルヴァン研究はこの間にも衰えることなく続けられてきた．刊行された論文や書物がその証拠である．カルヴァンの著作の新しい版や翻訳も出版された．『ジャン・カルヴァン —— その働きと著作』の第二版では 1989 年以後出版されたものを扱い取り入れた．こうしてこの本がカルヴァンとその著作の研究に際して引き続いて有用な手助けとなるよう希望している．

　　　　ロースデン　2005 年 9 月

　　　　　　　　　　ヴルフェルト・デ・グレーフ

序文

　カルヴァンは抜きん出た名声の人，教会史の偉大な人物の一人である．

　しかし彼はどんな人で何を書いたのだろうか？　こうした問いに答えるために，さまざまな書物が書かれてきた．

　しかしながら，カルヴァンについての一層の見通しを得ようとし，とくにその著作に取り組もうとしたときに，わたしは道案内として助けになる本を見つけることができなかった．この本はそうした不足を補う試みである．

　わたしはこの本をカルヴァンの生涯の概観ではじめている．ある人の著作を探求する者は，常にその人物が誰かを知りたいと望むものである．しかし，長い伝記を書くことはわたしの意図ではなかった．したがって，第一章ではカルヴァンの生涯の概観を，ジュネーブへの帰還までに限定した．次に，彼を理解するために重要であると考える 1541-1546 年の期間からいくつかの出来事を前にもってきている．このようなしかたでわたしは彼の生涯の信頼できるスケッチを示せたと思う．

　第一章以降でわたしはカルヴァンの著作の概観を提供しようとしている．これをおこなうのに最適であるのは，主題によってそれを構成することであると思われた．主題の順序は多かれ少なかれカルヴァンの生涯の進行に従った．したがって第二章でカルヴァンの最初の出版物に注意を向けた後，1535 年にカルヴァンがフランス語への聖書翻訳にかかわったので，第三章で「カルヴァンと聖書」を論じた．この章の中でまたわたしは彼の註解書，講義，説教，毎週の聖書討論をも扱っている．

　しかしながら，わたしを導いたのはカルヴァンの生涯の歩みだけではない．多かれ少なかれ，主題の論理的な順序にも従った．「最初の出版物」(第二章)，「カルヴァンと聖書」(第三章) を論じた後に，第四章では教会の建設とそれに関連する問題，第五章では，「ローマ・カトリック教徒との議論」

といった主題に属する出版物を対象とした．第六章ではその他の潮流と人物との議論，そして第七章ではカルヴァンの一致の探求とそれが生んだ議論に分類されるものを扱っている．第八章で「綱要」を，第九章ではそれまで論じられなかったその他の出版物を取り上げている．最後に第十章でカルヴァンの手紙に目をとおし，彼の交信のいくつかを吟味してその重要性を示そうとした．最後の章はいっそうの研究のために重要な文献上の資料を含んでいる．

　一定の主題に関してこの本を調べようとする人は目次と索引で探すのが最良である．というのは，わたしが選択したこの本の編集方針により，一定の主題が必ずしも予想される場所で扱われてないからである．たとえば予定については第6章3節「教義的主題についての議論」で，ただついでに論じられているにすぎない．というのはそれについては第3章5節ですでに選びについて「毎週の聖書討論」との関連で扱わねばならず，また，5章7節でアルベルトゥス・ピギウスと著作，「神の永遠の予定について (De eternal dei praedistinatione)」との議論を取り上げて，予定をそこでも論じねばならなかった．わたしは目次に加えて索引がこの本をとおして道を求めようとしている人々に援助の手を差し伸べることを望んでいる．

　この本はカルヴァンの研究を始めようと願っている人々とすでにそれに携わっている人々，両者のための入門また手引きとして意図されている．どの部分ももっと十分に展開することができるであろう．宗教改革者全集，翻訳，第二次文献への言及がいっそうの手助けになることをわたしは願っている．第二次資料に関する限り，すべてのものを述べることは不可能であった．というのはまったく莫大な量のものがカルヴァンについて書かれてきたからである．したがって，わたしは最新の文献を挙げることに努めた．そして，そこでより古い資料への言及を見ることができるだろう．

　もしこの本がカルヴァンの研究に携わろうとする人の手助けとして役立つなら，それを書いたわたしの目標は達せられることになる．

序文 17

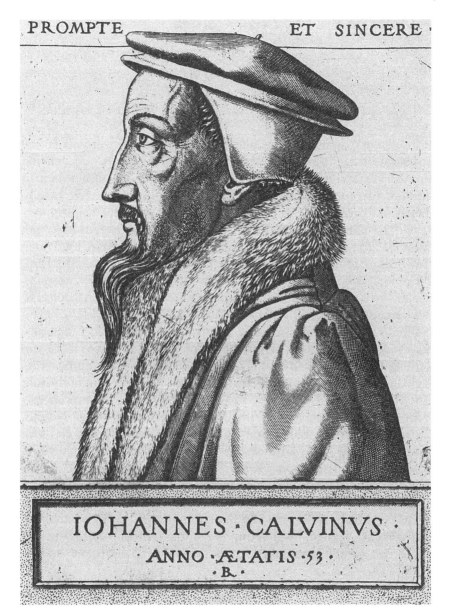

53歳のカルヴァン

1　カルヴァンの生涯の概観

1.1　カルヴァンのジュネーブ到着までの少年・学生時代

ジャン・コーヴァン（Jean Cauvin）（カルヴァンの本来の名前）は 1509 年 7 月 10 日にフランス北部ピカルディー地方の小さな町，ノワイヨン（Noyon）に生まれた．彼の父ジェラール・コーヴァン（Gerard Cauvin）はその近くのポン・レヴェック（Pont-l' Evèque）の出身であったが，1497 年にノワイヨンに移り住んだ．そこで彼は，司教シャルル・ダンジェストと司教座聖堂参事会の多様な管理を職務として仕えた．その後，彼は 1497 年にジャンヌ・ルフラン（Jeanne Lefranc）と結婚した．彼女は敬虔な女性であったが，カルヴァンがまだ若いうちに死去した．カルヴァンは 1543 年の「聖遺物についての論文」の中で，その幼少期の思い出を述べている．彼は母と，聖アンヌ（Anne）の頭蓋骨が祀られていると伝承されているオルカン（Oerscamp）の修道院を訪ねている（CO6, 442）．

妻の死後，カルヴァンの父は再婚をした．カルヴァンの兄，シャルルは司祭になったが，後に異端の告発を受け破門されて 1537 年に亡くなっている．また，カルヴァンには弟が二人いた．一人は後に彼に同行してジュネーブに行き，彼のために多くの事務的仕事をしたアントワーヌである（年長のもう一人のアントワーヌは若くして亡くなっている）．また若年で亡くなったフランソワがいる．カルヴァンには（父の二度めの結婚による）二人の異母姉妹がいた．そのなかでも，マリはよく知られている．彼女は兄アントワーヌと同様に，後に彼に同行してジュネーブへ行った．カルヴァンが通った最初の学校はカペット学寮（College des Capettes）で，ノワイヨンの司教座

聖堂参事会に付属していた男子学校である.

1525 年までノワイヨンの司教であったシャルル・ダンジェストは，貴族の家柄であった．カルヴァンはとくにモンモール卿（Montmor）シャルルの兄弟ルイ・ダンジェストの家族と多くの接触があった．たとえば，カルヴァンはこの一家の子どもたちが受ける教育に従い，また，そこで貴族の作法をも学ぶことにもなった．父は彼のために奨学金〔聖職禄〕を手に入れることに成功し，11 歳の 1521 年 5 月 19 日に与えられた．この奨学金〔聖職禄〕はノワイヨンの司教座聖堂のジェジーヌ（Gesine）の祭壇に仕えるために開設された司祭職の収入の四分の一であった．父は彼が司祭になることを望んだのである．

1523 年 8 月，カルヴァンは（ルイの息子）ヨアキムとイブ・ダンジェストとともに，さらなる勉学のためにパリに向かった[2]．そこではジャン・ヴァリエール（Jean Vallière）がルター派の見解のために 8 月 8 日に処刑されている．1519 年初頭以降，知的エリートたちはバーゼルで印刷されたルターの著作を愛読していたが，この傾向に対し，1521 年 4 月 15 日にパリのソルボンヌの神学部はルターの教えを断罪して教皇レオ 10 世（Leo X）の先例に従ったのである．四か月後，パリの高等法院（Parlement）はルターの著作すべてを禁書とした．

しかし，1523 年頃にはすでに新しい思想がフランスに完全にその姿を現していた．とくに有名なのは，ルフェーブル・デタープル（Lefèvre d'Etaples）（ラテン語名 Faber Stauplensis）の影響であった[3]．彼はサン・ジェルマン・デ・プレの修道院長ギョーム・ブリソンネ（Guillaume Briçonnet）によって 1508 年頃にパリに招かれたのである[4]．ルフェーブルはこの修道院で妨げられずに聖書と教会教父の研究と註解書の執筆に取り組むことができた．彼のまわりには聖書，霊的生活，教会の刷新に関心をもつ若い人々のサークルができた．しかし，ソルボンヌからルター派の同調者との疑いをかけられ，彼は 1521 年にパリを離れなければならず，その弟子とともにモー（Meaux）に退いた．そこでブリソンネが 1515 年 12 月 31 日に司教となった．ルフェーブルのサークルにはブリソンネを除いてとくにギョー

ム・ファレル（Guillaume Farel），ジェラール・ルーセル（Gerard Roussel），ピエール・カロリ（Pierre Caroli），フランソワ・ヴァターブル（François Vatable）が連なっていた．これらの人々の幾人かはブリソンネの司教区で働いた．そこでは司教が共同体の建設に専念していた．このサークルは国王フランソワ1世（Frans I）の姉でアランソン（Alencon）の公爵夫人マルグリット・ダングレームによって支援され，保護されていたのであった．しかし，1523年にソルボンヌはモーのサークルに対して攻撃を始めた．司教ブリソンネは異端として告発され，ルター主義あるいは穏健な変革に傾く人々に対しては抑圧せざるをえなくなる．ルターの教えは断罪され，その書物は禁書になった．次いで，ブリソンネが説教者の自由を制限したので，ファレルは1523年にモーのサークルを離れねばならなかった．さらに，1525年にフランソワ1世が，パビアで1522年にフランスからミラノを争奪したカール5世（Karel V）に敗北してマドリードの監獄に捕らわれていたときに，ブリソンネは一度ならず高等法院に出頭せねばならず，このためにモーのサークルは完全に崩壊した．ルフェーブル，ルーセル，カロリは1525年にストラスブルクへ亡命した．

　カルヴァンはパリでの最初期には，おじのリシャール家に滞在した．しかし，数か月後には，「ド・ラ・マルシェ学寮」（College de La Marche）へと居を移している．そこで人文主義の精神で教育を受けたが，その教育は大学研究に進むための準備であった．教育課程では，まず文法，修辞，論理（いわゆる「三科」）に，その後は算術，幾何，天文，音楽（いわゆる「四科」）に焦点が置かれた．これらの七学科の勉学は学士試験で終了し，合格した者は「教養学士」として大学で神学，法学，医学を学ぶために先に進むことができた．

　「ド・ラ・マルシェ学寮」ではマチュラン・コルディエ（Mathurin Cordier）がラテン語を教えていた[5]．カルヴァンはこの授業にたった数か月しか出席しなかったが，コルディエは彼に深い印象を与えたに違いない．コルディエはその近代的な教授法によって知られていた．彼の見解では，子どもはまず第一にキリストを愛することを教えられるべきであった．カルヴァン

はその授業に感謝して，1550年にテサロニケの信徒への手紙一の註解書をコルディエに献呈している．1559年にはコルディエはジュネーブで新しいアカデミーの教師になる．

　パリにいる間に，カルヴァンは自分の名前をラテン語の語形で Ioannis Calvinus に変えている．これはフランス語で Jean Calvin となる．1523年の末ころ，彼はさらに有名な「モンテーギュ学寮」に移っている．そこはエラスムス（Erasmus）やラブレー（Rabelais）も学んだところである．モンモール家の男子の家庭教師は，カルヴァンの教育にも決定権をもっていたが，この学校の変更にも関わっていた．1514年から1528年までモンテーギュ学寮はピエール・タンペート（Pierre Tempête）によって指導されていた．彼は保守的なスコラ学者ノエル・ベディエ（Noël Bédier（Beda））の後任であった．ベディエはなおこの学寮に密接に関わっていたが，それ以上にソルボンヌでの神学活動の専属として活動していた．この学寮に厳しい精神が支配していたことは，とりわけタンペートにつけられていたあだ名「恐怖の大嵐」からも明らかである．「モンテーギュ学寮」では弁論術が重要な位置を占めており，カルヴァンもそれをそこで学んだ．近代的敬虔（derotio moderna）運動（ゲールト・フローテ（Geert Grote），トマス・ア・ケンピス（Thomas Kempis）と，その著作『キリストにならいて』）がここでも影響力をもっていたが，しかしどの程度までかということは難しい[6]．また，哲学も神学もともに唯名論（nominalilsum）の影響を受けていた．

　「モンテーギュ学寮」では哲学と神学の教育を受けたスコットランド人の学者，ジョン・メア（Mair）が教えていた．しかし彼はマルティン・ルターに対抗し，自分をウィクリフ（Wyclif）やフス（Hus）になぞらえた．カルヴァンへのメアの影響については多くの書に記されているが，カルヴァンが真にメアの教えに従ったかどうかは疑問である[7]．「モンテーギュ学寮」の教師にはスペイン人の哲学者アントニオ・コロネル（Antonio Coronel）もいた．カルヴァンにはアリストテレス（Aristoteles），ストア哲学者，エピクロス（Epicurus），プラトン（Plato）の哲学を教えている[8]．

　このパリでの学生時代に，カルヴァンはコップ家との親交を温めた．父

ギョーム・コップは国王フランソワ1世の侍医であり，そこで人文主義的で改革志向のサークルのさまざまな人々と接触をしていた．彼の4人の息子はカルヴァンの学友である．カルヴァンはしばしばコップ家に行き，彼もこうした人々と接触した．

この後，カルヴァンが「モンテーギュ学寮」で，1528年にパリで学び始めたイグナティウス・ロヨラ（Ignatius van Loyola）に出会ったかどうかははっきりしない．1527年9月27日にカルヴァンは二度めの奨学金——サン・マルタン・ド・マルテヴィル（Saint-Martin-de-Martheville）——ノワイヨンから遠くない小さな村の司牧職からの収益を受け取った．しかし，父は，1527年に実務問題に関してノワイヨンの司教座聖堂参事会との争いに巻き込まれている．そのため，彼に神学でなく法律の勉学をするように勧めている．この勧告の理由は，息子が今や奨学金なしで勉学しなければならないかもしれないという心配と，もし彼が法律を学んだなら将来の可能性が広げられるという期待の両方であったに違いない（詩編の註解書の序文——CO31, 22をも参照）．

カルヴァンはパリではカノン法しか学ぶことができなかったので，1527年末か1528年のはじめにオルレアンへと移った．そこでは有名な法学者ピエール・ド・レトワール（Pierre de L' Estoile）が講義をしていた．ド・レトワールの学識はカルヴァンに大きな感銘を与えた．また，ルターによって影響を受けギリシア語を教えていたメルキヨール・ヴォルマール（Melchior Wolmar）にもオルレアンで出会った．ヴォルマールは法律を学ぶというカルヴァンの決心の後に，彼にギリシア語を学ぶように勧めた．カルヴァンはオルレアンに滞在していたとき，そこでまたピエール・ロベール（オリヴェタン［Olivetanus］）と出会ったと思われる．彼はパリで学んでいた遠い親類である．ベザは（CO21, 121），オリヴェタンはカルヴァンに真の宗教を教えた一人に違いないと言っている．これによって彼が聖書を読み，ローマの旧弊の信仰から回心することになったと．この時期をとおして，カルヴァンの友人として他にフランソワ・ダニエル（François Daniel），フランソワ・ド・コナン（François de Connan），ニコラ・デュシュマン（Nicolas Duchemin）がいた．

アングレームのマルグリット

　1529年の夏にカルヴァンは大学を変えた．オルレアンでいっそう正統的で伝統的なド・レトワールの講義の受講を継続せず，彼は友人のフランソワ・ダニエルとニコラ・デュシュマンと一緒にブールジュ (Bourges) へ行った．その理由は有名なイタリア人の法学者で人文主義者の歴史学派の創始者アンドレア・アルチャティ (Andrea Alciati) がそこで講義していたからである．アルチャティはそこにアングレームのマルグリットによって呼び寄せられたのだった．彼女は1527年の二度めの結婚によってナバラの女王となり，そしてベリー (Berry) の公爵夫人としてブールジュの大学の保護者でもあった．1530年にはヴォルマールもマルグリットの招きでブールジュにやって来て，彼と共にまだとても若かったベザがやって来た．カルヴァンは間違いなくヴォルマールの家でベザと知り合ったことであろう．

　この時期における重要な出来事として，ソルボンヌの「学部の決定」が1530年4月30日にパリで出版されたことがあげられる．この文書の中では，1530年にフランソワ1世によって創設された王立学院の教師が，聖書の解釈について聖書本文の学術的釈義を擁護した点で攻撃されていた．

「王立学院」の院長は，国王司書で人文主義の学者として傑出していたギョーム・ビュデであった[10]．国王にこの学寮を創設するようしきりに勧めたのは彼である．この学寮の教師としては他にとりわけピエール・ダネス（Pierre Danès（ギリシア語））とフランソワ・ヴァターブル（ヘブライ語）がいた．ソルボンヌはこの教師らにルター主義の疑いをかけたのである．

　1531 年 3 月，カルヴァンはパリに戻り，ニコラ・デュシュマンの著作『反弁証論』を持って帰り，それを印刷した．1531 年 3 月 6 日にカルヴァンはこの本への序文を執筆した．彼の最初の出版物である（2 章 1 節を参照せよ）．彼はパリにいる間に，父が重体であるとの知らせを受け，すぐにノワイヨンへと赴いた．彼の父は 1531 年 5 月 26 日に死去した．このとき，カルヴァンの兄弟シャルル（Charles）が父の教会葬のために司教座聖堂参事会と議論をしている．父は二年前に教会に破門されていたのだった．

　カルヴァンはオルレアン経由でパリに帰った．1530 年に創設されたコレージュ・ロワイヤル（これは後にコレージュ・ド・フランスと呼ばれる）でさらに言語を深く学ぶためであった．そこでは人文主義の学問と聖書の信仰とを結びつけようとする試みがされていた．おそらくカルヴァンがヘブライ語を学び始めたのはこの時期であっただろう．パリでは，彼はコップ家との知遇を新たにする機会を得，また基本的に改革に共感していた裕福な毛織物商人，エティエンヌ・ド・ラ・フォルジュ家を訪問した．継続している迫害のため，説教者ジェラール・ルーセル（Gerard Roussel）の指導のもとで，類似した考えをもつ秘密の集会がこの家でもたれていた．パリのいくつかの家庭に滞在した後に，カルヴァンは最終的にフォルテ学寮の宿舎に居を定めた．

　1532 年 4 月 4 日にカルヴァンは最初の学問的な著作，ローマの哲学者セネカによって書かれた『寛容論』の註解書を出版した（2 章 2 節参照）．1532 年 5 月に彼はオルレアンに戻り，そこで少なくとも一年を過ごし，法律の学科を終了した．

　現存するカルヴァンの最古の自筆の手紙から，それは 1533 年 10 月 24 日の直後にフランソワ・ダニエル宛にパリで書かれたものだが（CO, 10b

25-26; EpI, 12)，いくつかの重要な出来事がこの最後の月に起こったことが窺われる．1533 年 10 月 1 日，「ナヴァル学寮」の学生が舞台劇を上演した．その中ではアングレームのマルグリットと宮廷説教者ルーセルが笑いものにされていた．加えてソルボンヌの神学部はマルグリットの『罪深い魂の鏡』を禁書目録に入れた．マルグリットはその後，兄弟のフランソワ 1 世に検閲について訴える．そのため，フランソワ 1 世はこの問題についての調査を命じた．ギョーム・コップの息子で 1533 年 10 月 10 日以来，大学の総長であったニコラ・コップは，検閲は無効であると大学に宣言することに成功した．これらの出来事について注目に値するのは，カルヴァンが報告した内容から，彼が常にマルグリット，ルーセル，コップの味方であることがわかることである．

1533 年 11 月 1 日（諸聖徒日）に新年度の開始にあたって，教授と教会の高官の前でニコラ・コップはパリ大学総長就任の辛辣な講演をおこなった．その中で，彼はキリスト教の哲学と律法と福音の関係について語っている（2 章 3 節参照）．これを受けて，コップはパリの高等法院に告訴された．しかし，弁明のために召還される前に，彼はこの都市を脱出する．国王フランソワ 1 世は「この呪われたルター派の分派」を迫害する決心をする．カルヴァンも本と手紙等々を後に残して，判事が彼を逮捕する前に都市を秘かに離れる．彼はパリの付近に滞在してこの都市にもう一度戻り，その後 1533 年末から 1534 年初めのころにフランス南部のサントンジュ（Saintonge）地方へ向かった．シャルル・デプヴィル（Charles d'Espeville）という仮名を名乗って，かなりの期間クレ（Claix）の司祭でアングレームの司教座聖堂参事会員のルイ・デュ・ティイエの家に滞在した．ここで彼は平穏にその特別に大きな書斎を使用して研究し，『綱要』の初版の執筆に取り組むことができたのである．

おそらく 1533 年に，詩編の註解書への序文で書いているように，突然の予期しない回心がカルヴァンに起こったようである[11]．しかしそれは確かではない．カルヴァンは上記の序文の中でたいへん強く教皇制の迷信に浸っていたと言っている．しかし，予期しない回心によって神は彼を「教

えることのできるもの」（docilitas）へと駆り立てた．この言葉は聖書に聴く準備ができていることと関係している．彼は後にコリントの信徒への手紙一14章31節の註解書で「誰も，自分が教えられうるもの（docilis）であり，そして常に学ぶ備えをしていることを示さないなら，決して良い教師（doctor）になることはないであろう」と記している．

1534年4月にカルヴァンは80歳のルフェーブルを訪問するためにネラック（Nerac）へおもむいた．ルフェーブルはアングレームのマルグリットに属するネラックの城でその最後の日々を過ごしていた（彼は1536年に死去した）．マルグリットはアンリとの二度めの結婚以来，ナバラの女王にもなっていた．カルヴァンはまたクレラック（Clairac）の修道院で生活していた宮廷説教者ジェラール・ルーセルを訪問した．

1534年5月にカルヴァンは，いくつかの教会の奨学金から受けていた自身の収入を辞退した．この辞退は，25歳の時点で教会の奉仕に正式に入るか，あるいはその奨学金を放棄するかを決める慣例によるものである．カルヴァンはパリの付近に滞在するという危険を冒してその都市のエティエンヌ・ド・ラ・フォルジュのサークルを訪問した．そこで彼はおそらくフランドルの説教者で著名な洗礼派のカンタン・ティエリー（Quintin Thierry）に出会っている．しかし，パリで医学を学んでおり，カルヴァンとの接触を求めていたミカエル・セルヴェトゥス（Michael Servetus）との約束は果たされなかった．というのもセルヴェトゥスが顔を見せなかったからである（ニコラ・コラドン（Nicolas Colladon）がそのように述べている CO21, 57; CO8, 481 をも参照）．

カルヴァンはデュ・ティイエとともにクレを経由してポワチエの支持者のところに行き，そしてその都市のほか，サン・ベノワの洞穴で説教をした．また，クロテル（Crotelles）の小さな村では聖晩餐が新しい形式で祝われた．1555年2月20日にカルヴァンがポワチエの集会に宛てた手紙の中で，「あなたがたの救いのためにわれわれの努力を用いることは神に喜ばれたので，あなたがたがわれわれから受けた幾分かの」教えを，彼らに思い起こさせている（CO15, 437）．ポワチエを去って，カルヴァンは

ルネ・ド・フランス

デュ・ティイエとともに次にオルレアンへ行った．そこで彼は「魂の眠り (*Psychopannychia*)」を書いた (6.1.1 参照).

1534年10月17-18日の夜の間に，侮辱的な内容で聖体に反対する貼り紙がパリ中に（国王の寝室のドアにさえ），そして国のいたるところに貼り出された（「プラカード事件（affaire de placards・檄文事件）」）．この原稿の起草者はアントワーヌ・マルクール（Antoine Marcourt）であった．彼はリヨンから余儀なく退去した後にヌーシャテルの牧師になっている[13]．

国王は人文主義者，ギョーム・ビュデによって強く促されて，取り締まりを進めた．フランスにおける状況はますます危険になっていった．11月には数百名が逮捕され，続く数か月に多数が処刑された（その中にはエティエンヌ・ド・ラ・フォルジュ家の者がいる）．カルヴァンはデュ・ティイエと一緒にストラスブルクを経由してバーゼルへ行った[14]．

カルヴァンはバーゼルではマルティアヌス・ルキアヌス（Martianus Lucianus）という仮名で滞在した．最も重要な友人になったのは，1531年に，バーゼルの宗教改革者，ヨハンネス・エコランパディウス（Johannes

1 カルヴァンの生涯の概観　29

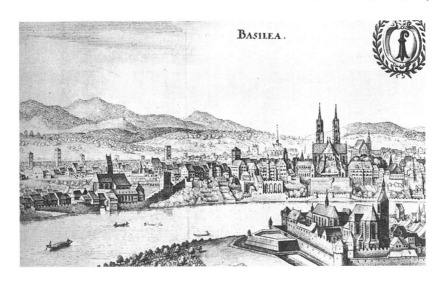

1493年のバーゼル

Oecolampadius) の後任となったオズヴァルト・ミュコニウス (Oswald Myconius) とストラスブルクの牧師, ヴォルフガング・カピト (Wolfgang Capito) であった. カルヴァンはまたバーゼルでギリシア語を教えていたジーモン・グリュナエウス (Simon Grynaeus) や, ベザによれば (CO10b, 124) カルヴァンが講義に出席したヘブライ語学者セバスティアン・ミュンスター (Sebastian Münster) と接触し, そして法律家ボニファキウス・アーメルバッハ (Bonifacius Amerbach) とも出会っている.

　バーゼルでの滞在期間に, カルヴァンは, 一年前にそこに到着していたニコラ・コップと再度接触した. 彼はまたジュネーブでの後の同僚, ピエール・ヴィレと知り合いとなった. また1536年2月にはチューリヒのツヴィングリの後継者で, さまざまなプロテスタントの都市からの派遣者の会議に参加していたブリンガーと知り合った. 一方, 1535年に6月にバーゼルに定住したが, 1536年7月12日に死去したエラスムスとカルヴァンが出会ったかどうかは知られていない.

　1535年6月4日に, オリヴェタンのフランス語訳聖書が出版された.

そのラテン語の序文はカルヴァンの手になり，新約聖書には第二序文がその前にあり 1545 年以後はカルヴァンの著作とされている．彼はこの聖書翻訳の改訂でも協力した（3.1 参照）．この時期にカルヴァンはクリュソストモス（Chrysostomus）の説教の出版のための序文も書いている（第3章のはじめ参照）．

また彼は『キリスト教綱要（Christianae religionis institutio)』の出版にさらに取り組み，これを 1535 年に完成させている．『綱要』の序文は 8 月 23 日の日付で国王フランソワ 1 世に向けられている．『綱要』の初版（ラテン語）は 1536 年 3 月にバーゼルで出版され，直ちに売り切れた（『綱要』について詳細は第 8 章参照）．

1536 年 2 月，『綱要』の出版の直前にカルヴァンは以前の仮名，シャル ル・デプヴィルを用いてルイ・デュ・ティイエとともにイタリアへ向かった．彼は，フランス国王ルイ 12 世（Lodewijk XII）の娘で，国王フランソワ 1 世の義姉妹でもある，改革志向の公爵夫人・ルネの宮廷で，同志とともにフェララに数週間滞在した．1527 年に彼女はフェララの公爵，エルキュール・デステ（Hercule d'Este）と結婚をしている[15]．

フェララで，カルヴァンはフランスからの福音主義の亡命者と出会ったが，その中にはフランスの詩人，クレマン・マロ（Clement Marot）がいた．彼はまたフランスの友人に手紙を書いた．その二つが 1537 年にバーゼルで出版された．この手紙の最初のものは，ル・マン（Le Mans）の司教区で教会の職を得ていたデュシュマン（Duchemin）宛に書かれている．第二のものは，オロロン（Oloron）の司教区で司教の任命を受けたジェラール・ルーセルに宛てられていた（5.1 参照）．カルヴァンがなおフェララに滞在している間に，ローマ・カトリック教徒エルキュール・デステ公はカール 5 世から，教皇の指示によって宿泊者が宮廷から去ることを求めるように強いられた．

カルヴァンとデュ・ティイエはアオスタ（Aosta）を経てバーゼルへ戻った．しかしカルヴァンは直ちにフランスに向かって出発した．そこでは一時的な大赦が発布された（亡命者は戻ることが許され，異端を放棄するために 6 か月の

期間が与えられた）．パリでは彼は友人のところに立ち寄り，これを最後に
フランスを離れるために一連の用件を整理した．兄弟アントワーヌと，異
母姉妹マリーは彼に同伴した．その計画は，まったく静かにいっそう勉学
に励むためにストラスブルクへ行くことであった．しかしフランソワ1世
とカール5世との間で戦争が勃発した．カルヴァンは移動する軍隊によっ
てその道が塞がれているのを見て，ジュネーブへと迂回せねばならなかっ
た．そのためジュネーブでは一夜泊りの予定にしていたのである．

1.2　ジュネーブでの最初の滞在(1536–1538年)

　1536年のジュネーブはおよそ人口一万人の都市であった[16]．ジュネーブ
は1526年にサヴォワ公国から独立し，いわゆる「相互市民 (combourgeoisie)」
としてベルンやフリブール諸州と同盟した[17]．これはその一つが苦境にある
ときには，いつでもその他のものが援助することを意味していた．ジュネー
ブの司教，ピエール・ド・ラ・ボーム (Pierre de La Baume) はサヴォワの援
助に大きく依存しており，そのためにジュネーブにおけるサヴォワ公の権
力を再び確立することに努めた．他方1528年以来，宗教改革へと移って
いたベルンの主導権のもとファレルは援助者を得て，1532年10月以降ジュ
ネーブにも宗教改革を導入しようと努めた．ベルンの援助で，ジュネーブ
はこの数年の間にサヴォワ公とその司教から完全に解放されていった．そ
のためこの司教が支持したローマ・カトリックのフリブールとの同盟は無
に帰した．またジュネーブは，1536年8月7日にベルンと結んだ協定で
永久に自由都市に留まり，ベルンの同意なしに他の都市とは同盟しないこ
とを誓約せねばならないとしても，その独立を守ることに成功した．その
直前の1536年5月21日に，全住民がファレルの指導のもとで宣誓して
宗教改革を選んだ．
　カルヴァンが1536年の夏にジュネーブに立ち寄ったときに，デュ・ティ
イエの目に留まった．1534年に正式にそこで牧師になっていたファレル

16 世紀のジュネーブ

　もそのことを聞き知ってジュネーブに留まって，都市のいっそうの宗教改革に協力するようにカルヴァンに懇請した．カルヴァンはこれを拒否できなかった．彼は後にこのことについて，詩編の註解書の序文（*CO*31, 26 参照）で以下のように書いている．「ギョーム・ファレル師はあたかも神が天からその手をわたしの上に伸べて，わたしに留まるように，助言や勧告というよりむしろ恐ろしい呪いをもって，わたしをジュネーブに引き止めた」[19]．

　カルヴァンはいくつかの案件を整理するためにバーゼルへ行き，いずれにせよ 1536 年 9 月 5 日以前にジュネーブのサン・ピエール（Saint Pierre）でパウロの書簡の釈義をして講師（聖書の教師 sacrarum literarum doctor）としての職務に就いた．

　10 月にファレルとヴィレはカルヴァンを連れてローザンヌの公開の宗教会議へ行った．カルヴァンはそこで教会教父についての知識によって注目された．（5.2 参照）．ジュネーブに戻る前に，彼はベルンにおける教会会議をも経験した．そこではほぼ 300 名のスイスの牧師が「ヴィッテンベルクの和約」と「第一スイス信仰告白すなわち第二バーゼル信仰告白」，つまり 1536 年にバーゼルで起草され，そしてツヴィングリとエコランパディウスの影響が認められる信仰告白について審議していた．一致に強く

1 カルヴァンの生涯の概観 33

ファレル

向かっていたブツァー (Martin Bucer) とカピトは，ヴィッテンベルクの和約を解説していた．この教会会議へのカルヴァンの寄与が何であったのかは明らかでない．

しかし，ブツァーも (CO10b, 67-68; Ep. I, 27)，カピトも (CO10b, 75; Ep I, 30) 11 月 1 日と 12 月 1 日に各々彼に手紙を書いている．そこからは，彼らがカルヴァンにもっと多くを期待したことがみられる．ブツァーはとくにドイツ人とスイス人を聖晩餐において互いを譲歩させる目的で，スイス人との協議会をめざしていた．

カルヴァンは 1537 年以前にもジュネーブで牧師として仕事をしている．1537 年 1 月 13 日にファレル，カルヴァン，クロー (Corauld) の牧師たちは市参事会に一連の条項を提出した．その中で彼らはジュネーブの教会のいっそうの宗教改革を進める上で重要な意味をもつ問題点を述べた (4.1.1 を参照のこと)．

この条項の受容の結果，都市の住民おのおのが教会に対してどのような関係にあるのかが，明らかにならざるをえなかった．信仰告白 ──「信仰の手引きと信仰の告白」(4.1.1 参照) ── が都市の住民に提示された．

ストラスブルク

しかし，それに対する賛成の表明は順調には進まなかった．また不穏を惹き起こす洗礼派もいた．1538年1月に牧師たちが信仰告白にまだ賛成しない人々を聖晩餐の祝いから排除しようとしたとき，市参事会は彼らにそれを禁じた．緊張は，市参事会がベルンの要請でジュネーブへベルンのいくつかの教会の慣習（51, 52頁参照）を導入しようとしたことで高まる．牧師たちはこれ以上順応しようとしなかったので，市参事会は1538年4月23日，牧師たちに3日以内に都市を離れるよう決定した[20]．カルヴァンとファレルは，ベルンとチューリヒを通ってバーゼルに向かうことにした．

1.3　ストラスブルクでの滞在(1538-1541年)

バーゼルに2, 3週間滞在した後に，ファレルはヌーシャテルへ移り，彼はそこで牧師になった．カルヴァンはバーゼルでその勉学に専念しよう

1　カルヴァンの生涯の概観　35

ブツァー

とし,『綱要』のラテン語の第2版の出版の用意をした. しかし1538年の9月上旬にブツァーとカピトが, 彼にストラスブルクに来るようにくり返し促した[20]. カルヴァンは, とくにブツァーの強い求めについに受け入れざるをえなかった (詩編の註解書の序文——CO31, 26-27 参照). 彼は4,500人のフランスからの亡命者で形成されたばかりの集会の牧師になった. こうした職務の中で, カルヴァンは礼拝式の典礼的な形成を熟考せねばならなかったのである (4.2参照). そして, 1539年に彼はギムナジウムの教師にもなり新約聖書の釈義をした.

　ストラスブルクでの滞在の間に, いくつかの重要な出版物が彼のもとから出版された. 1539年には,『綱要』のラテン語の第2版を出版した. これは1536年版の3倍の長さであった (8.2参照). 1540年にはローマの信徒への手紙についての註解書が出版された. これは彼の註解書の最初のものである (3.2.1参照). さらに, 続けて年を追うごとに多くの註解書が刊行された. ある人々の要望で, カルヴァンはストラスブルク時代に一般の教

会員のために聖晩餐の意味の要点を説明した文書も書いている．それがすなわち『聖晩餐について小論文』で，1541 年にジュネーブで出版された（4. 4. 1 参照）．

ストラスブルクに滞在するのとほとんど同時に，カルヴァンは，長く交流のあった仲間たちのいくつかの特別な出来事に対処せねばならなかった．まず，1538 年 10 月上旬に彼はクローの死を知った．クローはジュネーブからの追放の後，オルブ（Orbe）の牧師になっていた．彼はまた，甥のオリヴェタヌスがイタリアで死に，彼に多くの書物を遺贈していたことを知った．すでに 1537 年にジュネーブを去っていたルイ・デュ・ティイエがフランスでローマ・カトリック教会に戻ってしまったことも，彼にはたいへんショックだった（デュ・ティイエとの文通に関しては 5. 3 参照）．

加えてカルヴァンは，1539 年 9 月，10 月には，ストラスブルクで牧師の職に就こうとするカロリ（Pierre Caoli）の試みに関わった（6. 3. 1. 1 参照）．

ストラスブルク時代の間に，カルヴァンはその特別の性格から，これまでに紹介したような多くの人々との交流があった．ベザによれば，長い論争の後，1537 年 1 月 13 日に牧師の職務から解任されたパウル・フォルツ（Paul Volz）[22]の復帰のためにカルヴァンは大きな役割を果たしたという．彼は市参事会によって要求されたヴィッテンベルクの和約に署名することを拒否したのだった．1539 年 7 月に，フォルツはその誤り（——シュヴェンクフェルト（Schwenckfeld）によって影響された——聖晩餐についてと幼児洗礼についての逸脱した見解）を公に撤回し，その後復職した．

ジャン・ストルドゥール（Jean Stordeur）はカルヴァンの影響でその妻と二人の子ども，男と女の子と一緒にストラスブルクの集会に加わった洗礼派で，1540 年の春にペストで死亡した．1540 年 8 月 6 日にカルヴァンは彼の未亡人，イドレット・ド・ビュール（Idelette de Bure）と結婚した．すでに 1539 年 5 月 9 日にカルヴァンはファレルに結婚について考えていると手紙（CO10b, 348 参照）に書いている．そして数回はほぼうまくいった．しかし，さまざまな理由で，それは実を結ばなかった．カルヴァンとイドレットの結婚はストラスブルクで行われたが，ほぼ間違いなくファレルに

よる礼拝の中で執行された.

カルヴァンとイドレットの結婚から 1542 年 7 月 28 日に息子が生まれ,ジャックと名付けられたが,早産のためにすぐ亡くなった(ヴィレ宛の 8 月19 日のカルヴァンの手紙——CO13, 430 参照).イドレット自身も 1549 年 3 月29 日に死んだ.カルヴァンは 4 月 7 日に,とくにその妻についてヴィレに「彼女は生きているあいだ,彼女はわたしが職務を果たすときの忠実な助け手であった.彼女によってわたしは少しも邪魔されたことがなかった」と,手紙で書いている(CO13, 230-231).彼はファレルへの手紙で彼女の死について語っている(4 月 2 日付——CO13, 228-229).彼女はその死の床で(彼女の最初の結婚での)子どもたちについて何も言わなかったので,カルヴァンは彼らが自分自身の子であるかのように世話をするつもりだと他の人の前で彼女に語った,すると彼女は,すでに彼らを主にお委ねしましたと答えた.カルヴァンが自分の側でできることをするのに何の妨げもないと言ったとき,彼女は,もし彼らが主を心に留めているなら,彼らもあなたにお委ねしたでしょう,と承知した.1557 年にカルヴァンは彼の継娘のユディット(Judith)が姦通の罪を犯したことが発覚したときに,いたく恥じ入ることになった.

カルヴァンはストラスブルクで 1539 年にボヘミア兄弟団とも接触した.その一人,マッティアス・ケルヴェンカ(Mattias Cervenca)は,しばらくの間ブツァーの家に滞在した.そこでカルヴァンはケルヴェンカと知り合いになり,会話の中でボヘミア兄弟団について情報を得た.彼はそのとき,兄弟団が自分の著作物を知っていたことを聞いた.ストラスブルクではカルヴァンはまた南ドイツ出身の伯爵ギョーム・ド・フュルステンベルク(Guillaume de Fürstenberg)という人にも出会った.彼のためにカルヴァンはいくつかの弁明書を起草した(9. 1. 1 参照).

カルヴァンがストラスブルク以外で確立することのできた交流も彼にとっては大きな意味をもっていた.1539 年に彼はみずから進んでシュトゥルム(Joh. Sturm)とともにフランクフルトへ行った.そこでカール 5 世は脅威となるトルコとの戦いでドイツのプロテスタント諸侯の支持を得よう

と，交渉をとおして努力していた．彼は同時にプロテスタント諸侯がフランソワ1世と連合することを防ごうとした．軍事的支援についての協議の間に，諸侯は皇帝にその神学的・教会的な問題を審議させることに成功した．カール5世は，宗教会談を催してその結果を帝国議会に提出し，こうしてドイツで教会の改革が進むようにと公布した．[23]

フランクフルトでカルヴァンは，フランスで迫害されているプロテスタントへの支援を求めた．彼はまたメランヒトン（Melanchthon）と宗教と教会の問題についての話し合いを要請した．カルヴァンが起草し，1538年10月にブツァーがヴィッテンベルクに行った時に渡された聖晩餐に関する十二箇条が，その会談の中で話題になった（関連する手紙は失われている）．メランヒトンはこの条項に同意したが，しかし，カルヴァンは聖晩餐におけるキリストの現臨について「いっそう粗野に」考えるルター派がいることを指摘し，結局，その条項はヴィッテンベルクとチューリヒを一致させる試みにふさわしいものではないと考えられた．カルヴァンはまたメランヒトンと福音主義の訓練の必要，多くのルター派の儀式，その中でも教会における偶像についてさらに話し合った．カール5世がフランクフルトで取り上げ，約束した宗教会談は1540年6月にハーゲナウで始まった．カルヴァンはその折に出席しそれに続くレーゲンスブルクとヴォルムスにおける会談にも参加した．この会談の間の出来事とカルヴァンがこれらとの関連で出版したものについては5.5の参照を指示する．

最後に，カルヴァンのストラスブルク時代におけるジュネーブとの接触を述べよう．彼はこの期間をとおしてジュネーブについてすっかり忘れてしまうことはなかった．1538年10月1日にカルヴァンは「ジュネーブの教会の離散の後に残された主にある愛する兄弟」に手紙を書いている（CO 10b, 251-255）．その中でカルヴァンは彼らに置かれている困難な状況の中でのその任務を思い起こさせている．他の人々から彼らに加えられる困難は，その道具として人々を用いるサタンからのものである．彼らは悪に対しては悪で報いてはならず，神の前に謙虚にならねばならない．その懲罰が彼らの救いに役立つということに慰めを見出し，そして彼らの信頼の

すべてを神に置くように，と．

　1538 年 10 月 24 日のファレル宛の手紙では (10b, 273-276) カルヴァンは，
混乱に満ちているジュネーブの状況にふれている．ファレルとカルヴァン
の弟子はファレルの名に従って「ギョーム派 (Guillermins)」と呼ばれた．
これには，とりわけペラン（市参事会員），ソニエ（Saunier）(1536 年 5 月に創
立されたド・リーヴ学寮の校長)，コルディエ (1537 年以来同じ学寮に関係してい
た) が属していた．彼らは新しい牧師たちを認めず（立ち去らなかったド・ラ・
マールに加えて，これらの牧師たちは，ジャック・ベルナール，ジャン・モラン，そ
してアントワーヌ・マルクールであった），彼らは聖晩餐に参加すべきかどうか
問うていた．

　カルヴァンは，キリスト教徒は教会分裂について大きな嫌悪感をもたね
ばならないから，常に可能な限りそうしたことから遠ざかっていなければ
ならない，と答えている．御言葉とサクラメントの務めは，きわめて畏敬
に値し，この両者が存在するところに教会が存在する．新しい牧師たちが，
その職務を得た方法について非難すべきことがあれこれあったにしても，
聖晩餐の交わりを避けるべきでない．説教がまったく純粋でないという事
実も，その参加の障害とはならない．初期の無知の痕跡のない教会はほと
んど存在しないのだから，とカルヴァンは言っている．

　聖晩餐の祝いはジュネーブではベルンの慣習と一致してクリスマスに祝
われていたため，ソニエとその仲間は参加することを拒否した．その結果，
ソニエ，コルディエおよび多くのその他の人々が都市から追放された．し
かし，ジュネーブの牧師たちは，その上，教会と当局の関係，訓練等々の
問題について彼らの考えで起こった混乱に自ら対処できず，1538 年 12 月
31 日に市参事会に自らの解職を求めた．

　ベルンの牧師たちがジュネーブの教会の悲惨な状態について心配するよ
うになり，その指導のもとで 1539 年 3 月 12 日にモルジュ（Morges）で協
議会がもたれた．そこにはファレル，ジュネーブの牧師のほかに，周囲の
教会からの派遣者が参加した．ジュネーブの牧師は，自分たちがジュネー
ブでその職務に就任する以前に追放された牧師に助言を求めねばならな

い，と表明した後に相互の和解にいたった．彼らはまた見過ごされてきた多くの問題に全力を尽くすことを約束した[24]．協議会の報告はストラスブルクのカルヴァンに送られた．彼は，主におけるもっと大きな一致を望んだのであるが，ともかく分裂の病が終わったことを喜んだ．こうして回復が始まったのである．

ローマ・カトリック教徒の側では，その間にカルヴァンとファレルの追放後のジュネーブの困難な状況を利用しようとしていた．カルパントラの司教，枢機卿サドレートがジュネーブへ手紙を書いたが，それは最終的にカルヴァンによって答えられることとなる（5.4参照）．

ベルンとの関係もいくつかの問題が起きたが，これはファレルとカルヴァンの支持者の不利にはならなかった．1539年6月にジュネーブの市参事会はベルンの市参事会から手紙を受け取った．そこにはこの参事会がジュネーブの派遣者と結んだ協定の写しが付されていた．その目的はジュネーブの市参事会がこの協定を承認することであった．しかしながら，それには問題があった．というのはこの協定の二十一箇条はジュネーブにとってきわめて不利だったからである．この問題では，以前ジュネーブの司教座聖堂参事会に属していた領地に対してベルンがなしうる明確な規定が問題であった．ベルンとジュネーブ間の1536年の協定では，それについて何の規定もなかった．ジュネーブの市参事会は関与した交渉者を背信の罪で告発した．彼らに同意した市参事会の人々（彼らはこのときにもカルヴァンと同僚の追放に関係していた）は「箇条派（articulants あるいは artichauds）」とよばれたが，これは売国奴と同義であった．他の党派，「ギョーム派」（そのギョーム・ファレルへの支持のためそうよばれた）の影響が増大してきた．

6月25日にカルヴァンはジュネーブの彼の支持者に手紙を書いて（CO10b, 351-55），真の一致がないジュネーブの状態を述べた．彼は牧師と集会の間を一致という正しい道へと連れ戻そうとした．

彼は教会員と職務の担い手，両者の責任を主張した．彼は真の羊飼いが貪欲なオオカミと区別されるように，牧師に関して批判する権利を教会員から奪わない．教会員は，牧師もその召命に従うように監視しなければな

らない．しかしジュネーブに関する限り，カルヴァンは自分の支持者にジュネーブで働いている牧師を認めるようによびかけている．というのは，彼らがキリスト教の信仰の最も重要な条項（救いのために必要なことが述べられている条項）を忠実に説教し，サクラメントを施しているからである[25]．

1540年3月29日にカルヴァンはファレルへの手紙で（*CO*11, 30-31），ジュネーブで多くの問題が起こったので，まったく長い間，ファレルからの便りを待っていたと明かしている．2月に「箇条派」と「ギョーム派」が互いに和解した．そしてカルヴァン自身，ジュネーブからもほかの人々が，彼の帰還を実現させるかもしれない，と聞き知っていた．しかし彼は，そこで一日に千回命を失う（ジュネーブにある）あの十字架とは別のしかたで百回死ぬほうがましだと思った．ついでに彼は，自分をジュネーブへ呼び戻そうとしている人々に反対するようにファレルに訴えてもいた．

カルヴァンは1540年5月に人々が神との平和よりも相互の和解に多く頼っており，まだ完全にキリストにおいて一つではないと思ったが，ともかくジュネーブにおける不一致と争いが終わったことを喜んでファレルに手紙を書いた（*CO*11,37-42）．幸いにもそこには回復のきざしがあった．彼はさらに，自分には少しもジュネーブに戻る気持ちがないことを明かしている．彼は，ジュネーブから追放されたときに，神がどれほどの猛烈な竜巻から彼を救い出したのか，ますますはっきり悟ったのだった．彼は間近いストラスブルクへのファレルの到着を待ち望んだ．そのときにさらにジュネーブの状態を議論することになった（ジュネーブでは6月17日に市参事会が，神に立ち帰り，4，5年前の状態に従って事態を回復しなければならないと決議した）．カルヴァンとファレルは6月末に互いに落ち会って一緒にハーゲナウに行った．

1540年9月21日に熱烈な「ギョーム派」アミ・ペランは，ジュネーブの市参事会によってカルヴァンをジュネーブへ戻らせる方法を考えるように命ぜられた．1540年の7月と9月に牧師のモラン（Morand）とマルクール（Marcourt）がジュネーブを別々に離れていた．

牧師のアンリ・ド・ラ・マール（Henri de la Mare）とジャック・ベルナー

ヴィレ

ル (Jacque Bernard) は留まり，新しくエメ・シャンプロー (Aimé Champereau) が加わった．

　1540年の10月と11月の間，カルヴァンは多くの方面からジュネーブへ戻るように圧力をかけられていた．10月はじめに，とくにマルクールからの手紙とさまざまな手紙を携えてファレルがストラスブルクにやって来た．そしてコルディエとヴィレもカルヴァンにジュネーブへ戻ることを迫った．カルヴァンは10月21日に (CO11, 90-93) 彼が戻ることについて話が及んだとき，その心の奥底にジュネーブで経験したことすべてを思い起こして身震いがしたと打ち明けている．彼はまた，神がストラスブルクで彼に与えた仕事に今なお拘束されているとも感じていた．その上，神がそこから彼を解放されたその危険に立ち返って，再び身をさらすとは何と愚かなことだろう．実際，彼はジュネーブにとってどんな益があるだろうか？　彼の良心は葛藤していた．過去に彼とファレルに被害をこうむらせたベルンの人々はあるいは助ける用意があるであろうか？　そして，ジュ

ネーブにおける彼らの同僚はどうだろうか？　それ以上に，わたしはもは
や指導すべき術を忘れてしまった，とカルヴァンは語っている．なぜ彼ら
は自分よりもファレルを呼び戻さないのか？　カルヴァンは召命を回避し
たくはなかったが，しかしいまや，彼は苦しい戦いの中にいた．自ら自由
に進んで行こうとしなかったので，彼は他の人々の助言を聞こうとした．
しかし，彼はまずヴォルムスへ行くこととなった．そこではハーゲナウで
の協議会の継続が行われることになっていた．

　ジュネーブの市参事会は10月13日に彼の帰還の要請とともに，手紙
をカルヴァンに送ることを決議した．その後（10月22日付の短い公式の手紙
が続いた──CO11, 94-95），このために彼は二日間ひどく動揺した．

　カルヴァンは10月23日に手紙で応答し（CO11, 95-97），その中で彼は，
ジュネーブの教会が彼の心にかかっていたと言っている．彼は実際，たい
へん葛藤していた．一方では神の助けによってまさにジュネーブへ戻るよ
うにとのよびかけに従おうと思い，他方では神によって召された仕事を簡
単に放棄することは許されなかった．カルヴァンは，常に牧師は働くよう
に召された場所に留まらなければならないこと，そして内的確信なしにま
た信者の同意なしにそこから身を引いてはならないことを教えてきた．さ
らに彼はストラスブルクの派遣者としてヴェルムスへ行き，そこですべて
の人々とジュネーブとに仕えようとしていた．彼はこの仕事を避けるわけ
にはいかなかったのである．

　次の日，10月24日に，彼はもし選ぶことが許されるならファレルが願っ
ていること（つまりジュネーブへ戻ること）はしないだろう，「しかしわたし
は自分の主でないことを心得ているので，わたしは自分の心臓をいわば死
んだものとして主にいけにえとして献げよう」と彼はファレルに書いてい
る．この言葉はカルヴァンの銘となり，その印章にシンボル化されている．
心臓を握った手と記された言葉「Prompte et sincere（速やかに，そして誠実に）」
が描かれている．この内的な混乱と不安の只中でカルヴァンはジュネーブ
からの手紙をストラスブルクの他の牧師に提出した．彼らはジュネーブの
教会の繁栄と建設を心にかけ，したがってあらゆる可能な方法でそれを

助けようとしていたのである．ジュネーブの市参事会への 10 月 23 日付けのカルヴァンの手紙によれば，ストラスブルクの牧師たちは，カルヴァンの旅の間ヴィレをジュネーブによぶことを提案した．そして実際にそうなった．1541 年 5 月 1 日に，ヴィレはベルンの同意によりローザンヌによってジュネーブに半月の間，委託された．そして 1541 年 5 月にはその期限がもう 6 か月延長された（CO11, 228-29）．カルヴァンは今述べた市参事会への手紙の中でヴィレを招聘する可能性を示唆し，続けて神が決定されるだろうと言っている．同時に彼は，神と人々が彼を認める限り，ジュネーブに仕えることに最善を尽くすことを約束した．

　10 月 24 日に，カルヴァンとヨハンネス・シュトゥルムは，ストラスブルクからヴォルムスへ向かった．しかしヴォルムスでも，ジュネーブへの帰還の問題にカルヴァンは携わっている．10 月 27 日に，彼は 10 月 22 日の公式の手紙を携えたジュネーブの派遣団の訪問を受けた（CO11, 94-95）．彼らは最初にストラスブルクに行ったが，そこでカルヴァンに会えなかったので，その後さらにヴォルムスに向かったのである．ストラスブルクの市参事会は，カルヴァン自身が不在だったので派遣団に何も約束しようとはしなかった．しかし，市参事会はジュネーブの市参事会宛に手紙を書いた（CO11, 102）．ストラスブルクの市参事会はまた，カルヴァンがジュネーブの派遣団に何も約束しないように気遣って，ヴォルムスにいるストラスブルクの派遣団に急きょ使者を送ってもいる．

　派遣団との会話の後に，カルヴァンは 11 月 12 日にジュネーブの市参事会に手紙を書いた（CO11, 104-6）．その手紙から，彼はジュネーブへ戻る用意は整えていたが，その時には行くことができなかった事情がわかる．ストラスブルクも同意せねばならなかった．カルヴァンはファレルに宛てて，多忙であるわけを 11 月 13 日に書いている（CO11, 113-114）．彼は最終的な決心をすることが，まだできなかった．ヴォルムスでの共同の協議では，ヴォルムスにいるストラスブルクの人々は，ベルンが同意するならカルヴァンの帰還を反対しないと約束した．カピトはそれに賛成できなかった．しかし，ブツァーはカルヴァンをストラスブルクに引き留められない

と擁護した．11 月 13 日にヴォルムスにいたストラスブルクとバーゼルからの牧師たちは，ジュネーブへ手紙を書いた（CO11, 106-113）．ジュネーブの派遣団はカルヴァンと牧師たちの手紙をジュネーブに持ち帰った．人々はこの手紙の内容に満足した．

ファレルは 12 月 22 日にヴォルムスに到着し，そこに数日留まった．12 月 24 日にカルヴァンはヌーシャテルの牧師に向けた手紙を彼に持たせた（CO11, 133-35 を参照せよ）．たいしたことは起こらなかった，とカルヴァンは書いている．実際の会談はまだ始まってはいなかったのである．彼は迫害されているフランスの兄弟のために戦う約束をした．

1541 年 1 月 23 日に再びストラスブルクに戻ったカルヴァンのもとには，引き続きさまざまな方面からジュネーブへ戻るようにと圧力がかけられた．1538 年にはカルヴァンにとりわけ激しく反対したが，今や彼の帰還を強く要請するようになったジャック・ベルナールからの手紙を受け取ったのである（CO11, 147-48）．この手紙はしかし，彼には好ましい印象を与えはしなかった（CO11, 165-66 におけるカルヴァンの返事）．ジュネーブからの使者がストラスブルクにやって来た．カルヴァンはこれに対してジュネーブの市参事会への手紙で対応している（1541 年 2 月 19 日付──CO11, 158-159）．その手紙の中で，彼はジュネーブのためにもレーゲンスブルクの宗教会談へ行かねばならないと述べている．さらにヴィレが 1 月にそこで牧師として働くためにジュネーブへ行ったことを喜んでいる．彼自身としては，しかるべきときに行くことができるように望んでいた．

カルヴァンからファレルへの手紙の中で，ジュネーブへの帰還を急がねばならないとはっきり知らされて，彼は仰天したと説明している（1541 年 3 月 1 日付──CO11, 169-70）．「たいへん奇妙なことだが，あなたがわたしに浴びせる雷が ── なぜかわたしをおびえさせ，そして完全に動転させた」とカルヴァンは敗北を認めた返事を書いている．

1541 年 4 月 29 日にカルヴァンはファレルに手紙を送った（CO11, 174-180）．そこには，帝国議会が終わったときに，カルヴァンはブツァーとともにジュネーブを通ってストラスブルクに行く計画だ，と書いている．

5月1日にジュネーブでは市参事会によってカルヴァンに対する破門宣告が撤回された．皆がカルヴァンを呼び戻すことに賛成した．そして，カルヴァン，ファレル，ソニエなど他の者も神の人と見なされた．

帝国議会の終了以前に（宗教会談の「結果」が帝国議会で協議されたときに）カルヴァンはブツァーとメランヒトンの願いに反して，ストラスブルクに戻ろうとした．レーゲンスブルクでの滞在が彼にとってはあまりにも長く続いた．彼はストラスブルクに再び帰らねばならない，と感じたのである．彼はそこに6月25日に到着した．

6月20日に，ジュネーブへのカルヴァンの帰還の前，そして市参事会が6月はじめにコルディエをヌーシャテルからジュネーブへ招聘する試みが失敗した後に，カステリョを別の一人とともに学校の校長に任命した[26]．1540年5月は，財政的に苦しい時期であった彼はカルヴァンのもとに数日，間借りしていた．カステリョはジュネーブで3か月働いたが，まだまったく給料が支給されなかったので，仕事を辞任した．コルディエをジュネーブへ招聘する新たな試みは不成功に終わり，新しい合意がカステリョと結ばれ，彼は，正式には牧師ではなかったが，ヴァンドブル（Vandoeuvre）の小さな村で教会の奉仕もすることになった[27]．そのジュネーブの期間に，カステリョは宗教教育のための教本を書いたが，そこには聖書物語がラテン語とフランス語両方で対話の形で語られている（聖なる対話）．

1541年7月25日に，アングレームのマルグリット，ナバラの女王が，彼女の兄弟フランソワ1世の名前でカルヴァンに感謝の手紙を書いている．というのは，ヴォルムスでの宗教会談の間に彼がメランヒトンとブツァーと一緒に，カール5世に対してドイツのプロテスタント諸侯とフランス国王との間の同盟を（残念ながら挫折したが），ヘッセンのフィリップにしきりに説得したからであった．こうした同盟がフランスのプロテスタントへの迫害を終わらせることが期待されたのである．

彼は1541年9月はじめに，ついにジュネーブへ向かって出発した．彼自身はさまざまな環境によって引き留められたという印象を述べている．8月13日に彼はヴィレへの手紙の中で（CO11, 261-63），レーゲンスブルク

から戻った後，すぐにジュネーブへ行かなかったことを百回以上も後悔したと書いた．それは彼により多く平穏を与えたであろうが，しかし他方では戻ることが不可能であっただろう．一方，彼は講義を止めたが，ブツァーの同伴を期待して引き延ばしていた．8月25日付けのファレルからの強い口調の手紙（CO11, 265-66）が，カルヴァンの出発を余儀なくさせた．

1.4　再びジュネーブで

ついにカルヴァンはジュネーブへ向かって出発し，ヌーシャテル経由で行った．というのは，ファレルが困難な状況にあると聞いたからである．というのも，道徳的悪弊に対してファレルがかなり厳しい説教をし，そのことが問題になっていた．1541年9月7日に，カルヴァンは，ヌーシャテルからジュネーブの市参事会に宛てて，彼がファレルを手助けできるかを確かめようと，目下ヌーシャテルにいると書いている．さらに，ジュネーブの市参事会が随行するために送った男と一緒に次の日にベルン経由で直接ジュネーブへ行く予定だと書いている．カルヴァンは9月13日にさまざまな推薦状，とくにストラスブルクの参事会からのもの（CO11, 267-68）を携えてジュネーブに到着した．

到着してすぐに彼はジュネーブの市参事会に向かった．それは会合中で，彼は，ストラスブルクの市参事会，ストラスブルクの牧師，そしてバーゼル市参事会からの手紙を手渡した．ストラスブルクの牧師たちは，もしカルヴァンがストラスブルクの教会のためにこの都市へ戻らねばならないと考えるなら，ただちに送り返すべきだと書いていた！

カルヴァンはジュネーブには6か月だけ滞在し，その後ストラスブルクに戻るつもりであった．しかし，市参事会は教会規則の成立に協力するようにというカルヴァンの要望に応じた．これは正式に決定された．カルヴァンは市参事会に，自分については，いつでもジュネーブの仕え人になるつもりであると約束した（CO21, 282）．6人の市参事会員，カルヴァンそ

して他の4人のジュネーブの牧師からなる委員会が新しい教会規則に取り組み，9月26日に市参事会にその草案が提出された．この間にカルヴァンの妻が到着，その転居も手配された．加えて，カルヴァンは牧師としての仕事も再開した．最初に彼が礼拝を再びおこなったとき，誰もがまったく緊張して彼が何を言うのか待ち構えていた —— と彼は無名の知人への手紙に書いている（*CO*11, 365-366）．彼は起こった事柄には言及せず，職務の担い手としてただ単にいくらかその仕事についてを語り，それから彼が1538年に終えていた説教の聖書箇所，まさにその箇所から説教を続けた．こうして，ただ職務の中断があったにすぎなかったことを示そうとしたのである．

1541年11月20日に「教会規則（*Les ordonnances ecclésiastique*）」が総会で承認された．しかし，カルヴァンが目標としていたすべてがこの教会規則で取り上げられたのではなかった（4.6.1参照）．1547年にはこの教会規則は補足され，1561年にはさらに多くの変更がおこなわれた（4.6.4参照）．

1.4.1 都市の立法へのカルヴァンの関与

1541年11月21日，「教会規則」が総会で承認された翌日，この市参事会により都市の立法を更新する委任を受けて，3名からなる小委員会が設立された．カルヴァンはこの委員会の一人だった[28]．1542年末に，彼はこの立法の仕事の関係で，日曜以外の他の週日の説教の責任からも免除された．1543年1月28日に，ジュネーブの総会は都市の立法を，裁判と関係する立法を除いて可決した．後者の立法は1544年のはじめに可決された．

この新しい都市の立法はまったく新しいというものではなかった．4名の市長と市参事会については過去のものが有効であった．しかしながら民衆の影響力は，統治の形態がいっそう貴族主義的になったのでいくぶん減少した．4名の市長は毎日会合した．彼らは小議会の一部を形成していた．この小議会は25名から構成され，そして通常一週間に3回会合した．「市民（シトワイエン，citoyens）」だけが小議会の議員となることができた．ここで市参事会（Raad）について述べるときは，たいていこの小議会を念

頭においている[29]．またさらに60名からなる六十人議会もあり，これは15世紀からの名残りであって，二百人議会によって選ばれるこの議会の意味はあまりなかった．総会によって選ばれる二百人議会は，辞職する市長と新しい市長とともに，毎年すべての市民（citoyens と bourgeois）からなる総会によって，── 辞職する市長によって作成された8名の候補者から選ばれた4名の市長を除いて ── 小議会の議員を選ぶ．総会は一年に二回招集される．

都市の住民はシトワイエン（citoyens），ブルジョア（bourgeois），アビタン（habitants）から成っていた．シトワイエンはジュネーブで生まれ，洗礼を受けた者で，その両親もシトワイエンである者である．ブルジョアはすでに長い期間ジュネーブに滞在している市民で，彼らは市民権を無償で得るか，買うことができた．彼ら自身は小議会に選出されることはできなかったが，その子どもたちにはそれが十分可能だった．アビタンはジュネーブによって住民として認められていた外国人であり，カルヴァンはこのアビタンに属していた．彼らは総会，二百人議会，六十人議会の議員になることはできなかった．1559年にカルヴァンは無償で市民権を提供され，1559年の12月25日に受け入れた．彼は授与された市民権について議会に感謝した．そして同時に政治的利益を念頭においていると疑われないように，市民権を決して求めたことはなかった，と述べている．

1.4.2　ジュネーブでの衝突[30]

カルヴァンの帰還後，教会規則を起草し，都市の立法を更新することで都市の情勢は良好に急速に進展したが，なお問題が起こった．これは一方では市参事会と教会の仕事の正しい画定に関係し，他方では都市に導入されるいっそう厳格な生活様式に反発する人々がいたことによる．この人々は徐々に「ジュネーブの子ら」（enfants de Genève）つまり古いジュネーブ住民，と結びつき，いよいよ都市の情勢の進展に反対する党派に合流した．数世紀後にはこの党派は自由主義者として語られた．この名は，カルヴァンがその著作の一つで自由主義者の分派に反対していることから誤解を起こさ

せる（6.2.1 参照）.

　しかしながら，ジュネーブにおける上述した党派とその分派との間の関係は立証されていない．われわれはこの段落ではまず，破門権についての市参事会と教会の闘争について概観し，続いて 1555 年 5 月の重要な日付にいたるまでにこの都市で起こった一連の衝突を述べることにする．

1.4.2.1　破門権についての教会と市参事会との闘争

　1541 年の教会規則における訓練と破門に関する規定は，実際には教会あるいは当局いずれが破門権をもつのかが明瞭でなかったために，問題を生ずるようになったと思われる．そこで 1543 年 3 月 19 日に六十人議会で，長老会が，ある者が聖晩餐にあずかることを禁ずる権限をもつかどうかが議論になり，その答えは否定的であった．実際に判決を下すのは長老会であるが，しかし刑罰のほうは市参事会によって科される．

　こうした立場が長老会に伝えられたとき，カルヴァンは激しく反応した．自分はそうした立場に反対で，それは人々が自分を殺すか，追放したときにのみ実施されよう，と．カルヴァンと他の幾人かの要望で市参事会の特別の会議が開催され，そこでカルヴァンが問題について説明し，何の困難もなく彼は望みどおりの結果を得た（彼はヴィレにそう書いている——CO11, 521）.

　1553 年に，教会と当局の間で破門の権利について深刻な見解の相違がセルヴェトゥスの裁判の間に，再び起こった．

　1553 年 9 月 1 日に酒浸りのために長老会によって聖晩餐への出席を 1 年半前から拒否されていたフィリベールト・ベルテリエが，聖晩餐に再びあずかれるように市参事会の承諾を求めた[31]．カルヴァンは助言を求められ，聖晩餐への許可いかんの決定権は長老会に属すると答えたが，市参事会のほうはベルテリエに対して聖晩餐にあずかることを承諾した．翌日（9 月 2 日）カルヴァンは教会規則に訴えて抗議したが，彼の請求で招集された市参事会の会合では受け入れられなかった．9 月 3 日にカルヴァンは礼拝を行い，その中で聖晩餐も祝われたが，彼は説教の中でいかなる譲歩もしな

いことを明瞭に示した．市参事会からの勧告に従ってベルテリエが聖晩餐の祝いに加わらなかった，午後の礼拝のカルヴァンの説教はまるで告別の説教のように思われたという[32]．

　事態の経過に，9月7日に牧師たちは市参事会に対し鋭く抗議し，1541年に受諾された規定を守るか，さもなくばむしろ死か，あるいは追放か，もしくは何か別の刑罰に服するかである，と通告した．市参事会は，牧師たちに「規則」によって彼らの立場の正しさを証明するように求めた．そこでカルヴァンは次の日に，牧師たちと連名で市参事会で説明した．牧師たちによれば，誰に聖晩餐への許可をするか否かは長老会が決定する．市参事会は9月18日に，過去に決定されたことを守る，と決定した（しかしこれはさまざまに解釈されたのである！）．

　そして11月はじめに，ベルテリエが再び聖晩餐への許可を新たに求めたときに，論争は新たに始まった．11月7日に市参事会は，長老会は市参事会の同意なく何者に対しても参加拒否はできないと宣言し，そしてこれは二百人議会によって是認された．カルヴァンは牧師たちの名をもって，この決定は受け入れられないと伝えた．状況が袋小路に入ったので，大小議会はベルン，チューリヒ，バーゼル，シャフハウゼンの助言を求める決定をした．

　カルヴァンが11月26日にチューリヒの牧師たちに書いた手紙の中で（*CO* 14, 675-78）（この手紙はジャン・ビュデ［Jean Bude］によって届けられた），彼は，ほどなく確実に彼らの都市の参事会に助言を求められるであろうからと，ジュネーブにおける事態の説明をしている．彼は，破門について一般の人々がさまざまに考えていると書いている．ある人々は，それはキリスト教の当局のもとでは必要はないと考えている．しかし破門は，キリストの教えと一致している．それが実行されてこなかった場所では，状況はわれわれとは異なる，とカルヴァンは言っている．ジュネーブで今まで従ってきた訓練の規則の中に，なにものもキリストの教えと対立するものはいっさいないことが明らかなら，チューリヒの市参事会はジュネーブの市参事会にも知らせるべく全力を尽すように，彼はチューリヒの牧師たちに求めてい

る.

　チューリヒはどんな変更もしないように助言をしたこと，そして，バー
ゼルは問題についての何の判断も下さず，そこで用いられている規則の写
しを送ってきた[33]，と 12 月 31 日にカルヴァンはファレルに知らせている
（CO14, 723-24[34]）．シャフハウゼンは最も勇気があることを証明し，そしてベ
ルンの反応はカルヴァンも予想したようにひどく冷淡だった．

　1554 年 1 月 1 日に受領した返答が市参事会で検討されたが，何の決定
もおこなわれなかった．ベルテリエはその間聖晩餐の祝いを許可されな
かったが，彼の抗弁は続いた．

　議会は 1554 年 10 月 24 日に破門の権利に関して再度調査し，問題の最
終的な解決のための提案を提出するために委員会を設立した．1555 年 1
月 24 日に六十人議会と二百人議会は「規則」を遵守することを決定した．
それは彼らが長老会の見解に同意することを意味した．1555 年 2 月 24 日
にカルヴァンはブリンガーに「最近，長い争いの後に破門の権利がわれわ
れに属することが最終的に決定された」と書いている（CO15, 449）．

1.4.2.2　1555 年 5 月 15 日以前のいくつかの衝突

　都市に導入された，より厳格な生活様式への抵抗はいくつかの問題で明
るみに出た．

　1545 年 1 月に，以前のトランプ製造業者で小議会の議員，砲兵隊の隊
長であったピエール・アモー（Pierre Ameaux）の妻が不道徳な行動のゆえに
終身刑の判決を受けた．結婚は破棄され，アモーは再婚の許可を得た．

　1546 年 1 月 26 日に当時なされた離婚の出願に際して，カルヴァンがそ
れを反対したと考えたアモーから（1543 年 12 月にアモーの結婚でまったく由々
しい問題が起こっていた）カルヴァンの教えと生活に対する激しい中傷がな
された．アモーは逮捕された．小議会は寛大な刑罰か厳しい刑罰かを選択
することができず，問題を二百人議会に提出した．寛大な刑罰が選択され
たが，それはアモーが市庁舎の扉前でひざまずき，カルヴァンの許しを乞
わなければならないことを意味した．カルヴァンは最初，寛大な刑罰に賛

成し，アモーを監獄に訪ねようとした．しかし，市参事会に禁止されてそれはできなかった．アモーは教会が介入することなくカルヴァンが 7 年間にわたって誤った教えを説教してきたと主張して公に神を侮辱したので，彼（と長老会）は市参事会の判決に賛成しなかった．それで，カルヴァンはより厳しい刑罰に賛成することにした．つまり，アモーは悔悛の衣を着て，無帽でそして燃えるたいまつを手に持って，監獄から市庁舎まで連行され，そこで二つの扉の間でひざまずき，神と市参事会に慈悲を求めて嘆願することを意味した．アモーは，4 月 8 日にこの公の悔悛を宣告された．

1546 年 4 月にも，カルヴァンのジュネーブ到着のはるか以前から実施されていた，ダンス禁止違反に関して問題が起こった．とりわけアンブラール・コルン（Amblard Corne, 市長）とアミ・ペラン（砲兵隊の隊長）が深く関与していた．長老会の会議の中で，ペランの妻はそのメンバーに対して激しく非難した．というのは，彼女は長老会が彼女の家族（ファーブル家）と反目していると思ったからであった．結局は，ペランの妻の父に対して姦通の罪により処罰がなされた．コルンは自分の行動と他の者の行動を厳しく責め，罪を告白した．礼拝後にコルンとカルヴァンが，ペランと話し合う段取りであったにもかかわらず，彼は顔を見せず，カルヴァンはペランに手紙を書いた（CO12, 338-339）．その中で，カルヴァンはとくに教会においてもさまざまな基準で判断してはならないと書いている．彼は教会のためにもペランのためにも，有益となるように求めている．早急にジュネーブから出ていくようにというペラン一家の脅しにも，カルヴァンは少しも気に留めない．彼は平穏を求めて，あるいはそこで何かが好転することを求めてジュネーブに来たのではなかった．また，彼は再びジュネーブを立ち去らなければならないとしてもさほど後悔はしないだろう．彼はただその義務を果たし，最終的にペランが神に服従し，集会における規律に関する問題の経過に従うように喚起すること以外, 何も願わなかったのである．

また，1546 年 5 月に舞台役者のル・モネ（Roux Monet）が健全な舞台劇を上演しようと，その劇団とともに市参事会へ許可を求めた．市参事会は問題について牧師と相談した後に許可した．上演は日曜日，5 月 2 日にお

こなわれた．礼拝の時間はそれに合わせて変えられた．5月24日には役者たちは1536年にブールジュで上演された劇「使徒言行録」の上演許可を求めた．この上演は2週間を要し，ほぼ550名の役者が参加した（極端に長い劇を短縮した）．牧師プーパンとカルヴァンは，最初それに積極的だった．しかし，他の牧師は支持しなかった．「われわれはこの上演も，われわれが執拗に反対して敗れたら尊敬されなくなるおそれがあったので，最後までは反対しなかったが，われわれははっきりとは承認しなかったと言明した．わたしは，人は人間にすべての娯楽を拒むことはできないと悟った」とカルヴァンはファレルに宛てて書いている．ミシェル・コップ（Michel Cop）が説教で，7月4日におこなわれた上演の前に役者たちに対し厳しい発言をしたので —— カルヴァンはコップの行動について悪く言わなかったが —— 問題が起こった．役者たちは激怒してその上演を許可した市参事会に助力を求めた．カルヴァンとその同僚アベル・プーパン（Abel Poupin）は苦心して関係者をようやくなだめることができた（ファレル宛の7月4日付のカルヴァンの手紙を参照せよ——CO12, 355-357）．

1546年8月にはペラン・ファーブル一族との問題が再び起こった．アベル・プーパンがアミ・ペランの義兄弟の結婚を執行したときに，義兄弟は自分に向けられた質問を聞いておらず，「はい」と言うべき求めに彼は頭を横に振った．アミ・ペランはそのそばで笑っていた．このため，両人は市参事会によって処罰された．ペランの妻の伯父も監獄にいた．上述の結婚式の前日に，ペランの母が口論で一族の一人をひどく傷つける問題を起こした．彼女は，長老会に出頭しなければならなかったが逃走した．わたしは何をせねばならないのだろう？　と8月11日にカルヴァンはヴィレに書いている（CO12, 368-370）．わたしは沈黙して一人の男（ペラン）の寵を得，しかも全教会によって裏切り者と見られねばならないのだろうか？　カルヴァンは，ペランの怒りが正当ではないとわからせるために全力を尽さなければならないと十分認識している．さらに，ペランの妻があらゆる邪悪な問題にとびつき熱烈に弁護するので，彼女が心を穏やかに保つようにすることが加わってくる．

ファレルはペランに手紙を書いてカルヴァンと和解するよう呼びかけた. カルヴァンはその手紙を前もってただ表面的に読んでいただけであったので, ペランがその厳しい内容に対し怒っていることを知って, よく注意を払わなかったことを後悔した. というのは, それほど厳しくペランに対して行動することを彼は意図していなかったからである (ファレル宛の10月12日付の手紙を参照せよ——CO12, 395-396).

1547年6月27日に中傷文書がサン・ピエールの説教壇に貼り付けられているのが発見された. その中ではカルヴァンとその仲間が激しく攻撃され, 殺すとまで脅迫されていた. 市参事会は教会と国に対する陰謀がその背後にあると推測して, 調査委員会を設立した. この事件の容疑者ジャック・グリュエ (Jacques Gruet) の家宅捜索がおこなわれた. 議会とカルヴァン両者を攻撃している文書がそこで発見され, グリュエはその文書を書き, それを説教壇に貼りつけたことを認めた. 彼は死刑の判決を受け, 7月26日に斬首された[35]. 数年後, 1550年に, グリュエの家で彼が書いた本が発見された. そこでは彼は神の存在を否定し, 誤った教えを聖書に帰し, マリアを売春婦とよび, イエス・キリストをうそつき (そしてそれ以上に), 預言者を愚か者, 使徒を悪党とよんでいた等々. 市参事会はカルヴァンにその見解を求め, 彼は適切な措置が取られるべきであると主張した (CO13, 568-70を参照せよ). 市参事会の決定に基づいて, 発見された本は1550年5月25日に公に焼却された.

1547年9月20日に市参事会の会合で, アミ・ペランは, 彼の妻と義理の父の投獄の件で市参事会を激しく攻撃した. ペランもこうして逮捕された. そして10月9日に市参事会によって総隊長の職を解任された. 彼に対する訴訟中の5月にペランはパリにおけるアンリ2世の戴冠式にベルンの派遣者として滞在し, そこで, ベルンとジュネーブの地域に想定されるカール5世の攻撃に対する数百の騎兵の指揮者に任命しようという枢機卿デュ・ベレ (Du Bellay) の要請に応じたことが告発された. ベルンはペランを擁護して上述のペランに対する告訴を提起したローラン・メグレ (Laurent Maigret) が, ペランと同じ時にパリにいたこと, フランスの宮

廷から援助を得ようとしていたことを持ち出した．そこで，メグレも逮捕された．市参事会では激しい議論が続いた．11月29日にペランは証拠不十分で釈放された．しかし，メグレはなお監獄に留められた．12月12日にカルヴァンは市参事会に都市における無秩序を指摘し，そのことで，教会と都市が崩壊するおそれがあると述べた．12月17日に彼はヴィレ宛に，都市の状況と関連して教会における事態が幾分なりとも秩序をもって進むとは今はほとんど期待できないと書いている（CO12, 632）．「実のところ，もし神がわたしにその手を差し伸べてくださらなければ，わたしは敗残者です」．都市における差し迫った無政府状態のために，市参事会はカルヴァンの指導のもとに委員会を設立して対立に和解の橋をかけようとした．

ジュネーブの難局に関連してカルヴァンを支援し党派に和解をよびかけるために，1548年1月はじめにファレルとヴィレがこの都市にやって来た．両牧師は1月10日に二百人議会に迎えられた．ペランは，和解の気持があることを表したので1月15日に再びその議員として受け入れられた．メグレは次の日に監獄から釈放され，無罪放免とされた．

1548年の夏にはカルヴァンは，1545年2月12日にヴィレ宛に書いた手紙（CO12, 32-33）によって窮地に陥った．カルヴァンは手紙の中で議会の選挙について発言し，人々はキリスト教を口実としてキリストなしに統治しようとしている，と書いていた．

当該の手紙は，ペランの家族の一人によって盗まれてカルヴァンに反対する武器として使われたのである．トロリエ（Trolliet）は，それをフランス語に翻訳し公の機会に話題にした．カルヴァンは9月14日に，この件で市参事会に出向き，トロリエも出頭しなければならなかった．カルヴァンは上述の手紙をそのときに書いたことを認め，謝罪した．両人は平和に暮らすようにと勧告された．

しかしカルヴァンにとっては，手紙が公表された悪影響で問題は解決しなかった．カルヴァンは手紙を盗まれたヴィレとファレルに助けを求めた．彼らは9月末と10月前半に相前後して到着し，幾度も市参事会で聴取された．10月18日には市参事会によって問題が最終的に解決されたと見な

された．これでカルヴァンは今後いっそうその義務を果たさなければならなくなった．

　1548年の秋に，カルヴァンは困難な時期を切り抜けねばならなかった．たとえばローザンヌでは，カインとさえもよばれるカルヴァンがまもなくジュネーブから追い出されるだろうといううわさが広まった（ヴィレ宛の10月28日付のカルヴァンの手紙を参照せよ――CO13, 92-93）．11月におこなわれた選挙で，彼の反対者たちは勝利を収めた．これで，彼らは裁判に関しての重要な地位を占めることになった．カルヴァンは，次の市長の選挙で行政の完全な変革が起こると，懸念した．トロリエはカルヴァンの書物と説教の印刷を妨害した（11月27日付のファレル宛のカルヴァンの手紙を参照――CO13, 109-110）．カルヴァンは12月12日にファレル宛に，自分は将来を悲観的にみていると書いている（CO13, 125-126）．12月14日に彼は，市参事会でさまざまな人が，とりわけペランを含めて，聖晩餐にあずからないことを話題にした．彼は市参事会の助けを求めた．市参事会は12月18日にペランの釈明を要求し，あらゆる手段を尽した後に対立を乗り切るために市参事会員と牧師との相互の平和を促進する宴会を計画した．

　1549年1月18日に市参事会は宣言を布告した．そこでは都市全体が福音に一致する宗教改革に関わる宗教の規定を守るように呼びかけられている（テキストはCO13, 158-160）．各人にキリスト教の品行と礼拝への忠実な出席が奨励されている．規定の遵守を監視せねばならない者はその仕事を十分果さなければならない．また指導せねばならない者には良い見本となることが期待される．牧師はその職務を慎重に果さなければならない．この宣言は次の礼拝の前に公表されなければならなかった．

　1549年2月にアミ・ペランが第一の市長に選出された．しかし1555年2月の選挙はカルヴァンの支持者の完全な勝利であった．4名の市長すべてが彼を支持した．それによって，ペランの支持者（「ジュネーブの子たち（enfants de Genève）」）はすべての戦線でその影響力を失った．

　それに続く数か月のうちに，多くのフランス人亡命者（約120名）がジュネーブの市民権を得た．ペランとその一族が属していた古いジュネーブの

家系は，多くのフランス人の亡命者が都市に定住したことによっていよい
よ苦境に立たされた．1555 年 5 月 6 日にペランは市参事会に，市民権を
得たフランス人の亡命者は，最初の 10 年間選挙権をもたず武器も携帯し
てはならないと提案したが，効果はなかった．そうした要求を支持して 5
月 16 日にジュネーブで五百人ほどのグループによって抗議のデモがおこ
なわれた．それが終わって彼らの数名が「ジュネーブの子たち」の案内で
食事に招かれた．その夜，街頭で暴動が起こった．市長のオベール（Aubert）
が誰かを逮捕しようとしたときに，その市長杖をペランが取り上げた．続
く数日調査がおこなわれた．5 月 23 日に暴動を指導した人物が何人か逮
捕された．次の日に小議会も大議会も，ペランに反対したが，彼は他の三
人とともに逮捕される前にジュネーブから脱出した．関係した 12 名が死
刑宣告を受け，そのうち 3 名は処刑された．また，他の者は亡命した．ベ
ルンの市参事会は彼らを擁護し，欠席裁判を受けた者のために安全通行証
を求めた．彼らの一人，フランソワ・ダニエル・ベルテリエは再びジュネー
ブへ戻り，逮捕され，9 月 11 日に斬首された．これらの出来事はペラン
と仲間の党派の終焉を意味していた．

　ジュネーブで起こったことは，他の地域でも人心を動揺させた．ジュネー
ブで起こったことについて，若干カルヴァンは手紙でブリンガーに伝えて
いる（6 月 5 日付・CO15, 640-642）．たとえばチューリヒの市参事会，シャフ
ハウゼンの同僚，またシャフハウゼンの市参事会も正確な情報が与えられ
るように，ブリンガーは他の使いに問い合わせ，詳しい報告を手に入れた（6
月 15 日付・CO15, 676-685）．ベルンはペランとその一党のために全力を尽し，
ジュネーブへの彼らの帰還を要求した．

　1555 年 5 月のペランとその一党がジュネーブで被った敗北は，遠くま
で及ぶ影響を伴った．カルヴァンはこれ以降，その手紙の中ではほとんど
ジュネーブにおける状況について述べていない．こうして，この都市での
戦いは終わり，宗教改革のさらなる進展のための時間と余裕がやってくる．
カルヴァンもますます近隣諸国において教会が経験している問題に関わる
ようになる．

1.4.2.3 神学問題についてのジュネーブでの戦い

ジュネーブでは一度ならず神学問題についての議論も起こった．われわれはいくつかの議論について考察する．

a. 雅歌とキリストの陰府くだりについて

1543 年 12 月にラテン語学校の校長，カステリョが牧師になりたいという願いを述べた．議会は彼の意に添おうとしたが，教会規則に従ってカステリョと牧師との間で話し合いがおこなわれたとき，問題が生じた．カステリョは雅歌への別の見解をもっていると述べた．彼はこれをソロモンの愛の歌と考え，正典に取り入れないほうがむしろ良かったと述べた．さらに，彼はジュネーブの教理問答の中でキリストの陰府くだりが十字架での苦しみと関係づけられていることに同意できなかった．

最後の点について，牧師たちはカステリョに，教理問答における信仰の要約に同意するよう求めた．彼らは教会の建設に関係する信仰の問題についての異なった考えは教会を混乱させるという考えであった．しかし，その話し合いの最も重要な点は，雅歌についてのカステリョの見解であった．結局，これは一致にいたらなかった．このため，牧師たちはカステリョを牧師の職務に受け入れることができなかった[36]．

その後，1544 年 2 月に，カステリョはこの学校の校長を辞職し，ローザンヌで仕事をしようとした．彼はカルヴァンが牧師たちの名で書いた推薦状によって助けられた（*CO* 11, 674-676）．そこにはカステリョがその職務に受け入れられなかった理由が書かれていた．校長としてのその功績は賞賛されている．そして彼の品行について批判されるべきことは何もない．また彼は重大な信仰の問題に関して何ら不信心なことを教えなかったと記されていた[37]．

カステリョはローザンヌで仕事を見つけることに失敗して，その後，再びジュネーブに戻り，1544 年 5 月 30 日金曜日にコリントの信徒への手紙二 6 章 4 節（「……われわれはあらゆる場合に，神の僕として，自分を人々にあらわしている」）を討論していた「牧師会（Congrégation）」を混乱させた．カステ

リョは，パウロとジュネーブの牧師たちを鋭く対比した．そのときには，カルヴァンは大勢の外国人の前で騒ぎをさらに大きくしたくなかったので黙っていたが，その後市参事会にカステリョを告訴し，カステリョはジュネーブを去らねばならなかった．彼はバーゼルで印刷業者オポリン（Oporin）のもとで校正係としての仕事を見つけた．彼のラテン語（1551 年）とフランス語（1555 年）の聖書の翻訳が出版された．1553 年に彼は，バーゼル大学でギリシア語の教授になった．

b. 予定について

1551 年にジェローム・ボルセックに対して訴訟が起こされた．彼は聖書討論の間に，予定の問題に異議を唱えて深刻な問題を惹き起こした．ボルセックは 1551 年 12 月に，ジュネーブから追放された（ボルセックについては 3.5 を参照せよ）．

しかし，問題はそれで終わらなかった．1552 年 6 月 13 日に，カルヴァンは 1545 年にジュネーブで牧師になろうとして失敗したジャン・トロリエについての苦情を市参事会に訴えた．他の牧師たちは，彼を認めることに乗り気でなかった．トロリエはその後，市参事会の検閲官になった．市参事会でのカルヴァンの苦情は，トロリエが会食のときに公の場であらゆることでカルヴァンを非難したという事実に関係していた（CO 14, 334-335 を参照せよ）．トロリエは市参事会で弁明しなければならなかった（彼の弁明の内容については CO14, 335-337 を参照せよ）．さまざまな議論の後に，9 月 1 日に市参事会の前で予定論についてトロリエとカルヴァンの間で討論がおこなわれた．

10 月 3 日に，トロリエは文書にしてそれを提出した（CO 14, 371-377 を参照せよ）．彼はカルヴァンの『綱要』（1551 年版）のいくつかの場所から始め，メランヒトンに訴えて，彼が罪を神自身に帰していると非難した．カルヴァンは文書による応答を市参事会に提出した（CO 14, 378-383）．神を罪の作者とよぶことは神への冒涜であり，カルヴァンはトロリエの発言によって傷つけられたと言っている．トロリエが『綱要』から引用していることは文

脈を無視した歪曲であり，カルヴァン自身の言ったこととカルヴァンが論駁している者によって主張されていることとを混同している．カルヴァンはその文書による応答の中で，人は必然的に罪を犯すと述べた（必然とは強制とは別ものである）．しかし，罪を犯した者はその弁明のために自分が強制されて罪を犯した，と主張することはできない．カルヴァンは失われていくことには二つの原因があると言う．一つは神の永遠の決定のうちに隠されているもの．もう一つは完全に目に見えるもので，人間の罪のうちにあるものである．この問題の核心は，カルヴァンによれば，失われていくすべての者は彼ら自身の良心によって，彼らが罪を犯しており，それゆえに彼らの断罪は正当であることを納得させられている．しかし，彼らは誤ってこのすべて明白なことを無視し，われわれには近づくことのできない内的な神の御心に押し入る．聖書は，神が人間を人間が到達すべき目的のために定められた，と明白に示している．しかしそれが，なぜまたいかにおこなわれるのか，われわれは知ることができない．それはわれわれに説明されていないからである．カルヴァンは，自分とメランヒトンとの間で教え方に関して相違があることを認めている．メランヒトンは好奇心の強い人間に神の秘密を詮索する機会を与えすぎることを恐れて，あまりにも人間の理性に順応しようとしすぎた．

　こうして彼はこの問題において神学者としてより，むしろ哲学者（彼はプラトンを挙げている）として語っている[38]．しかしカルヴァンは，メランヒトンと彼を互いに対立させる者は，彼ら二人と全教会に大きな不正を犯すことになると明確に述べている．最後にカルヴァンは，彼が教えていることは彼自身の頭に浮かんだことではなく，彼がそれを神から授かり，彼は真理のためにそれに固執しなければならないと確信していると述べている．

　11月7日に，市参事会の会合でこの件でカルヴァンを擁護するためにファレルとヴィレがジュネーブにまでやって来た．市参事会は11月9日にカルヴァンを支持した．『綱要』は良い書物で，カルヴァンは都市の良い真の僕であり，将来，誰も『綱要』と当該の教えに反することを，あえ

て主張してはならない．トロリエはその主張を撤回せねばならなかったが，しかし，さらに告訴されることはなかった．

　重要な神学的な議論が 1553 年にセルヴェトゥスに対する訴訟をめぐって起こった（これに関しては 6.3.1.2 を参照せよ）．1554 年 6 月にジュネーブの市参事会は匿名の手紙を受領した．その中ではカルヴァンばかりではなく，市参事会とヌーシャテルとチューリヒの牧師たちがセルヴェトゥス，ボルセックやその他の者に関する，その態度によって攻撃されていた．誰がこの手紙の執筆者なのかは，明らかでない．カルヴァンはカステリョを考え[39]，この手紙について市参事会に照会した．というのは，もし彼が告発された罪を晴らせなければ，もはや教会に仕えることができないと考えたからである．

　市参事会はカルヴァンを擁護したが，措置を講じることができなかった．バーゼルではクリオーネ（Curione）とカステリョに対して措置が講じられた．彼らは 1554 年には予定論についてのカルヴァンの見解に対しても反対していた．クリオーネは新たに改訂した著作，1552 年の「*De amplitudine beati Regni Dei*（祝福された神の国の威厳について）」の中で，間接的にカルヴァンを論駁したが，これはしかし出版されなかった．バーゼルが承諾することを拒否したからである．カステリョは彼のラテン語の聖書の翻訳の新版でローマの信徒への手紙 9 章 13 節の欄外註の中で，このテキストのカルヴァンの解釈に反対した．それで，印刷業者はその節を削除しなければならなかった[40]．

1.5　ジュネーブのアカデミー

　ジュネーブは，カトー・カンブレジの講和後，再びジュネーブとその他の領土に対しての権利を主張するサヴォワ公側からの威嚇的な脅威に対抗して都市の強化に懸命に努めている間，その一方で 1559 年 6 月 5 日にサン・ピエールでの集会で「アカデミー」が開始された[41]．カルヴァンがこの

集会の開始を宣した．彼はすでに 1541 年にストラスブルクからの帰還後，アカデミーを設立する計画を立てていた．しかしさまざまな状況のため，1555 年にジュネーブにおける政治的状況が変わるまで何も実現しなかった．1556 年にカルヴァンはフランクフルトへ向かう途中ストラスブルクを訪問し，そこのアカデミーの校長であったヨハンネス・シュトゥルムに助言を求めた．長引くベルンとの新しい協定の締結の問題の後に，アカデミーの設立に強い関心が向けられた．これには新しい建物が必要であった．適当な用地が 1558 年のはじめにブール＝ド＝フール病院の近所に見つけられた．建設のために政府の資金は使えなかったので，カルヴァンは相当な金額の募金を工面した．

　授業計画がカルヴァンと他の牧師たちによって作られて認可のために市参事会に提出された．アカデミーでは既存の学校「コレージュ・ド・リーヴ（Collège de Rive）」が「私立学校（schola privata）」として収容された．これは七学年からなっていた．最初の二学年で子どもたちはフランス語とラテン語の読み書きを学ぶ．続いてラテン語とギリシア語の作家に取り組む．重要なことは，読んだものの理解と，その内容を明確に言葉にすることである．水曜日には授業はない．生徒は朝には教会に行き，午後は休息の時間である．土曜日にはとくに学んだことの復習と，次の日曜日に取り上げられる教理問答の主題に時間があてられる．授業の日はすべて，教理問答の中で特に学校のために挙げている祈りで始まる．祈りと詩編を歌うことは授業計画に組み込まれている．生徒は主の祈り，使徒信条，十戒の暗唱をも学ぶ．教師は牧師と教授によって指名され，認可のために市参事会に提出される．

　私立学校を終えた生徒は，ほんのわずかではあるが，さらに公立学校（schola publica）で学ぶことができた．学生は登録し，信仰告白に署名し，教師と同じ方法で指名された 5 名の教授によっておこなわれる 27 講の講義を受けた．ヘブライ語の教授は学生にヘブライ語を教え，ヘブライ語の註解書を用いて旧約聖書の書物を釈義した．ギリシア語の教授は学生とともにギリシアの哲学者（とくに倫理が注目された）と詩人の書を読んだ．教

養学課（artes）に携わる教授の仕事は，学生に物理学，算術，弁論術を教えることであった．この最後のものは牧師あるいは法律家のための訓練をめざしていた．実践神学の教育では土曜日の午後にも学生が幾人かの牧師の指導のもとで説教し，それについてその後互いに討論するよう配慮された．上述の教授と並んで，なお聖書の釈義をおこなう二人の教授がいた．アカデミーの初期にはカルヴァンとベザがその仕事をしていた．教授たちは牧師の金曜日の会合にも出席した．葡萄の収穫時には三週間の休暇があった．

　カルヴァンは市参事会から教授を誘致する委任を受けた．これはさほど順調にいかなかった．「私立学校」の教師としてコルディエを確保する試みは，彼がローザンヌを離れることができなかったので失敗した．それにもかかわらず，1562 年 2 月 16 日に彼は 82 歳という年齢でこの学校への指名を受けた！　カルヴァンはパリの「王立学院（Collège Royal）」でヘブライ語を教えていたジャン・メルシィエ（Jean Mercier）にも接触したが成功しなかった（1558 年 3 月 16 日付の手紙——CO17, 94-95；1563 年にはカルヴァンは新たに彼をジュネーブに呼ぼうと試みている．5 月 3 日付のカルヴァンの手紙——CO 20, 4-5, および 10 月 17 日付の手紙——CO 20, 170-171 を参照せよ）．ユダヤ人の出自でケンブリッジで教えたことがあり，現在ハイデルベルクと結ばれているインマヌエル・トレメリウス（Immanuel Tremellius）も（カルヴァンの教理問答の彼のヘブライ語翻訳は 1554 年にジュネーブで出版された）ジュネーブに来るようにとのカルヴァンの依頼を断っている（1558 年 8 月 29 日付のカルヴァンの手紙——CO17, 310 を参照せよ）．カルヴァンの教授探しに好都合な事情は，ベルンの領土にあったローザンヌで多くの教授とベルンの間で深刻な争いが発生したことであった．ベルンの市参事会は破門権のような教会の問題に影響力を行使しようとした．この争いはベザが 1549 年以来そのアカデミーでギリシア語を教えていたが，1558 年 10 月にローザンヌを去るという結果となった．ヴィレもその一人であるが他の者たちも，その後ベザに従った．ベザはジュネーブへ行って，牧師になるという意志をもっていたが，カルヴァンの提案で 11 月にギリシア語の教師としての任命を受

ベザ

けた．ローザンヌ出身の他の者も，たとえばアントワーヌ゠ラウル・シェヴァリエ (Antoine-Raoul Chevallier)（ヘブライ語），フランソワ・ベロ (François Béraud)（ギリシア語），ジャン・タゴ (Jean Tagaut)（哲学）といった人たちがジュネーブのアカデミーで職を得た．6月5日に牧師たちから市参事会へアカデミーの院長になることを推薦されていたベザは，都市の書記官ロゼ (Roset) がアカデミーの規約を読み上げ，教師が信仰告白とアカデミーの規約に宣誓した後にサン・ピエールで開設講演をした（CO17, 542-547 を参照せよ）．アカデミーを収容する新しい建物は 1564 年にようやく完成した．

当時ほぼ 1500 名の学生がおり，その大多数の者は外国の出身であった．彼らはそこで神学か法律を学んだのである．

1.6 他の地域とのカルヴァンの関係

1.6.1 ベルンとのカルヴァンとジュネーブの関係

ジュネーブとベルンとは，しばしば厳しい緊張関係になった．1541年にカルヴァンがジュネーブに戻ったとき，ベルンはなお領土としてジュネーブの隣接地域の権利を主張していた．これに対し，バーゼルは仲介を求められた．そして，1542年1月に18か月の審議の後に，バーゼルはその立場を公表した．カルヴァンもジュネーブの市参事会が設立した諮問委員会の一人であった．その問題は1544年まで長引いた．1544年2月19日にジュネーブの市民が協定に合意し，それによってジュネーブとベルンが一つになった．

しかしながら，二つの都市の間の緊張は続いた．たとえばそれは，1546年にはジュネーブがベルンから離れて，フランス国王の側に加わるというようなベルンの恐れる政治的問題ばかりでなく，宗教問題とも関係していた．われわれはすでに，ベルンの市参議会の要求でジュネーブの市参事会がベルンの教会のいくつか習慣を導入しようとしたとき，1538年に問題が生じたことを述べた．一つは日曜日にあたらない四つの大祝日の祝典，つまりクリスマス・キリスト割礼祭・受胎告知・昇天と関係していた．これらの祝日は1536年にジュネーブでは廃止されていた．しかしカルヴァンとファレルの追放の後に再導入された．1541年にカルヴァンが戻ったときには，祝日に関しては現状に順応した．1544年に市参事会は祝日の祝典をいくぶん変更した．この日には礼拝は朝だけおこなわれ，今後，仕事場は午前中は閉ざされること，午後はすべての者が仕事に戻ることとなった．しかし，一部の者たちがこの措置に反対し抗議し続け，祝日の午後に仕事場を開くべきか否かについて分裂と争いが起こったので，カルヴァンは1550年11月にふさわしい措置によって分裂を取り除くように市参事会に求めた．彼は四つの祝日を廃止することについては何も述べなかった．これに関する限り，彼にとってはベルンと一つになることでよかっ

1 カルヴァンの生涯の概観　67

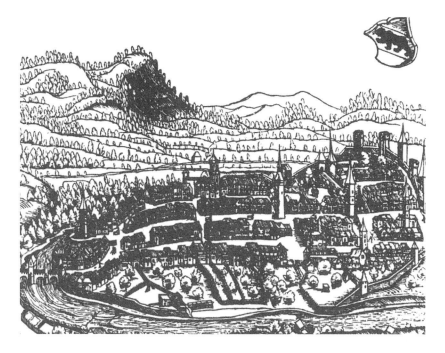

ベルン　1547/48

た．したがって，1550 年 10 月 16 日に市参事会が四つの祝日を廃止する決議をしたことは彼にはまったく意外なことであった．もし彼がその意見を尋ねられたとすれば，そうした決定をしなかっただろう（ヨハンネス・ハラー（Haller）宛の 1551 年 1 月 2 日付のカルヴァンの手紙と 1551 年 4 月 23 日付のハインリッヒ・ブリンガー宛の彼の手紙——*CO*14: 4-6，および *CO*14, 105-106 を参照せよ）．

　そうした問題について緊張が増し加わったことが，たとえば 1551 年にはみられる．ベルンとそれに属する領地はクリスマスの日に聖晩餐を祝うのが慣習であった．一方，ジュネーブでは，12 月 25 日に最も近い日曜日に聖晩餐が祝われた．（ジュネーブの管区にある）ジュシィ（Jussy）の牧師，ジャン・ド・サン＝アンドレ（Jean de Saint-André）は（ベルンの管区にある）近接するフォントネ（Fontenay）で 1551 年 12 月 27 日にした説教のときに，そ

の集会がベルンの慣習に従って12月25日に聖晩餐を祝ってきたという事実を批判した。1552年2月7日に，サン＝アンドレが再びベルンの領土に行かねばならなかったときに彼は逮捕された。カルヴァンは，サン＝アンドレを助けるために1552年2月17日にジュネーブの市参事会の同意を得てベルンへ向かった。カルヴァンは2月26日に再びジュネーブに戻った。ベルンでは市参事会と話し合い，そしてジュネーブの市参事会にその報告をした。市参事会は3月7日にサン＝アンドレは彼の発言のためにその領土から追放されたという通知とともにベルンの市参事会からの手紙を受け取った。4月にサン＝アンドレはジュネーブで牧師になった。彼に対する判決は11月にジュネーブの市参事会の圧力でベルンによって撤回された。

ジュネーブとベルンの相互の関係に影響している一つの要素は，教会と当局の間の関係が異なっていることにあった。ジュネーブでは，ベルンよりも教会が当局に対してより独立していた[43]。ベルンの市参事会はたとえば1549年に「牧師会（congrégation）」を廃止した。ジュネーブでボルセックに対しておこなわれた訴訟の後，ベルンの市参事会はその領土で牧師が説教で「予定」を話題にすることを禁じた。この禁止を心に留めなかったトノン（Thonon）の地域の幾人かの牧師は免職され追放された。また，1551年1月にはベルンの領土の教会員がジュネーブの領土での聖晩餐に参加することを禁じられた。

ジュネーブでは，ベルンやその領土で人々が，とくにボルセックやニヨン（Nyon）の牧師ツェベェデ（Zébédée）によって，カルヴァンやその考えに反対しておこなわれたあらゆる活動をそのまま受け入れたのではない。しかしながら，ジュネーブの牧師やローザンヌからの牧師の抗議の手紙は，何も生み出さなかった[44]。

1555年3月に，カルヴァンと市長ショーヴェ（Chauvet）はジュネーブからの派遣者として，さまざまな問題について話し合いをするためにベルンへ行った。しかし，市参事会との話し合いでは，何の成果もなかった。た

とえば，ベルンの市参事会は，ジュネーブの市参事会が「予定」に関する出版物を禁じることを望んでいた．4月11日にカルヴァンとショーヴェによってジュネーブの市参事会にその報告がなされた．

その後数か月，ベルンとの通信が続いている．カルヴァンは二度ベルンの市参事会へ手紙を書いた．一回めはベルンでの話し合いが終わってすぐであった（CO 15, 550-551）．手紙のなかで，彼はとくに予定論についての書物の印刷を妨げようとするベルンの試みと，ベルンの人々が宗教改革として理解していることに反した論述の書物を焼却しようという計画があることを述べている．二回めの手紙（5月4日付・O 15, 600-604）では，彼は1552年にジュネーブの牧師によって予定論について書かれたもののベルンの拒否と，予定論についての出版を妨げようとするベルンの試みになおいっそう細部にまで立ち入っている．かくも大きく，捉えがたい神秘については節制と謙虚さをもって書かれねばならないとカルヴァンは考えている．彼は実際，そうしてきた．彼は人間の不遜な考えを抑え，好奇心を煽ることなく，人間に神の威厳を崇拝することを教えようとしたのである．予定論の教えを否定することは不可能である．というのは聖書がそれについて語っているからである，とカルヴァンは書いている．彼は，とくにジャン・ランジ（Jean Lange）とツェベェデから被った中傷をも指摘している．カルヴァンは教会に仕えることと，そこに福音の教えが興隆しているのをみることを常に望むため，信仰がその名によって嘲笑されないよう配慮することを市参事会に希望している．ローザンヌの牧師とジュネーブの市参事会も文書でベルンの市参事会に申し入れた（各々，5月2日付・CO 15, 585-591，5月6日付・CO 15, 608-613）．この問題についての通信は6月の初めに終わった．

上述の問題のマイナスの影響は，1556年2月8日という日時が視野に入ったときに明らかとなった．つまりそのときにベルンとジュネーブが市民権（いわゆる「bourgeoisie」）について協定を締結したからである．1555年にジュネーブの市参事会はこの協定の継続に賛成の意を示していた．しかし，ベルンは応ぜず，再度の強要の後に，条件に変更を加えたいとの希望

スイスの領地分割地図

を知らせてきた．これは，とりわけジュネーブがベルン以外の他の都市と
同盟を結んではならないことと関係していた（これは 1536 年にジュネーブと
ベルンによって協定されていたが，しかし市民権の条約には取り入れられていなかっ
た）．ジュネーブはしかし，ベルンの承諾を得て他のスイスの諸都市と協
定を結ぶ自由を望み，それがフランスに対するジュネーブの立場を強める
ことになると考えた．カルヴァンがジュネーブの考えを背後から推進して
いるとの噂がとくにチューリヒで広まった（1555 年 9 月 28 日付，ブリンガー
の手紙——CO 15, 797-801 を参照せよ）．カルヴァンはブリンガー宛の手紙（CO
15, 829-836）で，10 月に自分の立場を弁護している．上述の日時 1556 年 2
月 6 日にもまだ新しい協定は締結されていなかった．ジュネーブはチュー
リヒ，バーゼル，シャフハウゼンに助けを懇請した．交渉が再開されたが，
成果は挙げられなかった．1555 年 5 月にジュネーブを離れたペランとそ
の一味もジュネーブに反対していた．

　1557 年の秋には外部からの圧力によって，ベルンとジュネーブ間の新
しい協定への見込みがついに開けてきた．徐々にスイスの諸都市がジュ
ネーブの側にますます結集し，スイス盟約へのこの都市の受容に賛成し
た．しかし，解決をもたらしたのは，サヴォワ公エマニュエル・フィリベー
ル（Emmanuel Philibert）が 1557 年 8 月フランスに，彼の父の失われた領土
に対する権利を認めさせることに成功し（そこにジュネーブとベルンが入る領
土があった），軍隊をもってこの領土を再占領しようとした事実であった．
ベルンとジュネーブは，そのときにその自由の共通の脅威に共に直面し
た．1558 年 1 月 9 日に，彼らは「永遠の盟約」（alliance perpétuelle）を結ん
だ．この中でジュネーブははじめてベルンと同じ立場に立った．ここに両
都市は互いに守護し合うこととなった．ベルンはスイス盟約へのジュネー
ブの受容に対して積極的な立場をとった．ジュネーブでは祝祭がおこなわ
れた．都市が今や自由な独立した都市となったからである．カルヴァンは
ジュネーブとベルンの間の事態の経過に再三関与した．というのは，市参
事会が，たとえば協定の規定が問題となったときに，彼に助言を求めたか
らである．1556 年 2 月 21 日に彼はベルンの都市の書記官，ニコラオス・

ツルキンデン（Nikolaus Zurkinden）宛に政治への彼自身の関与について書いている．できれば自分は無関係でいたいが，しかしやむをえず，時々それに関与せざるをえない．また自分は，何もしない傍観者であるよりも，最初はあらゆる種類の不安定を伴うとしても，最善を尽くすことのほうがよいと思うと書いている（*CO* 16, 43-45）．

　他の手紙でも，カルヴァンがベルンとジュネーブの間の関係をどれほど心に留めていたかをみることができる．たとえば 1556 年 3 月 1 日に，彼はブリンガー宛の手紙の中で，ジュネーブでベルンの側から被った屈辱的な扱いによって人々が憤慨しないようにとの希望を述べている．彼は祈りと寛容を喚起している（*CO* 16, 52）．

　1556 年 8 月にカルヴァンがフランクフルトに向かう途中，バーゼル滞在中に，ジュネーブから派遣された使節がバーゼルで受けた経験を伝えるためにそこからジュネーブの市参事会宛に手紙を書いている．つまり使節は，バーゼル，チューリヒ，シャフハウゼンで，ジュネーブから追放された者たち（ペラン等々）によって都市に反対してもち出された非難を論駁しなければならなかったという（*CO* 16, 270-271）．1558 年 1 月 9 日に，ベルンとの新しい協定が結ばれたとき，カルヴァンは次の日にストラスブルクのフランソワ・オットマン（François Hotman）に，多くの議論の後にベルンとの永続的な盟約がついに結ばれたと書いている．彼はしかしこれで，すべての争いが終わりになるとは考えていない．しかし，彼は公平な仲裁者が不一致の場合には問題を調停するだろうから，この協定は良いことだと考えている（*CO* 17, 15）．

1. 6. 2　ヌーシャテルとフランクフルトとのカルヴァンの関係

　カルヴァンがきわめて頻繁に関わったいくつかの土地があった．ここではとくにヌーシャテルとフランクフルトを挙げる．その他の場所でも起こったことへのカルヴァンの関与について何らかのイメージを与えるために，それを詳しく述べてみよう．

　ヌーシャテルはジュネーブからそれほど遠くない．ファレルはジュネー

1 カルヴァンの生涯の概観

ヌーシャテル

ブからの追放後，1538年にそこで牧師になっている．カルヴァンとファレルは規則的に会ってさまざまな状況の中で互いに支え合い，頻繁に通信した．カルヴァンがヌーシャテルと関わったいくつかの例を述べてみよう．カルヴァンのヌーシャテルでの接触は，彼がジュネーブで孤立して働いていたのではなく，幾度かヌーシャテルにおける出来事にある程度は余儀なく介入したことを示している．

1543年5月にカルヴァンは，クルトワ（Courtois）に三位一体についておよびキリストについて，非正統的な見解をもっていると告発された．1542年以来，ヌーシャテルの牧師であったクルトワは，1537年あるいは1538年にヌーシャテルで牧師になり，一度ならずファレルに面倒を起こした彼の義理の兄弟シャポノ（Chaponneau）によって，そうした行動に駆り立てられていた．カルヴァンは，シャポノを，ブールジュでの学生時代から知っていた．カルヴァンに弁明のための要請の届くのが遅すぎたので，彼は文書で弁明した（ヌーシャテルの牧師宛5月28日付の彼の手紙——CO 11, 559-562を参照せよ）．

1543年11月にカルヴァンはヌーシャテルの牧師宛の手紙で，クルトワとジュネーブでおこなった三位一体とキリストの位格についての会話を報

告している（*CO* 11, 652-654）．クルトワは，自分がジュネーブに行ったのは論争するためではなく，情報を得るためであると言明し，そしてカルヴァンが話したことに同意する用意のあることを示した．またクルトワは，教会の中に不穏な事態をもたらす危険や真の学問と教育についてカルヴァンが語ったことを心に留めた．クルトワはその義務を果たすことを約束し，カルヴァンは彼を同僚に推薦している．

ジュネーブの牧師を代表してカルヴァンは 1544 年 11 月 8 日にヌーシャテルの牧師宛に手紙を書いている（*CO* 11, 762-766）．その中で譴責について牧師相互の間に生じている考えの相違について述べている．ヌーシャテルの牧師は相互譴責のための規程を作成した．しかし，すでに以前に述べたシャポノはマタイによる福音書 18 章 15-17 節を引用して，牧師相互の譴責は必要ではないと考え，それについて六つの命題を提出した．このすべてがジュネーブへ送られ，討議された．

ジュネーブの牧師，つまりカルヴァンは，上述の手紙で作成された規程を肯定した．譴責は共同の審議，また同僚全体による勧告の問題でなければならない．討議の始めに，譴責の有益な薬が毒に変わらないように用心することを強調するのがよいと．シャポノは他の者たちに賛同するように促された．シャポノはしかし，今度はカルヴァンに背を向けた．カルヴァンがベルンからジュネーブへの帰路，9 月 17 日にヌーシャテルにいたときに，シャポノは『綱要』の章句のついたリストを彼に提出し，それについての説明を求めた．カルヴァンは（失われてしまっている）手紙で彼に答えた．シャポノはカルヴァンに対して 12 月はじめに長い批判の手紙（*CO* 11, 781-802）を書いている．その中で彼は，キリストの神性についてカルヴァンの考えを論駁し，異端の罪で告発している．ジュネーブの牧師はこれにヌーシャテルの牧師宛の手紙で応じている（*CO* 11, 805-809）．カルヴァン自身，ヌーシャテルの牧師宛の 1545 年 1 月 21 日付の手紙（*CO* 12, 13-20）でより明快に説明しシャポノの攻撃を論駁している．シャポノは 1545 年には（彼は 1545 年 10 月 22 日に死去）かなりの点で以前取っていた立場に戻っている[45]．

1545 年 8 月には，ファレルを牧師としてジュネーブに招聘する試みがなされた．そこではモロー（Moreau）が解任され，シャンプロー（Champereau）がドレラン（Draillans）に転任し，ド・ジェネトン（De Geneston）はペストのために死去した．ファレルのためによい後継者を見つけることができなかったので，この件は実現しなかった（モンベリアルを離れたトゥサン（Toussaint）が挙げられた──CO 12, 124-125 を参照せよ）．9 月 24 日にミシェル・コップがジュネーブで牧師になった．またニコラ・デ・ガラール（Nicolas des Gallars）もやって来た．

1551 年 3 月 4 日にカルヴァンはヌーシャテルで教会会議の集会に出席した．ヌーシャテルの市参事会は，集会に外部の牧師も招待する場合には都市の牧師に，あらゆる種類の教会的規程について論じることを承諾していた．ヌーシャテルの「牧師の図書室（Bibliothèque des pasteurs'）」にあるその報告の一つはカルヴァンの手になるものである[46]．

1553 年 3 月には，カルヴァンはファレルをヌーシャテルに訪問した．彼がきわめて重い病気だったからである．カルヴァンと他の幾人かの前でファレルが遺言を作成した．カルヴァンはファレルの死期が近いと考えて出発したのだった．しかし，ファレルは回復した．3 月 27 日に書いた手紙（CO 14, 509）でカルヴァンは心から祝いを述べ，自分よりもファレルは長生きするだろうとの見込みを述べている．

1558 年 9 月 26 日に，カルヴァンはヌーシャテルの牧師宛に手紙を書いている（CO 17, 351-353）．母と兄弟と一緒にフランスから亡命していた，まだ若年のマリー・トレル（Marie Torel）と 69 歳のファレルが結婚しようとしているという事実に，彼はたいへん衝撃を受けて遺憾に思っていた．母と娘はファレルの家に住んでいた．ファレルはおそらく 7 月に私的にカルヴァンにその計画を知らせていた．カルヴァンには大きなその年齢差が驚きであった．噂ばなしになるのを防ぐために，彼はファレルにその結婚の計画を公にするように勧めた．ファレルはすぐにそうはしなかった（9 月 12 日付のカルヴァンの手紙──CO 17, 355-336 を参照せよ．そこで彼は，ファレルが招待していた近々の結婚式に出席することはできず，また出席することを望まない

と書いている）．懲戒手段を考えているヌーシャテルの牧師宛にカルヴァンは，ファレルが事前にこれについて事前に何も言わなかったことへの不快感は理解できる，と書いている．彼はファレルのおこないを愚かとよんでいるが，しかし牧師たちにファレルが36年間教会のために仕えてきたことを思い起こすように注意を促している．このことで彼は，人々がファレルのふるまいを是認するようにと言っているのではない．最も厳しい処遇から彼を守ねばならない，ということである．彼は神が十分な知恵を与え，ファレルのふるまいについての不快感ができるだけ取り除かれ，哀れな兄弟ファレルが悲しみのあまり死なないように願っている．

「フランクフルト」はヌーシャテルのようにジュネーブのすぐ近くではない．それゆえ，カルヴァンがフランクフルトと多くの接触をもってきたことは自明のことでない．しかしそれは事実である[47]．彼はこの都市の教会上の出来事に密接に関わった．彼が他所の困難な状況にどのようにかかわったのかを示すために，この都市と彼との接触を述べることにする．

フランクフルトとの接触は1555年はじめに生じた．メアリー（Mary）が女王に即位した後に，この都市にイングランドから亡命したイギリス人の亡命者教会が形成された．この集会の中で典礼についての問題が生じた．幾人かは「一般祈祷書（Book of Common Prayer）」を使用しようとした．しかし，他の人々は改革派の典礼を望み，この人々にはジョン・ノックス（John Knox）とウィッテンハム（Whittingham）が属していた．彼らは1554年12月11日にカルヴァンに宛てて手紙を書いている（*CO* 15, 337-344）．その中で，彼らはカルヴァンに助言を求めている．彼らはカルヴァンがばかげたローマ的な要素を典礼から排除することを期待して，イングランドの礼拝式の概要と彼ら自身の批判的な註釈を手紙に添付した．

1555年1月18日付のカルヴァンの返事で（*CO* 15, 393-394）まず第一に，カルヴァンは同じ信仰のゆえに追放された兄弟の中に，不一致が生ずることを由々しいと考えていると述べている．亡命者が，信念と言語で結ばれている教会を拠りどころとすることは明白である．彼は集会が形成され始めた時点で，祈りの定式や他の儀式について争うのはふさわしい時でない

と考え，集会の形成を妨げる強情さを断罪している．礼拝形式といった比較的重要でない問題に関して彼は寛大であろうとするが，愚かな身勝手で慣習のみに固執する人々に，ただちに同調することも望まない．イングランドの典礼に関しては，彼はそこには我慢せねばならない多くの愚かさがみられると言っている．彼はこの典礼に関して，なお批判すべきことはあるが，しかしまた，それが正しい敬虔に著しく反するので，改善されるまで一時も我慢できないとまでは言っていない．また，彼は新しい集会が形成される状況は，まさに典礼が改訂される好機でもあると言っている．彼はその改訂に関しては，もし幾人かの弱さ（改訂に加わることができないこと）が問題になるならば，特別に厳しい行動をしないように注意を促している．後者に対して彼は，彼らがその強情さによって，新しい集会の形成を阻害するほど愚かにならないように勧告している．すべての者にとって，愚かな妬みによって心を奪われないことが肝要である．また彼らは，その信仰のために追放され，今やその信仰から離反してしまったというイングランドからの非難を恐れてはならない．むしろ正しい信仰告白によって，残留した信者がいかに深い奈落の縁に身を置いているかを，むしろ考えさせねばならない．

　フランクフルトのイギリス人の集会では，事態は党派間の妥協にいたった．しかし，リチャード・コックス（Richard Coxe）指揮下の新しい亡命者によって再び問題が生じた．彼らが自身の典礼と教会制度に固執しようとしたからである．小冊子で皇帝（国王）を攻撃したノックスは，反対者によって当局に告訴され追放された．1555 年 3 月 25 日付の手紙で，ウィッテンハムによって再びカルヴァンの仲介が求められた（*CO* 15, 523-524）．コックスと他の幾人かがカルヴァンに現状と彼らがおこなった譲歩について，4 月はじめに報告している（*CO* 15, 552-554）．カルヴァンは 5 月 31 日にコックス宛に，自分は和解を喜んでいるが，ノックスに関する態度を断罪している（*CO* 15, 628-629）．その幾人かがジュネーブに来る可能性に関して，カルヴァンは，それがお互いの一致を犠牲にしないようにとの希望を述べている．

1556年9月の後半，カルヴァンは二週間，あらゆる種類の不一致の問題でフランクフルトに滞在した[48]．それは第一に，フランス人の亡命者の集会に関係していた．その分裂は，集会のメンバーがさまざまな地域，イングランドやヴェーゼルから来ているという事実に関係していた．しかし，牧師のヴァレラン・プーラン（Valérand Poullain）もこの分裂にかかわっていた．カルヴァンは手紙をとおして，平和を造り出そうとした[49]．フランクフルトでの上述のカルヴァンの滞在期間中に，プーランの嫌疑を晴らしたが，余儀なく自由意志で彼を辞職させる7名からなる委員会の議長をした．さらに彼はフランクフルトで二日間，自由意志を擁護し，予定論に異議を唱えるユストゥス・ウェルス（Justus Wels）と討議し，またイギリス人の亡命者の集会でも面会を求めた．彼はルター派の牧師と接触することには成功しなかった（10月26日付，ムスクルス宛の手紙——*CO* 16, 319-321——でカルヴァンはフランクフルトでの結果を報告している．彼はフランス人亡命者の集会での争いを「不愉快な事」と述べている）．

1559年2月23日に，カルヴァンはフランクフルトのフランス人の集会に向けて手紙を出した．そこでは再び分裂が広がっていた（*CO* 17, 440-442）．最悪なのは，二人の牧師ヴァレラン・プーランに代わったギョーム・ウブラック（Guillaume Houbracque）とフランソワ・ペルッセル（François Perrucel）が互いに反目していたことであった．一般に，教会のメンバー間の争いはすでに教会にとっての破滅であるが，平和の使者が互いに争っていればどうだろうか，とカルヴァンは書いている．それゆえ，彼は急いで助け，平和の絆を引き裂く争いを調停するように奮起させている．また彼はその他の論文と一緒に，集会の中に広まっていた神秘主義の文書「ドイツ神学（*Theologia Teutsch*）」のフランス語訳をしたカステリョ（Caslellio）との接触について警告している．

その上，カルヴァンはフランクフルトの集会のメンバーのアウグスティン・レグラン（Augustin Legrand）宛にも手紙を書いている（*CO* 17, 442-443を参照せよ）．彼とは過去に会っており，ひどく怒りっぽい男だと知っていた．カルヴァンはレグランに，死の毒に満ちた無駄口によって，集会の平和を

混乱させないようにと呼びかけている．そして彼が平和的に集会に戻り，もし集会に一致がないとしても，それは彼の責任ではないことを明らかにするようにと語っている．

1.6.3　カルヴァンのフランスとの関係

ここではフランスとのカルヴァンの関係について全面的に概観することが目的ではない．この段階では，困難な状態に陥っているフランスのプロテスタントへの彼の配慮に重点を置いて記述する．1545 年頃にはワルドー派はきわめて厳しい状況だった．彼らは迫害されていた．1545 年にルーアン（Rouen）の近くで，数千人の犠牲者を出した忌まわしい大虐殺が起こった．カルヴァンはワルドー派の二人が彼に語ったことにたいへん衝撃を受けた．1545 年 5 月 4 日に彼はファレルにこの出来事と，ワルドー派のため役に立つように，彼にスイスの教会を訪問させるという市参事会の決議について書いている（CO12, 75-76）．あるいは，ファレルはベルンから彼に同行できるのではないかとも．

ストラスブルクも含めさまざまな都市を訪問した後で，カルヴァンはアーラウ（Aarau）に向かった．そこではチューリヒの主導でワルドー派の困難な状況について多くのプロテスタントの都市による協議がおこなわれた．人々は国王フランソワ 1 世宛の手紙でカトリック教徒に迫害されている者を擁護すること，そして万一国王から応答があれば使節を送ることを決議した．諸都市はこの問題について互いに連絡をとり合うことを約束した．

それ以上のことは，カルヴァンにもおこなえなかった（5 月 28 日のヴィレ宛の手紙 ── CO12, 82-83 を参照せよ）．

しかし，カルヴァンはそれ以後も，敵によって芳しくない光の中におかれ迫害されたワルドー派のために尽力した．ブリンガー宛に彼は，7 月 24 日に（CO12, 110-112）プロヴァンスの総督，ド・グリナン（De Gringan）と枢機卿ド・トゥルノン（De Tournon）を迫害の張本人とみていると書いた．ベルンとバーゼルが，ワルドー派のために何らかの行動をとるように強く迫

らなければならない，と．同様に彼は，ブリンガー自身とその同僚に対して，当局に請願し，何らかの措置を講ずることを求めるようにとよびかけた．また同様に，7月24日にカルヴァンはシャフハウゼン（Schaffhausenn）の牧師たち，バーゼルのミュコニウス（Myconius），ザンクト・ガレンのヴァディアン（Vadianus）に手紙を出した（CO12, 112-118）．その結果，スイスの使節とドイツの福音主義の諸侯の派遣団がフランソワ1世に上訴した．まだ捕われていたワルドー派は釈放された．その多くの者はスイスに移動したのだった．

　1548年1月にジュネーブの市参事会は，1547年から1559年までフランソワ1世の後継者としてフランスを統治したアンリ2世の手紙を受け取った．彼はその父よりももっと激しくプロテスタントを迫害した．まずはじめに，彼は1547年10月8日に異端者迫害のために「火刑裁判所（Chambre ardente）」を設立した．そのため，多くの著名な人物がジュネーブへ避難した．すなわち，1548年8月にローラン・ド・ノルマンディ（Laurent de Normandie），1549年5月3日にはテオドール・ド・ベーズ（彼は11月にローザンヌでギリシア語の教授になった），ビュデの夫人（ギョーム・ビュデ自身は1540年に死去した）が，子どもたちと1549年6月27日に，1550年11月13日に印刷業者ロベール・エチエンヌが（ジュネーブへ避難した）．上述の手紙で，アンリ2世は，カール5世に対する警戒と一致を呼びかけ，都市を見捨てないと約束した（1月15日付ヴィレ宛のカルヴァンの手紙［CO12, 651］を参照せよ）．

　1551年9月2日にシャトブリアンの勅令がフランスで正式に発布された．これについてカルヴァンはブリンガー宛の手紙で（1551年10月15日付——CO14,186-188）今まで毒殺犯，贋金作り，追いはぎにも容認されており，今なお容認されていること，つまり最高裁判所への控訴権が，今やキリスト教徒から奪われ，普通の裁判官が彼らを何の控訴もなしに，ただちに火刑柱へ引いていくことができるよう命ぜられている……と書いている．カルヴァンは哀れな兄弟姉妹を助けるために，あらゆる努力をしなければならないと考えていた．3月8日にジュネーブが同盟を延長したベルンの側

には，彼は何の期待もしなかった．そのことを彼はきわめて遺憾に思っている．人々がわれわれを殺害するために剣を磨いているのに，兄弟として互いに相談し合うことを怠っていると書いている．

1552 年 2 月 29 日にカルヴァンは，ドイツへ行く計画を市参事会と協議した．その目的はフランスで迫害されている信仰の仲間を擁護することであった．それについて彼は何か貢献できると考えていた．というのは，プロテスタントのザクセン選帝侯モーリッツが 1551 年 10 月 3 日に皇帝カール 5 世に対し，フランス国王アンリ 2 世と同盟し，1552 年 1 月 15 日にシャンボール（Chambord）の条約でメッツ，トゥール，ヴェルダンの諸都市へのアンリ 2 世の権利を承認していたからである．この協定はフランスに住んでいるドイツ人にとって有利だった．フランス国王はその皇帝との戦いでスイス諸都市の支援を確実に必要としたため，1551 年にシャトブリアンで発布されたその勅令によって困難に陥っていたフランスの信仰仲間のために，カルヴァンは何かができると期待したのである．その条項の中では，とりわけ祝日のミサの出席が義務づけられ，亡命者の財産が国家によって押収された．

カルヴァンは 1552 年 3 月 6 日に旅立ち，ファレルとともにフランスの信仰仲間への支援を得るため，ベルンの市参事会を訪問する．1552 年 3 月 13 日のブリンガー宛の手紙でその報告をしている（CO14, 302-305）．とかくするうちに，彼はファレルと一緒にバーゼルに到着した．それはスイスの四都市がフランス国王への使節を送る計画に全力を尽くすよう，市参事会を動かすためであった．しかし，ベルンではカルヴァンとファレルは，四都市が国王と通信を交わし，その中で，最近，国王はキリスト教に寛大な国王とみられていないことに立腹しているので，この時期に，使節を国王に送るのは好機ではないと聞かされた．同様の理由でカルヴァンとファレルは，ベルンからチューリヒに向かうことも止めるように忠告された．ベルンでは，あるいはその考えを変える可能性のあるフランス国王の次の手紙を待つつもりであった．

3 月 21 日にカルヴァンはジュネーブに戻り，市参事会にその結果を報

告した. 信仰上の理由でブレスキア (Brescia) から亡命したイタリア人カエルソ・マルティネンゴ (Caelso Martinengo) がジュネーブでイタリア人の集会の牧師となった. 彼はカルヴァンと一緒にバーゼルからやって来た.

　4月30日に5人のフランスの学生がその神学の学業を終えてローザンヌから家へ帰る途中, リヨンで捕えられ, 5月13日に死刑の判決を受けた. プロテスタントのスイスでは, 捕らわれた彼らのために, さまざまな活動が展開された. カルヴァンも彼らのために尽力した. カルヴァンは彼らやその他の犠牲者のために手紙を書き (CO14, 331-334 ; 491-192 ; 561-564), また, ニコラ・コラドン (Nicolas Colladon) とローラン・ド・ノルマンディ (Laurent de Normandi) をスイスの都市沿いに送って, フランスの国王への共同の抗議のための支援を得ようとした. 学生たちは最終的には1553年5月にリヨンで火刑に処された.

　パリでは1557年9月4日にサン・ジャック街でのプロテスタントの集会の夜の会合が学生たちによって妨害され, 約200名の教会員が逮捕された. その中には多くの老人や婦人たちがいた. カルヴァンはジャン・ビュデ (Jean Budé) (CO16, 747 を参照せよ) をドイツへ送り, ベルンに要請して同様にベザをドイツへ出発させようとした. そこではヴォルムスで福音主義の諸侯と神学者の会合がもたれることになっていた.

　カルヴァンはビュデとファレルが, そこでフランスのプロテスタントのためにドイツの諸侯に行動を起こすように働きかけることを願った. ニコラ・デ・ガラール (Nicolas des Gallars) はそうこうするうちに, 牧師としてパリに送られた. カルヴァンは彼にその職に留まるようにと希望している (CO, 627-628 を参照せよ). ジュネーブの牧師たちは手紙をパリの集会に送った (CO16, 629-632 を参照せよ). また, カルヴァンは捕われた婦人たちを慰めている (CO16, 632-634 を参照せよ). その三人は1557年9月27日にパリで火刑に処された. カルヴァンはパリに派遣された牧師で規則的にフランスの状況について情報を送っていたジャン・マカール (Jean Macard) から, 捕われた女性の一人ド・ランティニ (De Rentigny) が夫から強迫されてミサに出席したことを聞き, 1558年4月10日に彼女に牧会的な手紙を書い

ている（*CO*17, 131-132）.

　カルヴァンはナバラの王アントワーヌ・ド・ブルボン（Antoine de Bourbon）がプロテスタントに加わったことを聞いた. 1557 年 12 月 14 日に, カルヴァンは王に手紙を書き（*CO*16, 730-734）, フランスの迫害されているプロテスタントのために尽力するようにとよびかけている. 彼は同時に, 1543 年に出版された自著の『謙遜な勧告（*Supplex exhortation…*）』の 1544 年のフランス語訳を王に送った（これについては 5.9 を参照せよ）.

　プロテスタントに加わった最初のフランスの貴族の一人はフランソワ・ダンデロ（François d' Andelot）でガスパール・ド・コリニ（Gaspard de Coligny）の兄弟であった. ダンデロは会食中, 国王アンリ 2 世にミサについての見解を尋ねられたが, その応答によってダンデロはただちに投獄された. カルヴァンはダンデロにいくつかの励ましの手紙を書いている（1558 年 5 月末日・*CO*17, 192-194. 1558 年 7 月 12 日・*CO*17, 251-253）. カルヴァンが, 多くのプロテスタントは, ダンデロが福音主義からの離反を意味するミサに加わったことを聞いたとき失望し, 彼は手紙でその行為を決して承認しないと知らせた. しかし, 一度のつまずきは, 必ずしも正しい道からの逸脱を意味するものでないことを行動で示すよう, 彼を激励もしている. カルヴァンはとくに困難な状況でもキリストに従うように, 彼によびかけた. この後, ダンデロはプロテスタントの大黒柱の一人となったのである.

　1559 年 4 月 3 日に, アンリ 2 世はスペインとの戦いで幾度か敗北した後に, フェリーペ 2 世（Filips II）とカトー・カンブレジの講和を結んだ. この二人の国王は福音主義の異端者と戦うことになる. この講和の成果は, とりわけ 1557 年にサン・カンタン（St. Quentin）での敗北後, スペインの戦争捕虜となっていた提督ガスパール・ド・コリニがフランスに戻ることができたことだった. ド・コリニは, 1558 年にガンで投獄の間に福音主義の信仰に加わっていた. 1558 年 9 月 4 日にカルヴァンはド・コリニとその妻シャルロッテ宛に激励の手紙を書いている（*CO*17, 319-320, *CO*17, 459-460 を参照せよ）. ド・コリニは解放された後, プロテスタントのために宮廷に影響を及ぼそうとした.

カルヴァンは 1559 年 5 月に「フランス信仰告白（Confessio Gallicana）」の起草にも関与した．これについては後に考察する（4.5 を参照せよ）．1559 年 6 月にアンリ 2 世は厳しい内容の手紙で，裁判所にプロテスタントをきびしく迫害するようにと喚起した．これに対し，パリの高等法院の裁判長の一人，アンヌ・デュ・ブール（Anne du Bourg）は事態の経緯に抵抗したため，1559 年 6 月にアンリ 2 世自らによって逮捕され，1559 年 12 月 21 日に火刑に処された．カルヴァンはアンブロシィウス・ブラウラー（Ambrosius Blaurer）宛の手紙で（1560 年 2 月付・CO18, 13-16）殉教者のデュ・ブールの死を詳しく語っている．アンリ 2 世が，1559 年 7 月 10 日に親睦の騎乗槍試合で負傷した後に死亡してから，かなり時間が経過していた．

カルヴァンは激励の手紙を書き，迫害されているフランスの福音主義への親密な連帯を示している（CO17, 570-574, 1559 年 6 月末に書かれた手紙および CO17, 681-787, 1559 年 11 月付の手紙）．彼は 1559 年 7 月 19 日付の手紙（CO17, 582-584）で，最初の呼びかけであまり成果がなかったので，メッツの集会に福音主義の信仰を公に告白するよう強く促している．ドイツ諸侯の支援を確信するまで福音主義の信仰を告白することを待つべきではないか否かの集会の側からの問い合わせへの返書で（1558 年 9 月 10 日付・CO17, 326-329）カルヴァンはこのことを言っていた．

幾人かのプロテスタントは 1559 年に，有名なローマ・カトリックでスペインに好意的な一族ギーズ家（De Guise）を締め出す計画を立てた．この一族は，ランス（Reims）の大司教であり枢機卿のシャルル，フランスのためにメッツ，トゥール，ヴェルダンを征服し，またサン・カンタンでのフランスの敗北を未然に防ぎ，イギリス人からカレーを奪還したフランソワ公，最後にクロードによって率いられていた．1559 年 7 月以後，その夫アンリ 2 世の死後，この一族ギーズ家は，まだ年少の息子フランソワ 2 世（Frans II）の摂政であるカトリーヌ・ド・メディシス（Catherine de Medicis）をとおして宮廷に大きな影響を及ぼした．その影響力は，一つはナバラの王アントワーヌ・ド・ブルボンがアンリ 2 世の死後あまりにも不注意な行動をとったことにあった（ヨハンネス・シュトゥルム宛の 8 月 13 日付のカルヴァ

ンの手紙・CO17, 594-595, およびヴェルミーリ［Vermigli］宛の 10 月 4 日付の手紙
・CO17, 652-653 を参照せよ. その中で彼はフランスにおいて（信仰の）兄弟たちが置
かれている状況をたいへん心配して述べ, またナバラの王はそれを防ぐことはできな
いだろう, 彼は大きなことを約束したが, 彼の怠慢は人が想像しうる最も恥ずべきも
ので, その上になお裏切りが加わったとカルヴァンは言っている）.

　ジャン・デュ・バリー・ド・ラ・ルノディの指揮下で共謀したプロテス
タントがフランソワ・ド・ギーズへの襲撃, いわゆるアンボワーズの陰謀
を計画した[50]. カルヴァンは情勢を鑑みて計画について助言を求められた
が, 否定的な助言であった. デュ・バリーが 1559 年 12 月にカルヴァン
を訪問したとき, カルヴァンは襲撃の計画を嫌悪して拒絶した[51]. 1560 年
3 月 15 日の陰謀は裏切りによって失敗した. ギーズ一族はプロテスタン
トへの激しい迫害によって復讐した. そしてプロテスタントを嘲弄してユ
グノーと呼んだ. この呼称がどこからきたのかは明らかでない. おそらく
「ユグノー（huguenot）」とは 1520 年以後ジュネーブでサヴォワから離れ,
フリブールやベルンのような他のスイスの都市との同盟を追求した党派の
支持者を意味した「eyguenot（同盟者）」と関係がある. ユグノー自身はこ
れを尊称として受容した[52].

　カルヴァンはそうこうする間に, フランスの兄弟のための支援を外国に
求めた. とくに, 彼はシュトゥルムとオットマンをとおして（1560 年 6 月 4
日付の彼ら宛の手紙——CO18, 97-100 を参照せよ）ドイツのプロテスタント諸侯
を動かしてフランス王に対抗させようとした. 諸侯が教会を乱用から浄化
する目的をもって国の教会会議を招集する計画について喜んでいること,
彼らが必要であれば王を支援するつもりであること, そして彼らは王の安
寧と国民の平和と繁栄のために助言すること, こうしたことすべてを王に
続けて表明すべきである, と.

　さらに別の手紙で, カルヴァンはヴァランヌ（Varanne）とよんでいるナ
バラ王, アントワーヌ・ド・ブルボンがもっとユグノーのために尽力する
よう働きかけている. アントワーヌはカルヴァンにベザを寄こすよう求め,
彼は 1560 年 7 月 20 日にネラック（Nérac）に向かって出発し, フランソワ

ジャンヌ・ダルブレ

2世がアントワーヌとその兄弟ルイ・ド・コンデ（Louis de Condé）をパリに呼び寄せるまで約三か月間そこで公に説教することができた．その後，ベザはジュネーブへ戻った．

　カルヴァンのフランスの兄弟への手紙が，そこでは多くの者が彼を引き合いに出し，複写され，広められ，手紙の一部は宮廷で秘密の討論の際に朗読されていることを知った時に，彼は私的な通信を不可欠なもののみに限ることにした．

　失敗したアンボワーズの陰謀の後，ユグノーはその地位を改善するためにあらゆる努力を払った．フランソワ2世が1560年8月21日にすべての名士をフォンテンブローに招集したときに，カスパール・ド・コリニはあえてそこへ行った．カルヴァンはブリンガー宛の手紙（10月1日付・CO18, 204-208）の中でこの集会の詳しい報告をし，その中でとりわけド・コリニがフォンテーヌブローで自由に礼拝の執行が許されるように，王にノルマンディーのユグノーからの請願書を手渡したと述べている．12月

にはそこで身分制議会が開催され，続いて司教が 1 月に普遍的公会議の準備のために集会をすることになる.

　1560 年 12 月 5 日にフランソワ 2 世が死去した．王位継承者シャルル 9 世はまだ 9 歳であった．カルヴァンによればフランスでのこうした状況の中でアントワーヌ・ド・ブルボンの仲介によって，どのような措置が講ぜられるべきか，アントワーヌのために彼が作成した覚え書きから明らかである．第一に，アンボワーズの陰謀に関係し，フランソワ 2 世の関与で 10 月にオルレアンで逮捕されたルイ・ド・コンデが裁判官の判決によって釈放されること．第二の（最も重要な）点は誰によって摂政職が行使されるか，身分制議会が確定すること．カルヴァンはこの点ではカトリーヌに反対した．第三の点は礼拝に関係している．誰もミサに出席することを強制されてはならない．この最後の件については，それを希望しない者にはそれに代わる祈り，神の言葉を聴く機会が与えられなければならない.

　フランスにおける権力は事実上摂政カトリーヌ・ド・メディシスの手に入った．彼女はド・コリニと限られた行動の自由を手に入れたド・コンデを対抗させてギーズ一族の影響を制限した．ユグノーは幾らかの自由を得たが，私的にも公にも宗教行為は許されなかった.

　一方, アントワーヌ・ド・ブルボンの妻ジャンヌ・ダルブレ（Jeanne d' Albret）はその義理の兄弟ルイ・ド・コンデの逮捕の後，公に福音主義教会に加わった．カルヴァンはベザをとおして彼女の歩みを聞き，1561 年 1 月 16 日にそれについて彼女に手紙（CO18, 313-314）を書いて彼女の選択に対し喜びを表している[53]．主なる神がすでに久しくジャンヌの心に蒔かれた良い種は神の大きな慈しみによって枯れてしまわなかった．カルヴァンは高い地位にある王侯は，彼らが偉大な牧者の群れに属することをしばしばあえて示めそうとしないと述べている．彼はジャンヌが，神に負っているその地位において従順の二重の絆で神に結びつくように望み，また誰もが自身の信仰の弱さのために必要である聖書研究をも，彼女に奨励している.

　同日，カルヴァンはルネ・ド・フランス（CO18, 315-316）とド・コリニ（CO18, 317）への手紙も書いている．ルネの夫フェララ公エルキュール・

デステ（Hercule d' Este）は 1553 年から 1554 年に一時彼女をその福音主義の信仰のために要塞コンサンドロ（Consandolo）に投獄したが，ミサに出席してルネは再び釈放された．カルヴァンは 1555 年 2 月 2 日に激励の手紙（*CO*15, 417-419）を書き，彼女との交流を保った（たとえば 1558 年 7 月 26 日付の手紙——*CO*17, 260-262 を参照せよ）．1559 年 10 月にフェララ公はその死の床で，もはやカルヴァンと通信しないことをルネに約束させた．その父の後を継いだ息子アルフォンソ（Alfonso）は，母にローマ・カトリックの信仰の信奉者としてフェララに留まるか，さもなければフランスへ行くかの選択を迫った．彼女は後者を選んだ．カルヴァンは 1560 年 7 月 5 日に（*CO*18, 147-148），彼女には誓約を守る義務はないと彼女に書き送っている．彼はフランスに行くことに伴う危険を指摘したが，また彼女を激励もした．後者については 1561 年 1 月 16 日の上述の手紙の中でも，とくに彼女に「イエス・キリストの貧しい人々」のために全力を尽くすように求めている．

　ルネ・ド・フランスは 1563 年 2 月 13 日にオルレアンで殺害されたフランソワ・ド・ギーズの姑である．カルヴァンは 1564 年にもなお彼女と通信している（*CO*20, 230-233；244-249，および 278-279 を参照せよ）．たとえば 1564 年 1 月 24 日に手紙（*CO*20, 244-249）でルネが彼女の義理の息子フランソワ・ド・ギーズに関する幾人かの牧師の発言によって大きく傷ついたと感じていることに言及している．そこではカルヴァンは，誤った道にいて害悪をもたらす人々に対して，われわれが取るべき立場について，詳しく述べている．憎しみと復讐はキリスト教徒にふさわしくない．彼はルネが他者の誤った態度によって影響されるのではなく，愛が何かを知らない人々に愛を示し，そして彼女の誠実さによって他の人々がその偽善を恥じるようになることを望んでいる．

　上述のカスパール・ド・コリニ宛の手紙でカルヴァンは，彼がユグノーのために献身的に（とくにフォンテーヌブローで）示した，彼の並はずれた勇気に感謝している．多くの者が彼を支援することが望まれる．誰かが怠慢であっても，誰かがしていることを問題にするのではなく，われわれに喜んで従うようにと呼びかけるキリストの言葉に注意を払うように，と．ド・

コリニはそのときにも，身分制議会が開催されていたオルレアンにいた．
アントワーヌ・ド・ブルボンもそこにいた．彼宛にもカルヴァンは同日の
1561 年 1 月 16 日に手紙（CO18, 311-312）を書き，そこで幾分婉曲にでは
あるが，しかし誤解の余地のないしかたでプロテスタントのために尽力す
るよう激励している．大部分の身分制議会の参加者は良心の自由に賛成の
表明をした．

　とくに重要なことは，多年にわたってジュネーブから牧師を派遣すると
いう，フランスの教会への援助であった．この援助は 1555 年に始まった．
1555 年 4 月 22 日にジュネーブの牧師たちは，当時ヴァル・ダングローニュ
（Val d'Angrogne ［ピエモンテ Piemont］）で牧師として働いていたジャン・ヴェ
ルヌ（Jehan Vernou）とジャン・ロヴェルジェ（Jehan Lauvergeat）の手紙（CO15,
575-578）とを受け取った．彼らは上述の地域の集会の要望に基づいてジュ
ネーブによって派遣されたのである．同じ 4 月 22 日に，ジュネーブの牧
師はポワチエ（Poitiers）の集会の要望に基づいてジャック・ラングロワ（Jaques
l' Anglois）をフランスに送ることを決めた．ラングロワは正式にフランス
へ派遣された最初の牧師で，多くの者が 1555−1562 年の間に彼に続くこ
とになった．ジュネーブの牧師会の記録はこの期間にフランスへ向かった
88 名の牧師の名前を挙げている．[54] 彼らの多くは殉教者となった．たとえば，
1555 年 8 月には 5 人の牧師がフランスのその職場に向かう途中で逮捕さ
れ，シャンベリ（Chambéry）で投獄された．その一人，アントワーヌ・ラ
ボリ（Antoine Laborie）がカルヴァンに手紙を書き，その中で彼は審理につ
いて報告している．カルヴァンは返信で彼らを慰めている（CO15, 805-807,
および 809 を参照せよ）．10 月 12 日にこの牧師たちは殉教の死を遂げた．

　この時期にはフランスの多くの集会がカルヴァンに向けて牧師を派遣す
るようにとの要請を携えてきた．しばしば助言も求められた．たとえばパ
リの教会は牧師以外に彼らがトリエントの教会会議に関して，また迫って
いる身分制議会に関して，取らねばならない態度について助言を求めてい
る（カルヴァンの応答については 1562 年 2 月 26 日付——CO18, 376-378 を参照せよ）．
　牧師を派遣するようにとの，ガスパール・ド・コリニの要望は承諾され

た．1560年以後，ローザンヌを離れた後に，ジュネーブで牧師となっていたメルラン（Merlin）が派遣された．

　フランスへの牧師の派遣は，王シャルル9世が1561年1月23日にジュネーブの市参事会へ宛てた手紙（CO18, 337-339を参照せよ）にあるように，彼が枢密院を代表して，ジュネーブを近年のフランスを支配しているあらゆる騒乱の原因であると弾劾しているにもかかわらず続いていた．シャルル9世はジュネーブにただちにすべての牧師をフランスから呼び戻すように要求した．しかし，市参事会はフランスへ牧師を派遣しておらず，またその問題にはまったく関与していないと答えた（CO18, 343-345）．ジュネーブの牧師たちはこの問題について聴取された．彼らはなるほど福音を宣教するために牧師をフランスに派遣はしたが，しかし彼らは武装蜂起に対して，また教会の略奪に対しては背を向けてきた，と答えている（2月1日付のブリンガー宛のカルヴァンの手紙——CO18, 348-350を参照せよ）．

　ここで，フランスへの援助との関連で，ド・ヴィレガニョン（De Villegagnon）の植民計画への，ジュネーブとカルヴァンの関与も取り挙げておこう．彼は1555年6月にド・コリニとフランスの国王の支援でブラジルへ向かって出航した．1556年にド・ヴィレガニョンはカルヴァンに，幾人かの牧師を派遣するように彼に求めた．カルヴァンの協力でジュネーブから牧師ピエール・リシュ（Pierre Richer）とギョーム・シャルティエ（Guillaume Chartier）が派遣された．また11人のフランス人の亡命者がジュネーブから同行した．ブラジル海岸前方のコリニとよばれた島で植民者のために礼拝がおこなわれ，原住民に福音がもたらされた．カルヴァンはド・ヴィレガニョンの手紙（CO16, 437-440）と牧師の手紙（CO16, 440-443）を受け取っている．牧師たちはその成果について報告している．牧師たちはカルヴァンが自分たちを覚えていることを知り，彼の執り成しを求めている．しかし，ローマ・カトリックに改宗したド・ヴィレガニョンと，彼が霊的に支配しようとした他の者たちとの間で断絶するにいたり，この企て全体が失敗に終わった[55]．

　1561年の重要な出来事は，ポワシー（Poissy）での宗教会談であった．

これはローマ・カトリックとプロテスタント間の内的な不一致で，フランスの王権が揺らぐことを恐れたカトリーヌ・ド・メディシスの求めに応じておこなわれた．この宗教会談は9月9日にはじまり10月19日まで続いた．この会談の計画はフランスの宰相ミシェル・ド・ロピタル（Michel de l'Hospital）に任せられた．その目的はローマ・カトリックとプロテスタントが互いに対等の関係で会談し，彼らがどこで初期の教会の教えから逸脱したかを調べ，続いてその基礎に基づく合意にいたるためであった．ベザが，アントワーヌ・ド・ブルボン，ド・コンデ，ド・コリニの強い勧めでジュネーブを代表し，ペトルス・マーター・ヴェルミーリ（Petrus Martyr Vermigli）はチューリヒを代表して出席した．ヨハンネス・ブレンツ（Johann Brenz）はヴュルテンベルク公によって派遣された．この派遣についてカルヴァンは非難している．たとえばブレンツがキリストの肉体の遍在について語ったことはローマ・カトリックの理解よりもいっそう由々しいとカルヴァンはみている．カルヴァンはブレンツとその一派がこの見解によって激しい論争を起こすのではないかと恐れた（ズルツァー［Sulzer］宛の8月23日付のカルヴァンの手紙・*CO*18, 627-629を参照せよ）．ドイツからの一人の派遣者は会談が終わった後でようやく到着した．

シャルル9世とカトリーヌが臨席して開会し，ベザが始めにジュネーブの典礼にある罪の告白を朗読し，続いてローマ・カトリックとプロテスタントが一致する，あるいは相違する点について説明し，最後に「フランス信仰告白（*Confessio Gallicana*）」を提出した．宗教会談の間にはとくに聖晩餐について議論が行われた．しかし一致にはいたらなかった．

イエズス会の総長ライネツ（Lainez）はトリエントの教会会議を考慮してこの会談の法的有効性に異議を唱えた．カルヴァン（カロルス・パセリウス［Carolus Passelius］という仮名で）とベザは，ポワシーの会談の間，互いに定期的に手紙を交わし合った．カルヴァンは最新の事情に通じておくことを望んでいた．カルヴァンは，忘れずに自分に手紙を書くようにと9月10日にベザに伝えている（*CO*18, 682）．カルヴァンは，ローマ・カトリックの側で分裂を惹き起こすために，フランスのプロテスタントに，彼の考

えでは明瞭な立場をもたず，その上ドイツの状況と関連した「アウクスブルク信仰告白」を押し付けようとしているのではないか，との恐れを表明している．カルヴァンはフランスのプロテスタントによって受け入れられた「フランス信仰告白」の保持に賛成している．これについては，プファルツからなお一人の派遣者がポワシーに来ることを聞いたときに，エバーハルト・フォン・エルバッハ伯宛に彼は書いている（9月30日付の手紙——CO18, 751-753を参照せよ）．

　ポワシーの宗教会談後，ベザは宮廷と人々の緊急の要望でなおフランスに留まった．宮廷で彼は，高等法院によって派遣された人物がより詳しい規定を決定するまで，プロテスタントに一時的な礼拝の自由を獲得することに成功した．

　ポワシーの宗教会談にも出席していたトロワ（Troyes）の司教アントニオ・カラッキオリ（Antonio Caraccioli）が，，その教会の位階を保持したままトロワのプロテスタントに加わろうとした事態に直面して，ベザは助言をカルヴァンに求めた（11月9日付の手紙——CO19, 109-110を参照せよ）．カルヴァンは福音の純粋な教えに加わろうとする司教やその他の聖職者が問題となるときには，一般的にどのように扱うべきかについて説明している．カルヴァンにとっては異常な厳格さと個々人のための教会規則を破ることとの間の，正しい中道が重要であった．だから，まず第一に，当該の人物が説教するに適しているかどうかが問題にされねばならない．過去は捨てねばならない．したがって新しい信仰告白をし，以前の誤りを認めることが求められる．牧師になろうとする司教はその権限を放棄することを学ばなければならない．あるいはその財産を保有しようとするなら牧師になってはならず，教会の保護者の地位に満足しなければならない（CO10a, 184-186を参照せよ）．

　1561年12月24日にカルヴァンはジャンヌ・ダルブレの要望で，彼女の夫アントワーヌ・ド・ブルボン宛に手紙を出し，彼を叱責した（CO19, 198-202）．というのは，彼がスペインの手に渡った領土の再獲得のために教皇の支援を求めたからであった．ド・ブルボンはその支援との交換に，

カトリックの信仰をフランスで促進することを教皇に約束していた．もし教皇が彼を支援しないなら，自分は他の党派へ移るであろうと．フランスでは 1562 年 1 月 17 日にサン・ジェルマンの勅令が発布され，その中で礼拝の集会は都市ではおこなわないという条件でプロテスタントに良心と礼拝の自由が認められた．そうこうする間に，ギーズ家がユグノーとドイツの諸侯とを分裂させようとした．

　フランソワ・ド・ギーズはヴュルテンベルクのクリストフ公（Christoph von Württemberg）訪問の帰途の 1562 年 3 月 1 日，ド・モレル（De Morel）の指導下でヴァシー（Vassy）の近くで行われていた宗教的集会を兵士を伴って混乱させた．そして大虐殺が惹き起こされた．ほぼ 1200 名の参加者のうち約 60 人が殺害され，約 250 人が負傷した．今や市民戦が勃発したのである．カルヴァンはジャン・ビュデ（Jean Budé）をドイツの諸侯に手紙とともに送り，国王シャルル 9 世のもとで，都市外での宗教行為を認めたサン・ジェルマンの勅令を堅く守るように主張して，フランスのプロテスタントのために尽力するようによびかけた（ヨハンネス・シュトゥルム宛．2 月 25 日付のカルヴァンの手紙——*CO*19, 359-360 を参照せよ）．

　アントワーヌ・ド・ブルボンにはプロテスタントは多くの好ましいことをもはや期待できなかった．というのは，アントワーヌはギーズ家によって籠絡されたからである．カルヴァンはベザから，アントワーヌがパリの宮廷ですべてを台無しにしたことを聞いて，彼をキリスト教の信仰を捨てたローマの皇帝に倣って背教者ユリアヌス（Julianus Apostata）とよんだ．アントワーヌの妻ジャンヌ・ダルブレ宛に，カルヴァンは 1562 年 3 月 22 日に手紙を書いて激励している（*CO*19, 347-349）．ユグノーはド・コンデとド・コリニの指導のもとに入った．

　カルヴァンはジュネーブにいながらフランスにおける戦いの経過を正確に追うことができた．それは，彼がブリンガーやズルツァー宛の手紙で伝えている詳しい情報にみられるとおりである．とくに，ジュネーブでの短い滞在の後，ド・コンデの要望で再びフランスに戻ったベザは，カルヴァンに，定期的に事件の経過について情報を伝えていた．

リヨンでは，1562 年 4 月 30 日に牧師ジャック・ルフィ（Jacques Rufi）の指導でプロテスタントが都市を支配した．これはヴァシーの大虐殺へのユグノーの対応であった．続いて聖ヨハネ（St. Jean）教会が略奪された．男爵フランソワ・デ・ザドレ（François des Adrets）（将軍）が都市の支配者となった．彼にもまたリヨンの牧師にも，カルヴァンは 5 月 13 日に手紙（CO19, 409-413）を書き，その中で起こったことについて論評している．武器を手にすることも，同様にピストルを手にしてその権力を委譲するように市長を強制することも，牧師にはふさわしくない．カルヴァンは教会の略奪を責め，それを辻強盗より二倍も悪いと考えていた．

ド・コンデとド・コリニがその大部分をドイツとスイスからの傭兵の兵隊とともにオルレアン周辺で野営している間に，フランソワ・ド・ギーズはノルマンディを襲撃した．そこには多くのユグノーが住んでいた．また彼はルーアンを包囲した．アントワーヌ・ド・ブルボンは，その戦いで受けた傷で 11 月 17 日に死亡した．

12 月 17 日にはドロ（Dreux）で野戦がおこなわれた．これはカルヴァンによって 1 月 16 日付のブリンガー宛の手紙で詳しく報告されている（CO19, 637-641）．この野戦の間にド・コンデは捕虜になった．1563 年 1 月 20 日にカルヴァンはある手紙（CO19, 643-647）を書き，その中でアントワーヌ・ド・ブルボンの未亡人ジャンヌ・ダルブレに助言している．彼女はまだ未成年の息子の代わりにナバラを治め，その国に宗教改革を導入した．彼女は非常に困難な中でも（とくにスペイン王がナバラを攻撃すると脅した）神の命令に従って行動せねばならないこと，もし従順であるなら，神は助けられると確信しなければならないと忠告した．カルヴァンはジャン・レモン・メルラン（Jean Raymon Merlin）をとおして届けさせた．メルランはローザンヌの教授であったが，1560 年以後ジュネーブの牧師になった．メルランはジュネーブの牧師と市参事会の許可を得て，女王が必要ならばナバラの宗教改革を進めるために彼女を助けることを願っていた．

さらに多くの牧師を求める彼女の要望に基づいてジュネーブは 5 月から 6 月にかけて加えて 12 人の若い牧師を派遣したが，同時にメルランをで

きるだけ早くジュネーブへ戻らせるよう求めた（6月1日付彼女宛のカルヴァンの手紙——*CO*20, 34-36 を参照せよ）．しかし8月に女王は，ジュネーブの市参事会にメルランがもっと長く留まることができるかを尋ねている．

1563年3月19日に，ド・コンデはアンボワーズで講和条約を締結した．しかし，その規定はユグノーにとって1562年1月17日に締結されたサン・ジェルマンの勅令の規定よりも不利になった．これによれば国民に対しては指定された場所でのみ宗教的集会をおこなうことが許されただけで，全体で75か所，州毎に一か所であった．

注目すべきことは，包囲されたリヨンの司令官ユグノーのジャン・ド・スービーズ（Jean de Soubise）のカルヴァンとの接触であった．ド・スービーズにアンボワーズで講和条約が締結されたこと，そして，彼はリヨンを明け渡さなければならないことを知らされた．しかし，ド・スービーズはその権限を正式に与えられない限りこれを拒否した．この間に彼はカルヴァンに助言を求めた．1563年4月5日付の手紙（*CO* 19, 685-687）でカルヴァンは，自分の関与していないところで締結されたものであっても，今や講和条約は事実として，いかに厄介なものでも受け入れねばならないと書いている．しかしその他方では，リヨンにおける一定の条件を十分調整するようにと，彼を激励している．ド・スービーズはしかし，戦争を独力で続けようとしていた．カルヴァンは彼から受け取ったいくつかの手紙への返事の中で（*CO*20, 20-31），彼が良心をもっておこなうときには，そのための十分な根拠がなければならないと書いている．しかし，カルヴァンはそうしたものを見出すことができず，ド・スービーズがそれを見出すとしても，彼は決して成功しないだろうとカルヴァンは考えていた．ド・スービーズがなしうる最善のことは，カルヴァンの考えによると，時間を稼ぐことである．

アンボワーズの講和は多くのユグノーにとって裏切りと思われた．何といってもドロの戦いは決着しないで終わり，フランソワ・ド・ギーズは1563年2月13日のオルレアンの包囲に際して殺害され（ド・コリニ，ベザ，ド・ラ・ロシュ＝フーコー［De la Roche-Foucauld］伯が後に共犯で告発された．ド・コリ

ニは弁護の文書を出した）、反対派は弱体化した．カルヴァンは，はじめはド・コンデがアンボワーズの講和条約で取り決めたことについても否定的な発言をしている．彼は3月19日にブリンガー宛の手紙（CO19, 690-692）で，ド・コンデは，カトリーヌが提案した条件に難なく応ずることができたであろうと書いている．しかし，ド・コンデはあまりにも卑屈な行動をした，とカルヴァンは考えた．彼は，その後ド・コンデの手紙を受け取った後の5月7日に（CO20, 12-15），彼はコンデがその最善を尽くしたと信じていること，そして，彼が今後も努力することを望んでいること，同時に彼を激励していると書いている．カルヴァンは，すべてのことは一日では起こらないことを承知しているが，しかし，ド・コンデに，早ければ早いほどよいという格言を思い起こさせている．カルヴァンはド・コンデへの手紙とともに，ド・コンデがマクシミリアン（Maximilian）の戴冠式でフランクフルトでできれば皇帝に手渡せるように短い信仰告白を送った（「皇帝へ提出するための信仰告白 Confession de foy présenter à l'Empereur」——CO9, 753-772）[56]．しかしこれは今回は失敗に終わった．というのはド・コンデはこの信仰告白を間に合うように受け取れなかったからである．それでカルヴァンはこれを，彼が支持することを期待して改めて彼に送った．このことが国の多くの無知な者たちを自分の側につけ，またとくにフランス人の聖晩餐の理解に不審の念を抱いている多くのドイツ人が，もしド・コンデがこの信仰告白を支持していることを知るなら，これを尊重する結果になるだろうとカルヴァンは期待したのである．ド・コンデは，自分を「アウクスブルク信仰告白」——この信仰告白が「肉でも魚でもなく」，すでにドイツで多くの争いを起こしてきた——を支持するように動かそうとしている人々を警戒しなければならない．後にカルヴァンは（ベザとともに）ド・コンデに改めてこの信仰告白について述べ，そして彼とさまざまな婦人との関係が言われているので，キリスト教徒としての品行に向かうよう彼を激励している（1563年9月13日付の手紙——CO20, 159-161）．

　フランスのプロテスタントがカルヴァンをいかに尊敬していたかは，彼に助言を求め，受け取った手紙から明らかである．たとえば牧師としてモ

ンタルギス（Montargis）のルネ・ド・フランスの宮廷に滞在したド・モレルがいくつかの質問をカルヴァンにしている．牧師は他の人に対して利息を取って金を貸して良いのか？　裁判官や上級の警察官は長老会の議員になることができるのか？（カルヴァンの返答については 1562 年 1 月 10 日付の彼の手紙──*CO*19, 245-246 を参照せよ）．ラングドックのプロテスタントの総督，アントワーヌ・ド・クルソル（Antoine de Crussol）は，カトリーヌ・ド・メディシスやシャルル 9 世の来訪時の行列やその他の偶像礼拝的な用件で彼らに同行できるかどうかと尋ねている（1563 年 7 月 31 日付のカルヴァンの手紙──*CO*20, 11-113 を参照せよ）．こうした例は，多くのその他のフランス以外のものでも補足することができる．カルヴァンがあらゆる種類の質問に答えるために書いた手紙からは，きわめて牧会的な立場を彼が取っており，助言を求めている人々が置かれている状況を十分に配慮していることが，明らかになる[57]．

1.7　カルヴァンの最期

1555 年 5 月以後は，カルヴァンにとっても，ジュネーブから反対者が退去し，これまでのような衝突によっては特徴づけられない時期が訪れたことをわれわれは見てきた．確認してきたように，その後のカルヴァンは，ますますジュネーブ外の問題に巻き込まれていった．

しかしながら，1556 年からカルヴァンの健康状態はますます思わしくなくなった．とくに 1558−1559 年の冬には彼の病は深刻であった．兄弟のアントワーヌの助けによって彼は『キリスト教綱要』の新版を全力をふりしぼって用意した．1559 年 6 月 5 日にアカデミーが開校したときには彼は幾分回復し，ふたたび多くの活動を継続した．しかし，1564 年のはじめには，健康状態の悪化のためにさまざまな活動をあきらめねばならなかった．1564 年 2 月 2 日に，彼はエゼキエル書の一部について最後の講義をおこなった．

彼は最後の説教を 2 月 6 日，日曜日におこない，3 月 27 日に最後に市庁舎に行って，牧師を代表して，コラドンが院長となることを提案した．次の日に長老会の会合にも出席した．3 月 31 日に最後に牧師の会合に出席した．復活祭（4 月 2 日）には教会におり，聖晩餐に加わった．

4 月 25 日にはカルヴァンはその遺言を公証人に口述した（テキストについては *CO* 20, 298-302 を参照せよ）．彼は神にその恵みを感謝し，そして自分は，授けられた恵みの度合いに従って神の言葉を純粋に告げ知らせ，聖書を忠実に釈義するために最善を尽くしてきたと言明した．彼はそのわずかの財産を分配すべき者を指示した．

4 月 27 日に，カルヴァンは市長と小議会の議員たちに別れを告げようとした．彼らはカルヴァンが来るまでもないと，自ら家を訪れ，カルヴァンは彼らを迎え，話しかけた．カルヴァンはその友愛を感謝し，自分は多くたりないことがあったけれども，神の奉仕において常に都市のために最善を求めてきたと言明した．カルヴァンは，神もその欠点を耐えてくださったように，彼らも耐えてくれたことを感謝し，欠けについて詫びた．カルヴァンは公の生活で神の栄光をめざすよう奨励した．彼は一人ひとりに個人的に別れを告げた[58]．

次の日には，牧師たちに別れを告げ，彼は自分の後継者として選んだベザを推薦した[59]．

それに続く日にカルヴァンはなおさまざまな友人や著名な人物を迎えた．彼が 5 月 2 日に別れの手紙（*CO* 20, 302-303）を書いた高齢のファレルも彼を訪問した．

5 月 19 日に，カルヴァンの家で，牧師たちがその週毎の会合をしていたときにも，カルヴァンは一時なおその中にいた．そして，5 月 27 日，彼は死去し，次の日に埋葬されたのである．

註

1) 1548 年にアントワーヌの妻アンヌは市参事会に姦通の罪で告発され弁明しなければならなかった．しかし証拠不十分で起訴されなかった．それでも，彼女は夫とともに長老会に出頭させられた．ここでは彼らを互いに和解させようとして成功した．しかしカルヴァンの家で働いていた使用人(servant)とのアンヌの姦通に続いて，1557 年に離婚となった．アンヌはジュネーブから追放された．

2) これは一般的に受け入れられている日付である．しかし T. H. L. Parker, John Calvin, Glasgow 1982（付録 1「日付再論」）はカルヴァンはもっと以前に（1520-1521 年）パリで勉学を始めたと考えている．

3) TRE,（Guy Bedouelle の 論 文），Hermann Dörries,〈Calvin and Lefèvre〉ZKG 44（1925）: 544-81； お よ び Richard Stauffer,〈Lefèvre d'Etaples, artisan ou spectateur de la Rèforme?〉BSHPF 113（1967）: 405-23.（この論文は Positions lutheriennes 15［1967］: 247-62, Richard stauffer, Interprètes de la Bible: Etudes sur les reformateurs du XVIe siècle［Paris, 1980］11-29にも見られる）を参照せよ．

4) TRE.（Michel Veissière の論文）を参照せよ．

5) J. Lecouitre, Maturin Cordier et les origines de la Pédagogie protestante（Neuchâtel 1926）を参照せよ．

6) J. F. G. Goeters,〈Thomas von Kempen und Johannes Calvin〉in Thomas von Kempen Beiträge zum 500. Todes Jahr 1471-1971,（Kampen 1971, 87-92）を参照せよ．

7) メアとカルヴァンの関係についてのさまざまな見解の概観については A. N. S. Lane, John Calvin, Student of the Church Fathers, Edinburgh 1999, 16-25. こ れ に 関 す る 章，Calvin's Use of the Fathers and the Medievals（15-66 頁）は，CTJ 16（1981）149-205 の論文の改訂である．カルヴァンへのメアの積極的な影響については，たとえば Alister E. McGrath,〈John Calvin and Late Mediatval Thought: A study in Late Mediaeval Influences upon Calvin's Theological Development〉in : ARG 77（1986）58-78，および A Life of John Calvin（Oxford 1990）36-39. を参

照せよ.

8) カルヴァンと哲学の間の関係については以下を参照せよ. Charles B. Partee, Calvin and Classical Philosophy〔Leiden, 1977〕; Gerd Babelotzky, Platonische Bilder und Gedankengänge in Calivins Lehre vom Menschen〈Wiesbaden 1977〉; N. T. van der Merwe〈Calvin, Augustine and Platonism: A few Aspects of Calvin's Philosophical Bakground〉in Calvins Reformator: His Contribution to Theology, Church and Society〈Potchefstroom 1982〉69-84.

9) D.-J. de Groot,〈Melchior Volmar, ses rapports avec les réformateurs français et suisses〉in BSHPF 83〔1934〕: 416-39 を参照せよ.

10) F. Wendel, Calvin. Ursprung und Entwicklung seiner Theologie, Neukirchen 1968, 109:「同様にビュデはカルヴァンの著作の中に J. Bohatec がたいへん入念に指摘したように多くの重要な跡を残している」J. Bohatec, Budé und Calvin: studen zur Gedankenwelt des französischen Frühhumanismus〔Graz, 1950〕を参照せよ.
　　ビュデについては, TRE, 7.〔1981〕335-338〔Hanns Kerner の論文〕をも参照せよ. 人文主義へのカルヴァンの関係は, François Wendel, Calvin et l'humanisme〔Paris, 1976〕を参照せよ.

11) Parker はカルヴァンの回心を 1530 年以前に置いている. Parker, John Calvin〔付録2「カルヴァンの回心」〕を参照せよ. カルヴァンの回心についてはかなりたくさん書かれている. われわれは文献としてはただ以下のものを挙げる. P. Sprenger, Das Rätsel um die Bekehrung Calvins, Neukirchen 1960; W. Nijenhuis,〈Calvijns〈subita conversio〉, notities bij een hypothese〉in : NTT 26〔1972〕248-269, および Ernst Koch,〈Erwägungen zum Bekehrungsbericht Calvins〉in : NAKG 61〔1981〕185-197. ラテン語「subitus」は「突然」をも「予期できない」をも意味する. 後の意味が Nijenhuis によって TRE 7〔1981〕強調されている.「前以て考慮されず, 人間の思考と経験における接点なく, むしろ専ら聖霊の働き（として）, カルヴァンは『subita conversio』という言い回しでパウロのダマスコでの経験と類比して自分の務めを神による特別な召命に帰そうとした」.

12) Appendix I〈The Placards of 1534〉〔Robert Hari〈Les Placards de 1534〉in : Aspects de la Propaganda Religieuse, Genève 1957, 114-119 によって確定されたテキストからの翻訳〕in : John Calvin, Institutes of the Christian Religion. 1536 edition, London 1986, 339-342〔Ford Lewis Battles の 1975

版の M. Howard Rienstra による改訂版）を参照せよ.

13）マルクール（Marcourt）は 1538 年 6 月から 1541 年 9 月までジュネーブの牧師である. 文献は Gabrielle Berthoud, Antoine Marcount, reformateur et pamphlétaire du〈Livre des Marchans〉aux Placards de 1534（Geneva, 1973）.

14）文献は Paul Wernle, Calvin und Basel bis zum Tode des Myconius, 1535-1552（Tübingen 1909）Eugénie Droz, Chemin de l'héresie: Textes et Documents, 4 vols,（Geneva 1970-76）I: 89-129.

15）文献は H, Lecoultre,〈Le séjour de Calvin en Italie d'après des documents inédits〉PThPh 19（1886）: 168-92: C. A. Cornelius, Der Besuch Calvins bei der Herzogin Renata von Ferrara in Jahr 1536（1893）.

16）文献は Amédée Roget, Histoire du peuple de Genève depuis la Réforme jusqu'a l'Escalade, 7vols,（Geneva, 1870-1883）; Michel Roset, Les Chroniques de Genève（Genève 1894, Henri Fazy による手書原本版）; Jean-Antoine Gautier, Histoire de Genève des origines à l'année 1690, 9 vols Geneva, 1846-1914. E. William Monter, Calvin's Genera（New York 1967）.

17）文献は Emile Dunant, Les Relations politiqucs de Genève avec Berne et les Suisses de 1536 à 1564（Genèva, 1894）Eugène-Louis Dumont,〈Histoire des Traités〉in Geneve 26-27 mai 1976, commémoration des traités de combourgeoisie avec Friboung, Bern 1526 et Zurich 1584（Genéve, 1976）, 49-59.

18）J. M. Lange van Ravenswaay,〈Calvin und Farel－Aspekte ihres Verhältnisses〉in Actes du colloque Farel, Neuchâtel 29 septembre – les octobre 1980, publiés par Pierre Barthel, Rémy Scheurer, Richard Stauffer, Tome I, Lausanne, 1983）I, 63-72 ; C. Partee,〈Farel's influence on Calvin: a prolusion〉in Actes du Colloque Guillaume Farel, e. a eds., 1983, 173-186.

19）Henri Heyer, L'Eglise de Genève, 1535-1909（Genéve, 1909）; Henri Naef, Les Origines de la Reforme à Geneve, 2 vols.（Geneve 1936: 再版, 1968）, Robert M, Kingdon,〈Calvin and the Goverment of Geneva〉in Calvinus ecclesiae Genevensis custos, ed. Wilhclm H. Neuser（Frankfurt am Main, 1984）49-67.

20）文献は Frans Pieter van Stam,〈Farel und Calvins Ausweisung aus Genf am 23. April 1538〉in : ZKG 110（1999）209-228.

21）文献は Alfred Erichson, L'Eglise française de Strasbourg au XVIe siècle

(Strasbourg, 1886）; François Wendel, L'Eglise de strasbourg, sa constitution et son organisation（Paris 1942）. カルヴァンのストラスブルクでの滞在に関しては Emile Doumergue, Jean Calvin: Les Hommes et les choses de son temps, 7 vols（Lausanne, 1899-1927）, 2: 293-98, 376-524; Jacques Pannier, Calvin à Strasbourg Strasbourg 1925 ; Jean-Daniel Benoit et al., Calvin à Strasbourg, 1538-1541 Strasbourg, 1938 ; Wendel, Calvin: 41-51 ; Richard Stauffer,〈L'Apport de Strasbourg à la Réforme française per l'intermediaire de Calvin〉in Stauffer, Interprétes, de la Bible 153-65.

22）Robert Stupperich,〈Calvin and die Konfession des Paul Volz〉RHPhR44（1964）: 279-89 を参照せよ.

23）フランクフルトの休戦のテキストについては, Die Vorbereitung der Religionsgespräche von Worms und Regensburg 1540/41, ed, Wilhelm H, Neuser（Neukirchen 1974）, 75-85 を参照せよ.

24）合意のテキストについては, A-L, Herminjard, Correspondence des réformateurs dans les pays de langue françoise 9 vols（Geneva 1866-97）, 5: 243 を参照せよ.

25）D. Nauta,〈Calvins afkeer van een schisma〉in Ex auditu verbi: Theologische opstellen aangeboden aan Prot, Dr, G. C Berkouwer,（Kampen, 1965）, 131-56. を参照せよ.

26）文献は Ferdinand Buisson, Sébastien Castellion, sa vie et son oeuvre, 2 vols（Paris, 1892; reprint, Nieuwkoop. 1964）. Etienne Giran, Sèbastien Castellion et la Réforme calviniste（Paris 1914）; Hans, Martin stückelberger,〈Calvin und Castellio〉, Zwingliana 7（1939): 91-128; TRF. 7（1981）663-665（Hans. R. Guggisberg の論文）.

27）カルヴァンは 1544 年 5 月にヴィレに宛てて, このことは彼の了解なしに取り決められ, また, カステリョが今牧師の職務に就いていると考えるのは不正確であると書いている（CO 11, 688）.

28）文献は Marc-Edouard Chenevière, La Pensée politique de Calvin（Geneva, 1937: herdr. 1970）, 197-221（Chapitre 4,〈Calvin et la constitution politique de Genève〉; Robert M. Kingdon and Robert D, Linder eds., Calvin and Calvinism: Sources of Democracy（Lexington, Mass 1970）; Andrew J. L. Waskey, Jr.,〈John Calvin's theory of political obligation: an examination of the doctrine of civil obedience and the limits from the New Testament commentaries〉Ph. D.（diss）, University of Southern Mississippi 1978; Harro Höpfl, The Christian Polity of John Calvin（Cambridge 1982, herdr.

1985）.

29）カルヴァン時代の市参事会議事録が 2003 年以来刊行されている.
Registres du Conseil de Genève a l' epoque de Calvin, Nouvelle série, Tome
Ⅰ：du 1er mai au 31 décembre 1536, Paule Hochuli-Dubis, ed., Genève
2003. Tome Ⅱ：du 1er janvier au 31 décembre 1537, Genève 2003.

30）衝突の詳しい記述と分析については William G. Naphy, Calvin and the
Consolidation of the Genevan Reformation, Manchester / New York 1994,
84-120 および 167-207 を参照せよ.

31）ベルテリエ（Berthelier）と長老会の間の衝突の意味については Walther Köhler,
Zürcher Ehegericht und Genfer Konsistorium, Ⅱ, Das Ehe- und Sittengerieht
in den Süddeutschen Reichsstädten, den Herzogtum Württemberg und in Genf,
Leipzig, 1942, 605-614 を参照せよ.

32）ベルテリエに関係する衝突については 9 月 4 日のヴィレ宛のカルヴァ
ンの手紙（CO14: 605-606）を参照のこと.

33）この質問はバーゼルでは確かにいくらか論争をかき立てた. Uwe Plath,
Calvin und Basel in den Jahren 1552-1556（Zürich, 1974）, 98-111 を参照
せよ. シャフハウゼンの市参事会からの返事からの長い引用について
はヤコブ・トゥルガー（Jacobus Truger）からブリンガー宛の手紙（CO14:
710）を参照せよ.

34）同じ日付のハインリッヒ・ブリンガー宛のカルヴァンの手紙（CO14:
722-723）をも参照せよ. ジュネーブへのチューリヒの市参事会の返事
については CO14: 699-703 を参照せよ.

35）訴訟からのいくつかの文書 —— グリュエの手紙, 弁護士の論告, 判決
—— については CO12: 563-68 を参照せよ. 文献は Henri Fazy,〈Procès
de Jacques Gruet, 1547〉in; mémoires de I'Institut notional genevois 16
（1886）; および M. François Berriot,〈Un Procès d'athèisme a Genève:
L'affaire Gruet（1547-1550）〉in; BSHPF 125（1979）: 577-92.

36）カルヴァンのカステリョが牧師になることに賛成していないことが明
らかな, ヴィレ宛のカルヴァンの二通の手紙をも参照せよ.（CO11:
686-688, CO11, 690-691）, しかし彼はカステリョが仕事を見つけるのを
助けようとしている.

37）5 月 31 日のファレル宛のカルヴァンの手紙を参照せよ（CO11: 719-
22）.

38）1552 年 11 月 27 日のメランヒトン宛のカルヴァンの手紙を参照せよ
（CO14: 415-18）.

39）ジーモン・ズルツァー（Simon Sulzer）宛の8月7日の彼の手紙を参照せよ．（*CO*15: 209）

40）Plath, Calvin und Basel. 164-172 を参照せよ．

41）Charles Borgeau, Histoire de l'Université de Genève, Ⅰ, L'academie de Calvin, 1559-1798 Geneva, 1900. W. Standford Reid,〈Calvin and the Founding of the Academy of Geneva〉in : WThJ 18（1955-1956），1-33.

42）De Leges academiae Genevensis（ラテン語とフランス語のテキストについては *CO*10a: 65-90 を参照せよ）．

43）Kurt Guggisberg,〈Calvin und Bern〉in : Festgabe Leonhard von Muralt（Zurich, 1970）266-85 を参照せよ．

44）ジュネーブの牧師たちは1554年10月4日にベルンの市参事会に手紙を書き（*CO*15: 250-52），もう一つの手紙が10月6日に続いた（*CO*15: 256-58）．彼らはそれをクリストフ・ファブリ（Christoph Fabri）本人によってベルンに届けさせた．ベルンは11月17日にその領土における牧師宛の手紙とジュネーブの市参事会への手紙で対応した（*CO*15: 311-314）．ベルンが書いてきた内容に満足しなかったジュネーブの牧師たちは市参事会と協議して作成した手紙で11月27日に返答した（*CO*15, 319-320）．さらにもう一つの手紙が12月29日にベルンに発送された（*CO*15: 363-364）．これらの手紙における苦情は第一にボルセックに関係している．その中でジュネーブの牧師をさまざまに非難しているジュネーブの市参事会への手紙（*CO*15: 400-404），確立した慣習を守るように呼びかけているヴォー（Vaud）の領土の牧師への手紙（*CO*15: 405）にあるベルンの市参事会の反応をも参照せよ．1555年2月にジュネーブとローザンヌ両者の牧師が，さまざまな中傷についてベルンの議会に苦情を述べている（*CO*15: 430-33 を参照せよ）．

45）もっと詳しい情報に関しては，Guillaume Farel, 1489-1565（Neuchâtel, 1930），540-50 を参照せよ．

46）上掲，605-110.

47）Karl Bauer, Die Beziehungen Calvins zu Frankfurt a. M, SVRG. 38（Leipzig 1920）．

48）上掲，47-51.

49）たとえば，6月24日プーラン宛（*CO*16: 201-203），レーゲンスブルクの宗教会談以来その知り合いのフランクフルトの市参事会員ヨハン・フォン・グラウブルク（Johann von Glauburg）宛，またフランス人の集会への仲介の依頼に基づく（*CO*16: 203-207）集会の長老と執事宛（*CO*16:

207-210), および集会全体宛 (*CO*16: 210-213) のカルヴァンの手紙を参照せよ.

50) Henri Naef, La Conjuration d'Amboise et Genève, Genève, 1922.

51) 1560 年 3 月 23 日付ヨハンネス・シュトゥルム宛 (*CO*18, 38-39), 1560 年 5 月 11 日付ヴェルミーリ宛 (*CO*, 18, 81-83), 同じく, 1560 年 5 月 11 日付のブリンガー宛 (*CO* 18, 83-85), および 1561 年 4 月 16 日付ド・コリニ宛 (*CO*, 18, 425-431) の彼の手紙を参照せよ.

52) TRE,15 (1986) 618-629 (ユグノー (Hugenotten) に関して Henri Dubief を参照せよ).

53) フランスにおける貴族の婦人とのカルヴァンの通信の意味に関しては, Rosine Lambin, 〈Calvin und die adeligen Frauen in Frankreich〉 in: Reformierten Perspektiven: Vorträge zur Zweiten Emder Tagung zur Geschichte des Reformierten Protestantismus, Harm Klueting und Jan Rohls (Hg), Wuppertal 2001. 37-51 を参照せよ.

54) M. Kingdon, Geneva and The Coming of the Wars of Religion in France 1555-1563. Genève, 1956 を参照せよ.

55) この企図に関係したジュネーブ出身の 11 名の一人, Jean de Léry は旅行記を書き出版した. Histoire d'un voyage faicte en la terre de Bresil autrement dite Amerique, 1577, (何度も刊行されてきた. 1994 年にも, Jean de Léry, Histoire d'un voyage taict en la terre du Bresil (1578), 2e edition, 1580, texte établi, présenté et annoté par Frank Lestringant, Paris 1994.).
カルヴァンの使徒職の見方については, W. F. Dankbaar, 〈Het apostolaat bij Calvijn〉 in: NTT 44 (1949-1950) 177-192, および W. F. Dankbaar, Hervormers en Hamanisten, 185-199.

56) この信仰告白は 1564 年に出版された. Bibliotheca Calviniana 2, 1064-1067 を参照.

57) 第 10 章をも参照せよ. 文献としてわれわれは Jean-Daniel Benoit, Calvin, directeur d'âmes straßburg 1947 を挙げる.

58) Discours d'adieu aux mambres du petit conseil (*CO* 9, 887-890; OS 2, 398-400)を参照せよ. ドイツ語訳付きのテキストについては Studienausgabe 2, 288-293 を参照せよ (Matthias Freudenberg による「序文」281-287 頁).

59) Discours d'adieu aux ministres (*CO* 9, 891-894; OS 2, 401-404), ドイツ語訳付きのテキストについては Studienausgabe 2, 288-293 を参照せよ (Matthias Freudenberg による「序文」281-287 頁).

オランダのカルヴァンのサインのある肖像画

2 最初の出版物

2.1 ニコラ・デュシュマン (Nicolas Duchemin) の「反弁証論」(Antapologia) への序言 (1531年)

　カルヴァンがニコラ・デュシュマンと知り合いになったのはオルレアンでの学生時代であった．1529年の夏に，カルヴァンは大学を替えた．オルレアンで正統的・伝統的なピエール・ド・レトワールの講義の受講をやめ，ブールジュに行く．友人のフランソワ・ダニエルとニコラ・デュシュマンも同行した．ブールジュへ向かった理由は，歴史学派の創始者である有名なイタリアの法学者で人文主義者アンドレア・アルチャティがそこで講義をしていたからであった．彼はマルグリト・ダングレームから，そこに呼ばれていた．マルグリトは1527年にその二度めの結婚でナバラの女王となり，またベリーの公爵夫人としてブールジュの大学の保護者でもあった[1]．アルチャティは彼らには既知の人物であった．というのも，彼はアウレリウス・アルブキウス（Aurelius Albucius）という仮名で，同僚オルレアンのド・レトワールに反対する毒のある文書「アポロギア（弁証論）」を書いていた．多年ド・レトワールの講義に学び，また彼の家に住み込んでいたデュシュマンは，彼らがブールジュへ行く前にド・レトワールの弁護のための文書「アンタポロギア（反弁証論）」を書いた．そして1531年3月にカルヴァンは自身の『寛容論(De Clementia)』の出版のためにパリに行ったとき，デュシュマンの文書の出版のため努力した．その文書は，デュシュマンがカルヴァンに託し二年後に公表された．

　デュシュマンはその文書で法学の術語で純粋に法的問題を論評し，そし

てド・レトワールに反対する仮名で書いたパンフレットでの不誠実の廉^{かど}で
アルチャティを非難している．カルヴァンは「アンタポロギア」の序言を
1531年3月6日付で，常にアルチャティの味方をしていた友人フランソワ・
ド・コナンに向けた手紙の形式で書いている．序言（*Praefatio in Nic.Chemini*
*Antapologiam - CO*9, 785-786;Ep.1,2）で，カルヴァンはなぜこの文書が書かれ，
なぜそれを支持するかを述べている．この序言がカルヴァンの最初の出版
物であった[3]．

2.2 セネカの「寛容論」についての註解書(1532年)

1532年4月4日，カルヴァンの最初の学術的著作が出版された．ロー
マの哲学者セネカの著作，「*De clementia*（寛容について）」についての註
解書である．完全なタイトルは以下のとおりである．*L. Annei Senecae,*
romani senatoris ac philosophi clarissimi, libri duo de clementia, ad Neronem
Caesarem: Ioannis Calrini Noviodunae Commentariis illustrati（*CO* 5: 1-162）[4]．

セネカはキリスト紀元の初めごろ，スペインのコルドヴァに生まれ，ロー
マで哲学と修辞学を学んだ．哲学者として，厳格なストア学派の支持者で
あった．後に皇帝になるネロ（Nero）の教育に関与し，ストア学派倫理の
支持者であるネロの大臣であったが，皇帝の行動に賛成できない困難な状
況にあった．

教会の教父たち，とくにアウグスティヌスは，その論拠を支えるために
しばしばセネカを引用している．実際，4世紀に，おそらくはセネカをキ
リスト教徒の哲学者として描くという目的をもって，セネカと使徒パウロ
の間の架空の往復書簡さえも産み出されている．

カルヴァンはパリでの最初の学生時代にセネカを知るようになったに違
いない．皇帝ネロに対して，ローマにおける異端に寛容を示すようにとい
うセネカの訴えに，カルヴァンが感銘を受けたということもありえただろ
う．国王フランソワ1世は福音主義者にもっと慈悲深い立場を取ることが

2　最初の出版物　109

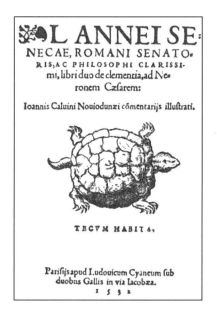

セネカの寛容論についての註解書のタイトルページ

できるはずだ！　ひょっとしたら，ストア思想へのキリスト教人文主義者の感受性がカルヴァンに感銘を与えたのかもしれない．しかし，カルヴァン自身は上述のことについて述べてはいない．

　確かなことはエラスムスがセネカのこの文書を1521年に出版し，1529年に改訂版を出版したことである．セネカを批判してやまないエラスムスはその版を完全だとは考えなかった．カルヴァンは，そのセネカの『寛容論』についての註解書への序言で，カルヴァンもエラスムスをいくつかの点で修正しようとしたと述べている．さらに，カルヴァンはこの批判的な註解書を用いてセネカのある意味での名誉回復を実現しようと意図している．この名誉回復はその見解に関わるものではない．彼は文章家および哲学者としてのセネカに，彼にふさわしい場所を与えようとした．カルヴァンはこのセネカの文書の註解書をとおしてとりわけ，人文主義の法学者として名を成そうとしたのである．

1521 年にストラスブルクでエラスムスの広く読まれた文書「*De ratione studii, ac legendi interpretandique auctores*（著作家を研究し，読み，解釈する方法）」が出版された．カルヴァンはセネカの文書への本文批評的な註解書で，方法論的にはエラスムスの立派な弟子であることを示した．まず，彼は短くセネカの思考過程を要約する．次に言語学，文体論的な註解にあて，引用による例証を続けている．多数のラテン語（75 名）とギリシア語（22 名）の著作家が引用されている．これは，カルヴァンがこれらの著作家のすべてを読んだということではない．彼はすでに出版された手引きを利用することができた．また幾人かの教会教父，とくにアウグスティヌスがカルヴァンによって引用されている．聖書からは三か所が引用されている．

註解書で，カルヴァンは摂理についてのストア派とキリスト教徒の考えの間に，類似性を指摘し，君主制への志向を表明し，良心は自然法を含んでいると主張している（古代の哲学を参照のこと）．

この著作をカルヴァンは，1532 年 4 月 4 日にクロード・ダンジェストに献呈した．カルヴァンは献辞の中でしばしば訪れたダンジェスト家にたいへん感謝しなければならないと述べている．彼は同じ時期にオルレアンでクロードとその兄弟ジャンとともに学んだ．1526 年にクロードはノワイヨンの大修道院長となった．彼の伯父ノワイヨンの司教，シャルル・ダンジェストにカルヴァンは 1521 年に一つあるいは複数の聖職禄を獲得することで恩義を受けている．カルヴァンはこの註解書の複製をエラスムスに贈った．

カルヴァンは 4 月 22 日に，フランソワ・ダニエルに宛てて（*CO*10b,19-20）[5]「ついに賽は投げられた」と書いた．つまり，セネカについての註解書が出版された．彼はまたダニエルに，自費で出版したその本がわずかしか売れていないと報告している．彼はパリの幾人かの教授にそれを授業で使って欲しいと依頼した．そして，おそらくブールジュのある教授がそれに切り替えた．彼はダニエルにこの本の複製を送り，その販売を助けてくれるようにと頼んでいる．もし，ダニエルが何らかの可能性を認めるなら，カルヴァンはさらに 100 部の複製を送ろうと書いている．

2.3 ニコラ・コップの学術講演(1533年)

1533年11月1日（諸聖徒日），新年度の開始に際して，教授と教会の高位聖職者の前で，パリ大学の総長（rector）ニコラ・コップが辛辣な講演をおこなった（*Concio academica nomine rectoris universitatis Parisiensis scripta – CO*10b,30-36 および OS I, 4-10[6]）．序で，彼はキリスト教の哲学（*philosophia Christiana*）について語り，それからマタイによる福音書5章3節（「幸いなるかな心の貧しい人々は……」）から始め，律法と福音の間の相違に注意を促した．

コップが語っていることはまったく新しいものではない．それでは彼はいかなる出典に拠ったのであろうか．彼がキリスト教の哲学について語るのは，アウグスト・ラング（August Lang）[7]によれば，エラスムスのギリシア語新約聖書の第三版の序言を思い起こさせるものである．ラングによればコップの講演と1522年の諸聖徒日にマルティン・ルターによってなされた説教，それをマルティン・ブツァーがラテン語に翻訳し1526年にストラスブルクで出版したものとの間にも関連がある．またコップの講演とフィリップ・メランヒトンのロキ・コンムーネス（Loci communes）（1521年）とブツァーの福音書の註解書（1530年）の章句の間の関連も指摘されている．

コップの講演の実際の著者は誰であるか，コップ自身か，あるいはカルヴァンなのか，という問題に非常に多くの関心が向けられてきた[8]．というのも，二つのこの講演の古い複写（一つはストラスブルクにおけるコップの手による完全なものと，ジュネーブにおけるカルヴァンの手による（*CO*9,873-876）まったく不完全なもの）が保管されているので，この二つのうちどちらがオリジナルかという問題が生じているのである．いずれにせよ，講演の内容に関する限り，コップはカルヴァンの神学的知識を取り入れていたに違いない．

コップの講演の結果として，11月3日に二人のフランシスコ会の修道

士がパリの高等法院に対して，コップに対する異端の告訴をおこなった．彼は弁明を求められたが，最後の瞬間に秘かにこの都市から逃げる決心をした．その当時パリに不在であったフランソワ1世と相談した後で，コップの首に賞金をかける決定がなされた．「呪われたルター派の分派」（フランソワの言葉）への迫害が始まった．とりわけ，牧師，ジェラール・ルーセル（Gerard Roussel），エリー・コロー（Elie Corauld）の逮捕へと続いた．

　カルヴァンがコップの講演に何らかの関与をしたという証拠としては，彼が判事による逮捕を避けるために，書物，手紙等々を置いたまま，秘かにパリから去ったことが挙げられる．

註

1）文献は Jonathan Andrew Reid,King's Sister － Queen of Dissent:Marguerite of Navarre（1492 － 1549）and her Evangelical Network,Ph.D.diss,University of Arizona 2001.

2）完全なタイトルは Nicolai Chemyui Aureliani Antapologia adversus Albuci Defensionem pro Andrea Alciato coutra D. Petrum Stellam nuper aeditama（Parisiis 1531）.

3）英訳については，Ford Lewis Battles and André Malan Hugo, Calvin's Commentary on Seneca's De Clementia（Leiden 1969）385-386.

4）文献は H. Lecoultre,〈Calvin d'après son commentaire sur le De Clementia de Sénèque〉RThPh 24（1891）: 51-77: Quirinus Breen, John Calvin: a study in French Humanism（Grand Rapids, 1931）, 67-99; André Malan Hugo, Calvijn en Seneca（Groningen, 1957）; Battles and Hugo, Calvin's commentary on Seneca's De Clementia お よ び Françocs Wendel,〈Le commentaire sur le De Clementia de Sénèque〉in Calvin et l'humanisme（Paris 1976）, 37-62 を参照せよ.

5）カルヴァンがこの手紙を誰に宛てて書いたのかは明らかでない．Ep1,8「この手紙の受取人は教師のクリストフ・ランドレ（Christoph Landré）……かもしれない」（67頁）を参照せよ.

6）ドイツ語訳付ラテン語テキストは in:Calvin-Studienausgabe 1/1, Reformatorische Anfänge（1533 － 1541）hrsg.von Eberhard Busch et al., Neukirchen-Vluyn 1994,10-25（Hans Scholl による序文については１－９頁を参照せよ）.英訳については appendix 3〈The Academic Discourse. Delivered by Nicolas Cop on Assuming the Rectorship of the University of Paris on 1　November 1533〉in: John Calvin, Institutes of the Christian religion,1536 edition,Londen 1986, 363 － 372,. 文献：Jean Rott,〈Documents strasbourgeois concernant Calvin. I. Un manuscrit autographe: la haranque du recteur Nicolas Cop〉in: RHPhR 44（1964）,290-331 お よ び in:Regards contemporains sur Jean Calvin. Actes du Colloque Calvin Strasbourg 1964,Parijs 1965,28-49 および Joseph N. Tylenda,〈Calvin's first reformed sermon? Nicolas Cop's discourse-I November 1553〉in:WThJ 38（1975-1976）, 300-318. ティレンダはコップの講演の註付きの英訳もしている.

7）A. Lang,〈 Die Bekehrung Johannes Calvins〉in:Studien zur Geschichte der Theologie und Kirche, Bd Ⅱ, Heft 1,1-57（とくに 43-57 頁）, Leipzig 1897,（Aalen 再版）註 6 に挙げた文献を参照せよ.

8）議論の経過については（Calvin - Studienausgabe1/1）おける Hans Scholl の手による上述の序言を参照せよ.

3 カルヴァンと聖書

　カルヴァンが普通の民衆が聖書を読むことを可能な限り強く鼓舞しようとしたことは早くに明らかになった．聖書への増大する関心のために，彼はクリュソストモス（Chrysostoms）の説教を出版しようと計画した．彼はこの説教が聖書を読むことを強力に促進するだろうと考えたからである．1538 年のその版のために書いたと考えられる序言がジュネーブに現存している（本文については *CO9*: 831-838 を参照）[1]．カルヴァンによれば，聖書自身に語らせようとし，その言葉の単純な意味に多大の注意を払っていることがクリュソストモスの大きな功績なのである[2]．

3.1　聖書の翻訳

　カルヴァンとオリヴェタン（Olivetanus）のフランス語の聖書翻訳との間には密接な関係がある．この翻訳は 1535 年 6 月 4 日にヌーシャテルのセリエール（Serrières）で出版された[3]．その扉には翻訳のテキストは完全にヘブライ語とギリシア語に基づいていると述べているが，しかし，それはオリヴェタンが他の翻訳を用いなかったということではない．旧約聖書に関しては，彼はたとえば 1528 年にリヨンで出版されたサンクテス・パグニウス（Sanctes Pagninus）のラテン語の聖書の翻訳を用いたし，新約聖書は，とくにルフェーブル・デタープルの「ウルガタ（Vulgata）」のフランス語訳

を用いた．同じことは聖書外典書の翻訳についても当てはまる．ルフェーブルの翻訳『フランス語の聖書 (La Saincte Bible en François)』は 1530 年にアントウェルペンで印刷された．

　オリヴェタンの聖書翻訳への財政支援は，1532 年 9 月 12 日にシャンフォラン (Chanforan) で開催された教会会議の議事の間に，ファレルの強い要請によってワルドー派が決議した．彼らはそこで宗教改革に加わる決定もおこなっている．

　オリヴェタンは 1535 年 2 月 12 日の序言で，その翻訳を何らかの著名人にではなく，「この哀れな教会」に対して献呈している．この翻訳は，セリエールのピエール・ド・ヴァングル (Pierre de Wingle) のもとで出版されたが，1535 年 9 月にシャンフォランのワルドー派の教会会議に贈呈された[4]．

　ラテン語の序言は，1535 年版にのみ見られるが，カルヴァンによるものであり，そのタイトルは次のとおりである．「*Ioannes Calvinus caesaribus, regibus, Principibus, gentibusque omnibus Christi/ imperio subditis Salutera*」(*CO* 9: 787-790)[5]．この序言でカルヴァンは自国語での聖書を擁護している．すべての信者が聖書の語っていることについて直接的な知識をもつことができるからである．彼は神の言葉あるいは，少なくともみ言葉との直接の接触を素朴な民衆から奪おうとする「不敬虔な声」(ソルボンヌ) について語っている．このことは，真の敬虔と常に貧しい者にご自身を啓示し，羊飼いや罪人の中からその預言者と使徒を選ぶことを喜ばれてきた神の意向とは対立している，と語る．カルヴァンはまた羊の牧者として真の食物 (神の言葉) を与えず，汚れた食べ物 (彼ら自身の考え) を与えている司祭と司教を批判している．彼はローマの司教と司祭を，光を升の下に隠してきたゆえに有罪であると批判している．

　第二の序言が新約聖書の前に置かれている．これは匿名で，フランス語で書かれているが，しかし 1545 年以後カルヴァンが著者として挙げられている[6]．この序言の見出しは次のようになっている．*A tous amateurs de Iesus Christ, et de son S. Evangile, salut* (*CO* 9: 791-822) ラテン語版は，1576

年にジュネーブでテオドール・ベザが，その *Johannis Calvini epistolae et responsa*[7] の中で出版した．この序言の中で，キリストは新しい契約の仲保者として，旧い契約の履行者としてほめたたえられている．われわれは福音なしに存在することはできない，福音なしではわれわれはキリスト者でない，と．

この序言への序文で，イレーナ・バキュス（Irena Backus）とクレール・チメリ（Claire Chimelli）は，この序言と二つの他の文書との類似性を指摘している[8]．形式面では，この序言は 1532 年にロベール・エチエンヌ（Robert Estienne）によって出版されたウルガタ（Vulgate）へのラテン語の序言に類似している[9]．一方，内容面では，ハインリッヒ・ブリンガーが 1534 年に契約について書いた論文とにいっそう類似している[10]，と．

1535 年版の序言「*A tous amateurs*（［イエス・キリストを］愛するすべての人へ）」は 1539 年と 1543 年の版にはない．しかしながら，1543 年にジュネーブで，聖書，とくに旧約と新約聖書の関係に関する文書が出版された．この文書は二通の手紙，カルヴァンとヴィレの手紙を収録している．カルヴァンの手紙は「*A tous amateurs*」と著しく一致している．手紙のタイトルによれば，イエス・キリストが律法の終わりであり，そしてイエスのうちに人が聖書に求めねばならないすべてが要約されていることを，カルヴァンは示そうとしている[11]．1544 年にジュネーブで出版された聖書の版には「*A tous amateurs*」が再び取り上げられているが，1543 年の上述の手紙に由来する小さな付け加えがある．1551 年以後，この序言のタイトルは以下のようになっている「*Epistre aux fideles monstrant comment Christ est la fin de la Loy*（いかにしてキリストが律法の終わりとなりたもうかを示す信徒への書簡）」．

1535 年のオリヴェタンの聖書の翻訳には「シナイの同盟者からわれわれの同盟者・連帯者によろしく（V. F. C. à nostre allié et confederé le peuple de l'alliance de Sinai, Salut）」の見出し語のもう一つの序言が付いている．頭文字 V. F. C は．Votre Frère Calvin（あなたがたの兄弟カルヴァン[12]）の省略として解釈れてきた．しかしそれは，Viret, Farel, Calvin をも意味しえよう．現在では，反対の意見がなおあるにしても，ベルナール・ルーセル（Bernard Roussel）

の研究によって，それは V（=W）olfgang Fabritius Capiton を意味していることは確実であろう[13]．オリヴェタンは 1528-1531 年にストラスブルクでカピトからヘブライ語の教えを受けた．彼がカピトに上述の序言を書くように請うたということもあるかもしれない[14]．

オリヴェタンは 1535 年に，その聖書の翻訳の出版の直後，直ちに改訂する必要を認識していた．それゆえ彼は，詩編とソロモンの書の，より優れた翻訳を配慮した．この翻訳を，彼は 1538 年に個別の版として出版した．彼は新約聖書の翻訳のために，すでに述べたように，とくに「ウルガタ」のテキストによるルフェーブルの翻訳を利用した．であるから，ギリシア語の原典からの翻訳については，この聖書の翻訳はまったくヘブライ語とギリシア語の本文に基づくとタイトルページに書かれているとしても，問題にはならない．オリヴェタンは新約聖書のより優れたフランス語の翻訳のためにカルヴァンの協力を請うていた．そしてカルヴァンは，オリヴェタンに対して，新約聖書の個別の翻訳を印刷する前に訂正する約束をした．それが実現したかどうかはわからない．いずれにせよ新約聖書の改訂版は 1538 年に出版された．しかしオリヴェタンは，完全な新しい翻訳の出版をもはや知ることはなかった．状況ははっきりしないが，おそらく 1538 年 8 月に彼はイタリアで死去したからである．

数年後の 1540 年以来，ジュネーブの学校の校長であったカステリョも新約聖書の翻訳を出版しようとした．つまり彼は 1542 年 9 月 9 日に，その出版への同意を求めてカルヴァンのもとに赴いている．カルヴァンはその出版を阻止しようとはしなかったが，カステリョに若干訂正の必要があるだろうと言った．彼らは一致しなかった．カステリョは訂正をするために翻訳をカルヴァンに渡そうとはしなかったが，少なくともその翻訳を朗読し，それについて話をする機会をもつ用意はあった．この提案にカルヴァンは応じようとはしなかった．というのも，カステリョは訂正のためのどの提案についても際限なく議論するだろうとの印象を受けたからである（CO13, 439, 9 月 11 日付のヴィレ宛の手紙を参照せよ）．後に，カステリョはバーゼルでその聖書の翻訳を完成した．ラテン語版は 1551 年に，フランス語

3　カルヴァンと聖書　*119*

版は 1555 年に出版された.

　カルヴァンはオリヴェタンの聖書翻訳の改訂版には強く関与していた.
カルヴァンが協力した最初の改訂版は 1546 年にジュネーブで出版された.
この聖書の翻訳のはじめに手紙が付けられており, その中で彼が読者に
話しかけている[15]. 聖書の特別な意味を強調している. この版はまた聖書
外典書の序言も含んでいる. これはカルヴァンの手になるものである (テ
キストは *CO* 9, 827-828. 旧約外典書の序文 [Preface mise en tête des libres apocryphes
de l'ancien testament]). 1555 年および 1560 年の聖書版ではこの序言は短縮
されている. 1535 年のオリヴェタンの聖書の翻訳の聖書外典書の序言も,
おそらくカルヴァンに由来するものであろう[16].

　1551 年の聖書の改訂第二版には, カルヴァンはきわめて大きな関心を
払ったに違いない. そのことは, 彼が 1550 年 11 月 10 日にファレル宛に
書いた手紙から伺われる (*CO*13, 655-657). この中で彼は, 過ぐる 4 か月間
オリヴェタンの聖書の翻訳の改訂に取り組んできた, というのも, 彼の依
頼にもかかわらず印刷屋がこの版のために他の誰をも探さず, また一方で
この聖書翻訳への多くの需要があるからだ, と述べている. カルヴァンは
この仕事のためにルイ・ビュデ (Louis Budé) とベザに協力者として助けを
求めた. ビュデはジュネーブのリーヴ学寮 (Collége de Rive) で旧約聖書の
釈義をしていた. 彼は詩編, 箴言, コヘレトの言葉, ヨブ記の翻訳に専念
するだろう, とカルヴァンはファレルに書いている. ビュデが正確にはど
の程度進んだのかは知られていない. 彼は 1551 年 5 月 25 日, 新しい聖
書の翻訳がまだ出版されないうちに死んだ. いずれにしてもビュデは詩編
の翻訳を進めた. この翻訳は 1551 年版には見られないが, ただ同年ジュ
ネーブで個別に, 註付きで出版された (Les Pseaumes de David traduicts selon la
verité Hebraique avec annotations tresutiles). カルヴァンはこの版のための序言を
書き, その中で, 詩編の益 (より個人的な色彩を帯びた詩編註解の序言を参照の
こと) とビュデの翻訳を詳述している[17].

　カルヴァンはビュデ, そして小預言書に取り組んだ無名の第三の人物と
ともに 1551 年版のための旧約聖書の改訂に取り組んだ. ベザは聖書外典

書に取り組んだ.

1551 年以後, 改訂版は 1553 年と 1560 年に出版された. このジュネーブ聖書の決定版は, 最終的には 1588 年に出版された.

3.2 カルヴァンの註解書

ファレルが 1536 年にカルヴァンをジュネーブに引き留めることに成功した時に, カルヴァンは講師(「sacrarum literarum professor」) として活動を始めた. 彼はこの活動の枠内でサン・ピエールでパウロの書簡の釈義をおこなった. 少なくとも, 彼はそれを確実に 9 月 5 日以前に始めた. つまりこの日に, ファレルは「あのフランス人」の生計を配慮するよう市参事会に請求している. 彼は講義をすでに始めていたのである. 1537 年以前にカルヴァンは牧師の活動も始めたが, 学生のための聖書の授業が常にきわめて重要な位置を占めていた.

カルヴァンが, 1538 年にストラスブルクへ行った時には, 彼はそこでまず, フランス人亡命者教会の牧師になった. しかし 1539 年 1 月 1 日以後, 彼はヨハンネス・シュトゥルム(Joh. Sturm)によって指導されていたギムナジウムの生徒に, ヨハネによる福音書とコリント人の信徒への手紙一の釈義もおこなった. 1539 年 2 月 1 日に彼は, このギムナジウムの新約聖書の釈義のための講師に任命された.

講義をおこなうことに留まらず, カルヴァンは註解書を書くことにも取り組んだ. その際, 彼は新約聖書の註解書を書き始めたので, 旧約聖書の註解書の前に, ここではまず新約聖書の註解書を扱おう.

3.2.1 新約聖書の註解書[18]
a ローマの信徒への手紙の註解書[19]

まず, カルヴァンは 1540 年 3 月にストラスブルクでローマの信徒への手紙の註解書を出版した[20]. そこにみられるのは, おそらく彼が 1536 年か

ら 1538 年にジュネーブでローマの信徒への手紙についておこなった講義を改訂した成果であろう．註解書のはじめにカルヴァンの，1539 年 10 月 18 日にジーモン・グリュナエウス (Simon Gryuaeus) に宛てて書いた手紙が見られる (*CO* 10: 402 を参照のこと)．グリュナエウスは 1529 年にバーゼルでギリシア語の講師となり，1536 年 3 月に神学の教授としてローマの信徒への手紙をとりあげてその講義を始めた．グリュナエウス宛の手紙の中でカルヴァンは，数年前に彼らが交わしたよい註解に要求される基準についての会話を思い起こさせている[21]．彼らは釈義する者の最も重要な美徳は「明瞭な簡潔さ (perspicua brevitas)」であることで一致した．このことで，彼らは教義上の説明は可能な限り抑えられている釈義のことを言ったのである．さらに釈義する者は「著者の心 (mens scriptoris)」に注意を向けられねばならない，すなわち釈義する者は当該の著者の言おうとすることを明確にしなければならないとしている．カルヴァンは，自分が良い註解の理想に達したかどうか疑っているが，しかし目標としてこの理想が常に彼の念頭にあること，カルヴァンは他の人々が過去から今日までローマの信徒への手紙の註解書を書いてきたことを十分知っていること，とりわけメランヒトン，ブリンガー，ブツァーの優れた仕事が挙げられること[22]，釈義する者はいつも一つの意見である必要はないこと，結局，主なる神は決してただ一人の人にすべてのものごとの完全な認識を与えられなかったこと，このことがわれわれを謙遜にし，協力せねばならないようにすること，釈義する者は革新への欲求あるいは論争欲によって導かれてはならないこと，他の人をけなしたり，ただ自分の名誉を追い求めてもならないことで，彼らは互いに一致していた．その註解書の序言で，カルヴァンはローマの信徒への手紙の正しい理解が，聖書のすべての隠された宝庫へ通じる鍵であると言っている．続いて彼は，この手紙で語られていることを概観している．最初の 5 章では，われわれが信仰によって義とされていることが論じられている．カルヴァンはこれを手紙全体の主要なテーマであるとしている．

b　コリントの信徒への手紙一, 二の註解書

　ローマの信徒への手紙の註解書は, その他のさまざまな註解書によっ
て続けられた. 1542 年に出版されたユダの手紙の釈義は[23], ここには入ら
ない. ここではおそらくカルヴァンによっておこなわれた演習の報告がさ
れている. 彼が後にユダ書の註解書を書いたときに, この註解書は「改訂
されたいっそう詳しい」版を示しているという表題で増補された 1542 年
の出版物が想起されている[24]. ローマの信徒への手紙の註解書に続く最初の
実際の註解書は, コリントの信徒への手紙一, 二の註解書である[25].

　カルヴァンはコリントの信徒への手紙一の註解書を 1546 年 1 月 24
日にファレとブレダムの領主ジャック・ド・ブルゴーニュ (Jacques de
Bourgogne) に献呈した. その手紙は (テキストについては CO12: 258-60 を参照
のこと) 註解書の序言としても用いられた. ド・ファレ (De Falais) はカー
ル 5 世の宮廷で成長し, すでにその青年時代に宗教改革に加わった. 1543
年 10 月 14 日にカルヴァンはシャルル・デープヴィル (Charles d'Esperville)
という仮名で, 彼らがもはやフランスでは安全でいることはできない
ため, ド・ファレとその妻, ヨーランド・ド・ブレデローデ (Yolande de
Brederode) に移住するよう助言していた[26]. 彼らは二人とも 1545 年にジュ
ネーブへ向かって出発した. しかし, ド・ファレが病気になったのでスト
ラスブルクに留まっていた. 序言の中でカルヴァンはド・ファレを模範と
して取り上げ, 彼には福音は霊的力において示されるというパウロの精神
が表れていると述べている.

　1556 年 1 月 24 日に, カルヴァンはコリントの信徒への手紙一への註解
書の新版のために新しい序言を書いた[27]. カルヴァンがボルセックと議論し
た後, ド・ファレとの間は疎遠になってしまった. ファレがボルセックを
支持し, そして後にはカステリョの側に立ったからであった. だからカル
ヴァンは最初の序言を新しい序言に替えた. ド・ファレは苦しむ必要はな
かろう. というのもド・ファレは私と疎遠になることを望んだばかりでな
く, 「われわれの教会」と関わらないように望んでいるからである, とカ
ルヴァンは書いている. カルヴァンは, 進んでファレの名前を削除するの

ではなく，結局そうすることは彼のいつものやり方から外れるだろうと表明している．

カルヴァンは新しい版を，その信仰のためにナポリと妻，家族を捨てて，ジュネーブに落ち着いた有名な家柄のイタリア人，ガレアッツォ・カラッキオリ（Galeazzo Caraccioli）に献呈している．カルヴァンはカラッキオリの自己犠牲を模範としてたたえている．神がカラッキオリに堅忍の賜物を与えられるように，と書いている（CO16, 12-14）．

コリントの信徒への手紙二の註解書をカルヴァンは，学生であったときにオルレアンで知り会ったメルキヨール・ヴォルマール（Melchior Wolmar）に，1546年8月1日に献呈した．ヴォルマールはそこでギリシア語の講師であった．1530年に彼はマルグリト・ダングレーム（Marguerite d' Angoulême）の要望でブールジュに行った．カルヴァンもそこでかつて学んでいた．[28] この註解書をヴェンデリン・リエル（Wendelin Rihel）によってストラスブルクで印刷することがカルヴァンの目的であった．彼はそうする義務を感じていたというのは，リエルは彼が金銭的に困窮していたときに，便宜を図ってもらったからである，とファレルに書いている（CO12, 391 を参照のこと）．彼はコリントの信徒への手紙二の註解書の原稿をストラスブルクにも送ったが，しかし一か月もの間，非常に心配した．この原稿が途中で消失してしまったと考えたからである．このことがあったので，それから彼は何かを再び送る前には写しを残すことにする，と彼はファレルに書いている（CO12, 380-381 を参照のこと）．コリントの信徒への手紙二の註解書は戦争（カール5世とプロテスタントのドイツの諸侯間のシュマルカルデン戦争）のためストラスブルクではなく，ジュネーブで印刷された（1548年）．フランス語版はすでにそれ以前にジュネーブで1547年に出版されていた．その後，カルヴァンが書いた註解書もまたジュネーブで印刷された．

c　ガラテヤの信徒への手紙，エフェソの信徒への手紙，フィリピの信徒への手紙，コロサイの信徒への手紙の註解書

1548年にガラテヤ，エフェソ，フィリピ，コロサイの信徒へのパウロ

の手紙のカルヴァンの註解書が出版された[29]. カルヴァンはこの註解書を
1548年2月1日に, ヴュルテンベルク公, クリストフに献呈した (CO12:
658). 彼はモンベリアル (Montbéliard) の領土をも支配していた. そこでは
1543年と1544年にピエール・トゥサン (Pierre Toussaint) と他の人々が問
題になったが, 公が, その地にルター派の慣例を導入しようとしたからで
ある. カルヴァンはこの公を称賛していたピエール・トゥサンに公への献
辞を書くように説得されたと言っている. カルヴァンはラテン語に有能な
公が註解書を読んで正しい進路を前進し続けるよう励まされるように, と
言っている. またあらゆる嵐を冷静, 沈着に乗り切ったことにより, 公は
模範であると言っている. カルヴァンはルター派の慣例をめぐる過去の問
題については述べていない.

d テモテへの手紙一, 二の註解書

　イングランドとのカルヴァンの接触は1548年に始まった. 7月25日に
彼はテモテへの手紙の註解書[30]をサマーセット公, エドワード・シーモア
(Eduard Seymour) に献呈した. シーモアは1547年から1549年まで若い国
王エドワード6世 (Eduard VI) の後見で, 政治を指導し (CO13: 16-18), トー
マス・クランマー (Thomas Cranmer) の支持でイングランドに宗教改革を導
入した. カルヴァンは公をその宗教改革の熱意のために称賛し, パウロが
テモテに述べている教会統治に従って, シーモアがその宗教改革を完遂す
ることができるようにと望んでいる.

　カルヴァンは, この献呈に感銘を受けたサマーセット公の夫人, アンナ・
スタンホープ (Anna Stanhope) から指輪 (ring) を賜わった. それに対して
カルヴァンは1549年6月17日, 感謝の手紙 (CO13: 300-302) を, 教養の
ある公の娘アンナ・シーモア (Anna Seymour) に書いた. 彼は彼女にその
感謝を伝えるように求め, 同時にキリストに従う良い歩みを続けるように
彼女を励ました.

e　ヘブライ人への手紙の註解書

カルヴァンは 1549 年 3 月に，自分のヘブライ人への手紙の註解書の出版許可を市参事会に求めた．彼は「聖書に基づかない書物は一切印刷させない」と約束した．承諾が与えられて，彼の註解書が同年のうちに，ラテン語とフランス語で出版された[31]．

1549 年 5 月 23 日の序言で，カルヴァンはこの註解書をポーランド国王ジギスムント・アウグスト（Sigismund August）に献呈している（*CO*13: 281-86）．彼はヘブライ人への手紙は，キリストの永遠の神性，卓越した教師としての，その独特な祭司職についての職務，つまり天の知恵の最も重要な内容の豊かな説明をしていると書いた．この内容の説明の中で，すべての力とキリストの職務がわれわれにきわめて生き生きと説明されているので，この手紙は匹敵するものがどこにもない宝としての名誉ある地位を正しく占めなければならない，と書いた．献辞の中で，カルヴァンはヨーハン・エック（Johann Eck）がミサについて書き，王の父に献呈した小冊子を思い起こさせている．カルヴァンは，エックが犠牲とよんでいるものはキリストの司祭職に明らかに矛盾しているので，人々がそのことを悟るように望んでいる．彼はまたジギスムントにポーランドで宗教改革を推進するように奮起を促している[32]．

f　テトスへの手紙の註解書

1550 年に，カルヴァンのテトスの註解書がジュネーブでラテン語とフランス語で出版された[33]．カルヴァンは 1549 年 11 月 29 日に序言を書いて，この註解書をギョーム・ファレルとピエール・ヴィレに献呈した．カルヴァンは彼らを「イエス・キリストの真の仕え人（servants），われわれの主イエス・キリストの仕事における尊敬する最愛の兄弟にして同労者」と呼んでいる（序言については *CO*13: 477-478 を参照せよ）．

g　テサロニケの信徒への手紙一，二とフィレモンへの手紙の註解書

1550 年 2 月 17 日，カルヴァンはテサロニケの信徒への手紙一の註解書

の序文を書いて（CO13,525-526 を参照のこと），それをラテン語の教師マチュラン・コルディエ（Mathurin Cordier）に献呈した．序言でカルヴァンはコルディエに対して受けた教育に感謝し，そしてこの註解書から益を受けたものはある程度，コルディエにも感謝の念を覚えるように願っている．この註解書自体は 1551 年にようやく印刷され，その後，すべてのパウロの手紙とヘブライ人への手紙の合本で出版された[35]．これは，テサロニケの信徒への手紙二の註解書にも当てはまる[36]．カルヴァンは 1550 年 7 月 1 日に，医者のベノア・テクストル（Benoit Textor）（CO13, 598 を参照のこと）とその妻に対してこの註解書を献呈している．

上述のパウロの手紙の 1551 年版はテオドール・ベザの序言がついているが，以前には出版されていなかったフィレモンへの手紙のカルヴァンの註解書も含んでいる（CO 52: 437-450）．この註解書のフランス語訳は 1551 年にジュネーブで出版され，パウロの手紙，ヘブライ人への手紙，公同書簡のカルヴァンの註解書の 1556 年のフランス語版にも取り入れられている[37]．

h　ヤコブの手紙の註解書

ヤコブへの手紙への註解書は 1550 年に出版された[38]．この註解書は金曜日におこなわれていた牧師の集会の産物であり，ペトロの手紙一，二，ユダの手紙，ヨハネの手紙一をも含む巻の註解書として，1551 年初旬に再び出版された[39]．

i　ヤコブの手紙，ペトロの手紙一，二，ヨハネの手紙一，ユダの手紙
　　の註解書

1551 年 1 月 24 日に，カルヴァンは，ヤコブの手紙，ペトロの手紙一，二，ヨハネの手紙一，ユダの手紙の註解書[40]をイングランドの国王エドワード 6 世に献呈した（CO 14: 30-37）．献辞の中で彼はトリエントの教会会議について詳しく報告している．添付した手紙で（CO14: 38-41），彼は国王がこの献呈を受け入れられるようにとの希望を述べている．ここで，純粋な礼拝

の回復の模範として，カルヴァンはヨシヤ王をあげている．許容すること
のできる重要でない事柄も存在する．しかし，福音の明瞭さはどのような
種類の儀式によっても曇らされてはならない，という規則は常に認められ
ねばならない．濫用の例は死者の魂のための祈り，神を排除する聖人の執
り成し，および聖人の名における宣誓である．国王が真のキリスト教を腐
敗させるどのようなことにも反対されるようにと述べている．カルヴァン
はまた将来の牧師の十分な養成の重要性，そしてその関連で大学改革の重
要性を指摘している．彼はこの註解書をニコラ・ド・ラ・フォンテーヌ
(Nicholas de la Fontaine) 本人によって，その少し前に国王に献呈したイザヤ
書の註解書と一緒にイングランドへ届けさせた．

j 使徒言行録の註解書

使徒言行録の註解書は二部で出版された[41]．1552 年 2 月 29 日にカルヴァ
ンは使徒言行録 1-13 章の註解書をデンマークの国王クリスチャン 3 世
(Christiaan III) に献呈した (*CO*14: 292-296 を参照のこと)．献辞の中で彼は，
しきりに教会という言葉を口にしながら民衆を惑わしているローマの反キ
リストの使者に反対している．キリストの王国について語りうるのは福音
が告知されて，それによってキリストが教会を呼び集め，互いに信仰にお
いて結ばれ，そしてキリストの真の民とよばれる信徒の交わりとして導か
れるときのみなのである．この註解書は，1552 年にラテン語版とフラン
ス語版でともに出版された．

カルヴァンは使徒言行録 14-28 章の註解書を 1554 年 1 月 25 日に，
共同摂政として父によって指名されたデンマークの皇太子フレデリク
(Frederick) に献呈した (*CO*15: 14-17 を参照のこと)．献辞の中で，カルヴァン
はその国に宗教改革を強力に導入したことで皇太子の父を讃えている．彼
は教会の起源についてのルカの記述に皇太子の注意を向けさせ，そのこと
で，皇太子がその義務を果たす，つまりキリスト教の君主としてキリスト
の王国の保護のために尽力するように励まされることが有益である，と考
えている．この註解書のラテン語とフランス語の翻訳はともに 1554 年に

出版された.

　カルヴァンは使徒言行録の註解書の第二版を，1560 年 8 月 11 日にヴィルナ（Wilna）の宮中伯，ニコラス・ラツィヴィル（Nicolaus Radziwill）に献呈した（CO 18: 155-161）[42]．ラツィヴィルはポーランド貴族のもとで大いに宗教改革を促進し，聖書をポーランド語に翻訳させ，福音主義の説教者をドイツから招聘した．カルヴァンは以前にも彼と接触していた（CO 15: 428-429, 906-908; CO17: 181-182 を参照のこと）．ラツィヴィルは献呈を純粋に喜んでいないと書いている．カルヴァンがその註解書の序文でセルヴェトゥスの誤った教えを信奉しているブランドラタの影響を強く警告しているからである．ラツィヴィルによれば彼はそうではないという．それでもラツィヴィルはカルヴァンを尊敬し，彼に二つの贈り物を贈った．

k　ヨハネによる福音書の註解書

　1553 年 1 月 1 日，カルヴァンはヨハネの福音書の註解書への序言を書いている．この註解書のラテン語版はそのフランス語の翻訳と同じく1553 年にジュネーブで出版された[43]．カルヴァンはこの註解書をジュネーブの市長と市参事会に献呈した（CO47: IV-VI を参照のこと）．献辞の中で，彼はジュネーブを他の場所から追放されたキリスト者のための避難所として示している．これは，外国人を受け入れることをご自身に対しておこなわれた奉仕と見なしているキリストの言明に照らして重要な行為である．混乱のただなかで市参事会によりキリストの福音が告知され，その民が住むことができる都市を護り近くにおられることを知るようにと．カルヴァンはまた，自分の死後も市参事会と民衆が自分の文書から益を受けるように，という希望をも述べている．もしジュネーブから発して，他の国民に広まった教えが，そのはるかかなたよりこの都市自身で実を結ばないなら不幸なことであろうと．カルヴァンは 1 月 5 日に上述の註解書を一冊，市参事会に手渡した．

1 共観福音書の註解書[44]

カルヴァンは共観福音書の註解書の出版に際して献辞を 1555 年 8 月 1 日に書いた. ラテン語版は 1555 年に, フランス語版も同じく 1555 年に出版された[45].

献辞 (CO15,710-712 を参照のこと) はフランクフルトの市参事会宛であり, またヴェストファル (Joachim Westphal) のふるまいへのカルヴァンの対応であった. ヴェストファルは, 1554 年以降にフランクフルトで生まれたイングランドの亡命者からなる集会を都市から追放しようと迫っていた.

1554 年末にヴェストファルは「*Collectanea sententiarum, D. Aurelii Augustini de Coena Domini* (主の晩餐に関するアウレリウス・アウグスティヌスの命題集)」をフランクフルトで出版し, それをこの都市の市参事会に献呈した. この著作の中で彼は主の晩餐のルター派の見解のための最高の証人としてアウグスティヌスを引用している.

共観福音書の註解書の中でカルヴァンはまず, マタイの順序に基づいてテキストを論じているが, しかし, この枠組みの中でマルコとルカをも扱っている. 彼はこれに関しては 1527 年のブツァーの共観福音書の註解書に従っている. カルヴァンは註解書の序文で, 多くの人々が彼の資料の扱いかたにはおそらく賛成しないだろうと書いている. しかし, 三つの福音書のどれもが他の二つとの比較なしには解釈されえないことは明白である, と付け加えている. それゆえ, ページを前後にめくらなくてもいいように, 一つの表の中に三つの福音書のテキストを並べて置くことが役立ち, こうして, それらが互いにどこで一致し, どこで一致しないかを明らかに見ることができると思われた.

カルヴァンは序文の中で, 福音書の著者はキリストが真に神のみ子, 神によってこの世に約束された救い主であることを示そうとしていると書いている. 彼らはその著作では, 律法と預言者を廃そうとはしなかった.

カルヴァンはこの註釈を再洗礼派に向けて書いている. 彼らにとっては旧約聖書は今や不用になっている (と彼は言っている). 彼は続けて, 福音書の著者は指でキリストをさし示し, われわれに律法と預言者の成就をキ

リストのうちに求めるように強く促している，とそれに付け加えている．それゆえわれわれは,過去の時代の約束と福音との関連を見る場合にのみ,福音を読んで益を受けるのである.

3.2.2 旧約聖書の註解書[46]
a イザヤ書の註解書[47]

カルヴァンが旧約聖書の註解で携わった最初の註解書はイザヤ書の註解で，これは1551年に出版された[48].

この註解書はしかし，カルヴァン自身によって書かれたものではない．彼は当時そのための時間はほとんどなかったので，ニコラス・デ・ガラール（Nicolas des Gallars [Gallasius]）が1549年にイザヤ書についてカルヴァンがおこなった講義を聴き，書き留め，家でそれを推敲した．その成果をカルヴァンに読ませ，必要な修正をおこなった．この註解書をカルヴァンは1550年12月25日にイングランドの国王エドワード6世に献呈した（CO13, 669-674)．カルヴァンは，この註解書が彼の手によるのではなく，彼によって行われた「講義（praeletiones)」に従って慎重に編纂されたと註釈している．そのため国王への献呈は本当の贈り物になるかどうかという問題が生じようが，預言者イザヤは王の血筋であり，最高の王であるキリストに奉仕し，したがって王に値する人物であるとカルヴァンは言っている．

さらにカルヴァンはこの註解書が国王の気に入ることを望んでいた．イザヤは5人の王に仕えた．エドワード6世が彼らのうちの誰と自分を比べるかは，カルヴァンは国王自身に任せようとする．彼はイザヤが国民が捕囚から帰還し，神殿の再建を準備する輝かしい状況について語っていることを想起させている．キリストの到来以後，真の神についての知識が世界中に広まった．カルヴァンは国王がイザヤ書49章23節に従って，主なる神がきわめて困難な時期の後にその教会を再建された今こそ，その王国の教会改革に協力することを望んでいる．

イザヤ書の註解書が売り切れたときに，カルヴァンのもとに再版の要求が殺到した．しかし，彼自身は新しい註解書を書くことを望んでいた．そ

して，それはその後ジュネーブで 1551 年に出版された[49]．1551 年版と比較すれば，それははるかに大部となった．1572 年のフランス語版への序言から，この註解書に関するカルヴァンの熱心な仕事によって，1551 年版よりも資料が三分の一以上も増加したことがわかる．註解書への序文でカルヴァンは，預言者の職務を扱っている．彼は預言者を律法の解釈者とみている．彼らは律法に何も加えてはならず，それを忠実に解釈し，その権威を強化せねばならない．モーセが一般に警告と約束について言っていることを，預言者は具体的に彼ら自身の時代に適用する．さらに預言者はいっそう明らかにキリストとその恵みについても語っている．最後にカルヴァンは預言者の仕事から彼の時代におけるみ言葉の宣教まで同列に扱っている．もっとも今日のわれわれは，将来についての予言という意味では神からの啓示を受けないが，しかし，出来事や事件から神の裁きを知るために，預言者の時代と現在を比較することには価値がある．神は決して変わることがない．だから，神が当時，良いと見なしたことは今日にもなお妥当する．「敬虔な教師たち（pii doctores）」が大いに得るところがあると考えて預言者について語った場合，大きな意味をもっている．

　1551 年版の註解書はイングランドの国王エドワード 6 世に献呈された．しかし彼は 1553 年に死に，王位はプロテスタントを迫害した彼の姉妹メアリー（Mary）に継承された．メアリーは 1558 年に没し，彼女の姉妹エリザベス（Elizabeth）が王位を継承した．女王エリザベスの統治によって，イングランドの教会の宗教改革のための大きな助けになると期待された．ヴェルミーリ（Vermigli）は 1558 年 12 月 1 日に，イゼベルが死んだからには人々は今やエルサレムの城壁が再建されるだろうと期待している，とカルヴァンに書いている（CO17: 391）．

　1559 年 1 月 15 日の手紙で（CO17: 413-15），カルヴァンは自身のイザヤ書註解書の新版をエドワード 6 世への献辞も残したまま，女王エリザベスにも献呈した．彼は困難な時代がようやく終わった後で女王がもう一度改革へ精力的に取り組むこと，そして福音主義の文書が再びイングランドで出版され，亡命者が戻ることができることを期待した．カルヴァンは彼女

に，イザヤ書に従って，女王たちが教会の乳母となるために召されていると喚起している．

　しかしながら，女王は献呈を拒否した (*CO*17: 566)．その理由は，ジュネーブ滞在の間にジョン・ノックスが論争的な小冊子，「女たちの怪奇な統治に反対するラッパの最初の高鳴り (*The First Blast of the Trumpet against the Monstrous Regiment and Empire of Women*)」を書いて，その中で彼が女性の統治者を拒否したことにあった．カルヴァンは献呈の拒否を女王の第一書記官，ウィリアム・セシル・バーリー宛の手紙でとりあげている (*CO*17: 490-492)．バーリーに対しては，カルヴァンは 1559 年 1 月 29 日にも書いて，亡命者たちの帰還を弁護している (*CO*17: 419-20)．ノックスは数年前に私的な会話の中で，カルヴァンに女性の統治についてどのように考えるか尋ねたとき，それに対してカルヴァンは，それは自然の秩序に反しており，たとえば，奴隷制度のように女性が統治するなら，堕罪の結果であると答えていた (1554 年 5 月 28 日付のハインリッヒ・ブリンガー宛の手紙 —— *CO*15: 125 を参照のこと)．しかし，時々たいへん賜物を与えられている女性もおり，その統治の間に発する祝福から，明らかにそれは神の保護のもとで彼女らが統治していることはまったく明らかとなり，そのときには，神は男の怠慢を罰せられる，あるいは神がその栄光をもっと明瞭に婦人をとおして明らかにされるのである．カルヴァンはノックスに，フルダとデボラの例を示し，そしてイザヤが教会の乳母としての女王について述べていることをも引用したと書いている．最後にカルヴァンは婦人が時々王位継承権によって王位につくこと，ノックスによって提出された女性による統治の問題を話題にしないことがいっそうよいと思われると述べている．神の特別な摂理をとおして設立された統治は転覆されてはならない．加えて，カルヴァンはノックスによる小冊子の出版については何も知らず，出版後は彼はその本を喜んではいなかったと書いている．彼はしかしそれについて大騒ぎすることが正しいとは考えず，むしろこの問題は無視されるべきであると考えていた．カルヴァンは，女王がノックスの小冊子が原因で彼の献呈を受けなかったことを遺憾に思っている．ノックスの文書が彼に帰

されるなら，カルヴァンは不当に非難されたと感じていた．セシルは6月22日付の手紙で応じている（CO17: 565-66）．それは，カルヴァンとイングランドの間の関係はノックスによって引き続いて損われるだろうという内容であった．

b　創世記の註解書[50]

カルヴァンの創世記の註解書は1554年に出版され，同年フランス語の翻訳がその後に続いた[51]．彼はすでに1550年に学生のために創世記の釈義に携わった．しかし註解書を書くことは他の仕事に追われて簡単には進まなかった（ギョーム・ファレル宛の手紙 ―― O13, 623, 655を参照のこと）．

カルヴァンは，この註解書を1554年3月に没したザクセンの選帝侯ヨーハン・フリードリヒ（Johan Frederik）の三人の息子に献呈した．7月31日付の序文の中で（CO15: 196-201），彼は王侯に神の言葉に従うことによる教会の一致の重要性を指摘している．ローマに対してキリストの純粋な教えを固守しようとする者らの小さな群れが，宗教上の慣習の相違は大きいとしても，一つであることは重要である．カルヴァンはルター派の聖餐論から逸脱し，そしてその註解書の多くの箇所でルターをたいへん侮辱したというので，ルター派の神学者の進言によって王侯たちには受け入れられなかった（書記官・ブルクハルトのカルヴァン宛の手紙を参照せよ――CO15, 260-61）．カルヴァンは1555年2月27日の手紙で答えたが（CO15, 454），その中で失望を言葉にしている．というのは，そうした立場によって教会全体の利害が損なわれるだけと彼は考えたからである．

c　詩編の註解書[52]

1557年にカルヴァンの詩編の註解書がジュネーブで出版され，それにフランス語版が続いた．しかし，これはラテン語版にさほど厳密に対応していなかったので，さらに正確なフランス語の翻訳が1561年に出版された．これは幾分詳しい註解書でもあった[53]．

1557年7月23日の序言の中で，これはいくつかの自伝的情報を含んで

いるが[54]，カルヴァンは最初に「われわれの小さな学校」のために詩編を釈義したと述べている．この釈義は，コラドン（Colladon）によれば（CO21: 75），カルヴァンが 1552 年に始めたものだった．1555 年から 1559 年 8 月まで詩編はまた「牧師会（congregations）」の間でも論じられた．加えて，カルヴァンはしばしば日曜日の午後の説教のために詩編を選んだ．しかし彼の友人は彼に幾度か詩編の註解書を書くよう説得せねばならなかった．確かにブツァーはすでに 1529 年に立派な註解書を書き，これは数回改訂され出版されていたし，また 1551 年付のムスクルス（Musculus）の註解書もあった．カルヴァンは，とくに詩編についての自分の講義が自ら関与しないところで出版されることを恐れて，ついに求めに応じたのである．

d 出エジプト記から申命記までの註解書[55]

カルヴァンの創世記の註解書は，1563 年に改めて，今回は出エジプト記から申命記までの註解書とともに一巻で出版された[56]．1563 年 7 月 31 日に，彼はこの書物をおよそ 13 歳のアンリ・ド・ブルボン，ナバラの皇太子（後のフランス国王，アンリ 4 世）に献呈した．1554 年にカルヴァンは創世記の註解書をザクセンのヨーハン・フリードリヒの三人の息子に献呈していたが，彼らはその献呈を拒否した．新しい献辞の中で（CO20: 116-122）カルヴァンは，アンリに，とくに困難な状況の中で婦人が男に勝る勇気をもつことを証明した母親について述べている．

出エジプト記から申命記までの註解を，カルヴァンが章の順序に従っておこなっていないことが目をひく．彼自身は資料の新しい分類をおこなっている．註解書の序文で，彼はなぜそうしたのかを説明している．それによると，モーセの言葉を訂正することはまったく彼の意図ではなかった．むしろ，彼は聖書のこれらの書の内容を読者がよりよく理解するのを容易にするために新しく分類したのである．

カルヴァンはその註解書の中で，歴史と教えとを区別する．彼は最初に，歴史に関係する聖書の部分を註解している（CO24: 9-208）．その次に，教えがやってくる．その中心は十戒によってかたちづくられている．しかし十

戒について議論する前に，彼は律法の重要な意味に関係しているテキスト
を註解する．個々の戒めの註解の後で，彼は直接その戒めに関係するテキ
ストとさまざまな宗教的な慣習と社会的な規則のために，この戒めに関係
する聖書箇所を論じている．十戒の註解の後に，まず律法の要約と見なさ
れる聖書の箇所の議論と，次に律法を守るか否かに関係する約束と警告を
含む箇所の註解が続く．最後に再び歴史的資料の註解が続いている．

　カルヴァン自身，ラテン語版の誤りを訂正するために註解書のフランス
語の翻訳をおこなった．このフランス語版は 1564 年に出版された[57]．

e　ヨシュア記の註解書[58]

　カルヴァンは可能な限り，註解書の出版に取り組もうとした．彼は，
1563 年 11 月 30 日にトレキウス (Threcius) に (*CO*20: 199)，他の人からヨシュ
ア記を註解するように求められていた，と書いている．彼は聖書のこの書
の註解を手短に書こうとしたが，それにも拘らずそのときには 3 章を超え
ていなかった．同時に彼は，創世記の註解書のフランス語の翻訳を訂正し，
出エジプト記から申命記までの註解書をフランス語に翻訳し，ヨシュア記
の註解書を完成した．ヨシュア記の註解書はカルヴァンの死後すぐに出版
された．まず，フランス語の翻訳が最初に出版された．テオドール・ベザ
によるカルヴァンの生涯と死を記述した序言を，おそらく多くのフランス
語の読者が早く読むようにということだろう．ラテン語の註解書がそのす
ぐ後に続いた[59]．

3.3　カルヴァンの講義 (Praelectiones)

　カルヴァンはストラスブルクのギムナジウムで新約聖書の釈義をおこな
い，ヨハネの福音書とコリントの信徒への手紙一を取り上げた．ジュネー
ブでは旧約聖書の釈義をおこない，学生，牧師，その他関心ある人々にラ
テン語で述べた．原稿を持たずにおこなったとしても，講義のために入念

に準備した．彼はすべてのことを注意深く書き留める時間がなかった．そのため，われわれにはほぼ1557年までの彼の講義の内容はよくわからない．コラドンはしかし，カルヴァンの伝記の中でカルヴァンがどんな資料を扱っていたのかをわれわれに報告している（*CO*21: 71-96 を参照のこと）．すなわち，1549年にイザヤ書の釈義に携わり，一年後には創世記を扱い，その後には詩編が続いた．どれほど長い期間，彼がこれらに費やしたのかわからない．その後の最初の情報は，ホセア書に関する講義の出版に関係しているからである．続く他の聖書の書についてカルヴァンがおこなった講義は，すべて出版された．

　後になってカルヴァンの聖書註解の出版の際に，しばしば彼の註解書と釈義の間に何の区別もなされなかったことは注目に値する．彼は書斎でははっきり意識して註解書を書いた．その場合彼は，よい註解書について自分が立てた要求に可能な限り固執した（グリュナエウス宛の既述の手紙を参照のこと）．したがって註解書ではカルヴァンは常にテキストの簡潔な註解をしている．一方，講義（praelectiones）は口頭での講義に関係しており，彼は書いたテキストなしにそれをおこなった．彼が口に出したことを他の人が書き留めたのである．彼のテキストの釈義は，一般的にはその註解書よりも講義の方が詳細である．しかし，講義においても彼は聖書の本当の釈義をおこなおうとし，教義的な説明は可能な限り省くようにしている．その例外は，ハバクク書2章4節（「……義人はその信仰によって生きる」）の議論とマラキ書1章2—6a節の（イスラエルに対する神の選びの愛に関する）釈義との関連で選びについておこなった講義である（各々 *CO*43, 526-536, および *CO*44, 401-409 を参照のこと）．カルヴァン自身が，その註解書と講義とを明瞭に区別したこととの関連で，われわれがその事実を見失うなら，彼を正当に扱うことにはならないだろう．

　a　ホセア書の講義

　1556年か，おそらくはそれよりもっと早くにカルヴァンはホセア書の釈義を始めた．ホセア書の講義はすべて，ラテン語とフランス語で1557

年にジュネーブで出版された[60]．これらはジャン・ビュデ（Jean Budé）とシャルル・ド・ヨンヴィル（Charles de Jonviller）が一語一語書き取った最初の講義であった．

　カルヴァンは序言で，最初は出版についてはほとんど考えていなかったと書いている．講義の準備に充てる時間があまりにもたりなかったため，出版には適さないと考えたからである．しかし彼はまたホセア書の註解書を書く時間も見出せなかった．そういうわけで試みとして講義の出版を同意した．ブリンガー宛の手紙（1557年2月17日付——CO16: 412-13）は，カルヴァンはこの出版にあまり満足してはいなかったことを示している．しかしこの試みは成功し，以後の彼の講義はすべてラテン語とフランス語で出版された．

b　小預言書の講義

　小預言書のカルヴァンの講義はラテン語で1559年に，フランス語の翻訳は1560年に出版された[61]．彼が出版にどれほど関係したかは，コラドンの記述にみられる（CO21, 88）．1558年9月にはカルヴァンは病気のためにマラキ書の講義をまだ終えていなかったので，彼は印刷業者の便宜のために家で最後の講義をおこなった．

　カルヴァンはこの講義を1523年に独立したスウェーデンの最初の王になり，ルター派の宗教改革をそこに導入した国王グスタヴ・ヴァーサ（Gustav Wasa）に献呈した（CO17: 445-448）．

　献辞の中でカルヴァンは，ほとんど準備ができなかったというこの講義は，試みとして同意したホセア書の講義の出版が成功を収めた後に，他の強い勧めで出版されたと述べている．神の子どもの教化に不可欠な本物の愚直さを，聖書の正しい註解は備えなければならない．彼は自分の仕事が人々の益となること，以前に出版した仕事への肯定的反響に基づいて，他の任務がそれをゆるせば，残りの生涯を註解の仕事に捧げる以上に好ましいことはない，と述べている．

　カルヴァンは皇太子エリク（Erich）宛にも手紙を書いた（CO17: 450-451）．

その中で，彼は王子に自分のために父王に口添えしてくれるよう依頼したが，その結果は否定的であった．結局，その書の送付が感謝されることはなかった．

c　ダニエル書の講義

1561 年 8 月 19 日に，カルヴァンは，1559 年 6 月 12 日から 1560 年 4 月までにおこなったダニエル書についての講義を出版する際に，献辞を書いた．この献辞（CO18: 614-624）は，正しいしかたでフランスにキリストの王国が設立されることを望んでいるすべての敬虔な神の仕え人に向けられている．

カルヴァンは模範としてダニエルを掲げることによって，戦いの中にあるフランスの兄弟を勇気づけようと願った．この講義のラテン語版は 1561 年に出版された．フランス語の翻訳は 1562 年である[62]．

d　エレミヤ書と哀歌の講義

1563 年 7 月 23 日にカルヴァンはエレミヤ書とエレミヤ哀歌の講義をプファルツの選帝侯フリードリヒ 3 世に献呈した（CO20: 72-79 を参照のこと）．フリードリヒ 3 世は 1560 年にカルヴァン主義者に加わり，その意味で国を改革した．献辞の中でカルヴァンは，われわれが主の晩餐の祝いの中でキリストとどのように交わるかに多大の注意を払っている．加えて，彼は背教者フランソワ・ボーデュアン（François Baudouin）について警告している．講義のラテン語版はジュネーブで 1563 年に出版され，1565 年にフランス語の翻訳が続いた[63]．

e　エゼキエル書の講義

1563 年 1 月 20 日に，カルヴァンはエゼキエル書の釈義を始めた．1564 年 2 月 2 日にこの聖書の最後の講義をおこなった．彼は健康状態の悪化のために，エゼキエル書 20 章 44 節より先には進めなかった．彼は印刷される前に大部分の講義に目をとおした，とシャルル・ド・ヨンヴィルは，出

版された講義録に載せられた読者への手紙に書いている．この書は 1565 年に出版され，ベザによってガスパール・ド・コリニ（Gaspar de Coligny）に献呈された．フランス語の翻訳も 1565 年に出版された[64]．

3.4　カルヴァンの説教[65]

　ジュネーブでのカルヴァンの最初の仕事は，新約聖書の釈義であったが，1537 年以前にも牧師として仕事も始めている．1538 年に彼がストラスブルクに定住したときに，フランス人亡命者のために生まれた集会の牧師になった．そして，1539 年の初めからギムナジウムで教師でもあった．彼は 1541 年にジュネーブへ戻って初めての礼拝で，3 年前に中断した聖書箇所から連続講解（lectio continua）を続けた．牧師職についての短い発言を除いて，その間，起こったことにまったくふれようとしなかった．追放は単にその仕事の中断にすぎなかったのである．

　カルヴァンはたびたび説教をした．まずは彼が日曜日に二度，そして各々月曜日，水曜日，金曜日に一度説教することが予定された．しかし，早くからすでに毎日説教していた．これに対し，市参事会は 1542 年 9 月 11 日に，彼が日曜日に一回以上説教しないことを決定した（CO211: 302）．

　伝えられているのは，1549 年以前では 1545 年 11 月 4 日と 11 日におこなわれた水曜の二つの説教だけである．カルヴァンは通常，説教を印刷させなかったが，この説教は彼のあずかりしらぬところで 1546 年に同僚ジャン・クーザン（Jean Cousin）のメモに基づいて印刷された（CO32, 455-480）[66]．これらの説教は，詩編 115 編と詩編 124 編についてであるが，1545 年の政治的事件に関係していた．ブラウンシュヴァイク＝ヴォルフェンビュッテルのローマ・カトリックのハインリッヒ公（Heinrich von Braunschweig-Wolffenbüttel）はその領土を，皇帝の同意のもと 1542 年にシュマルカルデン同盟の諸侯によって奪われていたが，それをヘッセンとザクセンのプロテスタントの諸侯から奪回しようとした．そのため，10 月 21 日に公とその

息子が捕えられた．この危険な状況を目に留めて，11月4日にカルヴァンが詩編115編の説教をしている．11月11日，その危険が過ぎ去ったあとに彼は詩編124編の第二の説教をおこなった．

　カルヴァンが1549年に詩編16編4節，ヘブライ人への手紙13章13節，詩編27編4節と8節についておこなった四つの説教は，後に彼によって手を加えられ，詩編87編の短い釈義とともに，1552年に改訂出版された（4.4.2を参照のこと）．

　この版のために1552年9月20日に彼が書いた序言の中で，これらの説教は教皇制とキリスト者の関係を扱っているため，この時代にとって有益であり，このことは，彼が説教の各々に付けている見出しからも知ることができようと言っている．詩編16編4節の説教ではすべてのキリスト者は偶像崇拝を避けるように勧告されている．ヘブライ人への手紙13章13節の説教はキリストと福音に従うために迫害を耐え忍ぶようにという激励である．詩編27編4節の説教では，信者が正しく神を礼拝する自由を認める教会に属することが，どれほど尊重されねばならないかが中心である．詩編27編8節の説教では，彼はキリスト教会で神に純粋に奉仕する自由を再獲得するために，どんな犠牲をささぐべきかを示している．

　1552年7月4日，カルヴァンはこれら説教に添えられていた詩編87編の短い註解を手紙と一緒に，イングランドのエドワード6世に送った（CO14,341-343）．詩編87編の註解も，もともとは説教であった．手紙の中で，カルヴァンは国王の宗教的義務について述べている．すなわち，「とくにかかる国の王であることは重大なことであります．しかしわたしは，あなたが比類のないほど大きな価値を，キリスト者であることに置いていると疑いません．このように神はキリスト者の国王であるあなたに，実にイングランドにおけるイエス・キリストの王国の維持のために「代理者（Leutnant）」として神に奉仕することを許されるといういっそう大きな計りしれない特権を授けられたのであります」．

　カルヴァンは王をキリストへの奉仕へと駆り立てている．エドワード6世とカルヴァンとの関係がいかに良好であったか，王が受け取った文書に

感謝してカルヴァンに 100 クローネの報酬を与え，教皇制に反対する直筆のフランス語の書を送ったという事実からも伺える.

1549 年 8 月 25 日にジュネーブで，集会のフランス語を話す貧しい人たちの世話をしていた執事たちは，カルヴァンの説教を伝えるために大きな意味をもつ決定をおこなった. 彼らはデニス・ラグニエ（Denis Raguenier）を速記者として任用した. 彼はカルヴァンの説教を速記で書き留め，清書し，次に執事に渡すことを決定した. 執事はその説教を保管し，適当な時期に印刷し，その利益を亡命者の支援のためにあてようとようとした.

ラグニエが書き留めたと知られている最古の説教は 8 月 25 日の日曜日の説教で，この時点でカルヴァンは使徒言行録について説教を始めた.

ラグニエは，1560 年あるいは 1561 年のその死にいたるまで，彼自身の計算によるとカルヴァンの 2042 回の説教を記録した. その後も，その仕事は続けられた.

カルヴァンは日曜日の礼拝では新約聖書から説教した. 時々，かれは午後の礼拝のために連続註解を中断し，テキストとして当時まだ韻律化されていなかった詩編を選んだ[67]. ラグニエによって整理された目録は，日曜日に説教された以下の一連の説教を記録している.

95 回の説教，使徒言行録 1—15 章（1549 年 8 月 25 日から）

94 回の説教，使徒言行録 16—28 章（1552 年 11 月 27 日から）

72 回の説教，詩編（1549 年 11 月 17 日から）

22 回の説教，詩編 119 編（1553 年 1 月 8 日から）

46 回の説教，テサロニケの信徒への手紙一，二（1554 年 3 月 26 日から）

55 回の説教，テモテへの手紙一（1554 年 9 月 16 日から）

31 回の説教，テモテへの手紙二と，17 回の説教，テトスへの手紙（1555 年 4 月 21 日から）

110 回の説教，コリントの信徒への手紙一（1555 年 10 月 20 日から）

66 回の説教，コリントの信徒への手紙二（1557 年 2 月 28 日から）

43 回の説教，ガラテヤの信徒への手紙（1557 年 11 月 14 日から）

48回の説教, エフェソの信徒への手紙（1558年5月15日から）

週の他の日には（カルヴァンはこの週には説教し, 次の週にはしないと交互に説教した）, カルヴァンは旧約聖書のさまざまな書を連続講解（*lectio continua*）の中で扱った. ラグニエが速記者としてその仕事を始めたときには, カルヴァンはすでにエレミヤ書1—28章についての180回の説教をおこなっていた. ラグニエはエレミヤ書29—51章について, 残る他の91回の説教を記録している.

すでに述べたラグニエによって整理された目録によれば, 彼はまたカルヴァンの以下の説教をも記録している.

25回の説教, 哀歌（1550年9月6日から）

28回の説教, ミカ書（1550年11月12日から）

17回の説教, ゼファニヤ書（1551年2月6日から）

65回の説教, ホセア書（1551年4月2日から）

17回の説教, ヨエル書（1551年9月5日から）

43回の説教, アモス書（1551年10月28日から）

5回の説教, オバデヤ書（1552年2月5日から）

カルヴァンは1552年3月28日からヨナ書の説教を始めた. しかし, ラグニエが病気になったので, 彼はヨナ書の説教のうち6回しか記録することができなかった. ヨナ書の後にカルヴァンは, ナホム書とハバクク書を説教で取り上げた. ラグニエはその仕事をようやく1552年7月18日に再開することができたが, そのときにはカルヴァンはダニエル書5章に達していた. ラグニエは当時, なお, ダニエル書についての47回の説教を記録している. その後には以下のものが続いている.

174回の説教, エゼキエル書（1552年11月21日から）

159回の説教, ヨブ記（1554年2月26日から）

200 回の説教，申命記（1555 年 3 月 20 日から）

343 回の説教，イザヤ書（1556 年 7 月 16 日から）

123 回の説教，創世記（1559 年 9 月 4 日から）

　コラドンによれば，ラグニエの死後カルヴァンは士師記，サムエル記上（107 回の説教，1561 年 8 月 8 日から），サムエル記下（87 回の説教，1562 年 2 月 3 日から）と列王記上について説教した．彼が列王記上についてどこまで進んだのかはわからない．彼はこの連続ものの最後の説教を 1564 年 2 月 2 日におこなった．

　カルヴァンは，一つの例外，つまり「われわれの時代にとってきわめて有益なテーマを扱う 4 回の説教 —— 詩編 87 編の短い講解つき（*Quatre sermon traictans des matires fort utiles pour nostre temps…Avec briefve exposition du Pseaume LXXXVII.*）［ジュネーブ］1552 年」を除いて，説教の出版に関係しなかった．それ以外は，彼は速記者に仕事を任せ，それ以上に気にかけることはなかった．講義の出版の場合と同じく協力はしなかった．多数のカルヴァンの説教のいくつかは彼の生前に，他は死後に出版された．以下はその概観である．

　– ジュネーブの町での 2 回の説教，Geneva, 1546.[68]

　– われわれの時代にとってきわめて有益なテーマを扱う 4 回の説教 —— 詩編 87 編の短い講解つき，Geneva, 1552.[69]

　– *Homiliae quatuor…explanation Psalmi LXXXVII*…Geneva, 1553.（前述の版のクロード・バデュエル Claude Baduel によるラテン語訳）

　– 詩編 119 編による 22 回の説教，Geneva, 1554.[70]

　– Ⅰテモテ 2 章による 2 回の説教……神と人との唯一の仲介者についてどこで扱われるか，［Genève］1555.[71]

　– 6 回の説教，すなわち，偶像崇拝を避けるための四つの勧告 —— 2 回の説教，神と人との唯一の仲介者についてどこで扱われるか，［Genève］1555.[72]

– *Homiliae sive Conciones VII*, Genevae, 1556（4 回の説教 *Homiliae quatuor* と 22 回の説教 *Vingtdeux Sermons* からの 3 回の説教のクロード・バデュエルによるラテン語訳）

　– 十戒についての説教，［Genève］1557.[73]

　– Ｉコリント 10－11 章についての説教，［Genève］1558.

　– われらの主イエス・キリストの神性・人性・誕生についての多数の説教……，Genève，1558.[74]

　– 18 回の説教……ほかの見地ではメルキゼデク物語および義認のテーマが詳述される三つの讃歌，すなわち処女マリア，ザカリア，シメオンの讃歌の講解つき，［Genève］1560.[75]

　– アブラハムの犠牲についての 3 回の説教［Genève］1561.

　– Ｉテモテ，Ⅱテモテおよびテトスについての説教，Genève，1561.[76]

　– 13 回の説教……ヤコブにおける神の恵みの選びとエサウの委棄を論ず……［Genève］1562.[77]

　– 説教……イザヤ 38 章による善王ヒゼキヤが神の手により病気になり苦しんだ後に歌った讃歌について……，Genève，1562.[78]

　– 三福音記者の調和と一致についての 65 回の説教……［Genève］1562.

　– エフェソについての説教，Genève，1562.[79]

　– きわめて著名な説教，神の高名な仕え人ジャン・カルヴァン師による……詩編 46 編による，Ｗ．ワード（Warde）による英訳，London，1562.[80]

　– ヨブについての説教，A Genève，1563.[81]

　– ガラテヤについての説教，A Genève，1563.[82]

　– 申命記についての説教，A Genève，1567.[83]

　– ダニエル書の最後の 8 章についての 47 回の説教，La Rochelle，1565.

　– ヨブに関連して，Genevae，1593.

　– サムエル上の説教，フランス語からラテン語へ翻訳され，今回はじめて出版された，Genevae，1604.

　– エゼキエル 2：1－5 についての説教，および使徒 3：17－20 についての説教，in *Calvin d'après Calvin: Fragments extraits des oeuvres françaises du reformateur*, ed. C.O. Viguet and D. Tissot. （Geneve, 1864） 281-297, 310-325.

　– *Supplementa Calviniana. Sermons inedits.*（カルヴァン篇補遺. 未刊行の説教）. Iussu Corporis Presbyterianorum Universclis moderante James I.McCord edidit E.Mülhaupt adiuvantibus G.A.Barrois e.a., Neukirchen 1936-.

　出版されているのは以下のものである.

vol. 1, サムエル下についての説教, herausgeg. von Hans Rückert, Neukirchen 1936-1961;

vol. 2, イザヤ 13−19 章についての説教, publiés par Georges Barrois, Neukirchen 1961-1964;

vol. 3, イザヤ 30−41 章についての説教, publiés par Francis M. Higman, Thomas H. L. Parker en Lewis Thorpe, Neukirchen- Vluyn 1995;

vol. 5, ミカについての説教, publiés par Jean Daniel Benoit, Neukirchen-Vluyn 1964;

vol. 6, エレミヤおよび哀歌についての説教, publié par R. Peter, Neukirchen- Vluyn 1971;

vol.7, 詩編の説教, 受難, 復活, 聖霊降臨についての説教, *nerausgeg*, von Erwin Mälhaupt, Newwkirehen- Vluya 1981:

vol. 8, 使徒言行録についての説教, ed. Willem Balke and Wilhelmus H. Tn. Moehn, Neukirchen- Vluyn 1994.[84]

vol. 10/3. エゼキエル 36−48 章についての説教, ed.Max Engammare, Neukirchen- Vluyn 2000;

vol.11/1, 創世 1：1−11：4 についての説教, ed.Max Engammare, Neukirchen- Vluyn 2000; vol.11/2, *Sermons sur la Genèse Chapitres 11, 5-20, 7,* ed. Max Engammare,Neukirchen-Vluyn 2000.

vol.11/2, 創世 11：5−20：7 についての説教, ed. Max Engammare, Neukirchen- Vluyn 2000.

　「カルヴァン篇（*Opera Calvini*）」にはカルヴァンの 872 回の説教が収録さ

れている。説教後の祈りは大部分が翻訳されていない。さらに、註も付けられていない。「カルヴァン篇」の出版者は彼の説教にそれほど大きな価値をおかなかった。いまやこうした考えは変わってきた。手書き本で保存されてきた多くの説教が、今日終わりの祈りと註とを付して「カルヴァン篇補遺（Supplementa Calviniana）」として出版されている（上述を参照のこと）。この「補遺（Supplementa）」は「カルヴァン篇（Opera）」に670回の説教を増補することになろう。また、その説教のすべての手書き本が保存されてきたわけではないので、これ以上のカルヴァンの説教は出版されないであろうと思われる。1806年には、収納場所不足のためジュネーブの図書館に保存されていたかなり多くの説教が書籍商に売られた。その一部は行方もたどれなくなった。しかし1994年にイザヤ書のカルヴァンの説教がロンドンで見つかった。

「カルヴァン篇（Opera）」に収録されている説教についてわれわれは次のように概観する。

− 詩16：4，ヘブライ13：13，詩27：4，詩27：8についての4回の説教，詩87の註解付（CO 8: 369-452）

− 創世14：13−24についての3回の説教（CO23: 641-682）

− 創世15：4−7についての4回の説教（CO23: 683-740）

− 創世21：33−22：15についての3回の説教（CO23, 741-784）

− 創世25：11−27：36についての13回の説教（CO58: 1-206）

− 申命記についての200回の説教（CO 25: 573-CO2）

− サムエル上についての（ラテン語の）107回の説教（CO29: 233-CO30: 734）

− 詩115，詩124についての2回の説教 Psalm 115 en Psalm 124（CO32: 451-480）

− 詩119についての22回の説教（CO 32: 481-752）

− ヨブについての159回の説教（CO 33: 1-CO35, 514）

− イザヤ38：9−22についての4回の説教（CO 35: 517-580）

- イザヤ 52：13–53：12 についての 7 回の説教（*CO*35: 581-688）
- ダニエル 5–12 章についての 47 回の説教（*CO*41: 305-*CO*42, 174）
- マタイ，マルコ，ルカについての 65 回の説教（*CO*46: 1-826）
- マタイ 26：36–28：19 についての 9 回の説教（*CO*46: 829-954）
- ルカ 2：1–14 についての 1 回の説教（*CO*46: 955-968）
- ヨハネ 1：1–5 についての 1 回の説教（*CO* 47: 461-484）
- 使徒 1：1–11 についての 4 回の説教（*CO* 48: 585-622）
- 使徒 2：1–4，13–21 についての 5 回の説教（*CO*48: 624-664）
- Ⅰコリント 10–11 章についての 19 回の説教（*CO* 49: 577-830）
- ガラテヤ書についての 43 回の説教（*CO* 50: 269-*CO*51 ,136）
- エフェソ書についての 48 回の説教（*CO*51: 241-862）
- Ⅱテサロニケ 1：6–10 についての 1 回の説教（*CO*52: 219-238）
- Ⅰテモテについいての 55 回の説教（*CO* 53）
- Ⅱテモテについての 31 回の説教（*CO* 54: 1-370）
- Ⅰテトスについての 17 回の説教（*CO* 54: 373-596）

「カルヴァン篇補遺（*Supplementa*）」には次の説教が出版されている．

- サムエル下についての 87 回の説教（SC1[88]）
- イザヤ 13–29 章についての 66 回の説教（SC 2）
- イザヤ 30–41 章についての 67 回の説教（SC3）
- ミカについての 28 回の説教（SC 5[89]）
- エレミヤ 14：19–18：23 についての 25 回の説教および哀歌についての 2 回の説教（SC 6[90]）
- 詩 80：9–20，147：12–20，148：1–14，149：4–9，65：6–14，46：7–12，48：2–8，48：9–15 についての 10 回の説教とマタイ 28：1–10 についての 2 回の説教，使徒 2：1—10 についての 1 回の説教，マタイ 26：40–27：66 についての 16 回の説教（SC 7）
- 使徒 1–7 章についての 44 回の説教（SC 8）

– エゼキエル 36–48 章についての 16 回の説教（SC 10/13）
– 創世 1：26–20：6 についての 89 回の説教（SC 11/1-2）

まだ出版されていないものは，
– イザヤ 42–51 章についての 57 回の説教
– イザヤ 52–57 章についての説教[92]
– エゼキエル 1–15 章についての 55 回の説教
– エゼキエル 23–48 章についての 69 回の説教[93]
– Ⅰコリント 1–9 章についての 58 回の説教
– 個々のテキストについての説教（SC1: vii-ix を参照せよ）．

まだ発見されていない説教は，以下のとおりである．
– イザヤ 1–12 章についての説教
– エレミヤ 1–14 章および 19–52 についての説教
– 哀 1：6–5：52 についての 23 回の説教
– ゼファニヤ，オバデヤ，ヨナについての 28 回の説教
– ホセアについての 65 回の説教
– ヨブについての 17 回の説教
– アモスについての 43 回の説教
– エゼキエル 16–22 章についての説教
– ⅠテサロニケおよびⅡテサロニケについての 46 回の説教
– Ⅰコリント 12–16 章についての説教
– Ⅱコリントについての 66 回の説教

3.5 毎週の牧師会(*Congrégations*)に対するカルヴァンの貢献

少なくとも 1536 年 11 月 21 日以前に，ファレルとカルヴァンはいわゆる「congrégations（集会）」をジュネーブに導入した[94]．というのは，この日

時にその同僚の名でファレルは，ローザンヌの牧師たちにジュネーブで毎金曜日朝7時に討論会（colloquia）がおこなわれていると書いているからである（*CO*10b, 71-73 を参照のこと）．これは，ジュネーブとその付近から60名の牧師が参加した，いわゆる「牧師会（congrégation）」であった．この集会は，第一にジュネーブと周辺の牧師のために企図されていた．牧師たちは正当な理由があるときにのみ欠席が許され，後に論ぜられる聖書箇所の註解を順番で担当した．これには都市の市民も聴きに来ることができた．その後，実務的問題を論ずる牧師の集会があった．上述の手紙の中でファレルは，ローザンヌとその付近の同僚も，一致強化のために参加するように希望している．実際，彼らはこれをベルンが禁ずるまでの短い期間，いっしょにおこなった（*CO*10b, 145 を参照のこと）．「牧師会」の設立に関してファレルとカルヴァンは，チューリヒの例に倣った．そこでは註解の発表は，1525年6月19日以来グロースミュンスター大聖堂の聖歌隊席でなされていた．このいわゆる「預言（prophezei）」は牧師とラテン語学校の上級クラスからの学生の神学的な形成をめざしておこなわれた[95]．

　ファレルの手紙に述べられた毎週の聖書討論の目標と手順は1541年の「教会規則（*Les Ordennances ecclesiastiques*）」の中で詳しく規定され，そして1561年の「教会規則」の中では，その規定が既存の手順に基づいていくぶん拡大されている[96]．

　われわれはこの「牧師会」の間に，「連続講解（*lectio continua*）」の中で聖書が論じられたことを知っている[97]．金曜日の集会でカルヴァンがおこなった講義のいくつかは出版されたが，そこではフランス語が話された．

　1558年にジュネーブで出版された主イエス・キリストの神性，人性・誕生についての説教集の中で[98]，ヨハネによる福音書1章1-5節についての説教に先立つカルヴァンの研究に出合う．それは，彼によって「牧師会」でなされたものである（テキストについては*CO*47: 461-484 を参照のこと）．

　選びについてカルヴァンがおこなった講義も出版された．すなわち「*Congrégation sur l'élection eternelle de Dieu*」がそれである[99]．1551年12月18日金曜日におこなわれ，そして，まったく選びに専念したこの特別

な「牧師会」の背景は，ジェローム・ボルセック（Jérôme Bolsec）の登場にあった[100]．パリ出身のボルセックはカルメル会修道士であったが，宗教改革で転向してパリから逃れた後，ファレの領主，ジャック・ド・ブルゴーニュ（Jacques de Bourgogne）の侍医としてジュネーブ外の地所に落ち着いた．ボルセックは1551年5月15日におこなわれた「牧師会」で自由意志と予定についての発言で問題を惹き起こし，他の牧師たちには説得されなかった．1551年10月16日におこなわれた「牧師会」では，牧師ジャン・ド・サン＝アンドレ（Jean de Saint-André）がヨハネによる福音書8章47節に基づいて討論をはじめたが（「神に属するものは神の言葉を聞く．あなたたちが聞かないのはあなたたちが神に属していないからである」），ボルセックはその機会をとらえてテキストの予定論的な釈義に反対して抗議した．彼は初代教会とアウグスティヌスに依拠して，カルヴァンは神を罪の創始者にしていると非難した．彼はまた集会に対して牧師によって欺かれないようにと促した．

　カルヴァンは長い説論の中で，ボルセックに返答した．居合わせた警察の長によってボルセックはただちに逮捕され，非聖書的教えと集会の一致を乱したかどで告発された．

　ボルセックに対する訴訟手続きの間（書類については CO8: 141-284 を参照せよ），とりわけド・ファレは彼の弁護をした．11月14日にジュネーブの牧師たちはバーゼル，ベルン，チューリヒの同僚にこの問題についての意見を求める手紙を書いた（CO8: 205-208）．そして，11月21日にジュネーブの市参事会はバーゼル，ベルン，チューリヒの教会に予定の問題について助言を求めた（CO8: 223-224）．受け取った返答では，ボルセックの教えは拒否されていたが，しかしカルヴァンは届いたその返答に失望した．彼はクリストフ・ファブリ（Christoph Fabri）とファレルに，バーゼルの牧師たちからの助けがいかに乏しいかを，改めて経験したと書いている．彼はチューリヒに対してはいっそう大きく失望した（ファレル宛の手紙 CO14, 218-219 を参照のこと）．これは個人的に受け取ったブリンガーの手紙にも当てはまる（手紙のテキストについては CO14, 214-215 を参照のこと）．周辺の牧師がジュネーブの牧師に手紙を書くことさえ法令で禁じられたことも，カル

TREZE
SERMONS
DE M. I. CALVIN,

Traitans de l'election gratuite de
Dieu en Iacob, & de la reiection en Esau.
Traité auquel chacun Chrestié pourra
voir les bontez excellentes de Dieu en-
uers les siens, & ses iugemens merueil-
leux enuers les reprouuez.

✥ Recueillis de ses predications
l'an mil cinq cens soixante.

Rom. 2 ?. 33.
O profondes richesses de la sapience &
cognoissance de Dieu, que ses iugemens sont
incomprehensibles, & ses voyes impossibles
à trouuer!

M. D. LXII.

DEVX
CONGREGA-
TIONS PROPOSEES

PAR M. IEAN CALVIN, DV SE-
cond chapitre de l'Epistre de sainct Paul aux Gala-
tiens, verset onzieme.

Item l'exposition du quarantetroisieme Dimanche du Cate-
chisme, où est exposée la derniere requeste de l'oraison de
nostre Seigneur Iesus Christ.

ceux qui l'edifient trauaillent en vain

Si le Seigneur n'edifie la maison · Pseaume cxxvii.

De l'Imprimerie de Michel Blanchier.
M. D. LXIII.
AVEC PRIVILEGE.

ガラテヤ 2：11 についての　　　　　　　選びと委棄についての
二つの〈講義〉のタイトルページ　　　　13 説教のタイトルページ

ヴァンを怒らせた.

　ヌーシャテルの牧師には（その中にファレルがいるが）助言が求められな
かったが，彼らはボルセックを厳しく断罪する手紙を書いている（CO14,
221-224）.

　1551 年 12 月 18 日にカルヴァンによっておこなわれた選びについての
講義の中では，救済の普遍主義の問題が中心であるが，これは特殊な予定
を考慮して否定されている. 牧師全員がカルヴァンの説明に署名し，1562
年に出版された.

　ジュネーブの市参事会は，1551 年 12 月 21 日にボルセックをジュネー
ブから永遠に追放する決定をした. 彼はもはやこの都市に入ることは許さ
れず，ベルンの領土にあったファレの地所に住み続けた[101].

　最後に，1562 年末あるいは 1563 年初めにおこない，また，カルヴァン

によって教理問答の第43主日に基づいておこなわれた「われらを誘惑に導かず，われわれを悪より救いたまえ」という祈りの釈義とともに，1563年に出版されたガラテヤの信徒への手紙2章11–16節およびガラテヤの信徒への手紙2章15–21節についての，カルヴァンの二つの講義を指摘せねばならない[102]．

ジュネーブには，カルヴァンがおこない，また「カルヴァン篇補遺」(*Supplementa Calviniana*) に出版されることになっている講義のいくつかの手書き本が保存されている．これは出エジプト記1章1–8節（1559年9月1日付），ヨシュア記1章1–5節（1563年6月4日付），ヨシュア記11章（1563年9月付），イザヤ書1章1–3節（1564年1月21日付）についての講義に関係しているものである[103]．

註

1）Olivier Millet, Calvin et la dynamique de la parole. Etude de rhétorique réformée, Paris 1992, 171-176. を参照せよ。ミエは，カルヴァンは，序言をそのバーゼルでの二度めの滞在の間，1538年春に書いたと述べている（173-174頁）。

2）John H. McIndoe:〈John Calvin: Preface to the Homilies of Chrysostom〉, in: Hartford Quarterly 5（1965）, 19-26 が序言の英訳をしている。
W. Ian P. Hazlett,〈Calvin's Latin Preface to his proposed French edition of Chrysostom's Homilies: Translation and Commentary〉in: Humanism and Reform: The Church in Europe, England and Scotland, 1400-1643. Essays in Honour of James K. Cameron, edited by James Kirk, Oxford 1991, 129-150.
John Robert Walchenbach, John Calvin as Biblical Commentator: An Investigation into Calvin's Use of John Chrysostom as an Exegetical Tutor, Pittsburgh, 1974. Alexandre Ganoczy und Klaus Müller, Calvin's handschriftliche Annotationen zu Chrysostomus. Ein Beitrag zur Hermeneutik Calvins, Wiesbaden 1981 をも参照せよ。

3）La Bible Qui est toute la Saincte scripture. En laquelle sont contenus, le Vieil Testament et le Nouveau, translatez en Francoys. Le Vieil, de Lebrieu: et le Nouveau de Grec... .1986年にトリノで，この聖書の翻訳の豪華版が少部数出版された。

4）文献：The Cambridge History of the Bible, Vol. 3, The West from the Reformation to the present day, S.L. Greenslade, ed., Cambridge 1963（repr. 1978）, 117-120. Eugénie Droz, Chemins de l'hérésie, 102-117（〈Calvin collaborateur de la Bible de Neuchâtel〉）. Jürgen Quack,〈Calvins Bibelvorreden（1535-1546）〉, in idem, Evangelische Bibelvorreden von der Reformation bis zur Auferklärung, Gütersloh 1975, 89-116.

5）ラテン語のテキストは COR Epistolae, Vol. 1, Genéve 2005, 105-113 に手紙 nr. 20 として序文と註付きで収録されている。ラテン語のテキストについては，〈Ioannes Calvinus, Cesaribus, Regibus, Principibus, gentibusque omnibus Christi Imperio subditis Saltem〉in: Le Livre et la

Réforme, 雑誌 Revue française d' histoire du livre の特別号（新シリーズ
の 50 号）をも参照せよ.

これは 1986 年に Rodolphe Peter と Bernard Roussel の編集で（新版
Bordeaux 1987 年）出版された. B. ルーセルは 258-260 頁でラテン語の
テキストを挙げ, 261 頁で Calvini Opera のテキストとテキストの異文
を比較している. ルーセルは 244-256 頁で序文のフランス語訳〈Jean
Calvin aux Empereurs, aux Rois, aux Princes et à tous les Peuples assujettis
au pouvoir de Christ, salut!〉を示している. ルーセルは註でスコットラ
ンドの司教座聖堂参事会員アレクサンダー・アレシィウス（Alexander
Alesius）とヨーハン・コクレウス（Johannes Cochlaeus）の間の議論を
参照指示している. これについてはカルヴァンは承知していた.

ルーセルの翻訳は註なしで Olivétan, traducteur de la Bible. Actes du
colloque Olivétan Noyon, mai 1985 présentés par Georges Casalis et
Bernard Roussel, Paris 1987, 163-168 にも収録されている. 英訳に
ついては; John Calvin, Institutes of the Christian Religion 1536 edition,
translated and annotated by Ford Lewis Battles, Grand Rapids（MI）, revised
edition 1986, 373-377（Appendix Ⅳ.〈John leCalvin's Latin Preface to
Olivétan's French Bible（1535）〉）. オランダ語訳は: W. de Greef, ed,
〈Calvijin over de Bijbel〉Houten 1998, 24-30（21-24〈Inleiding〉）を参照せよ.

6）Frans Pieter van Stam はオリヴェタン（Olivetanus）が〈A tous amateurs〉
の著者だと考えている. 彼の論文〈Der Autor des Vorworts zur Olivetan-
Bibel A tous amateurs aus dem Jahr 1535〉in: NAKG 84（2004）, 248-
267. を参照せよ.

7）この手紙のフランス語のテキストはドイツ語訳とともに Calvin-
Studienausgabe 1/1 34-57 にもある.（Ernst Saxer による序文 27-32 頁）;
Jean Calvin. Epître à tous amateurs de Jésus-Christ Préface à la traduction
française du Nouveau Testament par Robert Olivétan（1535）（le plus ancien
texte français de Calvin qui ait été imprimé）avec Introduction sur une édition
française de l'Institution dès 1537? par Jacques Pannier, Paris 1929, 36-55.
この手紙の現代フランス語版については, 序文付きで La vraie piété,
Divers traités de Jean Calvin et Confession de foi de Guillaume Farel.
Textes présentés par Irena Backus et Claire Chimelli, Genéve 1986, 13-38
を参照せよ（このテキストは註付きで Olivétan, traducteur de la Bible, 177-
189 に収録されている）. オランダ語訳は De Greef, ed., Calvijn over de
Bijbel, 36-52.

8）La vraie piété, 17-23 を参照せよ.

9）Biblia. Breves in eadem annotationes ex doctissimis interpretationibus et Hebraeorum commentariis, Paris 1532.

10）De Testamento seu foedere Dei unico et aeterno Heinrychi Bullingeri brevis exposition, Zürich 1534.

11）この手紙のテキスト（と序文）については Calvin. Oeuvres choisis, Edition d'Olivier Millet, Paris 1995, 25-50 を参照せよ. 二通の手紙の完全なタイトルは以下のとおりである.〈Deux epistres, l'une demonstre comment nostre Seigneur Iesus Christ est la fin de la Loy, et la somme de tout ce qu'il faut chercher en l'escriture. Composée par M.I.Calvin. L'autre, pour consoler les fideles qui souffrent pour le Nom de Iesus: et pour les instruire à se gouverner en temps d'adversité et prospérité, et les confermer contre les tentations et assautz de la mort. Composée par M. P. Viret.

12）Eugénie Droz, Chemins de l'hérésie 108-115（ヌーシャテル聖書の見出し語のファクシミリ版と一緒に！）.

13）Olivétan. Celui qui fit passer la Bible d'hébreu en français. Etudes des Professeurs Dominique Barthélemy, Henri Meylan（†）en Bernard Roussel. Textes de Calvin et d'Olivétan, Bienne 1986 を参照せよ. また Achim Detmers, Reformation und Judentum. Israel-Lehren und Einstellungen zum Judentum von Luther bis zum frühen Calvin Stutgart, Stuttgart-Berlin-Köln 2001, 268-276 をも参照せよ. デットメルスの結論は〈したがって, 取り上げてきた序文はカルヴァンに由来するのではなく, 彼の後のストラスブルクの同僚カピトに由来するのは証明されたこととして考えてよかろう〉となっている. Victor E. d' Assonvile は, 彼の〈Der Begriff（doctorina）bei Johannes Calvin: eine theologische Analyse, Münster 2001, 48, Anmerkung 21（Rostocker theologische Studien 6）〉で〈今日まで解明されていない著者〉について述べている. W. H. Neuser はカルヴァンが著者であるという意見である.（彼の論文〈The first outline of Calvin's theology- the preface to New Testament in the Olivétan Bible of 1535〉in: Koers. Bulletin for Christian scholarship 66（2001）, 1-38 の 18 頁の註を参照せよ.「わたしにとっては, 両序文が, 一つは異邦人宛, もう一つはユダヤ人宛にカルヴァンによって書かれたことにまったく何の疑いもない」).

14）Van Stam,〈Der Autor des Vorworts zur Olivetan-Bibel 1535 年 の A tous amateurs〉in: NAKG 84,（2004）, 250 を参照せよ. Robert White,〈An

Early Reformed Document on the Mission to the Jews〉in: WThJ 53（1991）93-108 をも参照せよ.

15) 手紙のテキストについては *CO* 9, 823-826〈Préface des Anciennes Bibles Genevoises-Iean Calvin au lecteur〉を参照せよ. 1546 年の聖書の翻訳と後の版でも，この手紙が内容一覧の中で〈Si ie vouleye〉として挙げられている. この言葉で手紙が始められているからである. 現代のフランス語でのテキストについては〈Jean Calvin au lecteur〉（1565 年版の聖書による）in: Calvin. Oeuvres choisis, Edition d'Olivier Millet, 51-56. 手紙のオランダ語訳については De Greef, ed., Calvijn over de Bijbel, 54-58 を参照せよ.

16) Wilhelm Neuser,〈Calvins Stellung zu den Apokryphen des Alten Testaments〉in: Text-Wort-Glaube. Studien zur Überlieferung, Interpretation und Autorisierung biblischer Texte. Kurt Aland gewidmet, Martin Brecht, ed., Berlijn-New York 1980, 298-323. ノイザーは上述の 1535 年の序文, および 1546 年の序文のドイツ語訳をしている（311-312 頁）.

17) R. Peter,〈Calvin et la traduction des Pseaumes de Louis Budé〉in: RHPhR 42（1962）, 175-192（ペーターはカルヴァンによって書かれた序文をも載せている）英語でも出版されている. R. Peter,〈Calvin and Louis Budé's Translation of the Psalms〉in: John Calvin, G. E. Duffield, ed., 190-209.

18) 文献：T. H. L. Parker, Calvin's New Testament Commentaries, Londen 1971, 2e dr. Edinburgh 1993.

19) 文献：Benoit Girardin, Rhétorique et Théologique. Calvin. Le Commentaire de l' Epître aux Romains, Parijs 1979.T.H.L. Perker,〈Calvin The Exegete: Change and Development〉in: Calvinus Ecclesiae Doctor, 33-46. 以下の註で挙げた版と註 22 で述べた文献も参照せよ.

20) Iohannis Calvini Commantarii in Epistolam Pauli ad Romanos. 改訂版が 1551 年および 1556 年に出版された.（1556 年と 1551 年の異文の）テキストについては *CO* 49, 1-292 を参照せよ. この註解書は T.H.L. Parker: Iohannis Calvini Commentarius in epistolam Pauli ad Romanos, Leiden 1981 によって新たに出版された. この本には 1556 年の註解書のテキストが 1540 年と 1551 年版の異文とともに入っている. この版はパーカーによって 1999 年に多数の出典の参照事項とともにシリーズ〈Opera Exegetica〉van Johannes Calvijn の 13 巻として新しく出版された. カルヴァンのローマの信徒への手紙の註解書の完全なフランス語訳は,

（Commentaire de M. Iean Calvin sur I'Epistre aux Romains）1543 年と 1545
年に要約のみが出版された後に（各々 Exposition sur I'Epistre de sainct
Paul aux Romains, extraicte des Commentaires de M. I. Calvin および――改訂・
修正版 ――Argument et sommaire de l'Epistre Sainct Paul aux Romains, pour
donner intelligence à toute l'Epistre en peu de parolles, Par Iehan Calvin）1550
年に出版された.

21）文献：H. J. Kraus, 〈Calvins exegetische Prinzipien〉in: ZKG 79 （1968）,
329-341 （英訳〈Calvin's Exegetical Principles〉, K. Crim, （trans.）, Interp.
31 （1977）, 8-18. T. H. L. Parker, Calvin's New Testament Commentaries,
85-108 （2e dr. Edinburgh 1993）.

22）文献：Nicole Kuropka, 〈Calvins Römerbriefwidmung und der Consensus
piorum〉in: Calvin im Kontext der Schweizer Reformation. Historische
und thelogische Beiträge zur Calvinforschung, Peter Opitz, ed., Zürich
2003, 146-167.
F. Büsser, 〈Bullinger as Calvin's Model in Biblical Exposition: An
Examination of Calvin's Preface of the Epistle to the Romans〉in: In
Honour of John Calvin, 1509-64. Papers from the 1986 International Calvin
Symposium McGill University, E.J. Furcha, ed., Montreal 1987, 64-95.
Joel Edward Kok, The Influence of Martin Bucer on Calvin's Interpretation
of Romans: a comparative case study, Ann Arbor 1993 （facsimile-editie van
dissertatie aan Duke University, Durham N.C. 1993）.

23）Exposition sur l'Epistre de sainct Iudas apostre de nostre Seigneur Iesus
Christ. Composée par M. Iean Calvin, 〔Genève〕1542 （CO55, 501-516）.

24）タイトル：Commentaire de M. Iean Calvin, sur l'Epistre Canonique de sainct
Iude. Revue et augmenté par luymesme, Genève 1551.

25）ラテン語：Iohannis Calvini Commentarii in priorem Epistolam Pauli ad
Corinthios. Cum indice, Argentorati 1546 （CO 49, 293-574）および Ioannis
Calvini Commentarii in secundam Pauli Epistolam ad Corinthios, Genevae
1548 （CO 50, 1-156）. Commentarii in secundam Pauli Epistolam ad
Corinthios, ed. Helmut Feid, Genève 1994 （Opera Exegetica 15）.
フランス語：Commentaire de M. Iean Calvin, sur la premiere Epistre aux
Corinthiens, traduit de Latin en François, 〔Genève〕1547 および Commentaire
de M. Iean Calvin sur la seconde Epistre aux Corinthieus, traduit de Latin en
François, 〔Genève〕1547.

26）CO 11, 628-632 および Jean Calvin. Lettres a Monsieur et Madamme de

Falais, Françoise Bonali-Fiquet, ed., Genève 1991, 35-40 の最初の手紙を
参照せよ.

27) この註解書は In omnes Pauli Epistolas atque in Epistolam ad Hebraeos,
item in canonicas Petri, Iohannis, Iacobi, et Iudae, quae etiam catholicae
vocantur, Ioh. Calvini Commentaria, 〔Genève〕1556 版に収録されている.

28) Helmut Feld は Opera Exegetica におけるカルヴァンのコリントの信徒
への手紙二の註解書版への序文の中で Melchior Wolmar について詳し
く書いている (xiii-xxiii 頁).

29) ラ テ ン 語：Ioannis Calvini Commentarii, in quatuor Pauli Epistolas: ad
Galatas, ad Ephesios, ad Philippenses, ad Colossenses, Genevae 1548 (CO
50, 157-268; 51, 137-240 および 52, 1-132) および Commentarii in Pauli
Epistolas ad Galatas ad Ephesios ad Philippenses ad Colossenses, Helmut
Feld, ed., Genève 1992 (Opera Exegetica 16). フランス語：Commentaire
de M. Iean Calvin, sur quatre Epistres de sainct Paul: Assavoir, aux
Galatiens, Ephesiens, Philippiens, Colossiens, A Geneve 1548.

30) ラ テ ン 語：Ioannis Calvini Commentarii, in utranque Pauli Epistolam ad
Timotheum, Genevae 1548 (CO 52, 241-396). フランス語：Commentaire
de M. Iean Calvin, sur les deux Epistres de sainct Paul à Timothée: traduites
du Latin, A Geneve 1548.

31) ラ テ ン 語：Ioannis Calvini commentarii in Epistolam ad Hebraeos, Genevae
1549 (CO 55, 1-198); Commentarius in Epistolam ad Hebraeos, T.H.L.
Parker, ed., Genève 1996 (Opera Exegetica 19). フランス語：Commentaire
de M. Iean Calvin sur l'Epistre aux Ebrieux, traduite du Latin, A Geneve
1549.

32) 国王ジギスムントへのこの手紙の註解書の献呈をもって，カルヴァ
ンのポーランドとの接触が始まっている. Oscar Bartel,〈Calvin und
Polen〉in: Regards contemporains sun Jean Calvin, 253-268. Mihály
Márkus,〈Calvin und Polen. Gedankenfragmente in Verbindung mit einer
Empfehlung〉in: Calvinus Praeceptor Ecclesiae. Papers of the International
Congress on Calvin Research, Princeton, August 20-24, 2002, Herman J.
Selderhuis, ed., Genève 2004, 323-330.

33) ラ テ ン 語：Ioannis Calvini commentarii in Epistolam ad Titum, Genevae
1550 (CO 52, 397-436). フランス語：Commentaire de M. Iean Calvin sur
l'Epistre à Tite, A Geneve 1550.

34) Commentarii in priorem Epistolam ad Thessalonicenses (CO 52, 133-80)

Bibliotheca Calviniana 2, 345 も参照せよ.

35) タイトル：Ioannis Calvini in omnes D. Pauli Epitplas, atque etiam in Epistolam ad Hebraeos commentaria luculentissima, Genevae 1551.

36) Commentarii in posteriorem Epistolam ad Thessalonicenses（CO 52, 181-218）.
    BibliotecaCalviniana 2, 346 をも参照せよ. 1551 年にはジュネーブでこの註解書のフランス語訳も出版された：Commentaires sur les deux Epistres de S. Paul aux Thessaloniciens. Par M. Iean Calvin.

37) De Commentaire sur l'Epistre de S. Paul à Philemon. Par M. Iean Calvin （Genève 1551）は Commentaires de M. Iean Calvin sur toutes les Epistres de l'Apostre S. Paul, et aussi sur l'Epistre aux Hebrieux. Item sur les Epitres canoniques de S. Pierre, S. Iehan, S. Iaques, et S. Iude, lesquelles sont aussi appelees Catholiques, Genève 1556. この著作のラテン語版も 1556 年にジュネーブで出版された.

38) Commentaire de M. Iean Calvin sur l'Epistre de sainct Iaques, A Geneve 1550 （CO 55, 377-436）.

39) Commentaires de M. Iean Calvin sur les Canoniques, A Geneve 1551. 1551 年にカルヴァンのヨハネの手紙一の註解書のフランス語訳の個別版も出版された（Commentaire de M. Iean Calvin, sur l'Epistre Canonique de sainct Iean）.
    ラテン語版は，公同書簡のカルヴァンの註解書にみられる（次の註を参照せよ）.

40) ラテン語：Ioannis Calvini Commentarii in Epistolas canonicas, Unam Petri. Unam Ioannis. Unam Iacobi. Petri alteram. Iudae unam. Ad Eduardum VI. Angliae Regem. Additus est sententiarum et locorum index, Genevae 1551 （CO 55, 201-500）. フランス語訳については前註を参照せよ. ペトロの手紙一, 二のカルヴァンの註解書のフランス語訳は個別にも 1551 年に出版された（Commentaire sur la premiere et seconde Epistre de sainct Pierre Apostre. Par M. Iean Calvin, Genève 1551）.

41) ラテン語：Commentariorum Ioannis Calvini in Acta Apostolorum, Liber 1. Ad Sereniss. Daniae Regem, Genevae 1552 （CO 48; Commentariorum in Acta Apostolorum Liber primus, Helmut Feld, ed., Genève 2001 （Opera Exegetica12/1）. フランス語：Le Premier Livre des commentaires de M. Iean Calvin, sur les Actes des Apostres. Au Roy de Dannemarch, A Geneve 1552. ラテン語：Commentariorum Ioannis Calvini in Acta Apostolorum,

liber posterior. Additus est utriusque libri index rerum et sententiarum, 〔Genevae〕 1554 (*CO* 48; Commentariorum in Acta Apostolorum Liber primus, Helmut Feld, ed., Genève 2001 (Opera Exegetica 12/2)). フランス語：Le Second livre des commentaires de M. Iean Calvin, sur les Actes des Apostres. Avec la Table des passages et sentences principales contenues tant au premier livre qu' au second, A Geneve 1554.

42) クリスチャン 3 世とその息子フレデリクは初版の献呈には応じなかった. 彼らはそうすることでカルヴァン主義の意味での宗教改革への反対を示した（上述のラツィヴィル宛の手紙を参照せよ）.

43) ラテン語：In Evangelium secundum Iohannem, commentarius Iohannis Calvini, 〔Genevae〕 1553 (*CO* 47, 1-458; In Evangelium secundum Johannem Commentarius pars prior, Helmut Feld,ed., Genève 1997 (Opera Exegetica 11/1) および In Evangelium secundum Johannem Commentarius pars altera, Helmut Feld,ed., Genève 1998 (Opera Exegetica 11/2). フランス　語：Commentaire de M. Iean Calvin sur I'Evangile selon sainct Iean, Traduit du Latin, 〔Genève〕 1553.

44) 文献：Dieter Schellong, Calvins Auslegung der synoptischen Evangelien, München 1969.

45) ラテン語：Harmonia ex tribus Evangelistis composita, Matthaeo, Marco et Luca: adiuncto seorsum Johanne, quod pauca cum aliis communia habeat. Cum Ioh. Calvini commentariis, 〔Genevae〕 1555 (*CO* 45). フランス語：Concordance qu'on appelle Harmonie, composée de trois Evangelistes, ascavoir, S. Matthieu, S. Marc, et S. Luc. Item, l'Evangile selon sainct Iehan. Le tout avec les Commentaires de M. Iehan Calvin 〔Genève〕 1555.

46) T.H.L. Parker, Calvin's Old Testament Commentaries, Edinburgh 1986 (repr. 1993). W. de Greef, Calvijn en het Oude Testament, Groningen 1984. John L. Puckett, John Calvin's exegesis of the Old Testament, Louisville （KY) 1995.

47) 文献：Nyanza N. Paluku Rubinga, Calvin commentateur du prophète Isaie: le commentaire sur Isaie, un traité de son herméneutique, diss. Straatsburg 1978. Peter Wilcox, 〈The Restoration of the Church〉 in Calvin's 〈Commentaries in Isaiah the prophet〉 in: ARG 85 (1994), 68-96.

48) Ioannis Calvini Commentarii in Isaiam prophetam. Ad Eduardum Ⅵ. Angliae Regem. Additus est sententiarum et locorum index, Genevae 1551. フランス語：Commentaires sur le Prophete Isaïe. Par M. Iean Calvin…, A

Geneve 1552.

49）Ioannis Calvini Commentarii in Isaiam prophetam, Nunc demum ab ipso authore recogniti, locupletati, magnoque labore et cura expoliti. Additi sunt duo indices: prior rerum et sententiarum, posterior vero locorum utriusque Testamenti, quos in his commentariis aut ipse author interpretatur, aut opposite ad sensum suum accommodat, Genevae 1559（*CO* 36, 19-672 および *CO* 37, 1- 454）.

50）文　献：L.F. Lupton,〈Calvin's commentary on Genesis〉in: A History of the Geneva Bible, Vol. 5, Vision of God, Londen 1973, 107-117. R. Stauffer,〈L'exégèse de Gense 1, 1-3 chez Luther et Calvin〉in: In Principio: Interprétations des premiers versets de la Genèse, Parijs 1973, 245-266 および in: Richard Stauffer, Interprètes de la Bible, 59-85. Claude-Gilbert Dubois,〈Jean Calvin, commentaires sur le premier livre de Moyse〉in: 同 La conception de l'histoire en France au XVIe siècle（1560−1610）, Parijs 1977, 307-315. R.C. Gamble,〈The Sources of Calvin's Genesis Commentary: A Preliminary　Report〉in: ARG 84（1993）, 206-221. A.N.S. Lane,〈The Sources of Calvin's Citations in his Genesis Commentary〉in: Interpreting the Bible. Historical and Theological Studies in Honour of David F. Wright, A.N.S. Lane, ed., Leicester 1997, 47-97 お　よ　び in Anthony N.S. Lane, John Calvin. Student of the Church Fathers, Grand Rapids（MI）, 205-259. David C. Steinmetz,〈Calvin as an Interpreter of Genesis〉in: Calvinus Sincerioris Religionis Vindex. Calvin as Protector of the Purer Religion, Wilhelm H. Neuser お　よ　び Brian G. Armstrong, eds., Kirksville（Miss）1997, 53-67. Max Engammare,〈D'une forme de l'autre: Commentaires et sermons de Calvin sur la Genèse〉in: Calvinus Praeceptor Ecclesiae, Herman J. Selderhuis, ed., 107-138.

51）ラテン語：In primum Mosis librum, qui Genesis vulgo dicitur, Commentarius Iohannis Calvini,〔Genevae〕1554（*CO* 23, 1-622）.

フランス語：Commentaire de M. Iean Calvin sur le premier livre de Moyse, dit Genese, A Geneve 1554.

52）文献：Robert Martin-Achard ,〈Calvin et les Psaumes〉in: Les Cahiers Protestants, 44（1960, 102-112）および in: Approche des Psaumes, Cahiers Thèologiques 60, Neuchâtel 1969, 9-17. S. H. Russel,〈Calvin and the Messianic Interpretation of the Psalms〉in: SJTh 21（1968）, 37-47. John Robert Walchenbach, The Influence of David and the Psalms on the life and thought of John Calvin, Pittsburgh Pa. 1969. H.J. Kraus, 〈Vom Leben und Tod in den Psalmen. Eine Studie zu Calvins Psalmenkommentar〉 in: 同 Biblisch Theologische Aufsätze, Neukirchen 1972, 258-277. W. Balke, 〈Calvijn over de geschapen werkelijkheid in zijn Psalmencommentaar〉 in: Wegen en gestalten in het gereformeerd protestantisme, Een bundel studies over de geschiedenis van het gereformeered protestantisme, aangeboden aan Prof. Dr. S. van der Linde, Amsterdam 1976, 89-103. Barbara Pitkin, 〈Imitation of David: David as a Paradigm for Faith in Calvin's Exegesis of the Psalms〉 in: SCJ 24 (1993), 843-863. Herman J. Selderhuis, God in het midden. Calvijns theologie van de Psalmen, Kampen 2000. Wulfert de Greef, Calvijn en zijn uitleg van de Psalmen. Een onderzoek naar zijn exegetische methode, Kampen 2005.

53) In Librum Psalmorum, Iohannis Calvini commentarius, Genevae 1557 (*CO* 31 および 32); Le Livre des Pseaumes exposé par Jehan Calvin…, A Geneve 1558; Commentaires de M. Iean Calvin sur le livre des Pseaumes. Ceste traduction est tellement reveuë et si fidelement conferee sur le Latin, qu'on la peut juger estre nouvelle…, A Geneve 1561.

54) 文献：James A. De Jong, 〈〈An Anatomy of all Parts of the Soul〉 : Insights into Calvin's Spirituality from His Psalms Commentary〉 in: Calvinus Sacrae Scripturae Professor. Calvin as Confessor of Holy Scripture (International Congress on Calvin Research, Grand Rapids, MI 1990), W.H. Neuser, ed., Grand Rapids (MI) 1994, 1-14.

55) 文献：R. Neugebauer, Exegetical structure in the Institutes of the Christian Religion and the Biblical commentaries of john Calvin: a study of the Commentary on the four last books of Moses, arranged in the form of a harmony, New York 1968 (M.A.Thesis Columbia University).

56) Mosis Libri V, cum Ioannis Calvini Commentariis. Genesis seorsum: reliqui quatuor in formam harmoniae digesti…, Genevae 1563 (*CO* 24 および *CO*25, 1-416).

57) Commentaires de M. Iean Calvin, sur les cinq livres de Moyse. Genesis est mis à part, les autres quatre livres sont disposez en forme d'Harmonie..., A Geneve 1564.

58) 文献：Marten H. Woudstra, Calvin's dying bequest to the church: a critical evaluation of the commentary on Joshua, Grand Rapids (MI) 1960.

59) Commentaires de M. Iean Calvin, sur le livre de Iosué. Avec une préface

3　カルヴァンと聖書　*163*

de Theodore de Besze, contenant en brief l'histoire de la vie et mort d'iceluy..., A Geneve 1564 および Ioannis Calvini in librum Iosue brevis Commentarius, quem paulo ante mortem absolvit. Addita sunt quaedam de eius morbo et obitu…, Genevae 1564（*CO* 25, 417-570）.

60）ラテン語：In Hoseam prophetam, Io. Calvini praelectiones, a Ioanne Budaeo, et sociis auditoribus assiduis bona fide exceptae, Genevae 1557（*CO* 42, 183-514）. フランス語：Leçons de Iean Calvin sur le prophete Hosee, recueillies fidelement de mot a mot par Iehan Budé, et autres ses compaignons auditeurs. A Geneve 1557.

61）ラテン語：Ioannis Calvini praelectiones in duodecim Prophetas（quos vocant）minores. Ad Serenissimum Suetiae et Gothiae Regem. Reconditam harum Commentationum doctrinam facile commonstrabunt Indices in calce operis adiecti, Genevae 1559（*CO* 42, 176-600; *CO* 43 および 44）. フランス語：Leçons et expositions familieres de Iehan Calvin sur les douze petis Prophetes..., A Geneve 1560.

62）ラテン語：Ioannis Calvini Praelectiones in librum prophetiarum Danielis, Ioannis Budaei et Caroli Ionvillaei labore et industria exceptae. Additus est e regione versionis Latinae Hebraicus et Chaldaicus textus, Genevae 1561（*CO* 40, 529-722 および *CO* 41, 1-304）. フランス語：Leçon de M. Iean Calvin sur le livre des Propheties de Daniel. Recueillies fidelement par Iean Budé et Charles de Ionviller, ses auditeurs…, A Geneve 1562. 文献：W. Balke,〈Calvijn en de vier koninkrijken in de profetie van Daniël〉in: W. Balke, Calvijn en de bijbel, Kampen 2003, 175-21（初版，簡略版 in: Hoffnung für die Zukunft. Modelle eschatologischen und apokalyptischen Denkens, Ed Noort en Mladen Popovic, eds., Groningen 2001, 46-64）.

63）ラテン語：Ioannis Calvini Praelectiones: in Librum prophetiarum Jeremiae, et Lamentationes. Joannis Budaei et Caroli Jonvillaei labore et industria exceptae. Cum duobus indicibus, priore quidem rerum ac sententiarum maxime insignium: posteriore vero locorum qui ex vetere et novo Testamento citantur, et explicantur, Genevae 1563（*CO* 37, 469-706; *CO* 38 および *CO* 39）フランス語：Leçons ou commentaires et expositions de Iean Calvin, tant sur les Revelations que sur les Lamentations du Prophete Ieremie…, A Lyon 1565.

64）ラテン語：Ioannis Calvini in viginti prima Ezechielis prophetae capita Praelectiones, Ioannis Budaei et Caroli Ionvillaei labore et industria exceptae···, Genevae 1565（CO 40, 21-516）. フランス語：Leçon ou Commentaires et expositions de M. Iean Calvin, sur les vingt premiers Chapitres des Revelations du Prophete Ezechiel: qui sont les derniers Leçons qu'il a faites avant sa mort···, A Geneve 1565.

65）文献：T.H.L. Parker, The Oracles of God, An Introduction to the Preaching of Calvin, Londen および Redhill 1947. 同 Calvin's Preaching, Edinburgh 1992. Dawn DeVries,〈Calvin's Preaching〉in: The Cambridge Companion to John Calvin, Donald K. McKim, Cambridge/ New York 2004, 106-124. さらに註 86 を参照せよ.

66）その説教の出版に対するカルヴァンの苦情については，Jean-François Gilmont, Jean Calvin et le livre imprimé, Genève 1997, 108-114 を参照せよ.

67）Parker, Calvin's Preaching 163-171 を参照せよ. 彼はテモテへの手紙一，二のカルヴァンの説教を要約し，そして詩編のいくつかの説教に言及している.

68）説教のテキストについては CO 8, 377-452 を参照せよ. 表題は上述の詩 115 および詩 124 についての説教に関係している（SC7, xxxvi-xxxvii をも参照せよ. 説教のテキストについては CO 32, 451-480 を参照せよ）. 詩 115 についての説教のドイツ語訳は, in: Johannes Calvin Diener am Wort Gottes Ein Auswahl seiner Predigten Gottingen 1934, 11-21..

69）説教のテキストについては CO 8, 377-452 を参照せよ. 英訳：Four godlye sermons agaynst the polution of idolatries, Londen 1561. オランダ語訳：in: Het Gepredikte Woord. Preeken van Johannes Calvijn,〈Ds. J. Douma および Ds. W. H. v. d. Vegt による翻訳〉, deel V, Franeker z. j.（2e dr）, 7-103.

70）説教のテキストについては CO 32, 481-752 を参照せよ. 英訳：Searons on Psalm 119, tr. by Thomas Stocker 訳, Londen 1580; repr.（現代の活字）Audubon（N. J.）1996. 文献：Emil Blaser,〈Vom Gesetz in Calvins Predigten über den 119. Psalm〉in: Das Wort sie sollen lassen stahn, Festschrift für D. Albert Schädelin, Berne, 1950, 67-78. Peter Opitz,〈Ein Thorapsalm als ABC des christlichen Glaubens-Beobachtungen zu Calvins Predigten über Psalm 119〉in: Calvin's Books Festschrift to Peter De Klerk, W.H. Neuser and others, eds., Heerenveen 1997, 117-132. Yoon Kyung Kim, Hermeneutics and the Law: A Study of Calvin's Commentary and sermons on Psalm 119, Grand Rapids（MI）2000（MA Thesis）.

71）英訳：Two godly and notable sermons preached in 1555, Londen〔1560?〕

この説教は，1561 年に出版されたテモテとテトスの手紙の一部であり，また英語にも翻訳されている（註 76 を参照せよ）.

72）これは先に述べた Quatre sermons…と Deux sermons…である.

73）英訳：John Calvin's sermons on the Ten Commandments, Benjamin Wirt Farley, ed., Grand Rapids（MI）1980. オランダ語訳は Het Gepredikte Woord, deel IV.

74）この収録はヨハネ 1：1-5 の聖書研究 1 と 26 説教，すなわち，ルカ 2：1-14 の 1 説教，マタイ 26：36-28：10 の 9 説教，使徒 1：3-1 の 4 説教，使徒 2：1-4，13-24 の 4 説教，Ⅱテサロニケ 1：6-10 の 1 説教，イザヤ 52：13-53：12 の 7 説教，を含んでいる．SC 7, 1-liv をも参照せよ．英訳は Divers sermons concerning the Divinitie, Humanitie, and Nativitie of our Lorde Jesus Christe, tr. by Thomas Stocker, Londen 1581. これらの説教のオランダ語訳は Het Gepredikte Woord, deel Ⅰ，Ⅱおよび Ⅲにある．T.H.L. Parker はイザヤ 52：13-53：12 の七つの説教の英訳を出版した（Sermons on Isaiah's Prophecy of the Death and Passion of Christ, Londen 1956）.

75）英訳：Sermons on the Historie of Melchisedech, tr. by Thomas Stocker, Londen 1592 および Willow Street（PA）2000.

76）英訳：Sermons on the Epistles of S. Paule to Timothie and Titus, tr. by Laurence Tomson, Londen 1579（ファクシミリ版 Edinburgh/Carlisle, Pa 1983）.

77）この説教はすでに 1560 年にジュネーブで Traité de la prédestination éternelle de Dieu, par laquelle les uns sont éleuz à salut, les autres laissez en leur condemnation の付録として出版されていた．1562 年版では説教に（カステリヨに対して向けられた──6. 3. 1. 2 を参照せよ）カルヴァンの Reponses a certaines calomnies et blaphemes…が続いている．S. van der Linde はこの説教をオランダ語に翻訳した．Prediking en verkiezing, Dertien preken over de onverdiende verkiezing van Jakob en de verwerping van Ezau（1562），Kampen 1992. 英訳は Thirteene sermons…Entreating of the Free Election of God in Iacob, and of reprobation in Esau, tr. by John Field, Londen 1579, repr.（現代活字）Audubon, N. J. 1996.

78）英訳：Sermons...upon the songe that Ezechias made after he had bene sicke..., tr. by Anne Lok, Londen 1560.

79）英訳：Sermons on the Epistle to the Ephesians, London 1973（The sermons upon the Epistle of S. Paule too the Ephesians, tr. by Arthur Golding, Londen 1577 の改訂版）文献：Randall C. Zachman,〈Expounding scripture and applying it to our use: Calvin's sermons on Ephesians〉 in: SJT 56〔2003〕, 481-507. C. Zachman, *John Calvin as Teacher, Pastor and Theologian, The Shape of His Writing and Thought*, Grand Rapids 2006, 147-172.

80）Richard Stauffer,〈Eine englische Sammlung von Calvin predigten〉in: Der Prediger Johannes Calvin. Beiträge und Nachrichten zur Ausgabe der Supplementa Calviniana. Karl Halaski, ed., Neukirchen 1966, 47-80.

81）英 訳：Sermons upon the booke of Job, tr. by Arthur Golding, Londen 1574（ファクシミリ版 Edinburg 1993）. オランダ語訳：Stemmen uit Genève 1, Meeuwen 1967,265-368, 597-697; Stemmen uit Genève 2, Goudriaan 1969, 81-164, 282-628; Stemmen uit Genève 3, Goudriaan 1971, 97-484; Stemmen uit Genève 4,Goudriaan 1972, 73-602; Stemmen uit Genève 5, Goudriaan 1974, 253-590; Stemmen uit Genève 6, Goudriaan 1976, 5-485 および Johannes Calvijn. Job（シリーズ Verklaring van de bijbel, Kampen 1998; 現在までヨブ記 1—10 および 11—20 章についての説教で二巻出版されている. ds J.F. Wijnhoud による翻訳）.
文献：Suzan E. Schreiner,《《Through a Mirror dimly》》: Calvini's sermons on Job〉in: CTJ 21〔1986〕, 175-193. 同 Where shall wisdom be found? Calvin's Exegesis of Job from Medieval and Modern Perspectives, Chicago 1994. Derek Thomas, Proclaiming the Incomprehensible God. Calvin's Teaching on Job, Ross-shire 2004.

82）英 訳：Sermons upon the Epistle of Saincte Paule to the Galatians, tr. by Arthur Golding, Londen 1574; repr.（現代活字）Audubon（N.J.）1995 および Sermons on Galatians, tr. by Kathy Childress, Edinburgh 1997.

83）英 訳：The sermons upon the fifth Booke of Moses called Deuteronomie, tr. by Arthur Golding, Londen 1583（ファクシミリ版 Edinburgh/Carlisle, Pa 1987）. 文献：Raymund Andrew Blacketer, L'École de Dieu. Pedagogy and Rhetoric in Calvin's Interpretation of Deuteronomy, Grand Rapids（MI）1997. 同〈Smooth Stones, Teachable Hearts: Calvin's Allegorical Interpretation of Deuteronomy 10: 1-2〉in: CTJ 34〔1999〕, 36-63. Albrecht Thiel, In der Schule Gottes. Die Ethik Calvins im Spiegel seiner Predigten über Deuteronomium, Neukirchen-Vluyn 1999.

84）文献：Wilhelmus H. Th. Moehn, God roept ons tot zijn dienst. Een homiletisch onderzoek naar de verhouding tussen God en hoorder in Calvijns preken over Handelingen 4: 1-6: 7, Kampen 1996（英訳〈God calls us to his service.〉The relation between God and his audience in Calvin's sermons on

Acts, Genève 2001）.

85）Parker, The Oracles of God, 166 による.

86）Bernard Gagnebin,〈L'histoire des manuscrits des sermons de Calvin〉in: SC 2, xiv-xxviii を参照せよ. SC における説教の出版の計画について は，Der Prediger Johannes Calvin を参照せよ. SC の各々出版された 巻の序文をも参照せよ. カルヴァンの説教に関する論文，書物につ いての概観は，Richard Stauffer, Dieu, la création et la Providence dans la prédication de Calvin, Berne 1978, 309-316 がおこなっている. W. de Greef は論文〈Ein Verhältnis von Predigt und Kommentar bei Calvin, dargestellt an dem Deuteronomium Kommentar und den -Predigten〉in: Calvinus Servus Christi, Die Referate des Internationalen Kongress für Calvinforschung vom 25. bis 8. August 1986 in Deberecen, Wilhelm H. Neuser, ed., Budapest 1988 195-204 でこの補足をしている.

87）Max Engammare は Max Engammarre,〈Des sermons de Calvin sur Esaïe découverts à Londres〉in: Calvin et ses contemporains, Oliver Millet, ed., Genève 1998,69-81 で彼の発見の報告をしている. Max Engammare, 〈Calvin incognito in London: the rediscovery in London of sermons on Isaiah〉in: Huguenot Society Proceeding 26（1996), 453-462 をも参照せよ.

88）英訳：Sermons on 2 Samuel, Chapters 1-13, Douglas Kelly, ed., Edinburgh 1992.

89）英訳：Sermons on the book of Micah, Benjamin Wirt Farley, ed., Phillipsburg （N. J.）2003. 文献：Michael Parsons, *Calvin's Preaching on the Prophet Micah, The 1551-1551 Sermons in Geneva*, Lewiston/ Queenstan/ Lampter 2006

90）英訳：Sermons on Jeremiah, Blair Reynolds, ed., Lewiston（N. J.）1990.

91）R. Stauffer,〈Les sermons inédits de Calvin sur le livre de Genèse〉in: RThPh 97（1965), 26-36 を参照せよ.

92）Max Engammare がロンドンでなした発見には，この章についての説教 が入っている. アンガマールはイザヤ書55：1-2 についての説教のフ ランス語のテキストを出版した. Francis Higman はこれに英訳を付け た（La famine spirituelle, sermon inédit sur Esaïe 55, 1-2, Genève 2000). オラ ンダ語訳は Johannes Calvijn, De geestelijke honger, een preek over Jesaja 55: 1 および 2, drs. Christa Boerke, Kampen 2002 による翻訳と序文.

93）E. A. de Boer, John Calvin on the visions of Ezekiel. Historical and Hermeneutical Studies in John Calvin's〈sermons inédits〉, especially on

Ezek. 36-48, Leiden 2004.

94) 文献：Jean Calvin. Deux congrégations et exposition du catéchisme, R. Peter, ed., Parijs 1964 および Erik A. de Boer,〈The Presence and Participation of Laypeaple in the Congrégations of the Company of Pastors in Geneva〉in: SCJ 35（2004）, 651-670.

95) Ulrich Gäbler, Huldrych Zwingli, Eine Einführung in sein Leben und sein Werk, München 1983, 92-93. を参照せよ.

96) テキストについては CO10, 18 あるいは OS Ⅱ, 332-333 を参照せよ.

97) 概観については Jean Calvin. Deux congrégations et exposition du catéchisme, xv-xvi を参照せよ.

98) Plusieurs sermons de Iehan Caivin touchant la Divinité, humanité, et nativité de nostre Seigneur Iesus Christ,〔Genève〕1558. 註 74 も参照せよ.

99) Congregation faite en l'eglise de Geneve par M. Iean Calvin. En laquelle la matiere de l'election eternelle de Dieu fut sommairement et clairement deduite et ratifiée d'un commun accord par ses freres ministres, A Geneve 1562（テキストについては CO 8, 85-140 を参照せよ）.
フランス語のテキストと（幾人かのジュネーブの説教者が述べたことと，アウグスティヌスのいくつかの発言を含む〈警告〉を再現している CO 8, 119-140 を除いて）ドイツ語訳が Calvin-Studienausgabe 4, Reformatorische Klärungen, Neukirchen-Vluyn 2002, 92-149 に あ る（Christian Link に よ る〈序文〉79-91 頁）. 英訳は Calvinism by Calvin; being the Substance of Discourses delivered by Calvin and the other Minsters of Geneva on the Doctrine of Grace, R. Govett, ed., London 1840, repr. Miami Springs（Fla）1984. オランダ語訳は Stemmen uit Genève 3, 7-61.

100) 文献：Philip C. Holtrop, The Bolsec Controversy on Predestination, from 1551-1555. The statements of Jerome Bolsec, and the responses of John Calvin, Theodore Beza, and other reformed theologians, Lewiston 1993.

101) ボルセックは，彼に対して処置を講ずるようにとのベルンへのカルヴァンの強要の結果，ベルンの領土をも離れねばならなかったときに，彼はパリに向かった. 1577 年，再びローマ・カトリック教徒となったボルセックは，破廉恥な偽りと中傷に満ちたカルヴァン伝を書き，リヨンの大司教に献呈した（Histoire de la vie, moeurs, actes, doctrine, constance et mort de Jean Calvin, jadis ministre de Geneve, Lyon 1577）.

102) 上述の 1563 年版のタイトルは Deux congrégations proposees par M. Iean Calvin, du second chapitre de l'Epistre de sainct Paul aux Galatiens, verset

onzieme. 同 l'exposition du quarantetroisieme Dimanche du Catechisme, où est exposée la derniere requeste de l'oraison de nostre Seigneur Iesus Christ. 序文と註の付いたこの版の再版を R. Peter が準備した（3章註93を参照せよ）．英訳については Three Propositions or Speeches… To which also is added an exposition upon that parte of the Cathechisme…, tr. by Thomas Wilcox, Londen 1580. この著作の第三の〈聖書研究 congrégation〉は 1558 年に出版されたヨハネによる福音書1：1-5 についてのカルヴァンの講義である（149 頁を参照せよ）．

103) イザヤ書1：1-3 についての講義については E. A. de Boer,〈Jean Calvin et Esaïe 1（1564）. Edition d'un texte inconnu, introduit par quelques observations sur la différence et les relations entre congrégation, cours et sermons〉in: RHPhR 80（2000）, 372-395. 他の人々の講義に対するカルヴァンが述べた所見の報告も保存されてきた．その概観については R. Peter, Deux congrégations..., xix を参照せよ．さらに Danielle Fischer, 〈Michel Cop: Congrégation sur Josué 1, 6-11 du 11 juin 1563, avec ce qui a été ajouté par Jean Calvin. Première impression du manuscrit original, avec une introduction et des notes〉in: FZPhTh 34（1987）, 205-229; Jean Calvin,〈Congrégation sur Josué 1, 1-5（4 juin 1563）. Premiére édition du manuscrit original, avec une introduction et des notes par Danielle Fischer〉in: FZPhTh 35（1988）, 201-221; Jean Calvin,〈Congrégation sur Josué 11 （Septembre 1563）. Premiére édition du manuscrit original avec introduction et des notes par Danielle Fischer〉in: FZPhTh 38（1991）, 351-367.

4 教会の建設

この章では，教会の建設に関するカルヴァンの出版物に注意を向けていく．まず，彼とジュネーブの他の牧師が教会の建設について重要な点であると考えたこと，次に，彼が公の礼拝の典礼的な形式と青少年の教育について彼が出版したものを論ずる．教会の建設については，ときには求められて，またときには求められなくても書いた，信者の装備に関するカルヴァンの著作を考慮する．最後に，教会規則の問題が論じられている出版物に注意を向けることにする．

4.1 共同体の建設に関する基本的なこと

ギョーム・ファレルの指導のもとジュネーブの全市民は 1536 年 5 月 21日に宗教改革を選択した．その結果，共同体の建設のために多くのことがなされねばならなかった．ファレルが 1536 年にカルヴァンにジュネーブに留まるよう強いたときに，カルヴァンがこの都市における宗教改革の継続に全力を尽くすことをファレルは期待し，そして実際カルヴァンはそのようにおこなった．ここでは，彼（と他の者たち）が共同体の建設に関する，基本的になすべきことについて述べた出版物に注意を向けよう．

4.1.1 「ジュネーブにおける礼拝と教会の組織に関する条項」(1537年)

ここではまず第一に，「*Articles concernant l'organisation de l'église et du culte à Genève*（ジュネーブにおける礼拝と教会の組織に関する「条項」)」に注意を向ける.これは1537年1月13日に，市参事会に対してジュネーブの三人の牧師（クロー［Courauld］，ファレルおよびカルヴァン）によって提出された文書であった.「条項」の中で彼らは，都市の教会のいっそうの改革のために大きな重要性をもつと考える点を挙げている.秩序と規則に則とった教会にとって重要であると彼らが考えるのは，四つの問題である.つまり，しばしば聖晩餐を執行すること，これにはそれに属するその執行を聖とするための場合によっては破門のための配慮を伴う，詩編の詠唱，青少年の教育，および婚姻法の制定である.

このうち二点は次の節で取り上げられる.つまり二節では詩編の詠唱（礼拝の典礼的な形成)，三節では青少年の教育.第四の点（婚姻の問題）に関しては，幾人かの牧師からの助言を受け，市参事会の承認を得るため，その規則を作成する人々をその中から任命することが市参事会に求められた.そこでは，婚姻の問題に関して最も多い事例でどのような判断が下さねばならないかを指示した規則が問題となっている.これに関して，教皇制のもとであらゆる恣意的な解釈がなされたからである.

さて，最初に挙げた点，すなわち聖晩餐の執行とそれに関連することを詳しく考察することにしよう.

4.1.1.1 聖晩餐の執行，破門，信仰告白

「条項」では聖晩餐の執行とこれに関連して，規律と破門に大きな注意が払われている.聖晩餐は少なくとも日曜日ごとに執行されねばならない.しかし会衆はそこまで進んでいない.そこで，一か月に一度，教会の一つで晩餐が交替で執行されるという内容の規則が提案されている.その場合，各々の教会員も月一度晩餐の執行に参加することができる.同時に晩餐の執行が不敬なものにならないように計らう規則がなければならない.品行によってキリストに属していないと思われる者は訓戒され，場合によって

は罪の告白をし改善にいたるまで教会から追放されねばならない．この規則は聖書と一致し，マタイによる福音書18章1節，テモテへの手紙一1章，コリントの信徒への手紙一5章が挙げられる．問題は，規律と破門の問題が司教によって会衆から簒奪されていることである．「条項」では，聖書に一致して再び会衆に戻されることが提案されている．市参事会は，良い品行と証しをもつ教会員をさまざまな地区に「派遣代表者」として任命し，教会員の品行を監視するように求められた．不品行が認められたら，「派遣代表者」は牧師に連絡し，彼らは一緒に当該の教会員を訓戒しなければならない．もし当該の者が訓戒をまったく気に留めないなら，その名は会衆に公表されねばならない．それでも彼が何の改善も示さないなら破門される．その者は生活を改善しない限り，聖晩餐の執行にあずかることができない．教会員はもはや彼と交際しないよう勧告される．しかし彼は礼拝には引き続き出席しなければならない．

　監視自体は派遣代表者のみがおこなうものではない．教会員は互いに責任をもっている．互いの訓戒が何も生まないなら，派遣代表者が介入しなければならない．

　措置をすることでは教会は破門以上先に進むことができない．もし破門された者が何も心に留めないなら，場合によっては市参事会にさらに措置を講じるよう提案される．

　規律と破門に関する規則が実施される前に，誰がイエス・キリストの教会に属し，誰が属さないのかが明白でなければならない．そのために，都市の住民すべてに，教会の信仰に関して表明することが求められた．キリスト教の統治者としての市参事会員がまず教会の信仰を告白することがふさわしい．次に市参事会の幾人か任命され，牧師とともに都市の住民に同じ告白を求める．これは各自が信じていることを告白し，こうして正しいしかたで教会の存在が始められることが明らかになる一回の措置である．

　最後に，市参事会員に対して，もしそれが神の言葉と一致すると思うならその提案に応ずるように，と牧師たちが強く要請している．市参事会員も都市における事態の良好な進展に関して，自らの責任に属することを実

施する．その重責にひるんではならない．神への服従からなされることを，市参事会員がいまこのときまで経験してきたように，神はまた成功させてくださるであろうと彼らは言っている．

「条項」では牧師について，彼らが市参事会員とともに教会と都市の善を求めることが表明されている．各々が自分の責任を果たすよう努力がなされる．その際とくにわれわれは，牧師たちによれば教会に帰属する破門の権利を考えている．このことは当時スイスでは顕著な問題である．その他の多くの都市では破門の問題は教会ではなく，官憲に帰属する措置であった．

信仰に関して明確な立場をとるために都市の全住民に問うという提案は，何も新しいことではない．1534年にはすでにそれがバーゼルやベルンで行われていた．

1月16日に「条項」は市参事会で論ぜられ，大きな問題もなく承認された．いくつかの修正が，とくに晩餐の執行と婚姻の問題についての提案でなされた．晩餐の執行に関しては年に四回おこなわれることが決定された．牧師は婚姻に関する問題について意見を述べることができるが，この問題は引き続き小議会に帰属する．

「条項」が承認されて約1か月後に「*Instruction et Confession de Foy*（信仰の手引きと信仰告白）」なる文書がジュネーブで出版された．これはジュネーブの教会で用いられたカテキズムと信仰の告白であった[2]．この著作のラテン語版がバーゼルで1538年3月に「*Catechismus, sive christianae religionis institutio, communibus renatae nuper in Evangelio Genevensis Ecclesiae suffragiis recepta, et vulgari quidem prius idiomate, nunc vero Latine etiam, quod de Fidei illius sinceritate passim aliis etiam Ecclesiis constet, in lucem edita, Ioanne Calvino autore*」（*CO*5, 313-62）[3]という表題で現れた．表題でカテキズムあるいは「綱要（*institutio*）」について語られていることは注目すべきことである．そこから，青少年のための教本として用いられるというカテキズムの本来の意図が，信仰の告白としての機能のために後退していることがうかがわれる．カルヴァンの序言もこの方向を示してい

る．ジュネーブでの牧師に対する反対について聞いていた他の教会は，ジュネーブの教会と他の教会が信仰において一つであるということを知ることになった．

　ジュネーブで著者の名も出版の日付の記載もなく「*Confession de la foy*（信仰の告白）」が 1536 年，あるいは 1537 年に出版された[4]．もし，われわれがこの文書の完全な表題に基づくならば，この信仰の告白はその少し前に現れたカテキズムからの要約である．明らかに上述の「*Instruction et Confession de Foy*（信仰の手引きと信仰告白）」は信仰の告白としてジュネーブの住民に提示することは適当とは考えられなかった．都市すべての住民，また都市の外部に住んでいるが都市の統治の下にある者たちもこの信仰告白を支持し，それに従う誓約をすることがその意図であったからである．しかしこの二つの文書のどちらが最初に現れたのか完全には明らかとなっていない．オリヴィエ・ラバルト（Olivier Labarthe）は，最初に出版されたのは「*Confession de la foy*」であったと考えている[5]．

　はじめはコラドン（Colladon）とベザの権威に基づいて，カルヴァンが信仰告白の編集をしたと推定された．しかしオリヴィエ・ラバルトは信仰の告白とファレルによる二つの初期の文書の大きな一致を指摘した．その結果，これはファレルに帰されるかもしれない[6]．

　信仰告白は二十一箇条からなっている．最初の条項は聖書のみが信仰の規範であること，そしてただそこで教えられていることによって導かれるべきことが述べられている．

　ジュネーブでは，信仰告白への同意の宣言はすべてが順調に進むどころではなかった．牧師たちは一度ならず，市参事会に彼らが約束したことに応ずるように催促せねばならなかった．市参事会員は 1537 年 7 月末には良い模範を示した．しかし誰もそれに従わなかった．市参事会による「信仰告白」のこの否認が宗教改革と都市におけるこれに関連する社会の改革への抵抗として解釈されないように，信仰告白への同意を拒否した者は追放されるべきであると決定する以外，市参事会はなすすべがなかった．このことは，牧師たちによって「条項」の中で提案された規律と破門に関す

る措置が官憲によって強制されることを意味した．また，市参事会は典型的な教会の問題に介入する．そこでまた市参事会が，牧師たちに祝日，洗礼，晩餐の執行に関してベルンにおける教会で守られているいくつかの慣習を採用するように義務を課したときに，その緊張が増大した．その最終的な結末は，市参事会が1538年4月23日に，ジュネーブからのファレルとカルヴァンの追放を決定したことである．

4.1.2 「ジュネーブにおける平和の回復のための条項」(1538年)

4月25日にカルヴァンとファレルはジュネーブを去る．彼らはまずベルンへ，それから数日後チューリヒへ行った．そこでは教会会議が招集され，そこでジュネーブを見捨てないように彼らを説得した．彼らは十四条の覚書を作成し，その中でカルヴァンとファレルがジュネーブで再びその仕事を引き受ける前に何がなされるべきかを述べている (CO10b, 190-92)[7]．他の条項の中でもとくに規律の導入，牧師と教会員の間の接触を容易にするため都市を地区へと分割すること，充分な数の牧師，牧師の任命に市参事会が干渉しないこと，少なくとも月一回の聖晩餐の執行を彼らは望んだ．ベルンの市参事会からのジュネーブへの手紙は役に立たなかった（手紙のテキストについては CO10b, 187-88，その返事については CO10b, 194-95 を参照のこと）．カルヴァンとファレルとともにベルンからジュネーブに行った派遣団も何もできなかった．派遣団は許されたが，カルヴァンとファレルはジュネーブに入ることを許されなかったのである．

4.2 礼拝の典礼上の形成[8]

『綱要 (Institutes)』の1536年の初版に見られるように，カルヴァンは礼拝の典礼上の形成について，早くから省察し始めていた．それは，彼がそこでサクラメント（洗礼と聖晩餐）について書いているように，聖晩餐はいずれにせよ毎週執行されるべきであるという考えである．彼は続けて，聖

晩餐が執行される教会の礼拝でどのような礼拝規則がなければならないのかを付記している（CO1, 139-40; OS1, 161 を参照のこと）．聖晩餐は説教の後に執行されるべきである．そして執行している間は，詩編歌が歌われるかあるいは聖書が朗読される．

カルヴァンがジュネーブで牧師になった 1537 年 1 月 13 日に，牧師たちは，市参事会に対して，この章で論ぜられた「ジュネーブにおける礼拝と教会の組織に関する条項」を提出した．その中で牧師たちは，礼拝の規則のための多数の重要な点，たとえば聖晩餐をしばしば執行すること，詩編を歌うこと，などを挙げたことをすでに見た．聖晩餐は少なくとも毎日曜日，執行されるべきである．しかし民衆はそれほどしばしば晩餐を執行するほど進んでいないので，聖晩餐の執行は月に一度三つの教会の一つで順番に執行され会衆全部がそれに参加を許される，という同意のもと提案された．

詩編を歌うことに関しては，牧師たちは初代教会の例とパウロの証言に従って教会で心と口で歌うことはよいことであると述べている．牧師たちは詩編を歌うことで祈りと神の名の栄光を表すことに積極的な影響を与えることを期待した．詩編を歌うことで会衆を先導するために多数の子どもたちが選ばれることは好ましい．そして，これらの提案が会衆の集会で実施されるなら，誰もそれを妨げることがないよう市参事会員には協力することが求められている．

1538 年にストラスブルクで形成されたばかりのフランス人亡命者の教会の牧師として，カルヴァンは礼拝の典礼上の形成に直接携わらねばならなかった．そこでは聖晩餐の執行がまだおこなわれていなかったのである．それは 1538 年 11 月に初めておこなわれ，そのときから聖晩餐が月に一度執行された．告解の代わりに，カルヴァンはツェル（Zell）とブツァーの影響で，聖晩餐に加わることを願う者はいっそうの教育，訓戒あるいは慰めのために前もって彼のもとに赴くように定めている．カルヴァンがこれをおこなったのはキリスト教の自由を制限するためではなく，サクラメントの聖性を守るためであった（1540 年 5 月付のファレルへの彼の手紙を参照

のこと).

　礼拝の典礼上の形成自体に関する限り，カルヴァンはすでにストラスブルクに存在していたものを用いることができた．彼は多くの祈りを採用し，洗礼のための式文を作成した[9]．会衆歌はとくに彼がそのために尽力した問題の一つであり，ストラスブルクの他教会の唱歌に刺激をされたのである．彼が韻文にした最初の詩編は詩編46編であった．そのために彼は聖トマス教会のオルガニスト，ヴォルフガング・ダッハシュタイン（Wolfgang Dachstein）が，詩編25編のドイツ語の韻文のために作曲したメロディーを選んだ．聖トマス教会の聖歌隊指揮者，マッティアス・グライター（Mattias Greiter）は作詩ばかりでなく，そのためのメロディーも作曲した．カルヴァンはいくつかのグライターの詩編のメロディーを選び，そしてそのために他の詩編のフランス語のテキストを書き加えた．こうして，詩編25編，36編，91編および138編の韻文とメロディーが生まれた．彼はまたシメオンの歌，十戒，および使徒信条の韻文も用意した．

　ファレルをとおしてカルヴァンは，クレマン・マロ（Clément Marot）に由来する他の十三の詩編の韻文を受け取った．これは詩編1編，2編，3編，15編，19編，32編，51編，103編，114編，115編，130編，137編，143編であった．カルヴァンは，これらの詩編を彼自身が初期に韻文にしたものとともに1539年に，「*Aulcuns pseaulmes et cantiques mys en chant*（歌にしたいくつかの詩編と讃美歌)」として出版した[10]．

　1542年に礼拝の形成に関する二つの文書が出版された．一つは，ジュネーブで著者としてカルヴァンを述べることなく小冊子「*La Forme des prieres et chantz ecclesiastiques, avec la manière d'administrer les Sacrement, et consacrer le Mariage, selon la coustume de l'Eglise ancienne*（古代教会の慣例による，教会の祈りと唱歌の形式，サクラメントの執行と結婚の聖別のマニュアル付き)」（*CO6*, 161-210: OS2, 11-58)[11]が出版された．もう一つは，ストラスブルクのフランス人教会におけるカルヴァンの後継者ピエール・ブリュリ（Pierre Brully）が「マニュアル（*La Manyere*)」というタイトルで出版された版を用意した．この版はストラスブルクの典礼に関係している[12]．とくに，「祈

4　教会の建設　179

「歌にしたいくつかの詩編と讃美歌」の3頁のタイトルページ

りの形式 (*La Forme des prieres*)」と異なって「マニュアル (*La Manyere*)」では，十戒が二つの部分で歌われ使徒信条も歌われる．

　二つの互いに大きく一致しているこれらの文書の内容に関して，カルヴァンは礼拝においては三つのことが重要であると言っている．すなわち説教，祈り，サクラメントの執行がそれである．歌もその一部である祈りに，彼は多くの注意を向けている．ラテン語ではなく，国語が用いられねばならない．音楽は礼拝にふさわしい神の賜物であるが，しかしそのために正しく調整されねばならない．[13]

　カルヴァンは日曜日の礼拝の礼拝規則を示しており，その中で彼は代祷に大きく注意を向けている．彼はまた週日の特別な礼拝のための礼拝規則をも示している．そこでは状況に応じた祈りが強調されている（ペスト，

戦争など)[14].

　日曜日の礼拝に関して,「祈りの形式 (*La Forme des prieres*)」では礼拝規則は以下のようになっている.

- われらの助けは (招詞)
- 罪の告白と祈りへの招き
- 罪の赦し
- 讃美歌 (*La Forme des prières* の [1545 年] 第二版以後律法の第一の板の歌唱もここでおこなう)
- 従順のための祈り
- 讃美歌 (1545 以後律法の第二の板の歌唱もここでおこなう. その間に牧師は説教壇に上る)
- 祈り (主の祈りで終わる)
- 讃美歌
- 聖霊の照明を求める祈り
- 聖書朗読
- 説教
- 祈り (とくに執り成しの祈り)
- 主の祈りの説明
- 讃美歌
- 祝福 (民数 6 : 24-26)

　サクラメントに関して, カルヴァンはアウグスティヌスが, サクラメントを見える言葉とよんだことを引用している. しかし見える何かがあるばかりではなく, このことの充分な理解のためにはその説明も含まれる. 真の聖別は宣言され受け入れられる信仰の言葉によって起こる (アウグスティヌス).

　洗礼は日曜日の午後の礼拝か, あるいは週日の礼拝において説教の後に (塩, 油など, ではなく) 普通の水でおこなわれる.

聖晩餐に関してカルヴァンは，聖晩餐とミサの間の大きな相違は，聖晩餐の執行ではキリストによるその制定に遡る，という事実に関係していることをまず指摘する．各自が準備できるよう，前の日曜日に聖晩餐についての注意が促される．子どもたちは，彼らが適切な教育を受け，信仰告白をおこなった場合にのみ，この聖晩餐の執行に加わる．「外国人」は前もって私的に充分な教育を求めることができる．聖晩餐のふさわしい執行に強調点が置かれる．コリントの信徒への手紙一 11 章 23-26 節の聖晩餐の制定の記事に 27-29 節が加えられる．これに，誰がこの聖晩餐執行から除外されるべきかを述べる警告が続けられる．続いて教会員は使徒の勧告に一致して自分を吟味するように喚起される．

さらに，われわれの信仰は完全でないと言われる．聖晩餐は哀れな病人のための薬である．イエス・キリストがわれわれとの交わりをもとうとされ，その結果，イエス・キリストがわれわれの中で生き，われわれがキリストの中で生きると約束されたことに，教会員はその希望を向けねばならない．教会員はイエス・キリストが天の栄光のうちにおられ，そこからその救いのために来られる天にわれわれの心を向けるように（*sursum corda*）喚起される．パンとぶどう酒については，それをしるし，また証しとしてもっているのであるが，われわれはその真理を神の言葉に従って霊的に見出すところに求める．

説教の後には聖晩餐の執行が続き，会衆はその前に使徒信条を歌い，一方牧師は食卓を準備する．主の祈りと聖晩餐の祈りがなされる．聖晩餐の意味についての教えの後に聖晩餐の執行が続き，執事はパンとぶどう酒を分配する．

「祈りの形式（*La Forme des prieres*）」では，結婚の確認がいかにしておこなわれるべきかをも説明されている．この文書は病人の訪問に関する牧師の仕事の短い説明で終わっている．

1545 年に「教会の祈りと讃美歌の形式（*La Forme des prières et chantz ecclesiastiques*）」の新しい版が出版された．これは実際には 1542 年の「マニュアル（La Manyère）」と同じである[15)]．

1543 年 6 月 10 日にカルヴァンは，最初 1542 年にジュネーブで初版が出た文書「教会の祈りと讃美歌の形式（*La Forme des prières et chantz ecclésiastiques*）」とともにジュネーブで出版されることとなる，マロ（Marot）によって韻文化された詩編の出版のために序言を書いている．マロ自身は 1542 年にリヨンで 30 編の詩編の韻文を出版した．1543 年版は，タイトルには 50 とあるが 49 編の韻文の詩編が収録されている．すなわち，「クレマン・マロによるフランス語の 50 編の詩編（*Cinquante pseaumes en françois par Clem Marot*）」である．この版は先に出版された 30 編の詩編が収録され（改訂され改善された），またシメオンの讃歌，十戒，使徒信条，主の祈り，天使の祝唱（これは市参事会によって，再版では削除するよう求められた！）を含めその他の多くの歌，および食事の前後の食卓の祈りを収録している．

マロによって韻文化された詩編の受容はカルヴァンによって韻文化された歌がマロの韻文に代えられたことを意味している．

マロは 1544 年 9 月 12 日にトリノで死んだ．マロの韻文はジュネーブの礼拝の中で歌われていた．そして今や問題は残りの 101 編の詩編を誰が韻文にするかであった．カルヴァンが偶然に 1548 年にテオドール・ベザが 16 編の詩編を韻文化したことを知ったとき，彼がマロの仕事を継続するようにと牧師たちから求められた．多数の韻文詩編は断続しながら 1561 年にその仕事が完結するまで彼の手で出版された．フランスのシャルル 9 世はユグノーにジュネーブ詩編歌集の輸入を承諾し，1562 年 5 月には，ジュネーブはマロとベザによる詩編の韻文の印刷に忙殺されている[16]．27000 部の複製がフランスに送られた．

4.3　青少年の教育[17]

1537 年 1 月 13 日に牧師たちによってジュネーブの市参事会に提出された「条項（*Articles*）」では，とくに教会が子どもたちにおこなうべき教育に

ついて述べられている．この教育は，彼らの信仰の告白にとって重要である，と書かれている．牧師たちはすべての子どもたちが学ばなければならない信仰の短い簡単な要約を作成しようとする．一年に数回子どもたちは牧師のもとに来て，質問され，さらに十分に教育されるまで教育を受けねばならない．市参事会は，両親が子どもたちを教理問答で教育し，子どもたちを決められたときに牧師のもとに行かせるように配慮しなければならない．

　「条項」が市参事会に提出され，小さな変更で受け入れられたほぼ一か月後に，上述の「ジュネーブの教会で用いられる教えと信仰の告白 (*Instruction et Confession de Foy dont on use en Leglise de Genève*)」が出版された (*CO*22, 25-74: *OS*1, 378-417)[18]．これは，「条項」で述べられた子どもたちの教育のためにふさわしい短い簡単な信仰の要約として意図されていた．教理問答のもとのテキストはラテン語であったに違いない．しかし最初に出版された版はフラン語で書かれていた．ラテン語版はバーゼルで 1538 年に印刷された，すなわち「(*Catechismus, sive christianae religionis institutio*)」(*CO*5, 313-362; *OS*1, 426-32)がそれである．この教理問答の内容は 1536 年の『綱要』に従っている．

　ストラスブルクのフランス語の集会において，また後にはジュネーブでもカルヴァンは「対話の形式によるキリスト教の教理の子どもの教育 (*L' Institution puèrile de la doctrine Chrestienne faicte par manière de dyalogue*)」(*OS*2, 152-56) を教理教育のために用いた．この文書はおそらく 1538 年と 1541 年の間に彼によって書かれたものである[19]．

　カルヴァンはまた非常に短時間で 1541 年 11 月に新しい教理問答を書いた．すなわち「(ジュネーブの教会の教理問答，すなわち子どもたちにキリスト教を教える式文) *Le Catéchisme de l'Eglise de Genève, c' est a dire le Formulaire d' instruire les enfants en la chrestienté*」である (*CO*6, 1-134)[20]，これは 1542 年はじめに出版された[21]．この中にカルヴァンがストラスブルクでブツァーから受けた影響が認められる．ブツァーは「*Kurze schrifftliche erklärung für die Kinder und angohnden, der gemeinen artickeln unsers christlichen* *glaubens, Der zehen gebott, Des Vatter unsers...*」(Strasbourg, 1534) を書いた. その後 1537 年にあまり大きくない教理問答が続く. すなわち「*Der Kürtzer Catechismus und erklärung der XII stucken Christlichs glaubens, Des Vatter unsers unnd Der Zehen gepotten...*」(Strasburg, 1537) である[22]. カルヴァンが以前に書いたものと比べて, 題材を新しいかたちで論じている. 彼は今回は問いと答えの形式 (373 個の問いと答え) を採用し, 十戒の前に使徒信条を扱っていることが特徴である.

この教理問答の原本は残っていないが, その内容はわずかの小さい修正を除いて 1545 年のラテン語版と同じである. 1545 年 11 月 28 日にカルヴァンはその教理問答のラテン語訳 (*Catechismus ecclesiae geneveusis, hoc est, formula erudiendi pueros in doctrina Christi*, (Argentorati, 1545) *CO*6, 1-146; *OS*2, 72-151) を東フリースラントにおいて福音の純粋な教理を説いているキリストの忠実な牧師たちに献呈している[23]. 東フリースラントでは彼の著作が読まれており, 幾人かがこの献呈を求めたのである. 献辞の中でカルヴァンは, 教会の互いの結束を表すためにラテン語でこの教理問答を出版したと述べている. 彼らと距離は遠く離れていようが, 同じ信仰の告白において互いに一つである. だからこの教理問答はジュネーブの教会で教えられていたことを再生している. そこで牧師になった者はこの文書の内容に同意せねばならず, またこれはフランス語の教会の教理問答となり, また多くの言語に翻訳された. この教理問答はまた 1563 年のハイデルベルクの教理問答のための重要な手本となった[24].

1551 年にジュネーブで, 小冊子「フランス語の ABC (*L'ABC françois*)」が出版された[25]. この小さな書物は, アルファベットだけでなく, 主の祈り, 使徒信条, 十戒を学ぶ最年少の子どもたちの教理問答教育のために学校で使用されることを意図していた. この大部分がカルヴァン自身による, あらゆる機会に用いられるさまざまな祈りである.

加えて, この小冊子は, 今後聖晩餐に加わる子どもたちが知らなければならないことについて, カルヴァンによる短い説明, 多数の聖書のテキスト, および聖晩餐へ加わるためのカルヴァンの二十一箇条の短い問いと答

えも含まれている．一年に四度，各々の聖晩餐の執行の前に子どもたちは
教会の礼拝の中で問いに答える機会があった．これは，満足できる信仰の
知識の場合には，信仰の告白と見なされた[26]．この問答においてカルヴァ
ンは教理問答の順序に従っている．1553 年以後にこれらは「われらの主
イエス・キリストの晩餐を許される子どもたちに質問するマニュアル（La
Manière d'interroguer les enfans qu'on veut recevoire à la cène de nostre Seigneur Iesus
Christ）」（CO6, 147-60 を参照のこと）のタイトルで教理問答の版にも入れられ
ている[27]．

4.4 装備

ここでは，カルヴァンが他の人々を助けるために書いたいくつかの文書
に注意を向ける．第一に，聖晩餐の意味についての論述を考える．次に，
彼がフランスにおける福音主義の信者を支援するために書いたものを考察
していく．彼らは困難な立場にあり，その状況の中で一度ならずどのよう
に行動すべきかがわからなかった．カルヴァンは彼らをニコデモ派とよび，
また後には偽ニコデモ派とさえ言っている．装備のテーマでは，われわれ
は占星術に対する警告（「占星術への警告」）と，躓きについての文書（「躓き
について」）を考慮する．

4.4.1 聖晩餐についてのいくつかの文書[28]

4.4.1.1 「聖晩餐についての小論」(Petit traicté de la saincte cène) (1541 年)

外部の強い要望により，カルヴァンは（まだストラスブルクにいる）1540
年にある文書を書いている．その中で，彼は一般の教会員のために聖晩餐
の要点を説明している[29]．多くの者はあらゆる側からなされる聖晩餐につい
ての混乱した議論の中で，まったくどのように考えるべきかをわからない
でいた．この小冊子は一般の教会員のために意図されていたので，カルヴァ
ンはそれをフランス語で書いている．彼はこれを 1541 年にジュネーブで

出版した．ニコラス・デ・ガラールが 1545 年にラテン語の翻訳を準備した（*Libellus de coena Domini*）．

　1541 年のフランス語版のタイトルでは，カルヴァンはこの小冊子を「われわれの主イエス・キリストの聖晩餐についての小論文」と記している．タイトルによれば，この小冊子は聖晩餐の真の制定，益，用益を示し，同時にまた，ルター，ツヴィングリ，エコランパディウスといった，彼がいわゆる「現代人」とよんでいる人々が，異なった考えを述べた理由を示すものであった．

　この文書のはじめに，カルヴァンは聖晩餐の要点を説明することによって教会員の要望に応えたいと望んでいることを書いている．それだけでなく，他の人々がそうした説明を求めた．そして彼は，イエス・キリストによる聖晩餐の制定を論じている．イエス・キリストはこの聖晩餐を福音の約束を指示し，封印し，われわれに対するその大きな慈愛を知るように訓育し，われわれをキリスト教的生活を送るよう促すために制定したのである．その際に，カルヴァンはとくに一致と兄弟的な愛にふれている．

　次に，カルヴァンは聖晩餐の執行の用益を論じ，そしてさらにどのようにわれわれがキリストとの交わりにあずかるか，を詳述している．続いて彼は正しい聖晩餐の執行について論じ，聖晩餐の意味に関するいくつかの誤り，つまり犠牲としての聖晩餐の理解と聖変化を論じている．この関連で彼はミサに反対している．

　最後に，カルヴァンはプロテスタントの間で当時おこなわれた議論を取り上げている．彼は「われわれの時代に起こった論争」つまり 1529 年のマールブルクの宗教会談について語っているが，これを彼は好ましくないものと考えていた．この論争は，悪魔があおりたてて福音の前進を滞らせる，あるいはまったく妨害するものである，と彼は言っている．

　この論争に関して，カルヴァンはとくに一方ではルターについて，他方ではツヴィングリとエコランパディウスを挙げている．彼は彼らの積極的な貢献を明示しているが，彼らの考えの弱さをも述べている．ルターは聖晩餐におけるキリストの肉体的な現臨を強調したが，しかしローマ・カト

リックの理解との相違を述べなかった．また，ルターは，問題はこのサクラメントの崇拝ではなく神の崇拝であることを述べるべきであった．さらに，もっとはっきりと正確に述べるべきであったであろう．他方，ツヴィングリとエコランパディウスは，ローマ・カトリックの理解に対して，天におけるキリストの肉体的な現臨を強調した．彼らも聖晩餐におけるキリストの体と血については語ったが，しかし彼らはしるしと，しるしによって示される真理との間を関連付けず，そのことによって聖晩餐におけるキリストとの真の交わりは背後に追いやろうと意図したのではないが，損なわれている．

　双方の党派が，互いに忍耐強く耳を傾けようとせず，そして真理を見出すことに共に真に向かわなかったので失敗した，とカルヴァンは言っている．しかしそれは，主なる神がこれらの人々の議論を通してわれわれに与えられたことに対し感謝すべきでない，ということではない．その論争に関しては，その嵐は幾分おさまり，そしてカルヴァンはまもなく関わったすべての者が一般に受け入れられる大いに必要な定式を作成するだろうと希望を語っている．

　カルヴァンは，信仰心のある聖晩餐の執行においてわれわれはキリストの体と血にあずかるという信仰告白で文章を終えている．これがどのように起こるかは，ある人は他の人よりもいっそう上手に述べることができるかもしれない．しかしはるかに確かなのは次のことである．われわれが，キリストがパンとぶどう酒の要素の中に閉じ込められていると妄想しないために，われわれは心を天に向けて挙げなければならない．このサクラメントの効力を損なわないように，カルヴァンはわれわれは，聖霊における想像を絶する隠れた神の力によってキリストの分け前にあずかることができることを指摘する．そのためにキリストの「霊的な」現臨について語られるのである．

4. 4. 1. 2 「主の晩餐の簡潔・明瞭な要約」(1560年)

　ジュネーブの図書館には「主の晩餐の簡潔・明瞭な教理の要約（*Breve et*

clarum doctrinae de coena Domini Compendium）」という手書本がある．これは出版されなかったが，そのテキストは *CO*9, 681-88 に見られる．それは「カルヴァン篇（*Opera Calvini*）」の編集者によってカルヴァンに帰されている．カルヴァンは聖晩餐についてのこの著作をブレーメンの牧師アルベルト・リツァエウス・ハルデンベルクの求めで書いたという．ハルデンベルクはその改革派の晩餐理解のためそのルター派の同僚と多くの論争をしたが，彼らはその上，彼をブレーメンから追放した（1560 年 11 月 7 日付のハルデンベルク宛のカルヴァンの手紙をも参照のこと）．

4. 4. 2 「フランスにおけるニコデモ派・偽ニコデモ派への文書」

4. 4. 2. 1 「小論文」(1543年)

1543 年にジュネーブでカルヴァンの「小論文」が出版された．これは長い手紙と短い手紙からなっている．二つの手紙で同じテーマが論じられている．すなわち，フランスの多くの者が，宗教改革の信仰へ移行して以来苦闘してきた良心の問題である．この文書の完全なタイトルでは，カルヴァンは何が問題になっているかを述べている．福音の真理を知っている信徒はローマ・カトリック教徒ばかりの間でどのように行動すべきであるか？ フランスのプロテスタントはその信仰を公に宣言すべきであるのか，あるいはそのローマ・カトリックの環境の中でそれを秘密にしておくべきなのか？

　ミサについての意見を述べる前に，カルヴァンは，われわれが主なる神に仕えるしかたはささいな問題ではないことを明らかにしている．心と神の名の告白は互いに分離されてはならない．神の栄光は損なわれてはならない．それゆえすべての信者は，その信仰を神の栄光のために公に告白する義務をもっている．カルヴァンは偶像を崇拝すれば自分の命を救えたかもしれないのに，それを拒否したキプリアヌス（Cyprianus）を指摘している．もし信徒が純粋に神を崇拝できず，そして邪悪な慣習に甘んずることを余儀なくされるなら，カルヴァンによれば移住することが最良である．もしそれが可能でなければ，その者はローマ・カトリックの礼拝から完全に離

れねばならない．そのための力をもたず，そして人に対する恐れからその礼拝に参加する者は，神の前に，その良心が眠り込まないよう絶えずその罪を告白しなければならない．さらに，彼は救いのために神に祈り，その状況から脱する手段を探さねばならない．「小論文」の第二の短い手紙を，カルヴァンはすでに 1540 年 9 月 12 日にストラスブルクの友人に書いた．彼はカルヴァンに，神をみ言葉に従って崇拝できないカトリック教徒ばかりの中でどのようにふるまわねばならないかを尋ねた．カルヴァンは，この手紙ではブツァーが「私的に書いた神学的助言（*Consilium theologicum privatim conscriptum*）」で取った立場に反対している[32]．ブツァーはカルヴァンの「二つの書簡（Epistulae duae）」の急進的な見解と同じではないと説明した．ブツァーが「Consilum」でカルヴァンの名を挙げなかったのと同様に，カルヴァンはその手紙ではブツァーの名を挙げていない．このカルヴァンの手紙は，先の第一の手紙よりも穏健な調子ではあるが，彼は二つの手紙で同じ立場を取っている[33]．

4.4.2.2　「ニコデモ派諸氏への弁明（*Excuse à Messieurs les Nicodémites*）」（1544年）

「ニコデモ派諸氏への弁明（*Excuse à Messieurs les Nicodémites*）」なる文書で，カルヴァンは再びローマ・カトリックの環境の中で生活している福音主義の信徒の問題に専念した[34]．ヴァレラン・プーラン（Valérand Poullain）は 1544 年 3 月 9 日に，カルヴァンにフランドルの信仰仲間が，彼が「小論文」で述べた立場でどれほど多くの困難に遭ったかを書いていた[35]．プーランは困難な状況にある彼らを励ますものを書いてくれるように求めた．パリからはアントワーヌ・フュメ（Antoine Fumée）が種々の手紙で「小論文」におけるカルヴァンの急進性がどれほど彼の妨げとなったかを説明していた[36]．

　カルヴァンは 1543 年の「小論文」によって傷つけられた人々へのお詫びで「ニコデモ派諸氏への弁明（*Excuse à Messieurs les Nicodemites*）」を始めている．しかし，カルヴァンは彼らについてよい言葉を残していない．というのは，彼らは神と悪魔の間で本当の選択をしないからである．彼らが

ニコデモを盾にとっているので，カルヴァンは以後，彼らをニコデモ派と呼んでいる．彼らは自分たち自身を否定し，また神に仕えるために，この世を忘れなければならないことをまだ理解していない．ニコデモに関してカルヴァンは，最初彼がまだ無知であったとき，夜にイエスのところへ行ったが，しかし後には，イエスの埋葬のときに弟子としてその信仰を公然と示したと述べている．キリスト者としてニコデモは迫害を恐れなかったのである．カルヴァンは「弁明」において彼が「小論文」で引いた厳しい線から離れていない．迫害されている信徒は亡命するのが最良なのである．

4. 4. 2. 3 「小論文」(1543年)と「弁明」(1544年)に関する通信

パリの高等法院の一員のアントワーヌ・フュメはカルヴァンに彼の「弁明」の出版後，改めて手紙を書き，その中で彼はカルヴァンと同じ意見ではない，ときわめてはっきり述べている（CO11, 826-830）．彼は手紙の中で，カルヴァンがルター，メランヒトン，ブツァーに，いわゆるニコデモ派を非難したカルヴァン自身の「小論文（Petite traicte）」と「弁明（Excuse）」について彼らがどのように考えているかを尋ねるように願っている．フュメはその手紙を届けさせる往来の費用を支払う用意があると述べている．1545年1月21日に，カルヴァンは「いとも輝かしいキリスト教会の教師，わたしのたいへん尊敬する父」ルターに手紙を書いた（CO12, 7-8）．その中で彼は，ルターに，二つの小冊子を読んで，それについて意見を聞かせてほしいと求めている．カルヴァンの文書で脅えているフランスの人々が，ルターの考えを知りたいと思い，そのことで強められて職務に従いたいと願っている，と．カルヴァンは，ルターのところへ飛んで行って，彼と一緒に数時間過ごしたいものだ，そして彼はそのときにはこの問題ばかりでなく，他の問題も同様に個人的にルターと論じたいものだと書いている．「われわれにこの地上では叶えられないことも，ほどなく神の国でわれわれのものとなると望んでいる」と．

カルヴァンはこの手紙を直接ルターにではなくメランヒトンに送った（CO12, 9-12）．彼は同じ問題についての意見をメランヒトンにも求め，そし

4　教会の建設　*191*

ルター
(ルーカス・クラナッハの木版画)

て彼が最初に（カルヴァンの）二つの論文とルターに宛てた手紙を読み，それから状況に応じて行動するように依頼している．ルターがすぐに腹を立てることを知っており，カルヴァンは後になって害になるようなことをしようと願わなかった．メランヒトンは，カルヴァンの手紙をルターにあえて送らなかった．というのも，メランヒトンのカルヴァンへの手紙によれば（*CO* 12, 61）ルターは多くの件で疑い深く，カルヴァンが提出したような問題への彼の答えが流布されることを望まないだろうからである．

　一方，1545 年 2 月 12 日の手紙の中で，カルヴァンはヴィレに自身の行動を知らせ，そしてとくにルターとメランヒトンへのものも含めて彼にい

くつかの手紙の複写を送った（*CO*12, 32-33）.

1545 年にカルヴァンの 1543 年の「小論文」と 1544 年の「弁明」の再版を含む著書がジュネーブで出版された. 1546 年版は, ニコデモ派についてのカルヴァンの見解によって脅えたフランスの福音主義者がその立場について尋ねたときにメランヒトン, ブツァーおよびヴェルミーリが書いた手紙（助言 [*Conseils*]）を収録している. この三人はすべてカルヴァンを支持した. 彼らの手紙に, カルヴァンは上述の 1546 年版に補遺としてなお「ジャン・カルヴァン氏の助言と意見（*Le Conseil et conclusion de M. Jean Calvin*）」と, 無名のフランスのプロテスタントに書いた二通の手紙を加えた[37].

1549 年にカルヴァンは「小論文」と「ニコデモ派諸氏への弁明」のラテン語の翻訳を「避くべき迷信について」という文書で出版した[38]. 「弁明」のラテン語のタイトルからは, カルヴァンがその中で「偽ニコデモ派」に向かっていることがうかがわれる. この名称で彼はニコデモ派をニコデモの真の後継者と見なさないことを明らかにした[39]. 1550 年にカルヴァンの「避くべき迷信について」の再版が出た. その中でチューリヒの牧師が 1549 年 6 月 17 日に取った立場が, 追加して取り入れられている. ブリンガーがそれをカルヴァンに送り, これを再版に取り入れるように求めたからである（Opuscules, 821-824）[40]. すなわち「チューリヒ協定（*Consensus Tigurinus*）」がその少し前に成立したのである.

カルヴァンの「小論文」と「弁明」のさまざまな言語への翻訳（ドイツ語, チェコ語, 英語, オランダ語, イタリア語）により, 彼がフランスのプロテスタントにフランスで殉教者として死ぬか, あるいはほかの所でその信仰を告白するかの選択を迫った彼の態度が, ヨーロッパであまねく知られるようになった. それは確実に, きわめて多くのフランス人やその他の人々も（1549–1559 年の期間におよそ 5,000 人が）ジュネーブに避難所を求める大きな要因になった[41].

カルヴァンの「小論文」と「弁明」の普及のもう一つの結果は, コールンヘルト（Coornhert）が 1560 年に小冊子を, 「ローマの偶像崇拝の弁明

あるオランダ人への応答の　　　躓きについての
タイトルページ　　　　　　　　タイトルページ

(*Verschoninge van de Roomsche afgoderye*)」というタイトルで書いたことである[42]. コールンヘルトはこれを，信仰に対する儀式の意味を尋ねてきた友人の依頼で書いた. コールンヘルトは，「小論文」と「弁明」の見方からその小冊子で明白に離れている. 彼は偽ニコデモ派と同じ意見で他の者を同じ見解へと説得しようとしている. 彼は宗教改革と闘い，儀式に何の意味も認めない（すべてのことは内面的なことにかかっており，外面的なことは意味がない）. そしてキリストの証人になろうとする者に高い要求を課している. コールンヘルトは，結局カルヴァンあるいはメノー・シモンズ (Menno Simons) に従う者は殉教者になることなく，彼らはその宗教改革の見解を否定することになろうとの理解で結んでいる.

　ネーデルラントの信仰の仲間は，コールンヘルトの小冊子の翻訳をカルヴァンに送り，それに対応するよう依頼した. 1562年にジュネーブでカルヴァンの「あるオランダ人への応答 (*Response à un certain Holandois*)」が

出版された[43]. この文書の中でカルヴァンは，コールンヘルトがその見方を強調するためにもち出した論拠と聖書テキストを徹底的に論究している. カルヴァンがコールンヘルトの小冊子に対応したのは，カルヴァンがコーンヘルトによって個人的に攻撃されたためだけでなく（コールンヘルトは宗教改革者としてのカルヴァンの地位を疑問視した），とりわけ殉教者として死ぬことは何の意味もないとコールンヘルトが主張したからである. この見解はネーデルラントの宗教改革の進展に深刻な損害を与えるものであった.

　最後に，「4回の説教……詩編87編の釈義付き（*Quatre sermons…Avec exposition du Pseaume LXXXVII*），（Genéve）1552」の出版のためにカルヴァンが書いた序言を指摘しよう. この序言で彼は，ニコデモ派の態度は正しくないことを示すために二つの小冊子を書いたと言っている. にもかかわらず，あたかも何も書かなかったかのように常に助言が求められていた. 3. 4で述べた上述の説教の出版は，このテーマと関係している（SC 7, xxxviii–xxxix を参照せよ）.

4. 4. 3 「占星術への警告(*Advertissement contre l'astrologie*)」(1549年)

　1549年にカルヴァンは，占星術に対して警告する小文「占星術への警告（*Advertissement contre l'astrologie*）」を出版した[45]. このテキストは秘書のフランソワ・オットマン（François Hotman）に口述して書き取らせた，彼はラテン語の翻訳も準備し，1549年3月1日に出版され，ローラン・ド・ノルマンディ（Laurent de Normandie）に献呈されている[46].

　教会教父たち，とくにアウグスティヌスは異教の占星術を拒否したが，しかし16世紀になると古典へ向けられた関心が占星術への関心を増大させる結果を生んだ. カルヴァンはリヨン(Lyons)で1546年に出版された「占星術の判断についての警告，ある勉強好きな夫人へ（*Advertissement sur les jugemens d'Astrologie, à une studieuse Damoyselle*）」という文書に通じていたに違いない. おそらく上述の文書の著者であるメラン・ド・サン＝ジェレ（Mellin de Saint-Gelais)は占星術の復権を弁護している. 1546–1549年にはカルヴァンが，まだ古い迷信を固執していた暦を処分させるか，あるいはそれらを

もっとよいものに取り替えさせようと市参事会に働きかけていた.

　この出版物の中でカルヴァンは，人生の進路は星に決定されるという迷信に反対している. カルヴァンにとっては，人間の一生は，その人生に知恵，義，慈愛によって作用を及ぼす神に依存しているのである.

4.4.4 「躓きについて(De scandalis)」(1550年)

　カルヴァンは長い間,「躓き」についての小さな本を書く計画をしていた. 1546年9月に彼はそれを書き始めたが，しかしその後，適切な糸口を見つけることができず, また他の仕事の必要があって中断した, とギョーム・ファレルに手紙で知らせた (CO12, 380). その小さな本が1550年に完成したときに，彼は, ファレルへの手紙の中でその特徴を以下のように述べている (8月19日付. —— CO13, 623). この主題についての豊富な材料に比べて，躓きについてのこの小冊子はたいへん短いものになったこと, すべての恥知らずな者たちには，福音をそれが躓きを起こすという口実で中傷し誹謗する何の権利もないこと, しかし弱い者も, サタンが道に開くあらゆる躓きを確固たる信仰によって克服できるように強固にされねばならないこと, もし誰かが正しい道から離れるか, あるいは不満に思い, あるいは背教するなら, 責めを負うのは彼自身であり, 彼はその弁解はできないこと, 同時に, 躓きをおこす者に対して神の罰がどれほど恐ろしいものかを明らかにしたものである, と.

　カルヴァンの「躓き」についての小冊子は, このように論争的な文書であったが, とくに, 福音に反対してもち込まれていたさまざまな議論と戦わねばならなかった人々の信仰を強固にすることを意図していた. これらの論議は, とくに福音を軽蔑し, もし神を嘲弄しないなら学問ではないと思っていた人文主義者のサークル, 宗教改革に害を及ぼそうとしていたローマ・カトリック教徒に由来している.

　この文書においてカルヴァンは, 三種類の躓きを述べている. まず, 人は福音自身に, とくにキリストの業, および彼が自己否定について言っていることに躓く. 後者は, われわれ自身の考えに矛盾しているからであ

る．躓きは福音の内容とその宣教のしかたの間の矛盾（混乱，不敬虔，分派等）によっても生ずる．第三の躓きの形態では，カルヴァンは，改革派の宗教的な実践についての悪意の中傷を挙げている．彼はこれに，世論の中傷とローマ・カトリックの側の中傷をも数え挙げている．

　1550年7月10日に書いた序言で，カルヴァンは「躓きについて」をローラン・ド・ノルマンディに献呈している．ノルマンディはフランスの出身であったが，1548年以来ジュネーブに居住し，ここでは書籍商であった．序言の中で，カルヴァンはこの小冊子をノルマンディに献呈することを適切なことと考えていると述べている．というのは，彼は人生で多くの逆境を次々と経験しなければならなかった．フランスからの亡命，数か月後，半年のうちに彼は父，妻，小さな娘を亡くした．部外者は悪意の冒瀆的な中傷によってその逆境をいっそう悪くすることで，彼の信仰を試した．こうしたすべての中でも彼は神の霊の力によって堅く立っていた．このことで，彼はこの文書の中で教えていることを実証する見本であるとカルヴァンは考えている．

4.5 「信仰の告白 ── フランス信仰告白 (Confessio Gallicana)」(1559年)

　すでにこの章の最初の節で，1537年の「信仰の手引きと信仰告白」とカルヴァンの関係については述べた．それゆえここではフランスの信仰告白，「フランス信仰告白」（1559年）の起草における関与を述べることで十分であろう．

　第1回全国教会会議がひそかに1559年5月25日から29日までパリで開催された．それには72の教会を代表するおよそ20名の牧師と長老が出席した．この教会会議の議長はパリの牧師，フランソワ・ド・モレルで，カルヴァンが危険な状況のためにジュネーブへ呼び戻していたジャン・マカール（Jean Macard）の後任者であった．

　モレル（Morel）は教会会議がパリで会合するということ，そこで信仰

の告白を起草する計画があることを，少し前にカルヴァンに書いていた（*CO*17, 502-506，5 月 17 日付のカルヴァンの返事については *CO*17, 525, 527 を参照のこと）．この教会会議はフランス信仰告白，四十箇条からなる信仰告白を可決した．カルヴァンは一番最後にニコラス・デ・ガラール（Nicolas Des Gallars）をとおして三十五箇条の草案をパリに届けさせた．カルヴァンが急いで書いた草案にわずかの重要でない変更が加えられたことが，モレルからカルヴァンへの手紙からうかがわれる（6 月 5 日付—*CO*17, 540-42），（テキストについては *CO*9, 739-52 を参照のこと）．草案では神の言葉については一箇条である．この一箇条を，教会会議は神とその言葉についての五箇条に拡張した．

　フランス信仰告白を可決する前に上述の教会会議では教会規則が採択された[48]．この「教会規則（*Discipline ecclésiastique*）」はその資料として 1541 年にジュネーブで採択されていた「教会規則（*Ordonnances ecclésiastique*）」を用いた．それはまたサン・ジャック通りにおける事件の後，1558 年にポワティエ（Poitiers）における幾人かの牧師によって作成された簡単な教会規則をも用いた．1561 年の「ネーデルラント信仰告白」は「フランス信仰告白」の改作である[49]．

　またこの第 1 回全国教会会議で，フランスにおける状況は非常に危険なので，当分，信仰告白と教会規則を出版しないことが最終的に決定された．最終的にそれが出版されたときに，フランス信仰告白の二つの版が現れた．最初の版はジュネーブで 1559 年に出版され，三十五箇条からなりフランスにおける「貧しい信者」とみ言葉に耳を傾けるすべての者に向けられた序言が付いている（*CO*9, 731-752 を参照のこと）．第二の版は 1560 年にパリで出版され，四十箇条からなり，王への手紙が前に置かれている（手紙のテキストについては *CO*9, 737-40 を参照のこと[50]）．この版は 1571 年にラ・ロッシェルにおける第 7 回全国教会会議で「フランス信仰告白（*Confessio Gallicana*）」の公式のテキストとして確定された（それゆえにラ・ロッシェル信仰告白［Confession de la Rochelle］ともいわれる[51]）．

　カルヴァンが，1562 年にフランクフルトで皇帝に提出するためにフラ

ンスの改革派教会のために起草した信仰告白については，われわれは伝記の部分を指示する（94-95）．

4.6　教会規則と巡察

4.6.1　「教会規則(De Ordonnances ecclésiastique)」(1541 年)

1541 年にカルヴァンがジュネーブに戻ったときには，ほんの一時的に滞在する予定で，妻はストラスブルクに残っていた．しかしながら，市参事会が成文で教会規則を起草するようにという彼の要請に応じた後は，カルヴァンは自分自身としては，常にジュネーブの僕であることを市参事会に約束した．市参事会から 6 名がそのために任命された．カルヴァンとジュネーブの他の 4 人の牧師もその委員会の一員であった．一方，カルヴァンの妻の到着とその転居の準備がなされた．

9 月 26 日に委員会による草案が小議会に提出された．11 月 9 日には二百人議会を通過し 11 月 20 日には総会によって審議され，承認された．

新しい教会規則 (Les ordònnances ecclesiastiques: projet d'ordonnances sur les offices ecclesiastiques—CO10a, 15-30: OS2, 328-361)[52] はカルヴァンがめざしていたすべてのことを実現したわけではなかった．たとえば，都市の三つの教会の各々での毎月の聖晩餐式に代わって，年 4 回聖晩餐式が行われることになった．[53] さらに ——「コンシストワール（長老会, consistoire)」と呼ばれた —— 教会役員会の完全な教会上の独立も達成されなかった．これは牧師と市参事会によって選ばれた 12 名の長老で構成され，そして（教会規則には入れられていないが）一人の市長がその議長となるが，彼は同時に長老でもあった．カルヴァンは牧師の任職時の按手に賛成したが，しかしこれも迷信を恐れて市参事会によって却下された（「規則」に述べられている．CO10a, 18 を参照のこと）．

選出された牧師は市参事会で誓約する．そのテキストは 1542 年にカル

ヴァンによって起草され，市参事会によって可決されたものだった．1561
年まで長老もこの誓約をした．とくに市参事会に忠実であることと法律を
守ること，しかし常に神の命令に従って，神の言葉を説教する自由を保持
して誓約された．

　さらに規律と破門に関する規定は，市参事会と長老会の間に実践におい
て，問題を惹き起こした．というのは誰が破門の権利をもつのか，教会か
官憲なのかが明確に確定されていなかったからである（49-52頁を参照のこ
と）．

　この新しい教会規則で四つの職務，すなわち牧師，博士あるいは教師，
長老，執事の職務についての教理は大きな意味をもっている．

　牧師の主な仕事は神の言葉の宣教，サクラメントの執行および（長老と
ともに）規律の行使である．新しい牧師は，牧師たちが選択し，小議会が
承認し，会衆が同意した後に認められる．牧師は勉学，相互の訓戒，その
仕事の計画のために週に一度会合する（牧師会「Compagnie des pasteurs[54]」）．

　「博士（docteurs[55]）」の仕事は，福音の純粋さが無知あるいは誤った考えに
よって汚されないように，健全な教理で信者を教育することにある．しか
しこの博士職でカルヴァンは教理に関係し，牧師の職務あるいは民間の務
めにおける職務のために青少年を養成する人々のことも考えている．カル
ヴァンは博士職と教育に関しては，彼がストラスブルクで見たような高等
教育の施設を念頭に置いていた．しかしそのアカデミーが創立され開設さ
れるのには1559年までかかった．

　長老には[56]，その仕事としてキリスト者のキリスト教的な品行「キリスト
教の規律（displina christiana）」の監督が含まれる．彼らは小議会と牧師の推
薦によって都市のさまざまな会議から（小議会から2名，六十人議会から
4名，二百人議会から6名）二百人議会によって選ばれる．彼らは一年ご
とに辞任するが，しかし再選されうる（これはまた望ましいと考えられている）．
教会役員会は週に一度会合し，話し合いと勧告をとおして会衆の間に起こ
る争いを解決しようとする．これには場合によっては聖晩餐への出入りの
拒否また教会からの追放が続く．教会役員会が，後に，破門の権利をもつ

ことになる助言をただ審議するのみなのか，あるいは教会役員会が独立した教会の団体であるのかは依然として明らかでない．また，教会役員会の会合に来ない者は，教会役員会によって通報され市参事会に出頭しなければならない[57].

執事は[58]，貧者と病人を配慮せねばならない．その多くは執事の管理下にある「病院」に居住している．そこでパンを焼き，それをそこに居住してはいないけれども，貧困のゆえに助けを必要としている人々にも配る．この執事たちも，週に一度会合し，長老と同じ方法で選ばれた．

カルヴァンの四つの職務についての見解は，ストラスブルクでの経験に強く影響されている．そこには「教会世話人（Kirchenpfleger）」と「教会集会（Kirchenkonvent）」があった．ブツァーはその福音書の註解書でもローマの信徒への手紙についての註解書でも四つの職務について語っている（彼は後には三つの職務について語っている[59]）．

四つの職務の説明に加えて，「規則（*Ordonnances*）」は洗礼，聖晩餐，婚姻，埋葬，病人と囚人の訪問，青少年の教育，規律に関する規定を含んでいる．

4.6.2 「巡察のための規程」(1546年)

1546年1月に巡察のための規程がジュネーブで採択された．すなわち「ジュネーブに属する牧師と教区の巡察についての規則（*Ordre sur la visitation des Ministres et paroisses dépendantes de Genève*）」である（1561年の「教会規則」に取り入れられている；CO10a, 98-99; OS2, 335-336 を参照のこと[60]）．すでに1541年の「教会規則」の中でわれわれは牧師相互の間の一致を促進させるためのいくつかの条項に出合うが，しかし共同の協議などにジュネーブ市外の牧師を含めることは困難であった．その結果，カルヴァンは1544年5月に市参事会でジュネーブ市外の教会のための巡察規則を導入するために弁護することとなった．1546年に採択された規程の中に巡察の目標と方法が述べられている．そのタイトルが示しているようにこの巡察規程は都市のジュネーブの域外ではあるが，しかしその裁判管区に入る牧師と教会のためであった．

4.6.3 「『教会規則』への補遺」(1547 年)

　1547 年 5 月にジュネーブで，二百人議会によってジュネーブ郊外の教会における規律の実施のための条例が採択された．この「田舎の教会の統治についての規則（*Ordonnances sur la police des églises de la campagne*）」（*CO*10a, 51-58）は牧師たちによって起草されて，1547 年 2 月に議会に提出された[61]．この「規則」は 1541 年の「教会規則」への補遺であった．そこではジュネーブ郊外の教会にもこの条例が適用されることを述べていた．しかし補遺の条例が必要となったのは，古いローマ・カトリックの伝統への固執が都市におけるよりもジュネーブ郊外においてより強かったからであった．

　この補足条例は 1561 年の「教会規則」の改訂版には取り入れられなかった．

4.6.4 「1561 年の教会規則」

　「教会規則」の改訂版は 1561 年に出た[62]．この改訂は現在の状況への適応に関する二，三の変更を含んでいるだけである．加えて，毎週の聖書討論，規律，牧師の兄弟としての譴責に関する規定の後に「ジュネーブに属する牧師と教区の巡察についての規則（*Ordre sur la visitation des ministres et paroisses dependantes de Genève*）」が取り入れられている．この中にジュネーブとそれに属する教会における巡察の目標と実施方法が説明されている．

註

1) テキストについては，*CO* 10a, 5-14; OS I, 369-377; Ep. I, 31 Articles concernant l'organisation de l'Eglise et du culte à Genève, proposés par les ministres を参照せよ．ドイツ語訳付きフランス語テキストについては Artikel zur Ordnung der Kirche und des Gottesdienstes in Genf, dem Rat vorgelegt von den Predigern（1937）in: Calvin-Studienausgabe 1/1, 114-129（109-112, Peter Opitz-Moser による序文）．
英訳は Calvin: Theological Treatises, J. K. S. Reid, ed., Londen/ Philadelphia 1954, 48-55.
序文付きのオランダ語訳は De handzame Calvijn. Samengesteld, ingeleid en van aantekeningen voorzien door Rinse Reeling Brouwer. Hein van Dolen および Hannie Vermeer-Pardoen の新訳付き Amsterdam 2004, 47-65.
文献：J.Plomp, De kerkelijke tucht bij Calvijn, Kampen 1969, 144-156. Frans P. van Stam,〈Die Genfer Artikel vom Januar 1537: aus Calvins oder Farels Feder?〉in: Zwing 27（2000），87-101.

2) Instruction et Confession de Foy dont on use en Leglise de Geneve の テキストについては *CO* 22, 25-74; OS I, 378-417; COR Ⅲ, vol. 2, 1-113（Anette Zillenbiller による〈序文〉xi-xxiii 頁）を参照せよ．テキストとドイツ語訳は Calvin-Studienausgabe 1/1, 138-207（131-137 頁 Ernst Saxer による〈序文〉）．英訳は Instruction in Faith（1537），translated and edited by Paul Traugott Fuhrmann, Philadelphia 1949 および再版 Louisville（KY）1992 および I. John Hesselink, Calvin's First Catechism. A Commentary. Featuring Ford Lewis Battles's translation of the 1538 Catechism, Louisville（KY）1997.
オランダ語訳：Johannes Calvijn. Het geloof dat wij belijden. De eerste catechismus van Calvijn（1537）vertaald en ingeleid door dr. W. de Greef, Houten 2003. 序文と註付きのその他のオランダ語訳は De handzame Calvijn, Rinse Reeling Brouwer, ed., 67-130 を参照せよ．

3) 英訳は Catechism 1538. F. L. Battles による翻訳と註．Pittsburgh（PA）1972（改訂 1976）．

4 教会の建設 *203*

4）*CO* 22, 85-96; OS I, 418-426 Confession de la Foy, laquelle tous Bourgeois et habitans de Geneve et subiectz du pays doyvent iurer de garder et tenir, extraicte de Linstruction dont on use en Leglise de la dicte Ville を参照せよ. Le catéchisme français de Calvin publié en 1537, réimprimé pour la première fois d'après un exemplaire nouvellement retrouvé, et suivi de la plus ancienne Confession de foy de l'Eglise de Genève, avec deux notices, par Albert Rilliet et Théophile Dufour, Genève 1878 をも参照せよ.

ドイツ語訳付きのテキストは Calvin-Studienausgabe 1/1, 208-223（Ernst Saxer による〈序文〉131-137 頁）さらに La vraie piété, 41-53（Claire Chimelli の手による〈序文〉と信仰告白の現代フランス語のテキスト）.

英 訳 は Calvin: Theological Treatises, J.K.S. Reid, ed., 26-33; Cathechism 1538, transrated and annotated by F.L. Battles, Pittsburgh 1972（revised 1976）.

オランダ語訳は Stemmen uit Genève 1, 461-468.

5）O. Labarthe, La relation entre le premier catéchisme de Calvin et la première confession de foi de Genève, Thèse de licence, Faculté autonome de théologie protestante, Genève 1967（dactylogr.）.

6）ファレルの初期の二著は Summaire et briefve declaration…〔Neuchâtel〕1534 3 版 および La maniere et fasson qu'on tient en baillant le sainct baptesme…, A Neuchâtel 1533.

最初に挙げた著作は Arthur L. Hofer によって序文付きで 16 世紀のフランス語と現代フランス語で 1980 年にヌーシャテルで出版された.（タイトルは Summaire et briefve declaration d'aucuns lieux fort necessaires à ung chascun chrestien pour mettre sa fiance en Dieu et ayder son prochain）.

7）*CO* における見出しは，Articuli a Calvino et Farello proposit ad pacem Genevae restituendam.

十四箇条のオランダ語訳は T. Brienen, De liturgie bij Johannes Calvijn: zijn publicaties en zijn visies, Kampen 1987, 44-46.

8）文献：T. Brienen, De liturgie bij Johannes Calvijn, および，彼によって言及されている文献，とくに H. Hasper, Calvijns beginsel voor den zang in den eredienst, 2 delen 's-Gravenhage 1955-1976. 同 Calvijn en de kerkdienst, Heerenveen 1999. さらに：Kilian McDonnel,〈Conception de la liturgie selon Calvin et avenir de la liturgie catholique〉in: Concilium 42（1969）, 75-84. Nicolaus Mansson, Calvin och gudstjästen（Calvin and worship）, Stockholm 1970. Richard Stauffer,〈L'apport de Strasbourg à la Réforme française par l'intermédiaire de Calvin⟩ in: Interprètes de la Bible, 153-165. Bruno Bürki, ⟨Jean Calvin avait-il le sens liturgique?⟩ in: Communio sanctorum. Mélanges offerts à Jean-Jacques von Allmen, B. Bobrinskoy e.a., eds., Genève 1982, 157-172. Markus Jenny, Luther, Zwingli, Calvin in ihrer Liedern, Zürich 1983. R. Peter, ⟨Calvin and Liturgy, according to the Institutes⟩ in: John Calvin's Institutes. His opus magnum, Potchefstroom 1986, 239-265. John D. Witvliet, ⟨The Spirituality of the Psalter: Metrical Psalms in Liturgy and Life in Calvin's Geneva⟩ in: Calvin and Spirituality. Papers presented at the10th Colloquium of the Calvin Studies Society, May 18-20, 1995. Calvin Theological Seminary …, David Foxgrover, ed., Grand Rapids（MI）1998, 93-117. 同, ⟨Images and Themes in Calvin's Theology of Liturgy: One Dimension of Calvin's Liturgical Legacy⟩ in: The Legacy of John Calvin. Papers presented at the 12th Colloquium of the Calvin Studies Society, April 22-24, 1999. Union Theological Seminary and Presbyterian School of Christian Education, David Foxgrover, ed., Grand Rapids（MI）2000, 130-152. John Calvin. Writings on Pastoral Piety, edited and with translations by Elsie Anne McKee, New York-Mahwah（NJ）2001, 83-193（⟨Liturgical and Sacramental Practices⟩）.

9）*CO* 9, 894（Discours d'Adieu aux ministres）を参照せよ.

10）バイエルンの国立図書館にこの小冊子の複製が今でも存在する. ファクシミリ —— 複製はとくに Hasper, Calvijns beginsel voor den zang in den eredienst, 456-471. Calvin's first psalter, with critical notes and modal harmonies to the melodies, R. R. Terry, ed., Londen 1932 をも参照せよ.

11）P. Pidoux はファクシミリ版を準備した：La Form des Prieres et Chantz Ecclesiastiques... これは 1959 年にカッセルとバーゼルで出版された. このカルヴァンの著作のテキスト（とドイツ語訳）については ⟨Genfer Gottesdienstordnung（1542）mit ihren Nachbartexten⟩ in: Calvin-Studienausgabe 2, Gestalt und Ordnung der Kirche, Neukirchen-Vluyn 1997, 148-225（Andreas Marti による ⟨序文⟩ 137-146 頁）.

Ford Lewis Battles は ⟨読者への手紙⟩ を英訳した. これはカルヴァンが 1542 年に La forme des prieres のために書いたが, これを幾分詳しくして 1543 年版に取り入れ, そしてそれ以来詩編歌集にも取り入れられた. ⟨John Calvin, The form of prayers and songs of the church 1542, letter to the reader⟩ in: CTJ 15（1980）, 160-165 を参照せよ. Charles

Garside がおこなった手紙の翻訳については John Calvin. Writings on Pastoral Piety, edited and with translations by Elsie Anne McKee, New York-Mahwah〔NJ〕2001, 91-97 を参照せよ.

序文と註のついた〈読者への手紙〉のオランダ語訳については De handzame Calvijn, Rinse Reeling Brouwer, ed., 253-267 を参照せよ.

12) タイトルは次のようになっている. La Manyere de faire prieres aux eglises Francoyses, tant devant la predication comme apres, ensemble pseaulmes et cantiques francoys quon chante aus dictes eglises, apres sensuyt lordre et facon d'administrer les Sacrementz de Baptesme, et de la saincte Cene de nostre seigneur Iesu Christ, de espouser et confirmer le mariage devant lassemblee des fideles. avecqes le sermon tant du baptesme que de la cene. Le tout selon la parolle de nostre seigneur〔La Forme des Prieres との相違については前註で挙げた Calvin-Studienausgabe 2 における ジュネーブ版のテキスト版を参照せよ〕. 検閲を欺くために著作が出版された場所としてストラスブルクの代わりにローマが挙げられている.

13) 文献：H. H. Wolf,〈Die Bedeutung der Musik bei Calvin〉in: MGKK 41〔1936〕. A. Geering,〈Calvin und die Musik〉in: Calvin-Studien 1959, Jürgen Moltmann, ed., Neukirchen 1960, 16-25. Charles Garside jr., The Origins of Calvin's Theology of Music: 1536-1543, Philadelphia 1979.

14) 議会は 1541 年 11 月 11 日に特別水曜日を祈りの日として制定した.

15) この版のタイトルは次のようになっている. La Forme des Prieres et chantz ecclesiastiques avec la maniere d'administrer les Sacremens, et consacrer le Mariage: selon la coustume de L'eglise ancienne..., a Strasbourg, 1545.

Elsie McKee,〈Calvin: The Form of Church Prayers, Strassburg Liturgy〔1545〕〉in: The Complete Library of Christian Worship, Robert Webber, ed., Nashville〔TN〕1994, vol. 2, 195-203 をも参照せよ.

16) C. Marot et Th. de Bèze, Les Pseaumes en vers français, avec leurs mélodies. Introduction par P. Pidoux, Genève 1986. これは 1562 年のジュネーブ版のファクシミリ版である.

17) 文献：M. B. van 't Veer, Catechese en catechetische stof bij Calvijn, Kampen 1941. Reinhold Hedtke, Erziehung durch die Kirche bei Calvin. Der Unterweisungs- und Erziehungsauftrag der Kirche und seine anthropologischen Grundlagen, Heidelberg 1969. W. Verboom, De catechese van de Reformatie en de Nadere Reformatie, Amsterdam 1986.

18) 註 2 と註 3 をも参照せよ.

19) W. Verboom, De catechese van de Reformatie en de Nadere Reformatie, 53-65 (〈De catechese in Genève〉).

20) 知られている最古の複製は 1545 年に始まりゴータの〈州立図書館〉にある, Rodolphe Peter in Deux congrégations…, xxv-xxxiii この教理問答の説明を参照せよ. 教理問答のテキストについては *CO* 6, 1-146 (フランス語とラテン語) および Bekenntnisschriften und Kirchenordnungen der nach Gottes Wort reformierten Kirche, Wilhelm Niesel, ed., Zürich (1e Aufl. 1938) 1985, 3-41 (1-3 Ernst Pfisterer の〈序言〉). 文献: Jean-Pierre Pin,〈Pour une analyse textuelle du catéchisme (1542) de Jean Calvin〉in: Calvinus Ecclesiae Doctor, Wilhelm H. Neuser ed., Kampen 1980, 159-170. J. Courvoisier,〈Les Catéchismes de Genève et de Strasbourg. Etude sur le développement de la pensée de Calvin〉in: BSHPF 85 (1935), 105-121.

21) 文献: Shigehiro Haga,〈Calvin's 1542 Catechism and Bucer's 1537 Catechism〉in: Calvin in Asian Churches, Volume Ⅰ, Proceedings of the Asian Congress on Calvin Research, Sou Young Lee, ed., Seoul 2002, 13-27.

22) テキストについては Martin Bucers Deutsche Schriften 6, 3. Martin Bucers Katechismen aus den Jahren 1534, 1537, 1543. Herausgegeben von Robert Stupperich, Gütersloh 1987.

23) ラテン語のテキストとドイツ語訳については〈Der Genfer Katechismus von 1545〉in Calvin-Studienausgabe 2, 10-135 (Ernst Saxer による〈序文〉1-9 頁) を参照せよ.
英訳 (〈序文〉付き) in: Calvin. Theological Treatises, J.K.S. Reid, ed., 83-139.
オランダ語訳 in: Stemmen uit Genève 1, 370-448.

24) この教理問答の意味については,(文献の指示付き)上述の Calvin-Studienausgabe 2 における Ernst Saxer の〈序文〉を参照せよ.

25) 文献: R. Peter,〈L'abécédaire genevois ou catéchisme élémentaire de Calvin〉in: Regards contemporains sur Jean Calvin. Actes du colloque Calvin Strasbourg 1964, 171-205 (182-202 頁は同著作の複製に関係している)
英語:〈The Geneva primer or Calvin's elementary catechism〉in: Calvin Studies Ⅴ. Papers presented at a Colloquium on Calvin Studies at Davidson College and Davidson College Presbyterian Church, Davidson, North Carolina, January 19-20, 1990, John Haddon Leith, ed., Davidson 1990, 135-161.

26) Ordonnances Ecclésiastiques (1541 年と 1561 年のもの): *CO* 10a, 28 およ

び 115-116 を参照せよ．オレヴィアヌス宛の 1560 年 11 月 25 日付のカルヴァンの手紙をも参照せよ．

27）オランダ語訳は Stemmen uit Genève 1, 449-460.

28）カルヴァンと聖晩餐に関する文献について，われわれは宗教改革の時代における聖晩餐についての Joachim Staedtke の論文を指示する．TRE 1（1977），106-122. さらにわれわれは W. Balke, 〈Het avondmaal bij Calvijn〉in: Brood en beker. Leer en gebruik van het heilig avondmaal in het Nieuwe Testament en in de geschiedenis van de westerse kerk, onder redactie van W. van't Spijker e. a., Goudriaan 1980, 178-225 も挙げる．

29）Petit Traicté de la saincte Cene de nostre Seigneur Iesus Christ. Auquel est demonstré la vraye institution, proffit et utilité d'icelle. Ensemble, la cause pourquoy plusieurs des Modernes semblent en avoir escrit diversement（CO 5, 429-460; OS I, 503-530）. F.M. Higman が Three French Treatises, Londen 1970 で序文とテキストを挙げている．

テキストとドイツ語訳については Calvin Studienausgabe 1/2, 442-493（Eberhard Busch による〈序文〉431-440 頁）．現代フランス語版は Jean Calvin, Petit traité de la sainte Cène. J. Cadier の序文，H. Châtelain et P. Marcel の現代語訳〈Les Bergers et les Mages〉, Parijs 1959. La Vraie piété, 121-151 において Claire Chimelli が Petité の〈序文〉と現代フランス語のテキストを載せている．

オランダ語訳は Stemmen uit Genève 2, 248-281. De handzame Calvijn, Rinse Reeling Brouwer, ed., 273-278（序文とカルヴァンの著作からの数節の翻訳付きの註）．

英訳 Calvin: Theological Treatises, J.K.S. Reid, ed., 142-166.

30）Petit traicte, monstrant que c'est que doit faire un homme fidele congnoissant la verité de l'evangile: quand il est entre les papistes, avec une Epistre du mesme argument（CO 6, 537-588; Recueil des Opuscules ——以後 Opuscules と表示——, A geneve 1566, 758-789）．

現代フランス語訳：Calvin. Oeuvres choisis, Edition d'Olivier Millet, 127-181（299-307〈註付き〉）オランダ語訳 Stemmen uit Genève 2, 165-210 が出版されている．

31）移住するようにとの助言はカルヴァンの Epistolae duae の内容と新たに照合されている．この著作と Petit traicté との関連については O. Millet, Calvin et la dynamique de la parole. Etude de rhétorique réformée, Parijs 1992, 809-825 を参照せよ．ミエは Petit traicté は Epistolae duae の最初

の手紙の改作であると考えている．Mirjam van Veen,〈Verschooninghe van de roomsche afgoderye〉. De polemiek van Calvijn met nicodemieten, in het bijzonder met Coornhert, 't Goy-Houten 2001, 38-39.

32）F.M. Higman,〈Bucer et les Nicodémites〉in: C. Krieger en M. Lienhard, eds, Martin Bucer and Sixteenth Europe. Actes du colloque de Strasbourg（28-31 août 1991）, Leiden/ New York/Keulen 1993, 646-652.（および in: Francis Higman, Lire et découvrir. La circulation des idées au temps de la Réforme, Genève 1998, 637-650）.

33）この関連ではわたしはなお Robert White によって，英語に翻訳された 1541 年のカルヴァンの手紙も指摘する．〈Calvin and the Nicodemite Controversy: An Overlooked Text of 1541〉in: CTJ 35（2000）, 282-296.

34）Excuse de Jehan Calvin, a Messieurs les Nicodemites, sur la complaincte qu'ilz font de sa trop grand'rigueur（CO 6, 589-614; Opuscules, 789-803）. Three French Treatises, F.M. Higman, ed., 131-153 および〈Introduction〉, 21-26 をも参照せよ．フランス語のテキストとドイツ語訳は：Calvin-Studienausgabe 3, Reformatorische Kontroversen, Neukirchen-Vluyn 1999, 222-264（Hans Scholl による〈序文〉209-220 頁）オランダ語訳：Stemmen uit Genève 2, 211-232.
Eric Kayayan による英訳〈Apology of John Calvin, to Messrs. the Nicodemites upon the Complaint that they make of his too great Rigor(1544)〉in: CTJ 29(1994), 346-363.

35）Herminjard, Correspondance 9, 1334, 178-181 を参照せよ．

36）たとえば Herminjard, Correspondance 8,1226,338,339 および 9, 1316, 126-127 を参照せよ．

37）Opuscules, 803-820. 1546 年 7 月 14 日付け，V. Poullain 宛の第二の手紙（Bibliotheca Calviniana 1, 197 を参照せよ）．メランヒトン，ブツァー，ヴェルミーリの助言とカルヴァンの助言と結論のオランダ語訳は：Stemmen uit Genève 2, 233-243.

38）De vitandis superstitionibus, quae cum sincera fidei confessione pugnant, Libellus Ioannis Calvini. Eiusdem excusatio, ad pseudonicodemos. Philippi Melancthonis, Martini Buceri, Petri Martyris responsa de eadem re. Calvini ultimum responsum, cum appendicibus, Genevae, 1549.（註40をも参照せよ．）

39）カルヴァンのヨハネによる福音書 19：38-39 の註解書を参照せよ．そこで彼はニコデモへ訴えている人々は一つの点で彼に似ているといっている．すなわち彼らはキリストを葬ろうと努めているのである（CO 47, 423-424）．文献：Eugénie Droz,〈Calvin et les nicodémites〉 in Chemins de l'hérésie, Vol. I, 131-171. Hans Scholl, Reformation und Politische Ethik bei Luther, Calvin und Frühhugenotten, Stuttgart 1976, 66-86. C.M.N. Eire, 〈Calvin and Nicodemism: a reappraisal〉 in: SCJ 10（1979）, 45-69 同 War Against the Idols: The Reformation of Worship from Erasmus to Calvin, Cambridge 1986（vooral hoofdstuk 7 〈Calvin against the Nicodemites〉）F.M. Higman, 〈The Question of Nicodemism〉 in: Calvinus Ecclesiae Genevensis Custos, 165-170. Mirjam G.K. van Veen, 〈Sursum corda. Calvijns polemiek tegen nicodemieten, in het bijzonder tegen Coornhert〉 in: NAKG 79（1999）, 170-203.

40）チューリヒの説教者の手紙のオランダ語訳については Stemmen uit Genève 2, 244-247 を参照せよ.

41）Eugénie Droz の Chemins de l'hérésie における上述の論文〈Calvin et les nicodémites〉を参照せよ. Droz は Albert Autin のいくつかの著作を指摘している. つまり, Un épisode de la vie de Calvin: La crise du nicodémisme, 1535-1545, Toulon 1917 お よ び L'echec de la reforme en France, Parijs, 1918. Droz はまた Ewald Rieser, Calvin － Franzose, Genfer oder Fremdling? Untersuchung zum Problem der Heimatliebe, Zürich, 1968 とくに 98-119 頁〈Exil oder Mut zum Martyrium〉をも挙げている.

42）文献：Mirjam van Veen, 〈Verschooninghe va de roomsche afgoderye〉. De polemiek van Calvijn met nicodemieten, in het bijzonder met Coornhert, 't Goy-Houten 2001. Van Veen は付録として 1572 年付の写本の写しに基づく Coornhert の小冊子のテキストを載せている（210-246 頁）.

43）Response a un certain Holandois, lequel sous ombre de faire les Chrestiens tout spirituels, leur permet de polluer leurs corps en toutes idolatries. Escrite par M. Iean Calvin aux fideles du Pays Bas, A Geneve 1562（*CO* 9, 581-628; Opuscules, 1850-1884; COR Ⅳ, vol. 1, 209-273（Mirjam van Veen による〈序文〉199-208 頁）.
Rob Roy McGregor による英訳：Response to a Certain Dutchman Who under the Guise of Making Christians Very Spiritual Permits Them to Defile Their Bodies in All Idolatries: Written by Mr. John Calvin to the Faithful in the Low Countries in: CTJ 34（1999）, 291-326. 文 献：S. van der Linde, 〈Calvijn en Coornhert〉 in: ThRef 2 （1959）, 176-187. F. L. Rutgers, Calvijns invloed op de Reformatie in de Nederlanden, voor zooveel die door hemzelven is uitgeoefend, Leiden 1899 （repr. Leeuwarden 1980）および Mirjam van Veen, 〈Verschooninghe van de

roomsche afgoderye〉, 180-200.

44) *Quatre Sermons* への否定的反応については Van Veen, 〈Verschooninghe van de roomsche afgoderye〉, 47-48. およびポワチエの教会宛のカルヴァンの手紙（*CO* 15, 436-446）を参照せよ.

45) Advertissement contre l'astrologie qu'on appelle Judiciaire, et autres curiositez qui regnent auiourd'huy au monde, A Geneve 1549（*CO* 7, 513-542; Opuscules, 1118-1137）. Jean Calvin, Advertissement contre l'astrologie judiciaire. Edition critique par O. Millet, Genève 1985 および 〈A Warning Against Judiciary Astrology and other Prevalent Curiosities〉 by John Calvin. Mary Potter 訳（〈序文〉付き）in: CTJ 18（1983）, 157-189 をも参照せよ. 文献：Christine McCall Probes, 〈Calvin on Astrology〉 in: WThJ 37（1974-1975, 24-33）および in: Articles on Calvin and Calvinism, Richard C. Gamble, ed., Calvin on Science 12, New York/Londen 1992, 118-130.

46) Admonitio adversus astrologiam, quam iudiciariam vocant; aliasque praeterea curiositates nonnullas, quae hodie per universum fere orbem grassantur, Genevae 1549.

47) ラテン語版 De scandalis quibus hodie plerique absterrentur, nonnulli etiam alienantur a pura Evangelii doctrina（*CO* 8, 1-84, OS Ⅱ, 162-240）が最初に発行された. しかしフランス語版も 1550 年にジュネーブで出版された：Des scandales qui empeschent auiourdhuy beaucoup de gens de venir a la pure doctrine de l'Evangile, et en debauchent d'autres ...（Opuscules, 1145-1219）. Jean Calvin, Des Scandales. Olivier Fatio. Avec la collaboration de C. Rapin による批判版 Genève 1984 をも参照せよ. 註付きの現代フランス語のテキストは Trois traités comprenant en un volume, Albert-Marie Schmidt, ed., Genève 1934 に見ることができる. Petrum Iacobi Silvenoetium の手になるオランダ語訳は 1598 年にアムステルダムで Een Zeer schoon ende Profitelick Tractaet Joannis Calvini, vande Ergernissen, waerdoor hendensdaegs veel Menschen afgeschrict: sommige oock vervreemt werden vande reyne leere des Evangeliums のタイトルで出版された. 1881 年にウトレヒトで複製版が, つづりに関して 1589 年版による新版が 1960 年にエンクハイゼンで出版された（Het Traktaat der Ergernissen）.
英訳は1978年に John W. Fraser の手でグランド・ラピッド(MI)出版された.
: Concerning Scandals.

48) Discipline ecclesiastique のテキストについては Bekenntnisschriften und

Kirchenordnungen der nach Gottes Wort reformierten Kirche, Wilhelm Niesel, ed., 75-79 を参照せよ.

49）J.N. Bakhuizen van den Brink, La Confession de foi des Eglises Réformées de France de 1559, et la Confession des Pays-Bas de 1561, Bulletin des Eglises Wallones V, 6, Leiden 1959.

50）上述の二つの版のテキストについては *CO* 9, 739-752 および OS Ⅱ, 310-324 を参照せよ. 最初の版のテキストについて（ドイツ語訳と註付き）について Calvin-Studienausgabe 4, 40-77（Christian Link による〈序文〉と註）第二版のテキストは Bekenntnisschriften und Kirchenordnungen der nach Gottes Wort reformierten Kirche, Wilhelm Niesel, ed., 65-75 に見られる.

51）文献：Jaques Pannier, Les origines de la Confession de Foi et la Discipline des Eglises Réformées de France, Parijs 1936. J.N. Bakhuizen van den Brink, Protestantse Pleidooien Ⅱ, Kampen 1962, 81-96（とくに Confessio Gallicana に先立つ二つの手紙のオランダ語訳）Hannelore Jahr, Studien zur Überlieferungsgeschichte der Confession de foi von 1559, Neukirchen 1964.

52）英訳（〈序文〉付き）：Calvin: Theological Treatises, J.K.S. Reid, ed., 56-72. 文献：Plomp, De Kerkelijke tucht bij Calvijn, 166-190. J. Weerda, 〈Ordnung zur Lehre. Zur Theologie der Kirchenordnung bei Calvin〉in: Calvinstudien 1959, J. Moltmann, ed., 144-171.

53）おそらく，ここでは 1525 年に聖晩餐式を年に四回おこなうことを（イースター，ペンテコステ，9 月 11 日とクリスマス）決定したチューリヒ，また 1528 年に年に 4 回聖晩餐式が行われることを導入したベルンに倣ったことが語られている.

54）報告については：Registres de la Compagnie des Pasteurs de Genève au temps de Calvin, tome 1. 1546-1553, Jean François Bergier, ed., Genève 1964; tome 2, 1553-1564, Robert M. Kingdon および Jean François Bergier, eds., Genève 1962 を参照せよ. 英訳：The register of the Company of Pastors of Geneva in the time of Calvin, Philip Edgcumbe Hughes, ed., Grand Rapids（MI）1966.

55）W. F. Dankbaar,〈Het doctorenambt bij Calvijn〉in: W.F. Dankbaar, Hervorme rs en humanisten. Een bundel opstellen, Amsterdam 1978, 153-183; oorspronkelijk een in het Frans geschreven artikel in: RHPhR 44（1964），364–388.

John T. McNeill,〈John Calvin: Doctor Ecclesiae〉in: The Heritage of John Calvin, John H. Bratt, ed., Grand Rapids 1973, 9-22 および in: Readings in

Calvin's Theology, Donald K. McKim, ed., 〔Grand Rapids, MI 1984〕11-20. G.H.M. Posthumus Meyjes: 〈Het doctorenambt in ME en Reformatie〉 in: Rondom het Woord 15 (1973), 21-45.

56) 文献：A. van Ginkel, De ouderling, Amsterdam 1975 および E. Mckee, Elders and the Plural Ministry: The Role of Exegetical History in illuminating John Calvin's Theology, Genève 1988.

57) 1996 年以後，Robert M. Kingdon 監修の下，教会役員会の会議の記事録が出版されている：Registres du Consistoire de Genève au temps de Calvin, Tome 1, 1542-1544, édité par Thomas A. Lambert, Isabella M. Watt, avec l'assistance de Jeffrey R. Watt, Genève 1996; Tome 2, 1545-1546, publ. avec Wallace McDonald, Genève 2001; Tome 3, 1547-1548, publ. avec Wallace McDonald, Genève 2004. 一巻はすでに英訳で出版されている．Registers of the Consistory of Geneva in the Time of Calvin. Volume I, 1542-1544, Grand Rapids (MI) 2000.

58) 文献：Elsie Anne Mckee, John Calvin: On the Diaconate and Liturgical Almsgiving, Genève 1984.

59) 文献：H. Strohl, 〈La théorie et la pratique des quatre ministrès à Strasbourg avant l'arrivée de Calvin〉 in: BSHPF 84 (1935), 123-144. W. van 't Spijker, De ambten bij Martin Bucer, Kampen 1970, 391-410 および W.F. Dankbaar, 〈Het doctorenambt bij Calvijn〉.

60) 英訳（序文付き）については Calvin: Theological Treatises, J. K. S. Reid, ed., 73-75 を参照せよ．また Plomp, De kerkelijke tucht bij Calvijn, 276-279 をも参照せよ．

61) 英訳（序文付き）については Calvin: Theological Treatises, J. K. S. 24 Reid, ed., 76-82 を参照せよ．また Plomp, De Kerkelijke tucht bij Calvijn, 209-212 をも参照せよ．

62) テキストについては CO 10a, 91-124. Bekenntnisschriften und Kirchenordnungen der nach Gottes Wort reformierten Kirche, Wilhelm Niesel, ed., 42-64. テキストとドイツ語訳は Calvin-Studienausgabe 2, 238-279 (Peter Opitz による〈序文〉227-235 頁) 1541 年と 1561 年 OS Ⅱ, 328-361. テキストの比較については，文献：Plomp, De kerkelijke tucht bij Calvijn, 190-209 および 275-279 を参照せよ．

5 ローマ・カトリック教徒との議論

5.1 二つの書簡(1537年)

1536 年に『綱要』の出版の仕事を終えた後に，カルヴァンはルイ・デュ・ティイエ（Louis Du Tillet）とともにフェララ（Ferara）へ旅行をした．初期の仮名であるシャルル・デプヴィル（Charles d'Espeville）を用いて，彼はそこで宗教改革志向の公爵夫人ルネ（Renée）の宮廷の支持者の間で数週間滞在した．彼女はフランス国王ルイ 12 世の姉妹，国王フランソワ 1 世の義理の姉妹で，1527 年に，フェララの公爵エルキュール・デステと結婚していた[1]．

フェララで，カルヴァンは，フランスの詩人，クレマン・マロ（Clement Marot）を含めて，フランスからの福音主義の亡命者と出会った．そしてフランスにおける彼の友人に手紙を書いた．これらの手紙の二つが 1537 年にバーゼルで出版された[2]．これらは広い公衆に向けられている．

「二つの書簡」に先行して，カルヴァンがジュネーブで 1537 年 1 月 12 日に読者に書いた手紙がある（Ep. I, 30 を参照のこと）．その中で，その言葉を多くの者が聞きはするが，彼らの只中に，預言者がいたことを知らなかったのでそれに従って行動しなかった，かの預言者エゼキエルと自分自身を同定している（エゼキエル 33：31，33）．

5.1.1 デュシュマンへの手紙

最初の手紙を（CO 5, 239-78; OSI, 289-329）カルヴァンはデュシュマン（Duchemin）宛に書いた．彼はカルヴァンのオルレアンにおける学生時代以

来彼の友人仲間の一人だった[3]. デュシュマンはル・マン（Le Mans）の司教区で教会の任務に就いていた[4]. 彼は，その任務の中でカトリックの教会的な儀式に参加せねばならず，それをどうしてよいのかわからなかったので，カルヴァンに助言を求めたのである．カルヴァンはこの手紙の中でカトリックの礼拝，とくに「すべてのもののなかで最も嫌悪すべき」ミサに反対して述べている．彼はもし，明白な公の決断をしないなら，それは秘かにカトリックの礼拝に参加し続けることを表すもので，そのことを断罪した．後にカルヴァンはこうした人々をわれわれが見てきたように「ニコデモ派」と呼んでいる（4.4.2.2 を参照のこと）.

5.1.2　ルーセルへの手紙

ジェラール・ルーセル（Gérard Roussel）宛の手紙は（CO 5, 279-312 OS I, 329-362）その名をカルヴァンは挙げていないが，その宛名によれば「古い友人で，現在の高位聖職者」に向けられている[5]. カルヴァンがパリで学んだ当時にマルグリト・ダングレーム（Marguerite d'Angoulême）の宮廷付き司祭であったルーセルと知り合いになったに違いない．ルーセルは 1536 年にオロロン（Oloron）司教区の司教への任命を受け入れた．カルヴァンは，とくに司教の職務について詳しく書いたこの手紙の中で，ルーセルに厳しく反対し，徹底するように彼に喚起している．妥協することあるいは静観することは不可能である，と．後にカルヴァンはファレルからルーセルが福音を説教し続けていると聞いた（1540 年 4 月 16 日付の手紙 —— Herminjard, Correspondance des reformateurs dans les pays dela langue française, Gent, 1866-1897 Band 6, 209 を参照のこと）.

レオ・ユート（Leo Jud）は 1540 年 2 月 29 日にカルヴァンに宛てて，自分がルーセル宛の手紙をドイツ語に翻訳したと書いた（CO 11,26-27）. 彼はカルヴァンにこの翻訳を出版するための承諾を求めている．これは「聖書からの報告（Bericht uss göttlicher geschrifft）」のタイトルで 1540 年にバーゼルで印刷された[6].

5.2 ローザンヌの宗教会談 (1536年)

1536 年 10 月にファレルとヴィレ（Viret）はローザンヌの公開の宗教会談に参加するために，カルヴァンを伴って行った．そこではベルンの求めで宗教改革の牧師と土地のローマ・カトリック教会の代表者によってファレルによって作成された 10 箇条について討論することになっていた（テキストについては CO 9, 701-702 を参照のこと）[7].

10 月 1 日にファレルが討論を開始した．その結果はローザンヌとその周辺地域に宗教改革を導入すべきか否かにとって重要であった．10 月 5 日に聖晩餐におけるキリストの臨在が討論され，ローマ・カトリック側からの代表者が，宗教改革者を教会教父の権威に対する侮辱と新しい教理の導入の廉で非難したとき，カルヴァンは初めて発言した．彼は教会教父の知識でファレルとヴィレを凌駕し，その非難を論駁した．

カルヴァンはもう一度，10 月 7 日に実体変化の教理が討論されたときに発言した．カルヴァンは宗教改革者は新しい教えを導入しているのではないこと，教会教父は実体変化の教理について何も知らなかったことを力説した．この討論の間の彼の貢献については「ローザンヌの討論でのカルヴァンの二つの談話」（CO 9, 877-886）を参照のこと[8].

5.3 デュ・ティイエとの文通

カルヴァンが 1538 年にストラスブルクにいるときに，ルイ・デュ・ティイエはすでに 1537 年にジュネーブを去り，フランスでローマ・カトリック教会に戻っていることを聞いていた．デュ・ティイエが，この復帰を公言するまでには長い時間がかかった．1538 年 9 月 7 日に，彼はこの問題についてカルヴァンに手紙を書いている（CO 10b, 241-245; Ep. I, 85）．デュ・ティイエは，カルヴァンがその職務に召されたのは神によってではなく人

間によって呼ばれたものであると述べ，カルヴァンに対して彼自身と同じ
ように真の（ローマ・カトリック）教会に戻るようにと呼びかけている．10
月20日にカルヴァンはデュ・ティイエに返事を書き，この件で弁明をし
ている（CO 10b, 267-272）．もし彼がただ人間との関係だけであったとすれ
ば，彼はその職務を受け入れなかったであろう，しかし神から逃れること
はできなかったのだと．デュ・ティイエは12月1日に非常に長い手紙で
応じているが（CO106, 290-302），もはやその内容に対してカルヴァンが
答えることはなかった．[9]

5.4 「サドレートへの返答」(1539年)

カルヴァンとヴィレの追放の後に，ローマ・カトリックの側からはジュ
ネーブにおける困難な状況を利用しようとする試みがなされた．以前の
ジュネーブの司教，ピエール・ド・ラ・ボーム（Pierre de La Baume）がその
都市へ戻る可能性があったのである．リヨンにおける司教会議でこの問題
が論ぜられ，ジュネーブの市参事会と市民に「ローマの司教への従順」へ
立ち返るための呼びかけを伴う公開書簡を送る決定がされた．カルパント
ラ（Carpentras）の司教，枢機卿サドレート（Sadoleto）がその書簡を書くの
に最適な者として指名された．彼はすでに二度，一度は1537年にヴィッ
テンベルクのメランヒトン（Melanchthon）に，そしてもう一度は1538年に
ストラスブルクのヨハンネス・シュトゥルム（Joh. Sturm）に同種の手紙を
書いていた．

　ジュネーブの市参事会と市民に宛てたサドレートの手紙は1539年3月
18日付である．[10] その中で，彼は，ジュネーブの市民が，「われわれの母な
る教会」から離脱したことを遺憾だと考えている．彼によれば，キリスト
者はキリスト教の生活のための規範を確定するカトリック教会によって導
かれねばならない．彼はジュネーブの牧師，とくにファレルを，詐欺師，
革新者と呼んでいる．ジュネーブの市参事会は3月26日に，この手紙を

受け取り，翌日に，添付された書状と手紙について協議した．そして彼らはジュネーブとベルン間の関係のため，それをベルンに送ることに決定した．

　ベルンの市参事会は，ベルンの牧師に，サドレートの手紙に返答することを求めたが，彼らはそれを不可能であると考え，カルヴァンに依頼することを決めた．カルヴァンはズルツァー（Sulzer）をとおして，返答の依頼とともに，サドレートの手紙の写しを受け取った．ストラスブルクの彼の同僚もサドレートへの返答を起草するようにカルヴァンに強いた．カルヴァンは8月に6日間で「サドレートへの返答（*Responsio ad Sadoletum*）」を書いた．その中で，二つの党派のうちどちらが唯一の正しいしかたで神に仕えているか，という問題について議論している．彼は，教会は人間の決定の上にではなく，み言葉の上に建てられていること，カルヴァンとその仲間は教会を破壊しているのではなく，まさにその回復をしようとしていることを指摘している．霊とみ言葉との関係，信仰による義認，サクラメントが議論されている．そして，教会の一致は，キリストに置かれていることを指摘して結んでいる．

　サドレートの手紙はカルヴァンの返答とともにストラスブルクで9月に出版された（*CO* 5, 365-416; *OS* 437-489〔邦訳『ジュネーブの議会と人びとに宛てたヤコポ・サドレート枢機卿の手紙×ジャン・カルヴァンの返答』一麦出版社刊〕）[11]．ジュネーブの市参事会は1540年1月30日に，住民がその内容を知ることができるようにラテン語版とフランス語版の出版を許可した[12]．

5.5　ハーゲナウ，ヴォルムス，レーゲンスブルクにおける宗教会談[13]

　ストラスブルク時代にカルヴァンは，プロテスタントとローマ・カトリックによってハーゲナウ，ヴォルムス，レーゲンスブルクで開かれた宗教会談に参加した．いくつかの文書の成立はこれに負っている．

1539 年 4 月 19 日に両党派の諸侯によって「フランクフルトの休戦」が結ばれた．これは宗教会談にも展望を開いた．しかしながらペストのために，この討論はシュパイエルではなくストラスブルクからほぼ 10 キロメートル離れた「ハーゲナウ」でおこなわれた．1540 年 6 月 28 日にフェルディナント 1 世がプロテスタントと事前協議を始めた．自分からハーゲナウに出席したカルヴァン，ブツァー，カピトが交渉に関与している．メランヒトンは病気で出席できなかった．そこでは，多くの時間が討論の形式に関して費やねばならなかった．そして最終的に二つの党派の各々が 33 名によって代表され，11 票を投じることが決定された．この討論は 1540 年 10 月 28 日に「アウクスブルク信仰告白 (*Confessio Augustana*)」に基づいてヴォルムスでおこなわれることとなった．カルヴァンはハーゲナウでおこなわれた討論について，ジュネーヴに留まっているフランス人亡命者デュ・タイユ (Du Tailly) への手紙で報告している (*CO* 11, 64-67)．

カルヴァンとヨハンネス・シュトゥルムは，派遣者としてストラスブルクからヴォルムスへ向けて 10 月 24 日に出発した．この宗教会談は 10 月 28 日には始めることができなかった．皇帝の代理グランヴェル (Granvelle) はまだ不在で後になってようやく到達することになったからである．その間に，プロテスタントの神学者 —— その中にはメランヒトン，ブツァー，カルヴァンがいた —— がこの宗教会談の間に議論になる問題について 11 月 8 日から 18 日まで互いに協議した．ヴォルムスにおける宗教会談は，11 月 25 日にグランヴェルが演説をもって開会した．しかし，それはこれら党派の真の出合いにはいたらなかった．交渉は分かれておこなわれ，連絡は数人の議長をとおしておこなわれた．12 月にカルヴァンは，ヴォルムスでの事態の経過についての長い手紙をファレル宛に書いている (*CO* 11, 135-40, それ以前にカルヴァンからファレルに宛てて送られた 11 月 13 日の報告は現在失われている)．12 月 29 日にグランヴェルは，両党派間で各々一人の代表者による公の会議を開くよう提案している．

1541 年 1 月 1 日にカルヴァンはヴォルムス滞在中に，「まったく戯れに」「キリストのための勝利の歌 (*Epinicion Christo cantatum*)」なる詩を作った．[14]

この「キリストのための勝利の歌」はヴォルムスにおける出来事を明白に暗示した詩であった．これははじめは出版を意図はしていなかった．カルヴァンが友人に見せただけだったが，しかし，了解なしにその詩は広まってしまった．1544 年に彼は，自分の詩が他のものとともにトゥールーズでドミニコ会士ヴィダル・ド・ベカニス（Vidal de Becanis）によって作成された禁書のリストに載っていることを発見した．他にカルヴァンにその詩のテキストを求める人々がいた．その後，カルヴァンは，1544 年にジュネーブで『キリストのための勝利の歌』として出版した．1540−41 年にヴォルムスでいっしょだったコンラート・バディウス（Conrad Badius）が，カルヴァンのこの歌を彼によって作製されたフランス語の改訂版を前に置いて新たに 1555 年にジュネーブで編集出版した．すなわち「勝利の歌，ジャン・カルヴァン師によるラテン語の詩によるイエス・キリストに，捧げる歌．1541 年 1 月 1 日ヴォルムスで開催された国会で，コンラート・バディウス・ド・パリによるフランス語の詩での新たな翻訳，アレクサンドリアで（*Chant de victoire, chante a Jesus Christ en vers Latins par M. Iean Calvin, lan M. D. XLI, le premier jour de Ianvier, a la diete qui pour lors se tenoit a Wormes. Nouvellment traduit en rithme Françoise, en vers Alexandrins, par Conrad Badius, de Paris*)」（テキスト：*Opuscules* 195−200）である．

　ヴォルムスの宗教会談が，ついに 1 月 14 日に，原罪に関するエックとメランヒトンの間の公開討論をもって始まるやいなや，皇帝の要望で 1 月 18 日に中断された．そして，この宗教会談は「レーゲンスブルク」の帝国議会で継続することになる（ファレル宛の 1 月 31 日付のカルヴァンの手紙 ── *CO* 11, 45-47 を参照のこと）．

　1541 年 3 月，レーゲンスブルクにおける帝国議会が始まる前に，エウセビウス・パンフィリウス（Eusebius Pamphilius）の仮名で，教皇パウロ 3 世が皇帝カール 5 世に父として与えた勧告についての辛辣な論評が出版された（*Consilium admodum paternum pauli III, pontificis romani, datum imperatori in belgis per cardinalèm Farnesium pontificis nepotem pro Lutheranis: Anno 1540. Et Eusebii Pamphili eiusdem consilii pia et salutaris expicatio* ── *CO* 5, 461-508; Frans:*Opuscules*

438-471). フランクフルトとハーゲナウにおける協議の間に，教皇は皇帝に宗教会談を行わせないように試み，そしてプロテスタントを，トルコ人よりもっと危険な敵と示唆していた．この小冊子の内容は，かなりの部分がブツァーによるものとしても，カルヴァンがこの小冊子の著者と考えられた[15]．この小冊子では皇帝の指導下での教会会議が弁護されている．

4月5日にプファルツのフリードリヒが帝国議会を開会した．これは4月27日から5月31日までレーゲンスブルクでおこなわれた．帝国議会において，ヴォルムスで中断された宗教会談が継続されることになる．ローマ・カトリックの代表者は，とくにコンタリーニ（Contarini, 教皇使節），ピギウス（Albertus Pighius），エック，プロテスタントの側は，とくにメランヒトン，ブツァー，そして，「学者の間での大きな評判のゆえに」カルヴァンであった．

4月27日から5月25日まで，宗教問題についての議論がなされた．議論の出発点としていわゆる「ヴォルムス本」が用いられた．これにはヴォルムスにおける宗教会談の間にグランヴェルの発議で，とくにグロッパー（Gropper, ローマ・カトリック）とブツァーによって，個別の協議で作成された条項が含まれている（テキストについては CO 5, 516 を参照のこと）[16]．レーゲンスブルクで両党派は原罪，自由意志，義認についての見解で一致したが，教会について，とりわけ聖晩餐についての議論は何の成果ももたらさなかった（5月11日，12日および7月にファレル宛に書かれたカルヴァンの報告——CO 11, 215-218, 251-252 を参照のこと）[17]．「ヴォルムス本」についての議論の最終的な成果は，いわゆる「レーゲンスブルク本」で確認されている．これは5月31日に，プロテスタントによって作成された9箇条の反対条項といっしょに，皇帝に提出された[18]．

帝国議会の終結以前に（宗教会談の〈成果〉が協議される前に）カルヴァンはブツァーとメランヒトンの意向に反してストラスブルクへ戻ろうとした．レーゲンスブルクでの滞在が彼には長すぎたからである．彼はもう一度ストラスブルクに帰らなければならないと考え，6月25日に戻った．

帝国議会が閉会した後，カルヴァンはこれについての多数の書類の出

版に着手した．つまり彼は公開に賛成であった．すべてを秘密にしよう
とする者もいたが，神がその言葉を与えられたのは，それを埋め，ある
いは少数の学者のもとに留め置くためではない，と彼は言っている（CO 5，
682. 513）．ブツァーとメランヒトンもその書類の出版に携わっていた．ブ
ツァーはさまざまな文書をカルヴァンに送り，彼がそれをフランス語に翻
訳し，論評した[19]．9 月 13 日に彼はジュネーブに戻り，市参事会の承諾を
得てこの資料を論評とともに出版した（*Les Actes de la journée imperiale, tenue
en la cité de Regespourg, aultrement dicte Ratispone, l'an mil cinq cens quarante en un, sur
les différens qui sont auiourdhuy en la religion*——CO 5, 509-684.）．レーゲンスブルク
における帝国議会の結果に関してカルヴァンは，8 月 13 日，ヴィレに（CO11，
261-63），まさに彼が常に予測していたように，問題に対する何の宗教的平
和もなく，教会会議へ先送りされて終わったと書いている．

5.6　悪弊の反駁（1543年の「聖遺物について」）

　1543年にカルヴァンの「聖遺物について（*Traité des reliques*）」が出版された．
彼がその中で聖遺物崇拝を攻撃した文書である[20]．この文書の完全なタイト
ルはドイツ語の翻訳では以下のとおりである．「イタリア，フランス，ド
イツ，スペインその他の王国，国々にも見られるすべての聖なるもの，聖
遺物について釈明される時にキリスト教界が再び受けとる大きな利益につ
いてのきわめて有益な報告」．

　タイトル自身からは，著者が聖遺物の崇拝に反対していることを推測で
きないだろう．しかし，カルヴァンの名前がそれを明らかにする．いずれ
にせよその内容，これがその意図を表している．そのタイトルも多かれ少
なかれ反語的意味をもっている．この文書は民衆に届くようにフランス語
で書かれた．教会が無謬であると考える者は，ばかげた聖遺物の崇拝に夢
中になることとは別の考えにいたらねばならないだろう．

　カルヴァンは，民衆へのこの欺瞞をアウグスティヌスも知っており，そ

してそれ以来ますますひどくなるばかりだった，と書いている．この悪の根は，人々がイエス・キリストをみ言葉とサクラメントに求めず，あらゆる種類の些末なことに求めていることである．人々はキリストをめざして聖遺物を崇拝しているのだと言うこともできようが，しかしパウロは，人間の考えから生ずる崇拝は愚かであると言っている．その上，聖遺物の崇拝は余計なもので神の栄光が他の何かへ移され，そして死んだ虚なものが生ける神に代わって崇拝されることで，偶像礼拝へ通ずる．

聖遺物をもって犯される悪しき欺瞞がそれに加わる．偽造やすべての欺瞞を列挙すれば，カルヴァンにとってあまりにも多くの時間を費やすことになるだろう．そこで彼は人々を覚醒し，彼らを正気につれ戻すためにいくつかの実例に限っている．彼はキリスト教の君主がこうした欺瞞からその臣下を守ることを望んでいる．

次にカルヴァンは聖遺物の分野において，フランス・ドイツ・スペイン，その他の国々において起こっていることを詳しくまとめている．彼は，イエス・キリスト，マリア，聖ミカエル，洗礼者ヨハネ，使徒，殉教者，聖者との関連でのさまざまな聖遺物について述べている．最後に彼は，すべての読者に，聖遺物をめぐる異教の迷信を放棄するよう求め，パウロがテサロニケの信徒への手紙二2章3-12節で書いていることに言及して終えている．

カルヴァンがこの文書で引用している資料について，彼自身，とりわけアンブロシウス（Ambrosius）・エウセビウス（Eusebius）・カッシオドルス（Cassiodorus）を挙げている．カルヴァンのこの文書への序文でイレナ・バキュス（Irena Backus）は聖遺物の崇拝の後期中世の批判を指摘している．カルヴァンの批判がより根本的なものであるとしても，すでに彼以前に存在していた批判から彼を分離することは正しくない[21]．

なおローマ・カトリックの論争家ヨーハン・コクレウス（Ioan. Cochlaeus）が1549年に，（ニコラス・デ・ガラールスの手による）カルヴァンの文書のラテン語版を，その「キリストと聖人の聖遺物について，ヨハンネス・カルヴァンの中傷と冒瀆に対する短い応答」で論駁していることがな

お述べられよう.

5.7　ピギウスとの議論

　1543 年にカルヴァンの小冊子「カンペンのアルヴェルトゥス・ピギウスの中傷に対する人間の奴隷・自由意志についての健全な正統的な教理の弁護について」(*CO* 6, 225-404) が出版された[22]. この文書をカルヴァンはメランヒトンへ献呈した (1543 年 2 月 15 日のメランヒトン宛の手紙を参照のこと. *CO* 11, 515-517). 献辞からは, ケルンでカンペン (Kampen) 出身のピギウスによって出版された文書「人間の自由意志と神の恵みについて十巻」に, カルヴァンが急いで対応しようとしたことがうかがえる. ピギウスは「わがゲルマン人」のために書かれたこの著作を, 枢機卿サドレートへ献呈した. 献辞の中で彼は, 教会にわなを仕掛ける異端に答えると表明し, そしてとりわけ「きわめて有害なルター」を挙げている. ピギウスは, われわれが必然的に罪を犯すこと, われわれが神の戒めに従順に生活することは不可能なことを反駁しようとする. その著作の中でピギウスは, 自由意志についてのルターやカルヴァンの発言に言及している.

　「弁護 (*Defensio*)」の中で, カルヴァンはピギウスの著作の最初の六巻について反対している. 彼はピギウスをペラギウス主義者として告発することからはじめている. というのは, その第 1 巻第 1 章の表題が「神の知識とわれわれ自身の知識は相互に関連し相互に依存している」とあるからである (カルヴァンの『綱要』のはじめを参照のこと). さまざまな教会教父, とりわけピギウスによって自由意志の証人として引用されているアウグスティヌスがカルヴァンによって扱われている. そして, 彼はルターを擁護している. しかし聖書が, 信仰のための唯一の真の規準である. カルヴァンはピギウスとの論争を 1552 年にも継続している. 彼は長い間, ピギウスの見解を論駁するために, さらに何かを書こうと計画していた. しかしさまざまな状況によって実現できなかった. 1551 年にボルセック (Bolsec)

「サドレートの手紙」のタイトル・
ページ，カルヴァンの返答付

「神の永遠の予定」の
タイトル・ページ

に対しておこなわれた訴訟が，予定の教理についても役割を果たしたが，カルヴァンが新しい文書を出版することに役立った．これは1552年にジュネーブで出版された．つまり「神の永遠の予定について」（*CO* 8, 249-366）がそれである．フランス語の翻訳が同じく1552年に出版された[23]．

この文書の中で，カルヴァンは先述したピギウスの著作の七巻から十巻について論駁している．ピギウスのほか，中でもベネディクト会士ゲオルギウス・シクルス（Georgius Siculus）が論駁されている．彼は授かった啓示に拠って，カルヴァンに論争していた．ボルセックの名前は挙げられていないが，カルヴァンはとりわけ予定の二重の性格を弁護している．というのはボルセックはブリンガー，メランヒトン，ブレンツへ訴えて「遺棄の絶対的命令（decretum absolutum de reprobatione）」を拒否せねばならないと考えたからである．

カルヴァンのこの文書は，その完全なタイトル（「ジュネーブ教会の牧師の

5 ローマ・カトリック教徒との議論 *225*

合意」）が示しているように，ジュネーブの牧師すべての共同声明と見なされる．1552 年 1 月 1 日にカルヴァンが序文を書いた．その中で，この文書をジュネーブの市長と市参事会に献呈している．この文書を出版するために市参事会の承諾を得ようと，カルヴァンは数回市参事会の会議に出席した．承諾は献呈と並んでこの文書への同意を意味していた．カルヴァンがその序文に書いているように，それは市参事会の名ですべての敬虔な人々に提供された．献辞の中でカルヴァンは，われわれは，われわれの救いの確かさを神の隠された神の御心に求めてはならない，と書いている．というのは，それはわれわれには近づくことができないからである．むしろわれわれは，キリストに眼差しを向けなければならない．キリストにおいて，生命が啓示され，われわれに差し出されているからである．キリストへの信仰をとおしてわれわれは神の国へ近づくことができるのである．福音の明らかな約束に満足する者は誰でも，その胎にみごもられる前に信者として神がわれわれを選ばれるように，神がわれわれの目を開かれたことをも認めねばならないからである[24]．

5.8 ソルボンヌとの議論(1544年)

1543 年にフランソワ 1 世（Frans I）の命令で，ソルボンヌの神学部は宗教改革の教えに反対する二十五箇条を起草し，出版した．60 人以上の博士がこの条項に署名し，そして続いてそれをカトリックの信仰に忠実に留まることを誓約させるために候補者と神学生に提示された．王令によって，国王フランソワ 1 世とパリの高等法院はソルボンヌのこの条項を裁可し，公式の教義の地位を与えた．

カルヴァンは，1544 年に出版した「現在論争されているわれわれの信仰の問題に関してパリの神聖な神学部によって決定された条項，解毒剤付き」（*CO* 7, 1-44）[25] の中で，彼は，各々の条項のテキストを示し，それに関する自分の註解を付け皮肉なしかたで擁護している．彼は「彼ら

の愚かさをあばくために彼ら自身の隠語で」こうしている (Beza, *Histoire ecclésiastique*, t. I, 50). こうして，カルヴァンはスコラ神学を嘲笑しているのである．各々の註解の後に，彼は当該の条項について聖書の論証によって内容的な論駁をしている．この文書の初版はラテン語で書かれている．フランス語版も同じく 1544 年に出版された (*Opuscules*, 471-506).

カルヴァンの執筆による小冊子「*Advertissment sur la censure qu'ont faiete les Bestes de Sorbonne,touchant les livres qu'ilz appellent hérétiques*」も，1544 年の日付である[26]．その中で彼は 1544 年にソルボンヌによって検閲を受けた本のカタログを出版したソルボンヌを論駁している．

5.9　トリエントの教会会議とアウクスブルクの暫定協定

カルヴァンは, 1543 年 10 月 25 日にブツァーからの手紙を受け取った(*CO* 11, 634-635). それはきたる 1544 年 2 月にシュパイエルで開かれる帝国議会との関連で，ローマ・カトリックとプロテスタントとの間の現状についての説明を彼に依頼するものであった．カルヴァンは「皇帝への謙遜な勧告」を書いたが，そのフランス語の翻訳は 1544 年に出版された[27]．

この文書は，教会の改革に諸侯とともに着手するために，皇帝カール 5 世に向けた控え目な勧告である[28]．カルヴァンは個人として語っているが，彼の声の中に教会をその原初の状態へ復帰させようと願う者すべての声を聞くようにと皇帝に請うている．彼は，それに携わっている諸侯や政府，そして，その行動において彼を支持する無数の信者について述べている．だれもが，教会が深刻に病んでいることを知っている，と彼は言っている．最大の苦境によって余儀なくルターとその他の者の足跡に従い，変化をもたらすことになった，と彼は加えている．カルヴァンが弁護しようと願っているのはこの変化である．彼は引き続いて，彼がその救済策を求めるにいたった教会の欠陥は何か，次に用いられるべきまた適切な救済策は何か，そして最後に，なにゆえにもはや待つことはできず，早急に助けが必要で

あるのか，この文書で論述している．

　この文書の最後の部分でカルヴァンは，欠陥の改善が不和を生みだしたにすぎないという非難について論じている．人々がわれわれに浴びせる最も深刻な偽りの最後の非難は，われわれが教会から離脱したことである，と彼は言っている．彼はそれを使徒と預言者に言及することによって論駁している．真の教会とその一致はすべて，教会のかしらであるキリストによるものである．教会における最高の権威はキリストのものである．

　最後に教会の悲惨な状況を考慮して，カルヴァンは皇帝と諸侯にキリストの花嫁としての教会を助けるように喚起している．彼は，もしそれが御心であれば，キリストはその教会を人間の関与なしにも不思議なしかたで保護されるであろうと告白している．「しかし，もしあなたがたがこれ以上ためらうならば，われわれはドイツにおいては見える教会をもはや見出せないだろうと，あなたがたに申しあげます」．

　カルヴァンにとってこの文書を書くことがいかに難かしいと考えたかは，1543 年 11 月 10 日に彼がファレル宛に書いた手紙からうかがわれる（*CO* 11, 642-644）．その中でこの問題への助言と支持が必要だとして，彼はファレルに，緊急にジュネーブへ来るようにと懇願している．カルヴァンはその「皇帝への謙遜な勧告」を 1544 年 4 月 21 日にメランヒトンへ送っている．彼は，カール 5 世への懇願は宗教改革のためには何も生みださないと思ってはいたが，ヴィッテンベルクの人々が「勧告（*Supplex*）」の内容をどう考えているのか，メランヒトンから聞くことが重要だと考えた（*CO* 11, 696-698 を参照のこと）．

　カール 5 世はシュパイエルでの帝国議会で 1544 年 6 月 10 日の決議において，普遍的で自由なキリスト教の公会議のために全力を尽す，という約束をもってプロテスタントに応じた．教皇パウルス 3 世は 1544 年 8 月 24 日に，この皇帝に宛てた「父としての勧告」でこれに対応した．教皇はこの中で，皇帝がプロテスタントと暫定的に示談をし，教皇に助言を求めることなく教会会議を予め約束したシュパイエルでの独断的行動を非難した．皇帝にふさわしい行いは聞くことで教えることではない，と教皇は

書いている.

　カルヴァンは教皇の勧告を彼自身の註解と併せて出版した. すなわち,「いとも無敵な皇帝カール 5 世へのローマ教皇パウロ 3 世の父としての勧告」（CO 7, 249-288）[29] である. その註解の中で, カルヴァンは教皇を鋭く批判している. 教皇は皇帝への「父としての勧告」の中で, プロテスタントから歩み寄るためのあらゆる可能性を奪ってしまった, と. カルヴァンは, もし教会の位階制がその任務において役に立たない場合には, キリスト教の諸侯が教会に対して義務をもつという考えである. 教会会議の可能性について, 教皇はその裁判官であってはならず, 神のみ言葉に従って決定されるべきである, とカルヴァンは述べている. 最後に彼は, 皇帝に対して, シュパイエルで行った約束を守るよう懇請している.

　教皇パウロ 3 世は 1544 年 9 月に, 教会会議が 1545 年 3 月 15 日にトリエントで開催されるよう命じた. しかしながら, それは 1544 年 12 月にすでに開始された.

　カルヴァンは 1545 年 1 月にフュメ（Fumée）宛に（CO 12: 23-26）, フランスでは人々が期待しているこの教会会議に何の期待もしていないと書いている. 彼はまた, 1545 年 2 月にヴォルムスにおいてカール 5 世によって召集される帝国議会にも何も期待していない. 彼は, 皇帝はプロテスタントとローマ・カトリックの異なった考えを見て, 教皇の同意なしには何も決定しえないと予想している. しかし, プロテスタントとローマ・カトリックは, 教会会議についても見解を異にするであろう, ともカルヴァンは考えている. たとえ, 教会会議を開催することが可能であったとしても, 皇帝は注意をトルコ人に対する戦争に向け教会を放置しておくだろう, そして教皇は教会会議をおそらく延期するだろう, とカルヴァンはこれに加えている.

　プロテスタントは教皇によって公示された教会会議を拒否した. というのは, それは彼らの条件に合わなかったからである.

　トリエントの教会会議は 1547 年 3 月 3 日に, 第 7 会期の後, 1551 年まで休会とした. とくにファレル, ヴィレ, その他の者たちによって, カル

ヴァンはトリエントの教令を論駁するように促された．そして 1547 年 12 月に「トリエント教会会議の議事録，解毒剤付き」(*CO* 7, 365-506)[30] が出版された．その中で彼は，教令のテキスト，教理典範，そしてトリエントでの審議の経過を伝え，それに彼自身の註解を加えている．この解毒剤（antidotum）で彼は，トリエントの見解を論駁して信仰仲間を助けようとしている．

　トリエントの教会会議はプロテスタントによって拒否され，また，皇帝カール 5 世はこの教会会議の経過に満足しなかったので，1548 年 5 月にアウクスブルクの帝国議会の間に暫定協定（Interim）を布告した．ローマ・カトリック教徒ユリウス・フルーク（Julius Pflug）とミヒャエル・ヘルディング（Michael Helding）により，ルター派のヨハンネス・アグリコラ（Johannes Agricola）の協力のもとに作成されたこの暫定協定では，ローマ・カトリックとプロテスタントの間の一致を回復するため，普遍的教会会議の決定までの必要な条件が決定されていた．

　カルヴァンは 1549 年春に「偽造のドイツの暫定協定：キリスト教界の平和と教会改革の真の方法を添えて」(*CO* 7, 545-674) なる文書で「暫定協定」に反対の表明をしている[31]．彼は苦労してその出版の承諾を得た．1549 年にジュネーブでフランス語の翻訳も出版された（*L'interim avec la vraye facon de reformer l'Eglise*）．この文書は二部からなっている．これはまず「暫定協定」のテキスト，次にキリスト教の平和を実現し，教会を改革するための真の方法についてのカルヴァンの説明を含んでいる．プロテスタントはこの「暫定協定」に憤慨した．彼らに暫定的に許されたのは，聖晩餐における信徒の杯と聖職者の婚姻のみであったからである．文書による抗議も，皇帝が死刑をもって禁じていたにもかかわらず出版された．ブリンガーとブツァーもカルヴァンに「暫定協定」に対して文書で応答するように迫った．

　「暫定協定」の批判的論評の中で，カルヴァンは問題の深みを論じている．彼は「簡潔な一覧」の中で，すなわち「決して放棄しえない教義」の説明をしている．彼は順に，信仰による義認，罪の告白と悔い改め，礼拝，

教会とサクラメント，聖人と天使への祈願，死者のための執り成しの祈り，断食，独身制，礼拝の儀式について書いている．

「暫定協定」についてのカルヴァンの文書は，ドイツ語にも，おそらく，ドイツの神学者フラキウス・イリュリクス（Flacius Illyricus）によって翻訳され，1549年にマグデブルクで出版された．このドイツ語版の特徴は，原本の一部分が省略され，そして批判的註でカルヴァンが幼児洗礼についての見解でペラギウス主義の廉で非難されていることである．

さらに，カルヴァンは，死に瀕している子どもへの，女性による洗礼の実施を拒否したが，しかしこの慣習がドイツ語版では正当化されている．それで1550年にカルヴァンは補遺「反偽造のドイツの暫定協定への補遺（*Appendix Lebelli adversus Interim adultero-germanum*）」（*CO* 7, 675-686）[32] を原本に加え，その中でペラギウス主義という非難に対して自らを弁護し，見解の詳しい説明をしている．

1551年5月に教皇ユリウス3世によって召集されたトリエントの教会会議の第二会期が始まった．カルヴァンは4月に，ブリンガー宛に（*CO* 14, 100-101），教会会議の継続に何も期待しないと書いている．というのは，フランスの国王がすべての司教にその司教区の完全な巡察をおこなうように要求したからであった．これは，半年の間におこなわれ，その後，大司教に報告され，それに従って，国王が全国教会会議（national council）を召集する計画であった．この手紙でカルヴァンは，もし万一に，トリエントの公会議が召集されたとしても，ブリンガーと彼は，招待を受けることはないだろうと皮肉に述べている．

註

1）H. Lecoultre, 〈Le séjour de Calvin en Italie d'après des documents inédits〉 in: RThPh 19（1886）, 168-192. C.A. Cornelius, Der Besuch Calvin's bei der Herzogin Renata von Ferrara im Jahr 1536,〔s.l.〕1893.

2）タイトルは Ioannis Calvini, sacrarum literarum in Ecclesia Genevensis professoris, Epistolae duae, de rebus hoc saeculo cognitu apprime necessariis...（CO 5, 233-312; OS 1, 287-362）. フランス語のテキストは Opuscules, 57-131. いくつかの文献上の註（とくに手紙の翻訳に関して）については R. Peter, 〈Etudes Critiques. Notes de bibliographie calvinienne à propos de deux ouvrages récents〉in: RHPhR 51（1971）, 79-87. ラテン語のテキストは（全部完全ではないが）ドイツ語付きで Calvin-Studienausgabe 1/2, Reformatorische Anfänge（1533-1541）, Eberhard Busch et al., eds., Neukirchen-Vluyn 1994, 272-335（Christian Link による〈序文〉263-271）を参照せよ. 文献：Eugénie Droz, Chemins de l'hérésie. Textes et Documents. Vol. I, 131-171（《Calvin et les nicodémites》）. Ganoczy, Le Jeune Calvin, 109-110, 134, 314-318, 338-341（英語版：The Young Calvin, translated by David Foxgrover and Wade Provo, Philadelphia 1987 および Edinburgh 1988）.

Millet, Calvin et la dynamique de la parole, 479-504.

3）23 頁を参照せよ.

4）この手紙のラテン語の見出しは De fugiendis impiorum illicitis sacris, et puritate Christianae religionis observanda である. 1554 年にカルヴァンの周囲の誰かによって準備されて Traite des benefices... のタイトルでこの手紙のフランス語訳がジュネーブで出版された. 同じテキストが Opuscules の中に Comment il faut eviter et fuir les ceremonies et superstitions paples, et de la pure observation de la religion Chrestienne のタイトルで見られる. デュシュマン宛の手紙は, 後にカルヴァンによって改訂され 1543 年の彼の Petit traicté の一部を成している（4. 4. 2. 1 および Millet, Calvin et la dynamique de la parole, 809-825. Epistolae duae とこの小冊子の関連について）.

英訳は Tracts and Treatises 3, Henry Beveridge, ed., Edinburgh 1844, repr. Grand Rapids（MI）1958, 359-411.

5）カルヴァンはこの手紙を De Christiani hominis officio in sacerdotiis papalis ecclesiae vel administrandis, vel abiiciendis と題している.

6）Bibliotheca Calviniana I, 70-71 および F. P. van Stam,〈Leo Jud als programmatischer Interpret Calvins〉in: NAKG 79（1999）, 123-141 を参照せよ. Van Stam はユートはカルヴァンの手紙の文字どおりの翻訳をしていないが, これを少しの変更を加えて, とくに教会財産の乱用に対する戦いのために用いていることを示した.

7）ラテン語のテキストについては Bekenntnisschriften der reformierten Kirchen, E.F.K. Müller, ed., Leipzig 1903, 110 を参照せよ. この箇条の英訳は Calvin: Theological Treatises, J. K. S. Reid, ed., 35-37. 文献：Ch. Subilia, La dispute de Lausanne, Lausanne 1885. H. Meylan および R. Deluz, La dispute de Lausanne, Lausanne 1936. A. Piaget, ed.,〈Les actes de la dispute de Lausanne 1536, publiés intégralement d'apres le manuscrit de Berne〉in: Memoires de l'Université de Neuchatel 6, 1928. G. Bavaud, La dispute de Lausanne（1536）: une étappe de l'évolution doctrinale des reformateurs romands, Fribourg 1956. E. Junod, ed., La Dispute de Lausanne（1536）. La théologie réformée après Zwingli et avant Calvin. Textes du colloque international sur la Dispute de Lausanne（29 septembre – 1er octobre 1986）, Lausanne 1988.

8）英訳は Calvin: Theological Treatises, J. K. S. Reid, ed., 38-46.

9）文献：Correspondance française de Jean Calvin avec Louis du Tillet, chanoine d'Angoulême et curé de Claix, sur les questions de l'Eglise et du ministère évangélique, A. Crottet, ed., Genève 1850（序文と手紙のやりとりを載せている）Olivia Carpi-Mailly,〈Jean Calvin et Louis du Tillet: entre foi et amitié, un échange révélateur〉in: Calvin et ses contemporains, Olivier Millet, ed., 7-19.

10）文献：G. von Schultesz-Rechberg, Der Kardinal Jacobo Sadoleto, Ein Beitrag zur Geschichte des Humanismus, Zürich, 1909. W. H. Beekenkamp,〈Calvin en Sadoleto〉in: Veritatem in Caritate 4（1959）, 21-27. R. M. Douglas, Jacopo Sadoleto: 1477-1547: Humanist and Reformer, Cambridge （Mass.）1959. Jean Cadier,〈Sadolet et Calvin〉in: RHPhR 45（1965）, 72-92. Ganoczy, Le jeune Calvin, 278-279, 288-295, 321-327, 345-349. Helmut Feld,〈Um die reine Lehre des Evangeliums. Calvins Kontroverse

5　ローマ・カトリック教徒との議論　*233*

mit Sadoleto 1539〉in: Catholica 36（1982）, 150-180.

11）Iacobi Sadoleti Romani Cardinalis Epistola ad Senatum populumque Genevensem, qua in obedientiam Romani Pontificis eos reducere conatur. Ioannis Calvini Responsio, Argentorati 1539. 次の註をも参照せよ.

12）1540 年にジュネーブで Epistre de Iaques Sadolet Cardinal, envoyée au Senat et Peuple de Geneve: Par laquelle il tasche lés reduire soubz la puissance de l'Evesque de Romme. Avec la Response de Iehan Calvin: translatées de Latin en Françoys（フランス語テキストは Opuscules, 131-175）が出版された. フランス語訳はカルヴァンの手に成るものでない. フランス語版に関しては La vraie piété, 57-119 を参照せよ. そこで Irena Backus がサドレートの手紙とカルヴァンの返答について〈序文〉を書いている. またそこには両文書の現代フランス語訳が見られる. サドレート宛のカルヴァンの返答のオランダ語訳は Stemmen uit Genève 1, 193-233. カルヴァンの返答の他のオランダ語訳（序文と註付き）は De handzame Calvijn, Rinse Reeling Brouwer, ed., 131-189. サドレート宛の返答の英訳（〈序文〉付き）は Calvin: Theological Treatises, J.K.S. Reid, ed., 219-256; John Calvin and Jacopo Sadoleto, A Reformation Debate. Sadoleto's Letter to the Genevans and Calvin's Reply, edited, with an Introduction by John C. Olin, Grand Rapids（MI）1966（repr. New York 2000）. サドレート宛の返答のラテン語のテキストは，ドイツ語訳付きで Calvin –Studienausgabe 1/2, 346-429（Christian Link による〈序文〉337-344）.

13）1540/1541 年の宗教会談のテキストについては Die Vorbereitung der Religionsgespräche von Worms und Regensburg 1540/41, W. H. Neuser, ed., Neukirchen-Vluyn 1974. C. Augustijn, De Godsdienstgesprekken tussen Rooms-Katholieken en Protestanten van 1538 tot 1541, Haarlem 1967. Wilhelm H. Neuser,〈Calvins Beitrag zu den Religionsgesprächen von Hagenau, Worms und Regensburg（1540/41）〉in: Studien zur Geschichte und Theologie der Reformation, Festschrift für Ernst Bizer, L. Abramovski et al., eds., Neukirchen 1969, 213-237. Handbuch der Dogmen-und Theologiegeschichte, deel 2, Carl Andresen, ed., Gottingen 1980, 102-108.（〈Wiedervereinigungsversuche zwischen Katholiken und Protestanten〉）および，その 102 頁で挙げられている文献. J. M. Stolk, Johannes Calvijn en de godsdiensgesprekken tussen rooms-katholieken en protestanten in Hagenau, Worms en Regensburg（1540-1541）, Kampen

2004.

14) Epinicion Christo cantatum ab Ioanne Calvino. Calendis Ianuarii anno 1541（*CO* 5, 417-428; OS I, 495-498）. ドイツ語訳付きテキストについては Calvin-Studienausgabe 1/2, 504-517（Matthias Freudenberg による〈序文〉495-502）. 文献：E.A. de Boer, Loflied en hekeldicht. De geschiedenis van Calvijn's enige gedicht. Het Epinicion Christo cantatum van 1 januari 1541, Haarlem 1986 をも参照せよ.

15) Johannes Sleidanus（ca. 1506-1556）は，この小冊子をカルヴァンに帰している. しかし C. Augustijn はブツァーが著者であると考えている. C. Augustijn,〈Die Autorschaft des（Consilium admodum paternum）〉, in: W. van 't Spijker, ed., Calvin. Erbe und Aufrag. Festschrift für Wilhelm Heinrich Neuser zum 65. Geburtstag, Kampen 1991, 255-269 を参照せよ. Jean-François Gilmont が Bibliotheca Calviniana 2, 1111-1112 で出している結論をも参照せよ.

16) C. Augustijn,〈Das Wormser Buch. Der letzte ökumenische Konzens versuch Dezember 1540〉 in: BPfKg 62（1995）, 7-46 および Stolk, Johannes Caivijn en de godsdienstgesprekken, 221（とくに註 148）を参照せよ.

17) W. H. Neuser,〈Calvins Urteil über den Rechtfertingungsartikel des Regensburger Buches〉 in: Reformation und Humanismus, Festschrift R. Stupperich, ed. M. Greschat et al., Witten 1969, 176-194 さらに A.N.S. Lane,〈Calvin and Article 5 of the Regensburg Colloquy〉 in: Calvinus Praeceptor Ecclesiae, Herman J. Selderhuis, ed., 233-263 をも参照せよ.

18)〈レーゲンスブルク本〉（Liber Ratisbonensis）のテキストは CR 4, 190-238 に見られる. 批判版は Acta Reformationis Catholicae Ecclesiam Germaniae Concernentia saeculi XVI, G. Pfeilschilter, ed., Regensburg 1974, Vol. VI, 24-88 で出版された.

19) 彼が 1541 年 9 月にストラスブルクで出版したブツァーの〈Acta colloquii〉とカルヴァンの版の相違については Stolk, Johannes Calvijn en de godsdienstgesprekken, 295-298 および 335-339 を参照せよ.

20) 完全なタイトルは Advertissement tresutile du grand proffit qui reviendroit à la Chrestienté, s'il se faisoit inventoire de tous les corps sainctz, et reliques, qui sont tant en Italie, qu'en France, Allemaigne, Hespaigne, et autres Royaumes et pays（*CO* 6, 405-452; Opuscules, 726-758）. Three French Treatises, 47-97 をも参照せよ. ここでは F. M. Higman が 155-162 頁で，註付きでフランス語のテキストを載せている（Higman がカルヴァ

ンの見解について Inst. I, 11 に従って聖遺物の神学的位置を指示している〈序文〉付き. 12-16 頁). Nicolas des Gallars (Gallasius) はラテン語訳版を準備した (Genève 1548). 註付きで〈序文〉と現代フランス語を Irena Backus が La vraie piété, 155-202 に載せている. Olivier Millet は Traité des Reliques について Calvin. Oeuvres choisis, Saint-Amand 1995, 189-249 で, 同じく註付きで現代フランス語訳を載せている (〈註〉185-188 頁). オランダ語訳は De kerk van Christus en de kerk van Rome. Drie geschriften van Johannes Calvijn (H. J. van der Munnik による改訂) Rotterdam 1925. 英訳は Tracts and Treatises 1, Henry Beveridge, ed., 287-341.

21) La Vraie piété 160 を参照せよ.

22) フランス語訳 (Response aux calomnies d'Albert Pighius···) は 1560 年に出版された. フランス語のテキストについては Opuscules, 257-438 を参照せよ. 英訳は, The Bondage and Liberation of the Will; A Defense of the Orthodox Doctrine of Human Choice against Pighius, tr. by G.I. Davies; ed. by A.N.S. Lane, Grand Rapids (MI) 1996.

文献：P. Pidoux, Albert Pighius de Kampen, adversaire de Calvin, Lausanne, 1932 (出版されていない研究). G. Melles, Albertus Pighius en zijn strijd met Calvijn over het librium arbitrium, Kampen 1973. L.F. Schulze, Calvin's reply to Pighius, Potchefstroom 1971. L. F. Schulze, 〈Calvin's Reply to Pighius - a micro and macro view〉in: Calvinus ecclesiae Genevensis custos, 171-185. A. N. S. Lane, 〈The Influence upon Calvin of His Debate with Pighius〉 in: Auctoritas Patrum I: New Contributions on the Reception of the Church Fathers in the 15th and 16th Century, ed. by L. Grane, A. Schindler, M. Vriendt, Mainz 1998, 125-139.

23) ラテン語版の完全なタイトルは De aeterna Dei praedestinatione, qua in salutem alios ex hominibus elegit, alios suo exitio reliquit: item de providentia qua res humanas gubernat, Consensus Pastorum Genevensis Ecclesiae, a Io. Calvino expositus. フランス語訳のタイトルは De la predestination eternelle de Dieu, par laquelle les uns sont eleuz à salut, les autres laissez en leur condemnation... 1552 年にジュネーブで出版 (Opuscules, 1219-1314). テキストは Ioannis Calvini Scripta Ecclesiastica 1, De aeterna Dei Praedestinatione – De la predestination eternelle, Wilhelm H. Neuser, ed., Olivier Fatio によって確定されたフランス語テキスト Genève 1998. 英訳は Calvin's Calvinism. Treatises on the eternal

predestination of God and the secret providence of God, Henry P. Cole, translator, London 1856-1857, repr. Grand Rapids（MI）〔1987〕, 6-206（《A treatise on the eternal predestination of God》）および Concerning the eternal Predestination of God. Translated with an introduction by J.K.S. Reid, Cambridge 1961, repr. Louisville（KY）1997. ドイツ語訳：Von der ewigen Vorherbestimmung Gottes… Übereinkunft der Pastoren der Kirche zu Genf, entworfen von Johann Calvin. Genf 1552, Wilhelm H. Neuser の翻訳と編集，Düsseldorf 1998.

24）予定に関するこの著作はさまざまな方面のかなり大きな反応を呼び起こした．バーゼルではクリオーネとカステリョがカルヴァンを攻撃した（62 頁を参照せよ）．ベルンの市参事会は対策さえ講じた（68-69 頁を参照せよ）．この著作に関するベザの考えについては Theodore Beza, Correspondance de Théodore de Bèze I（1539-1555）, H. Aubert e. a.,eds., Genève 1960, 81-83 を参照せよ.

25）ドイツ語訳付きラテン語テキストは Calvin Studienausgabe 3, 16-105（Matthias Freudenberg による《序文》1-14 頁）. 現代フランス語訳：Jean Calvin, Les articles de la sacrée faculté de théologie de Paris concernant notre foi et religion chréstienne et forme de prêcher. Avec Le remède contre la Poison, Jacques de Senarclens, ed., Genève 1941. Jacques de Senarclens のフランス語版によるオランダ語訳：Johannes Calvijn. De artikelen van de Faculteit der heilige Godgeleerdheid te Parijs betreffende ons geloof, onze Christelijke religie en de vorm onzer prediking. Met de remedie tegen het venijn, Jan Wit, ed., Nijkerk 1950. 英訳：John Calvin, Articles Agreed Upon by the Faculty of Sacred Theology of Paris in reference to matters of faith at present controverted; with the Antidote, in Tracts and Treatises. 1, Henry Beveridge, ed., 69-120.

26）Francis M. Higman, 〈Un Pamphlet de Calvin réstitué à son auteur〉 in: RHPh R 60（1980）, 167-180 および 327-337（ソルボンヌのカタログへのカルヴァンの応答のテキスト）また in: Francis Higman, Lire et découvrir, 131-154.

27）完全なタイトルは Supplex exhortatio, ad invictiss. Caesarem Carolum quintum et illustriss Principes, aliosque ordines, Spirae nunc imperii conventum agentes. Ut restituendae Ecclesiae curam serio velint suscipere. Eorum omnium nomine edita, qui Christum regnare cupiunt, Genevae 1543（CO 6, 453-534）. フランス語は Supplication et remonstrance; sur le faict de la chrestiente, et de la reformation de l'Eglise, faicte au nom de tous amateurs du Regne de Iesus Christ, à l'Empereur, et aux Princes et estatz tenans maintenant iournée impériale à Spire, A Geneve 1544 と題されている.

テキストについては Opuscules, 506-579 を参照せよ. オランダ語訳 De kerk van Christus en de kerk van Rome, 129-246. Een verzoekschrift aan keizer Karel V のタイトルで, および J. N. Bakhuizen van den Brink, Protestantse pleidooien Ⅱ Kampen 1962, 97-122（〈Calvijn en Karel V〉）. 英訳：Tracts and Treatises 1, Henry Beveridge, ed., 121-234 および〈序文〉付きの（部分）訳 Calvin: Theological Treatises, J.K.S. Reid, ed., 183-216. J. J. Steenkamp,〈Calvin's Exhortation to Charles V（1543）〉in: Calvinus Sincerioris Religionis Vindex, 309-314.

28）〈…… 詳しい, 見事に記された宗教改革の弁明で, そのためカルヴァンは非常な賞賛をかち得た〉（Staedtke, Calvin, 56）.

29）この著作のフランス語訳が出版されている. 唯一の知られる複製（Adomonition paternelle à l'Empereur avec expositions de Calvin, Genève 1556）は, 古いカタログに述べられているが 1556 年の日付である（Bibliotheca Calviniana Ⅱ, 614 を参照せよ）.

30）フランス語のテキストは Opuscules, 880-1009. 議事録の一部のドイツ語訳付きのラテン語のテキストは（つまり CO 7, 429-473, これは第 6 会期に関連し, また義認について問題になっている）, Calvin-Studienausgabe 3, 116-206（Eberhard Busch による〈序文〉107-114 頁）に記載されている. 英訳は Tracts and Treatises 3, Henry Beveridge, ed., 17-188, 文献：W. F. Dankbaar,〈Calvijns oordeel over het concilie van Trente, inzonderheid inzake het rechtvaardigingsdecreet〉in: NAKG 45（1962）, 79-112 および in: W. F. Dankbaar, Hervormers en Humanisten, 67-99.

31）フランス語のテキストは Opuscules, 1009-1118. D. J. de Groot の手によるオランダ語訳は Om de eenheid en vrede der kerk, Amsterdam 1953. 英訳は Tracts and Treatises 3, Henry Beveridge, ed., 189-343.

32）Appendix Libelli adversus Interim adultero-germanum, in qua refutat Ioannes Calvinus censuram quandam typographi ignoti de parvulorum sanctificatione, et muliebri baptismo, A Geneve 1550. D. J. Groot のオランダ語訳は Om de eenheid en vrede der kerk, 179-200. 英訳は Tracts and Treatises 3, Henry Beveridge, ed., 344-358.

6 その他の潮流および人物との議論

6.1 再洗礼派・洗礼派との論議

6.1.1 「魂の眠り(*Psychopannychia*)」(1542年および1545年)

カルヴァンはパリを離れた後，1534年に短期間オルレアンに滞在している．そこで彼は友人に宛てた最初の序言に見られるように，「魂の眠り(プシコパニキア)」を書いた (*CO* 5, 169-172)．この文書の読者に向けての第二の序言を，カルヴァンは1536年にバーゼルで書いている (*CO* 5, 173-176)．カルヴァン研究の中で，この文書はようやく1542年にはじめてストラスブルクで印刷されたことが明らかになっている．

カルヴァンが1534年に『魂の眠り』の初版を書いたときに，彼はそれをストラスブルクのカピトに送った．しかし，カピトはその出版を思い留まるよう助言した (*CO* 10b, 45-46; Ep. I, 19を参照のこと)．カルヴァンがこのテーマに関する聖書のいっそう深い知識へ，さらにいたるかもしれないということとは別に，カピトは時期も出版にふさわしくないと考えていた．すでに非常に多くの分裂があり，教会は置かれている困難な状況の中で正しくキリストを説教することを緊急に必要としている，と．

カルヴァンはカピトのこの助言を心に留めた．カルヴァンが1535年9月11日にクリストフ・ファブリ宛の手紙 (*CO* 10b; Ep 1, 22) および彼が1536年にバーゼルでこの文書に付した第二の序言から，彼が第一版を書き換えたことがうかがわれる．

当初はこの文書に批判的であったブツァーも，後にはカルヴァンに出版を促している (*CO* 10b, 260を参照のこと)．しかし，『魂の眠り』はようや

く初めて 1542 年にストラスブルクで「*Vivere apud Christum non donmire animis sanctos, qui in fide Christi decedunt, Assertio*」のタイトルで出版された (*CO* 5, 165-232)[1]. タイトルからしてすでに, この文書は死後の魂の状態についての論文であることを示している. そこでは, キリストを信じて死んだ聖人はキリストのもとで生きており, その魂は眠っていないことが証明されている.

　三年後にストラスブルクでその再版が出版され, そのタイトルは「魂の眠り (*Psychopannychia*)」という言葉で始まっている[2]. この最初の言葉は, 文字どおりには夜通し目覚めていることを意味してはいるが, しかし別の意味をもって魂の眠りに対する概念として用いられた.

　1513 年の第 5 回ラテラン教会会議の間に, 魂の眠りの教理は断罪された[3]. しかしながら, 洗礼派ばかりではなく, ツヴィングリやカルヴァンが魂の眠りの教理の信奉者と呼んでいる, この教理の信奉者がいつもいた.

　1534 年の序言でカルヴァンは, 友人たちの切実な願いにより魂の眠りの誤謬と戦うと述べた. これは新しいものではなく, すでに 3 世紀にアラビアで現れ, この教理の信奉者であった教皇ヨハンネス 22 世は 1333 年にその撤回を余儀なくされたと彼は述べている.

　1536 年の第二の序言では, カルヴァンは牧会的目標, つまり誤っている者たちを訓戒することに努めたと述べている. 聖書の知識の不足によってこの分派は —— カルヴァンはとりわけ再洗礼派を挙げているが[4] —— 教会分裂を惹き起こしている.

　「魂の眠り (*Psychopannychia*)」の第一部でカルヴァンは, 魂は「実体」であること, 肉体のみにかかわる死の後にも意識をもって (感情と悟性をもって) 生きていることを示そうとした. それを明確にするためにカルヴァンは, この部分で「霊」や「魂」についての聖書の発言に立ち入っている. それから, まず, われわれが人間は神の像に従って創造されたと伝える創造物語を用いて, 次にはその他のテキストによる論拠をもって, 魂は肉体と区別される実体であることを詳述している. その後, 彼は多くの聖書の個所を引き, 魂は死後も感情と悟性をもって生き続けると説明している.

この文書の第二部では，カルヴァンは，直接その反対者に立ち向かっている．聖書を用いて彼は，魂も死ぬことを証明するために彼らが用いた論拠を論破しようとする．このためにカルヴァンは教会教父のいくつかの発言に注意を向ける．しかし，この文書では強調点が明白に旧約と新約のテキストの論評にあることが注目される．

最後に，ここでカルヴァンの 1544 年の「再洗礼派に対する短い教書（*Briève Instruction contre les Anabaptistes*）」が終わりの日における死と復活の間の魂の生命と状態についての論究で終わっていることを挙げよう（*CO*, 7, 114-139）．この論究は『魂の眠り（*Psychopannychia*）』の要約的な，あまり技巧的でない（Benjamin Wirt Farley）フランス語の翻訳である．完全なフランス語の翻訳は 1558 年に二度，ジュネーブで出版された[5]．

6.1.2　再洗礼派に対するカルヴァンの「短い教書」(1544年)

1544 年 6 月 1 日に，ジュネーブでカルヴァンの小冊子「再洗礼派の分派に共通する誤りに対して善良なすべての信者を守るための短い教書（*Briève Instruction, pour armer tous bons fideles contre les erreurs de la secte commune des Anabaptes*）」（*CO* 7, 45-142; COR, IV/2）が出版された[6]．これはヌーシャテルの牧師に献呈されている．ヌーシャテルとその周辺における再洗礼派の影響について心配したファレルは，1544 年 2 月 23 日にカルヴァンに手紙を送り（*CO* 11, 680-683），そしてヌーシャテルの住民によってドイツ語からフランス語に翻訳された「シュライトハイム信仰告白（*Confessio Schlattensis*）[7]」を同封した．この信仰告白は七箇条からなり，洗礼派が 1527 年 2 月にシュライトハイムにおける教会会議の集会でミヒャエル・ザトラー（Michael Sattler）の指導下で採択され，ザトラーの殉教についての報告とともに出版された．ファレルはヌーシャテルの牧師の名前でも，牧師たちが洗礼派の宣伝に対抗することができるように，文書で洗礼派の誤りを論破するように訴えた．4 月末，ファレルはカルヴァンにまだ準備中の，魂の眠りの教理に反対する彼の評論にさらにいくつか加えることを求めた．

その「短い教書」の中でカルヴァンは，洗礼，規律，聖晩餐，世を避け

ること，平和主義，職務，官憲，誓約を論じている「シュライトハイム信仰告白（*Confessio schlatteusis*）」の七箇条にふれている．この条項の論評と論駁の後に，カルヴァンはなお二つの別のテーマについて述べている．この最初のものは受肉に関係していた[8]．この中でカルヴァンはとりわけ，メルキヨール・ホフマン（Melchior Hofmann）によって支持され広められたキリストの「天の肉体」の考えに反駁している．すでに初代教会でとりわけマニ教徒とマルキオン派によって支持されたこの考えによれば，キリストは人間の種には由来しない．それによってその真の人間性は否定される．カルヴァンのメノー・シモンズとの論争も参照せよ（6.3.4）．

カルヴァンがその「短い教書」で論じている第二，そして最後のテーマでは，その魂の眠り（*Psychopannychia*）の，すでに述べた要約が取り挙げられている．

6.2 自由主義者

6.2.1 「自由主義者の幻想的な分派に反対して」(*Contre la secte phantaslique des Libertius*) (1545年)

1545年にカルヴァンは「心霊主義者とよばれる自由主義者の幻想的，狂信的な分派に反対して（*Contre la secte phantastique et furieuse des Libertius, Qui se nomment spirituelz*）」という文書で（*CO* 7, 145-252）[9]，自由主義者を反駁した．序言で，カルヴァンはなぜこの文書を書いたのかを述べている．教会の牧者はイエス・キリストの群れに良い食物を与えるばかりでなく，狼や盗人にも警戒していなければならない，と．カルヴァンは，盗人や狼よりも危険であると考える自由主義者の分派と戦うために召されていると考えている．カルヴァンは彼らを毒を盛る人々にたとえている．さらに，この分派が惹き起こす荒廃に反駁するよう誠実な信者に要請された，とカルヴァンは述べている．この「誠実な信者」には，いずれにしても書面で文書を書くように激励したヴァレラン・プーラン（Valérand Poullain）とファレル（Farel）

がいる[10].

　この文書自体は，自由主義者とくにカンタン・ティエリー（Quintin Thierry）の信奉者，そのためにカンタン主義者とも言われたが，それを念頭においていたことを示している．カルヴァンはティエリーに1535年頃にパリで出会った．彼は，カルヴァンがこの文書を執筆していた間，この分派の別の信奉者，すなわち1542年にジュネーブでカルヴァンの支援を求めたアントワーヌ・ポケ（Antoine Pocque）と一緒にマルグリト・ダングレームの宮廷にいた．カルヴァンはこの分派を世界で最も堕落したものと見なした．その文書で彼は，最初の3章でケルドー（Cerdo），マルキオン（Marcion），ヴァレンティヌス（Valentinus）といった初代教会の異端との自由主義者の類似性を指摘している．次の3章では，この自由主義的運動の起源を略述している．この関連でカルヴァンが，とくにカンタン・ティエリーとアントワーヌ・ポケに反駁しようとしていることがわかる．7章から10章では自由主義者の聖書の扱い方が問題になっている．彼らは聖書をアレゴリとして解釈するばかりでなく，それを超えて新しい啓示を求めることさえ欲している，とカルヴァンは言う．彼らが常に口にする「霊」という言葉をさまざまな点で誤用している．それからカルヴァンは11章から22章で聖書の核心にいたり，そこで彼らの教理の最も重要な点を反駁している．彼らの場合，汎神論的心霊主義あるいは神秘主義として語ることができよう．彼らは，ただ一つの神の霊が存在するのみで，これはすべての被造物のうちにあり，生きているということに固執する．この霊がすべてを統治するので，人間は自由な意志をもたず，善悪の間のあらゆる区別は消失する．悪魔と罪はキデル（Cuider），つまり真の実在ではなく，人を惑わす仮象である．イエス・キリストとその救いの業もほとんど実在としては語られない．死者の復活はすでに起こってしまった（Ⅱテモテ2：17—18を参照のこと）．

　13章から16章における自由主義者の汎神論的な決定論の反駁との関連で，カルヴァンは，神が統治する方法についての明確な説明をしている．その際に，カルヴァンは，神の業と悪魔および神無き者の行為との関係に

立ち入っている．同時に彼は，神がその子どもたちをその霊によってどのように導かれるかを記述している．

23，24 章ではカルヴァンは，アントワーヌ・ポケの一文書の批判的な論評をしている．彼はこの文書および自由主義者のサークルのその他の出版物に対しても，警告している．彼は，最後の章で読者に，聖書において啓示されているものを固持するようよびかけている．

マルグリト・ダングレームがカルヴァンの文書を手にしたときに，手紙で，内容について失望したと彼に述べた．彼女はその書が，自分とその臣下に向けられていると考えたのである．カルヴァンはダングレームに宛てた 1545 年 4 月 28 日付の手紙（*CO* 12, 65-68）で，彼女を大いに尊敬していると返事している．彼は，彼女をそそのかして彼に対して反抗させようとし，そして神の教会に対する彼女の愛に満ちた態度を失わせようと企て，また彼女が今日までもち続けてきたキリストとそのメンバーに仕えようとする勇気を彼女から奪おうとする人々によって，彼女が説得されないように望んでいる．彼女の臣下カンタン・ティエリーとアントワーヌ・ポケに関しては，カルヴァンは，彼らを正当に叱責していることへの彼女の理解を望んでいる．彼はさらにティエリーとポケが所属している自由主義者の分派を指摘する．この分派は荒廃のみを惹き起こしている．哀れな信者たちが，カルヴァンに自由主義者に反論を書くように求めてきた．しかしカルヴァンは，もし自分の沈黙によって悪い状況が和らぐのかどうか見極めようとして，一時ためらってきた．しかし自分は反応しなければならない，と今は考えている．「犬は，その主人が攻撃されるのを見るなら吠えるものだ．わたしが神の真理が攻撃されているのに，沈黙したままで，何の声も発しなければ臆病者だろう」．もし自分がその職務上の義務によって彼女の臣下を寛大に扱わないことを余儀なくされたとしても，そのことで彼女が気分をそこなわないように．自分はその場合，決して何らかのしかたで彼女に背を向ける意図もない．自分は宮廷における地位あるいは世俗的名誉をめざしていない．むしろ自分は，まさに自分が立っているところで神に仕えるために召されているのである．また自分は，ダングレームが責

めたように，それ以前の確信を撤回したのでもない．自分は常にその生命あるいは財産を救うためにイエス・キリストを否認する臆病を嫌悪していた．自分について言われていることは中傷である．ダングレームがそのことをルーセルに問い合わせれば，彼はそれを証明できるだろうと述べている．

6.2.2 「コルドリエ某に対する書簡」(1547年)

1547年8月20日にカルヴァンは，あるフランシスコ会修道士に対して，警告するようにルーアンの信者に手紙を出した．すなわち，「ルーアンの囚人である自由主義者の分派の出であると考えられるあるフランシスコ会修道士に対する書簡 (*Epistre contre un certain cordelier suppost de la secte des Libertins, lequel est prisonnier a Roan*)」 (*CO* 7, 341-364) がそれである[11]．

カルヴァンは，そのキリスト教の信仰のために殉教者となったと思われているこの修道士についていくつかの文書を入手した．手紙の中でカルヴァンは自由主義者のそれとたいへんよく一致するその見解に反駁している．カルヴァンはこの修道士を，聖書をもてあそんでいると非難し，自分の考えを支持するために無数のテキストを改変しているとはっきりと指摘している．「とりわけ彼は豚のように，その口先でローマの信徒への手紙の7章を全部ほじくり返している」．最も重要な点として，カルヴァンは，神が人間を邪悪に創造したので何が善で何が悪であるかが不明瞭になっていると非難されている，と述べている．この修道士は，自由主義者の指導者の一人カンタン (Quintins) の見解をも弁護している．上述のカルヴァンの手紙は1547年に1545年の彼の文書「自由主義者の幻想的・狂信的な分派に反対して (*Contre la secte phantastique et furieuse des Libertins*)」の再版に併録された．

6.3 教義上の主題についての議論

6.3.1 三位一体と予定について

　この部分ではカロリ（Caroli）、セルヴェトゥス（Servet），およびカステリョ（Castellio）とカルヴァンの議論を考察する．1543 年にクルトワ（Courtois）によってカルヴァンに対してもち出された非難，すなわち，彼は三位一体とキリストについての見解において正統信仰ではないということと，これに対するカルヴァンの弁明については，すでに述べた（これについては 1.6.2 を参照のこと）．

6.3.1.1 カロリとの議論

　1537 年 2 月にファレルとカルヴァンは，ピエール・カロリとの論争に陥った．カロリは神学の博士であり，宗教改革を選んだ最初の司祭の一人であった．1524 年に彼はパウロの手紙についての説教によって，パリで神学部から追放された．ソルボンヌとの問題があり，彼には逮捕の危険が差し迫っていた．カロリは逃がれ，マルグリト・ダングレームの助けでアランソン（Alençon）で牧師職を得た．1535 年には彼の名前が「檄文（*Placards*）」事件の容疑者のリストにも載ったので，彼はジュネーブに逃亡した．そこで彼はファレルとヴィレと対立し，その後バーゼルに移ったが，そこで彼らを中傷した．

　1536 年にカロリは，もっとも短期間ではあったが，ヌーシャテルで牧師になることができた．ベルンの市参事会は 1536 年 10 月に彼をローザンヌの牧師として任命した．ヴィレはそこですでに半年牧師であったが，しかし市参事会は，ヴィレはカロリを上司として認めなければならないと判定した（*CO* 10b, 66 を参照のこと）．1537 年 1 月にヴィレがジュネーブに滞在中，カロリは，ある説教で死者のためのミサを擁護して混乱を惹き起こした．ヴィレは急いでカルヴァンと一緒にローザンヌへ戻った．1537 年

2月15日から17日まで，そこでカロリとの話し合いが行われ，ベルンからの派遣者も幾人か出席した．人々はカロリにその主張を撤回し，静かにふるまうように求めた．彼はそれに従うように思われたが，しかしその後，突然，ファレルとカルヴァンを，アリウス主義の廉で非難した．

　カルヴァンが，その教理問答から引用して弁護したときに，カロリは，古代の定式，すなわち使徒信条，ニカイア信条，アタナシウス（Athanasius）の信条に署名すべきで現代の信仰告白にではないと主張した[12]．

　5月14日にローザンヌでベルンの牧師メガンダー（Megander）の指導のもとで教会会議が招集された．カルヴァンがカロリとの関係で生じた問題で招集を求めていたのである．100名以上の牧師がその会議に出席した．カルヴァンは5月14日にそこで重要な講演をおこなった．これでわれわれは「P. カロリの曲解をめぐる三位一体についての信仰告白（Confessio de trinitate propter calaminias P. Caroli）」という文書に負っている[13]．

　神の三位一体に関する信仰告白が，この文書の中で議論されている最も重要なテーマである．カロリは，ファレルがその「要約（Sommaire）」の中で三位一体と位格という言葉を避けたので，アリウス主義との非難にいたったのである．これは1537年にジュネーブで作成された信仰告白においても同様である．カルヴァンは，ファレルと自分はそれらの言葉の使用に何の異議もないと説明している．その際，カルヴァンは例として彼が1536年の『綱要』において三位一体について書いたことを指摘しているが，しかし一定の言葉の使用の強制には反対している．

　今述べた講演の中で，カルヴァンは信仰告白の署名にも立ち入っている．彼は先に述べた三つの信条を否認するのではなく，義務的な署名には反対であると説明している．彼は他の人が定めたものに署名することに同意しないからといって誰かを異端者と見なすなら，彼はそれを専制政治と呼ぶ．カルヴァンはそうした専制政治が導入されないように願っている．

　カロリは上述のローザンヌの教会会議で満場一致で罷免された．同様のことが，5月31日から6月5日までベルンで開催された大きな教会会議でも起こっている．

カロリはフランスへ逃れた．彼は教皇パウルス3世への手紙の中でカトリック教会へ戻ることを許されるように求めたが，しかしその後，改めてプロテスタントになる決心をしている．1539年に彼はとくにストラスブルクで牧師になるために努力している．1540年に彼はカルヴァンに宛てて書いた手紙の中で，カルヴァンもファレルも彼が牧師になることを妨げていると非難している．カルヴァンは1540年8月10日の手紙で応じている（CO 11, 72-75を参照のこと）．その中で彼はカロリに和解をよびかけているが，何の成果もなかった．

1543年にメッツ滞在中に，カロリがそこでおこなった説教はもはや宗教改革の運動とは何ら関係していないことを示している．1543年5月14日付の手紙で彼は，ファレルを，ローマ，トリエステあるいはスペインかフランスの大学での討論に呼び出している．この手紙の写しをカロリは教皇，皇帝カール5世，フランソワ1世等々に送った．5月21日付の手紙でファレルは，カルヴァンをこの討論に入れ，彼によればその討論はメッツで開催されることが最善であろうと答えた．カルヴァンはその間にジュネーブの市参事会の手紙をバーゼルの市参事会に届け，ベルンとバーゼルを経てストラスブルクのファレルのところへと戻った．

ストラスブルクの市参事会は，諸侯が問題を引き受けるためには，シュマルカルデンへ手紙を送ることを最善と考えた（カルヴァンが7月1日にストラスブルクからジュネーブの市参事会へ送った手紙を参照のこと —— CO 11, 587-589）．カルヴァンとファレルはストラスブルクで待っていたが8月中頃になっても，討論がどうなるのかわからなかった．つまり，メッツの市参事会がこの討論を延期するか，あるいは阻止するために，この問題に皇帝を巻き込んでいた．しかしカルヴァンとファレルは，その状況がどうなるかわからなかったので，彼らはこれ以上は待たず帰宅する決心をした．カロリとファレルの間の文通は1543年にファレルによってジュネーブで，カルヴァンの序言を付けて出版された（CO 9, 839-840を参照のこと）[14]．1545年にカロリはその『反駁（Refutatio）』を出版した．その中で彼はファレル，カルヴァン，ヴィレを三位一体の彼らの信仰告白のゆえに反駁している[15]．

6　その他の潮流および人物との議論　*249*

数か月後カルヴァンの文書が出版されたが，その中で彼はもう一度カロリに向けて発言している．『ピエール・カロリの中傷に対するファレルと同僚のためのニコラス・ガラールの弁明』（*CO* 7, 289-340）がそれである[16]．カルヴァンはこの文書を「ニコラ・デ・ガラール（*Nicolas des Gallars*）」の名で客観的な印象を強めるために出版した．彼はこの問題について，この文書の始めをも見てもらったヴィレと文通をしている（*CO* 12, 100-101, 102-106, 107-108, 119-121 を参照のこと）．

6.3.1.2　セルヴェトゥスおよびカステリョとの議論

1546 年に，セルヴェトゥス[17]とカルヴァンとの間の文通が始まっている．セルヴェトゥスはカルヴァンにリヨンの書籍販売業者で印刷業者のジャン・フレロン（Jean Frellon）をとおして，まず三つの質問をもって接近している．これらは神の子としてのイエス（人間イエスは神の子として十字架にかけられたのかどうか，子であることは何を意味するか），キリストの国への所属（あなたはどのようにそれに所属し，またどのようにあなたはふたたび生まれるのか）および洗礼（洗礼は聖晩餐と同じように信仰においておこなわねばならないのか，また新しい契約における両者の意味は何か）に関係している[18]．カルヴァンはシャルル・デプヴィル（Charles d' Espeville）という名前で答えている．セルヴェトゥスは議論を開始し，彼は，書いた本「キリスト教の回復（*Christianismi Restitutio*）」の一部をカルヴァンに送っている．この部分は幼児洗礼を扱っている．カルヴァンの側では，彼によってこの問題が論じられている『綱要』の一部の写しをセルヴェトゥスに送って応じている．セルヴェトゥスはそれに批判的な註を付けてこの頁を送り返し，さらにカルヴァンに宛てた 30 通の手紙からなる論文をも送っている[19]．

　2 月 13 日にカルヴァンは，フレロンに，セルヴェトゥスに答えるつもりだが，しかしセルヴェトゥスの執筆の精神からして，それにはほとんど期待しないと書いている（*CO* 12, 281-282）．同日，カルヴァンはファレルへの手紙で，セルヴェトゥスが自分に手紙をよこしたこと，そして「わたしが，そこでその尊大な大言壮語のために耳目を驚かし，今まで聞いたこと

のないようなくだらないことのつまった」分厚い一冊をも送りつけてきた
と報告している. セルヴェトゥスはカルヴァンの承諾をもってジュネーブ
へ来ようとしているが, カルヴァンはファレルに, セルヴェトゥスに関し
ては, もはやそこから生きて立ち去ることはないだろうと書いていた.

1553 年 8 月 13 日にカルヴァンはマドレーヌ教会でおこなった朝礼拝の
後に, セルヴェトゥスが出席者の中にいたと聞いた. セルヴェトゥスは
1553 年 1 月ヴィエンヌ (Vienne) で匿名で (ただ M. S. V. の頭文字だけが結びに
書かれていた)『キリスト教の回復』という本を出版した[20]. セルヴェトゥス
はその中でさまざまなキリスト教の教理, とくに三位一体[21], さらに原罪,
幼児洗礼, 信仰による義認をも反駁している. とくに彼はカルヴァンに反
論している. 彼が 1546 年にカルヴァンに宛てたすでに挙げた 30 通の手
紙がこの本に収録されている.

この本のタイトルはカルヴァンの『綱要』への対抗の書が問題となって
いるような印象を与える. いずれにせよセルヴェトゥスは新しい基礎に基
づくキリスト教を望んでいることは明らかである. というのは, 彼の考え
によれば, 現代のキリスト教は, カトリック教会と宗教改革によって損な
われているからである.

セルヴェトゥスは 1553 年 2 月にリヨンのある住民が, その甥で, ジュ
ネーブにいるギョーム・ド・トリ (Guillaume de Trie) に手紙を書いたとき
に面倒なことになった. その中で彼はジュネーブの宗教改革についてき
わめて否定的に語っていたが, ド・トリ (de Trie) はジュネーブの人々は,
彼らは三位一体の神を信じているから異端ではないと返事をしたからであ
る. 同時に彼はリヨンの近く, ヴィエンヌに滞在しているセルヴェトゥス
に注意を促した. というのは, セルヴェトゥスは異端に満ちた本を書いた
にもかかわらず, 放置されているからである. 調査ではほとんど不利な材
料がもたらされなかったので, その甥はド・トリ (de Trie) に詳しい情報
を求めた. ド・トリはカルヴァンに, 彼に不利な資料を渡すように強く求
めた. それでカルヴァンから結局, ド・トリはセルヴェトゥスの私的な手
紙とセルヴェトゥスが『綱要』の幼児洗礼についての部分に付けた覚え書

きを手に入れた．セルヴェトゥスは投獄され異端審問によって審問されたが，しかし監獄から脱出することができた（6月17日に彼はヴィエンヌで象徴的意味での「火刑」に処された）．そしてセルヴェトゥスは，8月13日にはジュネーブでカルヴァンの聴衆の中にいた．

　ジュネーブでセルヴェトゥスは逮捕された．39点からなる公式の訴状（*CO* 8, 727-731 を参照のこと）が，カルヴァンの秘書ニコラ・ド・ラ・フォンテーヌによって提出された．当時の慣習では，これによりド・ラ・フォンテーヌもまた8月17日に訴訟が始まるまで投獄されることを意味していた[22]．この訴訟の間に，セルヴェトゥスがバーゼルとストラスブルクにおける滞在の間に謬説によって惹き起こした騒動も議題となっている．人々は，手紙を携えた使者をヴィエンヌへ送って，セルヴェトゥスがそこでなぜ逮捕され，そしてどのように逃亡できたのかを聴取する決定をした．しかし，これによる収穫はあまりなかった．ヴィエンヌはセルヴェトゥスの引き渡しを求めたが（*CO* 8, 783-784 を参照のこと），しかしジュネーブはそれを拒否した（*CO* 8, 790 を参照のこと）．

　他のスイスの都市に（市参事会にも牧師にも教会にも）その意見を求めるという市参事会の決議に従って，セルヴェトゥスは，カルヴァンと他の牧師の見解では神の言葉と一般に受け入れている教理から逸脱しているといわれる38点について文書で述べねばならなかった（*CO*, 8, 501-508 を参照のこと）．セルヴェトゥスはこれに答えている（*CO* 8, 507-518 を参照のこと）．それに対して，牧師たちの「短い反駁（*brevis refutatio*）」が続いている（*CO* 8, 519-553 を参照のこと）．これに対し，セルヴェトゥスは註の中でかなり激しく応じている（*CO* 8, 799-801）．

　9月21日に市参事会は最終的にチューリヒ，ベルン，バーゼル，シャフハウゼンの市参事会と牧師（教会）に助言を求める手紙を送っている（*CO* 8, 802-803 を参照のこと）．すべての教会がセルヴェトゥスの教理を断罪しているが，しかし彼がどのような刑罰に値するのか決定することをジュネーブの市参事会に委ねている[23]．

　9月22日にセルヴェトゥスは市参事会への文書でカルヴァンを激しく

攻撃している．おそらくそのときに，ジュネーブで教会と官憲との間でおこなわれていた破門の権利についての論争から勇気を得たためであろう．セルヴェトゥスは，誰が死刑に値するか，カルヴァンかあるいはセルヴェトゥスか宣告されるまではカルヴァンも監禁されねばならないとの意見であった．セルヴェトゥスは，自分の考えによればカルヴァンは魔術師として断罪され追放されねばならない，と付け加えている（*CO* 8, 804-806 を参照のこと）．

　10 月 26 日にセルヴェトゥスは火刑の宣告を受けた．カルヴァンはその宣告をもっと軽い斬首に代えようとしたが，成功しなかった．10 月 27 日処刑の日に，ファレルもカルヴァンもその独房のセルヴェトゥスを訪ねた．セルヴェトゥスは慈悲を請い，カルヴァンに赦しを求めている．カルヴァンは，問題は個人的な侮辱ではないと述べた．三位一体についてのセルヴェトゥスの考えを変えようとする最後の試みは成功しなかった．

　セルヴェトゥスが火刑柱へ曳かれていく直前に市長の一人が 14 点からなる判決を読み上げる．判決の中では「キリスト教の回復（*Christianismi Restitutio*）」なる書物が最初に挙げられている．さらに三位一体と幼児洗礼に関するセルヴェトゥスの謬説が挙げられている（*CO* 8, 827-830 を参照のこと）．セルヴェトゥスは火刑で死ぬ直前に，彼は「永遠の神の子イエスよ，われを憐れみたまえ」と叫んだ[24]．

　セルヴェトゥスの処刑の後に，カルヴァンは，問題の経過に対する批判をうけてセルヴェトゥスとその断罪について執筆することを余儀なくされたと感じた．その批判は，とりわけ，1553 年 11 月に「セルヴェトゥスの死の物語（*Historia de morte Serveti*）」という，おそらくカステリョによって書かれた文書が出版されたバーゼルからきた[25]．その他の者たちも，その中にはブリンガーもいるが（1553 年 11 月 28 日付のカルヴァン宛の手紙 ―― *CO* 14, 684 を参照のこと），カルヴァンに弁明の出版を強く促した．

　1554 年 2 月にカルヴァンの手で「聖三位一体についての正統信仰の弁明，スペイン人ミカエル・セルヴェトゥスの奇異な誤謬に反対して（*Defensio orthodoxae fidei de sacra Trinitate, contra prodigiosos errores Michaelis Serveti*

Hispani…)」（*CO* 8, 453-644）が出版され，同時にフランス語訳も出版されている[26]．この文書の中で，ジュネーヴの他の牧師も賛成を表しているが，カルヴァンは三位一体に関する正統的信仰を，とくにセルヴェトゥスの謬説に対して弁明し，異端に対する官憲の行動を聖書のさまざまなテキストを引いて弁明している．またカルヴァンは，くり返してドナトゥス派に対する行動に際して教会が国家の助けを請うことに賛成しているアウグスティヌスを引き合いに出している．カルヴァンは，彼自身の立場をもセルヴェトゥスの逮捕の際の，また彼に対する訴訟の間の，彼自身の立場を説明している[27]．

カルヴァンの「弁明（*Defensio*）」の出版のほとんど直後の3月にバーゼルで「異端者は迫害されるべきか（*De haereticis*）」という文書がマルティヌス・ベリウス（Martinus Bellius）という名のもとに出版された．多くの人々によれば，その背後にカステリョが隠れているということである[28]．

ヴュルテンベルクのクリストフへ宛た序文の中で，カステリョは異端に対する死刑に反対している．彼はここで信仰の自由と寛容を擁護している．そして，この文書は，とりわけルター，ブレンツ，エラスムス，クリュソストモス，アウグスティヌス，その上カルヴァンのテキストのアンソロジーからなっている．そのテキストは，彼らが異端者を死刑にすることに反対して発言したことを証明するものである．カルヴァンの場合にはカステリョは『綱要』の初版の発言（*CO* I, 77）とその使徒言行録註解の序文の発言（*CO* 14, 294）とを指摘している．

この文書はゲオルク・クラインベルク（Georg Kleinberg）の寄稿「どの程度迫害はなされるべきかゲオルク・クラインベルクの意見（*Quantum orbi noceant persecutiones, sententia Georgii Kleinbergii*）」とバシリウス・モントフォルト（Basilius Montfort）の寄稿「バシリウス・モントフォルトの迫害に賛成する人々の論駁（*Basilli Montfortii refutatio eorum, quae pro persecutione dici solent*）」で閉じられている．この名前の背後には，おそらくまたカステリョが隠れている．「異端者は迫害されるべきか」のフランス語訳は1554年にルーアン（Rouen）で出版されている[29]．

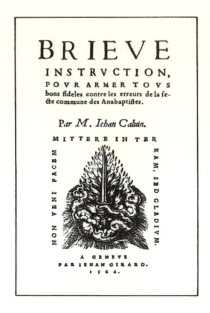

　　「短い教書」のタイトルページ　　　　「三位一体の真の信仰を守るための
　　　　　　　　　　　　　　　　　　　　　　　宣言」のタイトルページ

　カルヴァンは，創世記註解の仕事のためにことのほか時間を取られていたので，これらの文書は，1554年9月にベザが「異端者は市当局によって罰せられるべきこと（De haereticis a civili magistratu puniendis）」という文書をもって応じている．カステリョはこれに1555年に「異端者が罰せられてはならないこと（De haereticis non puniendis）」という文書で答えた（これは1971年にジュネーブで印刷された）．これを，彼はバシリウス・モンフォルト（Basilius Montfort）の名で書いた．すでに述べたカルヴァンの文書「聖三位一体についての正統信仰の弁明（Defensio orthodoxae fidei de sacra Trinitate）」にカステリョは1612年にオランダで出版された「異端者を剣の法律で抑制すべしと述べられるカルヴァンの小冊子に反対して（Contra libellum Calvini in quo ostendere conatur haereticos iure gladii coercendos esse）」という文書の中で応じている．

　1557年の初めにカステリョは匿名で書いた文書中で，カルヴァンの

予定に関する見解を攻撃している．カルヴァンは 1557 年に「いくつかの中傷・冒瀆への返答（*Responses a certaines calomnies et blasphemes*）」という文書を出版して応じている．この両文書は失われてしまった．がしかし，フランス語版の数週間後に出版されたカルヴァンの文書の，改訂されたラテン語訳が保存されていた．すなわち「ジャン・カルヴァンの短い返答，神の永遠の予定の教理を辱めようとするならず者の中傷を一掃するために（*Brevis responsio Io Calvini, ad diluendas nebulonis cuiusdam calumias quibus doctrinam de aeterna Dei praedestinatione foedare conatus est*）」（*CO* 9, 253-266）である[32]．1558 年にカルヴァンは「神の隠れた予定についてのジャン・カルヴァンの教理を憎悪して苦しめようとするならず者の中傷，ジャン・カルヴァンのその返答（*Calumuiae nebulonis cuiusdam, quibus odio et invidia gravare conatus est doctrinam Ioh Calvini de occulta Dei providentia. Ioannis Calvini ad easdem responsio*）」（*CO* 9, 269-318）という文書を出版した[33]．最後に挙げた文書の第一部はカステリョがカルヴァンの見解に反対している十四箇条を含んでいる（「隠れた予定についてのジャン・カルヴァンの教理に反対するならず者の中傷［*Calumniae nebulonis cuiusdam adversus doctrinam Ioannis Calvini de occulta dei providentia*］」）を，第二部はカルヴァンの応答を含んでいる．それはカステリョへのカルヴァンの最後の反応である．彼は以後この論争をベザに委ねている．

6.3.2 反三位一体論者グリバルディ，ゲンティリス，ブランドラタとの議論[34]

1558 年 5 月に，ジュネーブではイタリアの亡命者からなる教会で混乱が増加している．問題はすでにかなりの期間にわたっていた．はじめは，それは，とりわけ，マッテオ・グリバルディ（Matteo Gribaldi）によって惹き起こされた．彼はパドヴァ（Padua）出身の法律家で，田舎の所有地，ジュネーブ近郊（ベルンの領地にある），ジェクス（Gex）に近いファルジェ（Farges）で休暇を過ごした．グリバルディは 1554 年 9 月に，三位一体の教理への批判をもって教会に混乱をもたらした．彼はその少し後に教会への文書でその見解を説明した（*CO* 15, 246-248 を参照のこと）．1555 年 6 月 29 日にグリバルディはカルヴァンの催促で，彼によって広められた見解のために教

会役員会に出頭した．だが，この会合は成果がなかった．その後グリバルディは市参事会に出頭し，その態度を弁明せねばならなかった．彼がベルンの領土に住んでいるので，彼に対する処置は講じられなかった．

グリバルディの逸脱した見解は，キリストと父なる神との関係に関していた．キリストは神であるが，一つの存在は問題にならない，それゆえカルヴァンによれば二人の神が存在することになる（*CO* 15, 644）[35]．

1558 年 5 月にジオルジオ・ブランドラタ（Giorgio Blandrata）というイタリア出身の医師が，反三位一体論の見解によって，イタリア人教会に大きな混乱を惹き起こした[36]．カルヴァンは，ベルンのニコラオス・ツルキンデンに，7 月 4 日にブランドラタがベルンへ逃げたこと（*CO* 17, 235-239），またツルキンデンがカルヴァンへの手紙で彼のために尽力したという（*CO* 17, 204-208 を参照のこと）ブランドラタが，すでに一年も議論で彼を煩わせたと書いていた．カルヴァンは常に彼の釈明を求めたが，イタリア人教会での状態は耐えられなくなった（ガレアッツォ・カラッキオリ Galeazzo Caraccioli への 7 月 19 日にカルヴァンが書いている手紙 —— *CO* 17, 255-259 をも参照のこと）．カルヴァンは教会を鎮めようとしたが，ブランドラタは止まるところを知らず，結局ベルンへ逃亡した．そこから彼はチューリヒを経てポーランドへ行った[37]．カルヴァンはブランドラタが彼に提出した質問への意見を「ジオルジオ・ブランドラタの問いへの返答（*Responsum ad quaestiones Georgii Blandratae*）」という文書に記した（*CO* 9, 321-332）[38]．

ヴァレンティノ・ゲンティリス（Valentino Gentilis）ともイタリア人亡命者教会では問題が生じている．彼は 1558 年 5 月に（最初は拒否した後）教会の分裂を克服するために作られた信仰告白に署名しているにもかかわらず，その少し後には再びその反三位一体の見解を述べた．彼は 7 月に投獄され，その謬説を撤回し，市参事会とカルヴァンに対して彼の言動への許しを求めている．市参事会は 5 人の法律家からなる委員会の助言に基づいてゲンティリスに死刑の判決を下す決定をした．部外者の請願に基づいて刑の執行は保留され，結局，公のざんげの苦行に変えられた．ゲンティリスは自分の手で文書にした見解を火に投じなければならなかった．9 月 16

日にゲンティリスは釈放され，留まるとの約束にもかかわらずこの都市を離れ，彼はマッテオ・グリバルディのもとへ行った．

1559年にゲンティリスは，もう一つの約束を破り，『綱要』Ⅰ・13・20-29の三位一体についてのカルヴァンの議論に「解毒剤（*Antidota*）」で戦闘的に反論している．その後カルヴァンの手で1561年に「キリストは神の本質であるという瀆聖の冒瀆を捏造するヴァレンティノ・ゲンティリスの不敬を暴き公にする（*Impietas Valentini Gentilis detecta, et palam traducta, qui Christum non sine sacrilega blasphemia Deum essentiatum esse fingit*）」という文書が出版されている（*CO* 9, 361-420）．これは1558年における出来事の全経過を，それに属する文書とともに記録している[39]．ゲンティリスは1563年以降ポーランドで働いていたが，しかし，彼はその見解のために，そこを1566年に離れねばならなかった．1566年9月10日に，彼は（ベルンの管轄区で）死刑の判決を受け，斬首された．

6.3.3 ポーランドのユニテリアン派との議論

ポーランドの牧師からのくり返される要請で，カルヴァンはジュネーブの他の牧師の同意をもって二度スタンカロ（Stancaro）の見解に反論した．すなわち彼が1560年6月に書いた手紙[40]「ポーランドの兄弟への返答，どのようにしてキリストは仲保者であるか，否定すべきスタンカロの誤謬について（*Responsum ad fratres Polonos, quomodo mediator sit Christus, ad refutandum Stancaro errorem*）」において（*CO* 9, 333-342），および1561年3月の日付のある「ポーランドの貴族とマントヴァのフランセスコ・スタンカロへ，仲保者の論争についてジュネーブの教会の牧師の返答（*Ministrorum ecclesiae Genevensis responsio ad nobiles Polonos et Franciscum Stancarum Mantuanum de controversia mediatoris*）」においてである（*CO* 9, 345-358）[41]．

フランセスコ・スタンカロ（Francesco Stancaro）（ca. 1501-1574）はマントヴァ（Mantua）の出身であった[42]．1540年にこの修道士・教師は宗教改革の側を選び，その後投獄された．14か月後釈放されたときに，彼はイタリアを離れた．1549-1551年にはクラクフ（Krakau）（ポーランド）大学で教授

としてヘブライ語を講じた．ポーランドで彼は，キリストはただその人性によってのみ仲保者であったという見解への信奉者を得ようとして混乱と争いを惹き起こした．1559–1563 年には，彼の信奉者（「スタンカロ派の異端」）の著しい増加が確認されている[43]．スタンカロは 1560 年に，ピンクツォウ（Pinczow）の教会会議の集会で，キリストの仲保者性についての見解のために，教会から追放された．ポーランドのプロテスタントは，その後カルヴァンとその他の者に，仲保者としてのキリストについて正統的な説明をするよう求めた．そこでカルヴァンは，1560 年 6 月に，ポーランドにおける兄弟宛に上述の最初の手紙を書いている．ポーランドで人々がカルヴァンやその他の者から受け取った手紙について（とくに偽造の非難のために）議論が起こっている．改めて，カルヴァンとその他の者に助言が求められた．スタンカロは，1560 年 12 月 4 日に，カルヴァン宛に手紙を書いて，その中で，彼は自分の立場を説明している（*CO* 18, 260-261）．カルヴァンが 1561 年 2 月 26 日にスタンカロ宛に書いている私的な手紙では（*CO* 19, 230-231），彼がとりわけメランヒトンにも反対しているのが見られる．カルヴァンは今挙げた日付でスタニスラウス・スタドニツキ（Stanislaus Stadnitzki）にも手紙を送り，ポーランドにおける内部の分裂について述べ，騒ぎを惹き起こすスタンカロに対して警告している（*CO* 18, 378-380）．1561 年 3 月にカルヴァンはジュネーブの他の牧師の名で（この節のはじめに挙げた）第二の手紙を書いている（上記を参照せよ）．

　1563 年にポーランドのユニテリアン主義がカルヴァンと再び関係している．彼は 4 月に，ヤコブ・シルヴィウス（Jakob Sylvius）の手紙（1562 年 10 月 20 日付 —— *CO* 19, 558-561）に 4 月に応じている（*CO* 19, 729-730）．その中で彼はカルヴァンにポーランドで大きな影響力をもち，また大きな混乱をも惹き起こしていたユニテリアン主義に反対して書くように促していた．カルヴァンはシュルヴィウス宛の手紙の中で，以下の文書を書く予告をしている．「ジャン・カルヴァンの短い警告．神における三重の本質を三つの位格として心に描かないでそこから三つの神を作り出すポーランドの兄弟へ．1563（*Brevis admonitio Ioannis Calvini ad fratres polonos, ne triplicem*

in Deo essentiam pro tribus personis imaginando, tres sibi deos fabricent, Genevae 1563)」
(*CO* 9, 626-638)[44]. 聖書を引用して彼は古典的キリスト論を基礎づけている.
最後に彼はもう一度ポーランドの貴族とクラクフの市民に,1563年4月
30日に「近頃編集されたジャン・カルヴァンの書簡,ポーランドの人々
へ,信実な警告の確認(*Epistola Ioannis Calvini, qua fidem admonitionis ab eo nuper*
editae, apud Polonos confirmat, Genevae 1563)」(*CO* 9, 641-650)の中で話しかけて
いる[45].

6. 3. 4 キリスト論についてのメノーとの議論

カルヴァンはメノー・シモンズと個人的に出会うことはなかったが,と
くにマルティン・ミクロン(Martin Micron)をとおして,その見解と接触し
ている.ミクロンは,1554年にキリストの受肉についてのメノーの見解
との議論にいたり,とくにメノーの反論に際してカルヴァンに助けを求め
た.メノーは,キリストは天の肉をその地上への到来においてもたらすこ
とによって人間となったと主張した.彼は,それゆえにキリストはマリア
の中で生まれたのであり,マリアから生まれたのではないと強調した.

カルヴァンは1558年にミクロン宛の手紙で(*Contra Mennonem* —— *CO*
10a, 167-176)[46],メノーの見解に反駁している.彼はメノーとミクロニウス
の間でなされた文書での議論をとおして,それを正確に知っていた[47].カル
ヴァンはメノーによって引用された論拠をたどって,キリストの真の人間
性を力調している.キリストとアダムの間の関係は,メノーが理解するよ
うには放棄されない.だからキリストは受難と死の道においても真の和解
を成就したのである[48].

6. 4 ユダヤ人との議論

カルヴァンは自分の死の前に自分の保管文書をベザに託した.ベザ
は教会のために重要なものを出版することができた.それで1575年に

ジュネーブで「ジャン・カルヴァンの書簡と返答（*Ioannis Calvini epistolae et Responsa*)」がベザの序言とを付して出版された．プファルツのフリードリヒ3世への献辞がある[49]．この本にはカルヴァンがあるユダヤ人とおこなった議論「あるユダヤ人の質問と非難に対して（*Ad questiones et obiecta Iudaei cuiusdam*)」が含まれている．当該のユダヤ人がカルヴァンに質問をし，カルヴァンがそれに反対質問で応じている．その後，いっそう詳しい答えが続くが，その際カルヴァンがとりわけ旧約聖書に訴えていることが目立つ[50]．それはカルヴァンが論述している23問ほとんどすべてについてである．

　この議論はベザによって初めて出版された．カルヴァン自身は出版しなかった．著作はまだ完成していなかったからである．たとえば，この議論についてのいっそうの情報を与えるような序文がそこでは欠けている．このようにカルヴァンがこの議論をどのように文書にするにいたったのかはわからない．本当におこなわれた議論が問題になっていないのは確実である．しかし，カルヴァンがユダヤ人によって提出された質問をどんな資料から引用したのか，完全な確かさをもって述べることができない．研究者はさまざまな資料を指摘している[51]．23問が最も一致している資料はジャン・デュ・ティイエ（Jean du Tillet）（ルイ・デュ・ティイエの兄弟）とジャン・メルシィエ（Jean Mercier）が1555年にパリで出版した書物である[52]．これはデュ・ティイエがイタリアで発見したマタイによる福音書のヘブライ語訳の写本に関係がある．後に，この写本は，「実証済みの石（Eben bochan)」（イザヤ28：16)，つまり1358年の日付のスペインのユダヤ人，シェムトーブ・ベン・イサーク・イブン・シャプルト（Schemtob ben Isaak Ibn Schaprut）の著作の中に見られる翻訳の写しであることが明らかになっている．デュ・ティイエはメルシィエに，この写本をラテン語に翻訳するよう依頼した．注目すべきことは，デュ・ティイエとメルシィエの版は，「実証済みの石」の中でマタイによる福音書のヘブライ語の翻訳におけるさまざまな引用聖句に対して述べられている53の異議から取られた批判的な23問で終わっていることである．デュ・ティイエとメルシィエの版の最後の23問は，

カルヴァンの議論の中のユダヤ人の問いと大略一致している．したがって
カルヴァンは，デュ・ティイエあるいはメルシィエから（彼は両者を知って
いる）この23問の内容を知らされていたように思われる．

　すでに11世紀以来ユダヤ人釈義家の註解の中で反＝キリスト教の論争
がみられる．

　それらはキリスト教の釈義家が当該のテキストをどのように解釈するか
ばかりでなく，それらは，彼らとキリスト教徒との議論において，どの
ような答えをユダヤ人にしなければならないかをも再現している[53]．カル
ヴァンが詩編の註解書を書いたときに，彼はダビデ・キムヒ（*David Kimchi*
（1160-1235））の詩編註解を用いた．それゆえカルヴァンはキムヒの詩編註
解のいくつかの版では書物の最後を占めていた，いわゆるキリスト教徒へ
の「返答」を知っていた[54]．カルヴァンは「あるユダヤ人の質問と非難に対
して（*Ad questiones obiecta Judaei cuiusdam*）」の中でユダヤ人とキリスト教の
釈義家が11世紀以来適用してきた方法に従って，23問とその反対質問を
文書にしているのである．彼らは信仰仲間が十分な議論をおこなうために
装備させようとした．カルヴァンにとってもそれが重要であることが，問
いと反対質問だけでなく，彼がこれらに加えていっそう詳しく返答をして
いることが示している．

註

1) Walther Zimmerli は序文と註を付けてこの翻訳を出版した. Psychopannychia, Von John Calvin, Leipzig 1932. 1542 年のカルヴァンのこの文書のフランス語の翻訳が 1558 年にジュネーブで出版された. Psychopannychie. Traitte par lequel est prouvé que les ames veillent et vivent après qu'elles sont sorties des corps, contre l'erreur de quelques ignorans qui pensent qu'elles dorment iusques au dernier iugement. Par Iehan Calvin. Nouvellement traduit de Latin en Francois〈Oeuvres françaises de Calvin, Parijs 1842, 25-105 おける Paul-Louis Jacob による再版〉Opuscules, 1-56. 英語の翻訳, in: Tracts and Treatises 3, Henry Beveridge, ed., 413-490. オランダ語の翻訳 in Stemmen uit Genève 2, 3-80.

   文献：Charles Dardier,〈Un problème biographique. Quelle est la date de la première édition de la Psychopannychia de Calvin?〉in: BPF 19/20〈1870〉371-382, Jung-Uck Hwang, Der junge Calvin und seine Psychopannychia, Frankfurt am Main 1991. Wilhelm Schwendemann, Leib und Seele bei Calvin. Die erkenntnistheoretische und anthropologische Funktion des platonischen Leib-Seele-Dualismus in Calvins Theologie, Stuttgart 1996. Hans Scholl,〈Karl Barth as Interpreter of Calvin's Psychopannychia〉in: Calvinus Sincerioris Religionis Vindex, 291-308. George H. Tavard, The Starting Point of Calvin's Theology, Grand Rapids〈MI〉2000 をも参照せよ.

2) 完全なタイトルは, Psychopannychia, qua refellitur quorundam imperitorum error, qui animas post mortem usque ad ultimum iudicium dormire putant. Libellus ante septem annos compositus, nunc tamen primum in lucem aeditus である.

3) Enchiridion Symbolorum definitionum et declarationum de rebus fidei et morum, Henricus Denzinger en Adolfus Schönmetzer, eds., Freiburg 1965, nr. 1440-1441 および Tavard, The Starting Point of Calvin's Theology, 29-30.

4) カルヴァンが再洗礼派という概念で正確に誰を考えているのか述べ

るごとは困難である．註6で挙げられるカルヴァンの「短い教書」Briève Instruction（19-24 頁）の Benjamin Wirt Farley の序文を参照せよ．また EP. I, 23 をも参照せよ．

5) タイトルは Psychopannychie...〔Genève〕1558. Bibliotheca Calviniana 2, 684-688 をも参照せよ．

6) ニコラス・デ・ガラール Nicolas des Gallars はラテン語訳（Brevis instructio adversus errores Anabaptistarum）を用意した．これは 1546 年にストラスブルクで，カルヴァンの文書「自由主義者に対して」（1545 年）のラテン語の翻訳をも含む本の中で出版された．
「短い教書」のフランス語のテキストについては Opuscules, 576-646 をも参照せよ．フランス語のテキストとドイツ語の翻訳は〈Calvin-Studienausgabe 3, 280-367〉（267-278，ハンス・ショルの序文）．英訳は（註付き！）John Calvin, Treatises against the Anabaptists and against the Libertines, Benjamin Wirt Farley, Editor and Translator, Grand Rapids（MI）1982, 11-158. 文献は W. Balke, Calvijn en de doperse Radikalen, Amsterdam 1973, 186-197. R. Stauffer,〈Zwingli et Calvin, critiques de la confession de Schleitheim〉in: Les débuts et les caractéristiques de l'anabaptisme, Marc Lienhard ed., La Haye 1977, 126-147（Richard Staufer, *Interprètes de la Bible*, Études sur les Reformateurs du XVIe siecle, Paris 1980, 103-128. にも）
Carlos N.N. Eire,〈Calvin and Nicodemism: A. Reappraisal〉in: SCJ 10（1979），45-69. David A. Haury,〈English Anabaptism and Calvin's Brieve Instruction〉in: Menn. QR 57（1983），145-151. Akira Demura,〈From Zwingli to Calvin: A Comparative Study of Zwingli's Elenchus and Calvin's Brieve Instruction〉in: Die Züricher Reformation: Ausstrahlungen und Rückwirkungen, Alfred Schindler et al., New York 2001, 87-99.

7) W. Balke, Calvijn en de Doperse Radikalen, 175 頁，註 26 は A-L. Herminjard とその足跡に従った他の者たちが考えたように当該の小冊子はバルタザール・フープマイヤー（Balthasar Hubmaier）の「Von dem Christlichen Tauff der Gläubigen」Nürnberg 1525 でないことを示した（R. Peter, J.F. Gilmont; Bibliotheca Calviniana 1, 159-160 をも参照せよ）．
シュライトハイム信仰告白 Confessio Schlattensis のテキストについては Beatrice Jenny, Das Schleitheimer Täuferbekenntnis 1527, Schaffhäuser Beiträge zur vaterländischen Geschichte 28, Thayngen 1951 を参照せよ．さらに「Broederlijke vereniging」, H. W. Meihuizen による翻訳と序文，

J.A. Oosterbaan en H.B. Kossen による説明，Doopsgezinde Historische Kring, Amsterdam 1974 をも参照せよ．

8) Balke, Calvijn en de doperse Radikalen, 315-318 を参照せよ．

9) フランス語のテキストは Opuscules, 646-713. このテキストは COR IV, vol. 1, 43-171 でも出版されている（〈自由主義〉また〈自由主義者〉とは何を意味しているのかについての詳しい評論の付いた Mirjam van Veen の序文 9-41 頁）．

Nicolas des Gallars はラテン語の翻訳を用意した（Brevis instructio adversus fanaticam et furiosam sectam Libertinorum, qui se spirituales vocant）これは 1546 年にストラスブルクで 1544 年の洗礼派に反対するカルヴァンの「短い教書」のラテン語訳と一巻で出版された（6. 1. 2 を参照せよ）．

フランス語のテキストとドイツ語の翻訳は Calvin-Studienausgabe 4, 248-355 にある（Gottfried Wilhelm Locher の序文，235-247 頁）．オランダ語訳は Stemmen uit Genève 1, 469-576. Benjamin Wirt Farley の序文の付いた英訳は Treatises against the Anabaptists and against the Libertines, 159-326.

この序文で（161-186 頁）Farley は先に挙げたカルヴァンの著作について概観している．研究における重要な問題は自由主義者とは正確には誰かということである．Farley はとくに Karl Müller, 〈Calvin und die Libertiner〉in: ZKG 40（1922）. Wilhelm Niesel, 〈Calvin und Libertiner〉in: ZKG 48（1929, 58-74）および〈Calvin's Treatise against 〈the Libertines〉〉in: CTJ 15,（1980）190-219 を論評している．Robert G. Wilkie と Allen Verhey はこの文書からいくつかの重要な章の英語の翻訳をしている．序文は Allen Verhey のものである．

10) 1544 年 5 月 26 日付のプーランの手紙（*CO* 11, 711-714）および 1544 年 10 月 2 日付のファレルの手紙（*CO* 11, 750-751）.

11) テキストは Opuscules, 714-726 および COR IV, vol. 1, 173-195 にもある．オランダ語の翻訳は Stemmen uit Genève 1, 577-596 にある．

12) ジュネーブの牧師がベルンの牧師に 1537 年 2 月 20 日頃書いた手紙を参照せよ（Ep. I, 32）. 文献：E. Baehler, 〈Petrus Caroli und Johann Calvin〉in: JSG 29（1904），41-169. W. Nijenhuis, 〈Calvijns houding ten aanzien van de oudkerkelijke symbolen tijdens zijn conflict met Caroli〉in: NTT 15（1960-1961），24-47（英語：〈Calvin's attitude towards the symbols of the early Church during the conflict with Caroli〉in: W. Nijenhuis, Ecclesia

Reformata. Studies in the Reformation, Leiden 1972, 73-96〕.

R. C. Gamble,〈Calvin's Theological Method. The Case of Caroli〉in: Calvin. Erbe und Auftrag. Festschrift für Wilhelm Heinrich Neuser zum 65. Geburtstag, W. van 't Spijker, ed., Kampen 1991, 130-137. A. Baars, Om Gods verhevenheid en Zijn nabijheid. De drie-eenheid bij Calvijn, Kampen 2004, 104-121.

13）テキストについては CO 9, 703-710; COR III, vol. 2, 145-150 を参照せよ. （〈三位一体〉と〈位格〉および〈キリスト＝エホバ〉の言葉に関する9月22，23日にベルンの教会会議によって受け入れられた説明についての二つの補遺）D. Nauta によるオランダ語訳:〈Een geloofsbelijdenis van Calvijn - mei 1537〉in: D.S. Attema e. a., eds., Schrift en uitleg, collega's en vrienden aangeboden aan prof. dr. W.H. Gispen, Kampen 1970, 141-166.

14）この交信についての詳しい説明については Guillaume Farel, 1489-1565, 43 および 497-503 を参照せよ.

15）この書物の完全なタイトルは以下のようになっている. Refutatio blasphemiae Farellistarum in Sacrosanctam Trinitatem, Parisiis 1545. 文献： Frans P. van Stam,〈 Le livre de Pierre Caroli de 1545 et son conflict avec Calvin〉in: Calvin et ses contemporains, Olivier Millet, ed., 21-41.

16）ほぼ完全なラテン語のテキスト（すなわち CO 7, 311-316; 317-321; 321-325）およびドイツ語の翻訳については Calvin-Studienausgabe 1/1, 230-260（225-229 Peter Opitz-Moser の序文）を参照せよ. フランス語訳については Jean Calvin, Défense de Guillaume Farel et de ses collègues contre les calomnies du théologastre Pierre Caroli par Nicolas des Gallars. Avec diverses lettres de Calvin, Farel, Viret et autres documents traduits et présentés par Jean-François Gounelle（Etudes d'histoire et de philosophie religieuses 73）, Paris 1994 を参照せよ.

17）文献：Roland H. Bainton, Hunted Heretic, Boston 1953（フランス語訳，Michel Servet hérétique et martyr 1553-1953, Genève 1953; ドイツ語訳補足文献付き：Michael Servet 1511-1553, Gütersloh 1960）. Jerome Friedman, Michael Servetus. A Case Study in Total Heresy, Genève 1978. A. Baars, Om Gods verhevenheid en Zijn nabijheid. De drie-eenheid bij Calvijn, 146-226（〈De kwestie Servet〉）.

18）CO 8, 482-495: セルヴェトゥスによって提出された三つの問い，カルヴァンの答えとセルヴェトゥスによる論駁およびカルヴァンの再度の返答.

19) セルヴェトゥスがそれを求めたけれどもカルヴァンによっては送り返されなかった.

20) この著作は 1966 年にフランクフルトで再びそのまま出版された.

21) このテーマについてセルヴェトゥスはすでに 1531 年（De Trinitatis Erroribus Libri septem）と 1532 年（Dialogorum de Trinitate libri duo）に書いている. これらの文書は改訂されて「キリスト教の回復」に収録されている.

22) *CO* 8, 721-872〈Actes du procès de Michel Servet, 1553〉を参照せよ.

23) *CO* 8, 808 チュリッヒの市参議会の回答；*CO* 8, 555-558 チューリヒの牧師の回答（カルヴァンの 1554 年の Defensio に収録されている）；*CO* 8, 809 シャフハウゼンの市参事会の回答（Réponse du Conseil de Schaffhouse）；*CO* 8, 810 シャフハウゼンの牧師の回答（Réponse des ministres de Schaffhouse）；*CO* 8, 818 ベルンの市参事会の回答（Réponse du Conseil de Berne）；*CO* 8, 818-819 ベルンの牧師の回答（Réponse des ministres de Berne）（*CO* 8, 811-817 セルヴェトゥスの教理に関するベルンの牧師の協議［Consultation des ministres de Berne touchant la doctrine de Servet］をも参照せよ）；*CO* 8, 820 バーゼルの市参事会の回答（Réponse du Conseil de Bàle）および *CO* 8, 820-823 バーゼルの牧師の回答（Réponse des ministres de Bàle）を参照せよ.

24) こうしてセルヴェトゥスはその確信に固執した. 彼は, イエスについて永遠の神のみ子と語り, 神の永遠のみ子とは語っていない.

25) ベルンの書記官ニコラオス・ツルキンデン（Nikolaus Zurkinden）はカルヴァンに 1554 年 2 月 10 日に批判的な手紙を書いたが（*CO* 15, 19-22）彼はそれをそれ以上公にしなかった. バーゼルからの批判については Plath, Calvin und Basel, 88-93, カルヴァンとカステリョとの間の議論については Uwe Plath,〈Calvin und Castellio und die Frage der Religionsfreiheit〉in: Calvinus ecclesiae Genevensis custos, 191-195 を参照せよ.

26) 完全なラテン語のタイトルは次のようになっている. Defensio orthodoxae fidei de sacra Trinitate, contra prodigiosos errores Michaelis Serveti Hispani: ubi ostenditur haereticos iure Gladii coercendos esse, et nominatim de homine hoc tam impio iuste et merito sumptum Genevae fuisse supplicium.〈Corpus Reformatorum〉では表題は〈Calumniarum refutatio〉となっている（*CO* 8, 587-588 を参照せよ）. フランス語訳のタイトルは以下のようになっている. Declaration pour maintenir la vraye

foy que tiennent tous Chrestiens de la Trinité des personnes en un seul Dieu. Contre les erreurs detestables de Michel Servet Espaignol. Ou il est aussi monstré, qu'il est licite de punir les heretiques: et qu'à bon droict ce meschant a esté executé par iustice en la ville de Geneve, A Geneve 1554（Opuscules におけるテキスト 1315-1469）. 部分的なラテン語の複製（*CO* 8, 587-608）およびドイツ語訳については Calvin-Studienausgabe 4, 172-233（Peter Opitz による〈序文〉151-164）を参照せよ. そこにはカルヴァンと他の牧師の最初の 30 個の提題のドイツ語訳と一緒にラテン語のテキスト（*CO* 8, 501-508）がまとめて収録されている.

27）Plath, Calvin und Basel, 93, 120-127 を参照せよ.

28）ファクシミリ版が 1954 年に S. van der Woude の手で出版された. R. H. Bainton が英語版「Concerning Heretics,」New York 1935 を用意した. Plath, Calvin und Basel, 128-136 をも参照せよ.

29）Traicté des heretiques, A savoir, si on les doit persecuter, Et comment on se doit conduire avec eux, selon l'advis, opinion, et sentence de plusieurs autheurs, tant anciens, que modernes, Rouen 1554.

30）完全なタイトルは次のようになっている. De haereticis a civili magistratu puniendis libellus, adversus Martini Bellii farraginem, et novorum Academicorum sectam. Theodore Beza Vezelio auctore, Genevae 1554. ニコラ・コラドン（Nicolas Colladon）がこの文書から 6 年後にフランス語の翻訳をおこなった. Traittè de l'authorité du magistrat en la punition des hérétiques et du moyen d'y procéder, fait en latin par Théodore de Besze..., A Geneve 1560. Plath, Calvin und Basel, 221-230 をも参照せよ.

31）完全なタイトルは以下のようになっている. De haereticis a civili magistratu non puniendis pro Martini Bellii farragine, adversus libellum Theodori Bezae libellus. Authore Basilio Montfortio. Plath, Calvin und Basel, 231-244 をも参照せよ.

32）この版についてはフランス語版が先行していた. すなわち Responses a certaines calomnies et blasphemes, dont quelsques malins s'efforcent de rendre la doctrine de la Predestination de Dieu odieuse である. この版は失われてしまったが,「de Traite de la predestination eternelle de Dieu.」.. 1560 年（同じく「de Treze sermons traitans de l'election...」1562 年）にカステリョへの応答が添付されていた（第 3 章註 49 を参照せよ）. フランス語のテキストは Opuscules, 1767-1775 にもある.

33) フランス語訳は Opuscules, 1776-1822.〈序文〉付きの英訳は Calvin: Theological Treatises, J. K. S. Reid, ed., 331-343.

34) カルヴァンと反三位一体論者およびセルヴェトゥスとの関係に関する文献：Antonio Rotondo, Calvin and the Anti-Trinitarians, translated by John and Anne Tedeschi, Saint Louis（Missouri）1969（E. David Willis による書評をも参照せよ in ARG 62（1971），279-282）.

35) ヴォルマール宛の 1555 年 6 月付けのカルヴァンの手紙（CO 15, 644）およびカルヴァンが 1557 年 5 月 2 日にゲオルク・フォン・ヴュルテンベルク伯に書いた手紙（CO 16, 463-466）をも参照せよ．後者はカルヴァンがテュービンゲン大学への万一のグリバルディの任用の関係で情報を求めたものである．

36) 文献：TRE 5（1980），777-781（Biandrata——ラテン語 Blandrata に関する Antonio Rotondo の論文）Joseph N. Tylenda,〈The warning that went unheeded: John Calvin on Giorgio Biandrata〉in: CTJ 12（1977），24-62. Tylenda はカルヴァン宛のブランドラタの手紙（ラテン語 CO 17, 169-171）およびカルヴァンの「Responsum ad quaestiones Georgii Blandratae」（CO 9, 321-332）の英訳も示している．

37) ポーランドでブランドラタは教会で指導的職に就いた．一度ならず，カルヴァンはポーランドからブランドラタと和解するよう勧められる手紙を受け取った．ピエール・スタトリゥス（Pierre Statorius）なる，ピンクツォウのギムナジウムの校長が 1559 年にカルヴァンに手紙を書いて（CO 17, 600-603），ポーランドでの彼の名声を鑑みてブランドラタと和解するように勧めた．カルヴァンは 11 月 15 日に返答している（CO 17, 676-677）．カルヴァンは傷つけられたと感じている．スタトリゥスが彼に事実を知らないで，なすべきことを指示したからである．その後スタトリゥスはカルヴァンに許しを述べカルヴァンがそれに応じている（CO 18, 101-102 を参照せよ）．ヴィルナの牧師とリスマニノ（Lismanino）（彼らもユニテリアン主義の影響のもとにあった）は，カルヴァンとブランドラタとの間の和解が成立するように試みている．カルヴァンは 1561 年 10 月 9 日にヴィルナの牧師とリスマニノにこの問題について手紙を書いている（CO 19, 38-39 および CO 19, 41-43）．牧師への手紙にカルヴァンはジュネーブにおけるブランドラタの滞在中に起こったことの概要をも含んでいる（CO 19, 39-40）.

38) この文書のテキストは 1567 年にはじめてジュネーブでベザによって編集された著作の中で出版された．「Valentini Gentilis teterrimi haeretici

impietatum ac triplicis perfidiae et perjurii, brevis explicatio, exactis publicis Senatus Genevensis optima fide descripta.... 」この本の中にベザは Valentino Gentilis と関連する文書を集めている（次を参照せよ）．この著作の内容の記述については Bibliotheca Calviniana 3, 121-125 を参照せよ．カルヴァンのこの文書の英訳については註 36 を参照せよ．

39) Opuscules におけるフランス語のテキストは 1921-1964，さらに「Procès de Valentin Gentilis et de Nicolas Gallo（1558）publié d'après les documents origineaux par Henri Fazy,」Genève 1879. および OS III, 139-140. Wilhelm Niesel, 〈Zum Genfer Prozess gegen Valentin Gentilis〉in: ARG 26（1929），270-273 をも参照せよ．

40) 1561 年にこの手紙がヘスフシィウスに反対するカルヴァンの文書「Dilucida explicatio... 」7 章 3 節を参照せよ）の出版に追加された．．Bibliotheca Calviniana 2, 806-813 をも参照せよ．

41) 「Responsum ad fratres Polones...」in Opuscules, 1755-1759 のフランス語のテキスト．文献：Joseph N. Tylenda, 〈Christ the Mediator: Calvin versus Stancaro〉in: CTJ 8（1973），5-16. Idem, 〈The Controversy on Christ the Mediator: Calvin's Second Reply to Stancaro〉in: CTJ 8（1973），131-157（Tylenda はこの論文の中でカルヴァンが書いた二通の手紙の翻訳をしている．）

Stephen Edmondson, Calvin's Christology, Cambridge 2004, 16-39.

42) 文献 TRE 32（2001），110-113（Waclaw Urban の論文）とそこで挙げられている文献を参照せよ．

43) Waclaw Urban, 〈Die grossen Jahre der stancarianischen Häresie（1559-1563)〉in: ARG 81（1990），309-319 を参照せよ．

44) Opuscules 1964-1970 におけるフランス語のテキスト．

45) Opuscules 1970-1974 におけるフランス語のテキスト．

46) 英訳：Calvin's Ecclesiastical Advice, translated by Mary Beaty and Benjamin Farley, 34-46.

47) 1556 年にミクロンは「Een waerachtigh verhaal der t'zamensprekinghe tusschen Menno Simons en Martinus Mikron van der Menschwerdinghe Jesu Christi.」を出版した．メノーはそれに「Een gantsch Duidlyck ende Bescheyden Antwoordt en Een seer Hertgrondelycke（doch scherpe）Sendt-brief aan Martinus Micron」をもって応じた．

48) 文献：W. Balke, Calvijn en de doperse Radikalen, 205-211 およびそこに挙げられている文献．

49）この著作についての詳しい情報に関しては Bibliotheca Calviniana 3, 200-211 を参照せよ.

50）1563 年頃に書かれたカルヴァンの「Ad questiones et obiecta Iudaei cuiusdam」のテキストについては *CO* 9, 657-675 を参照せよ. テキストはドイツ語訳でも Calvin-Studienausgabe 4, 366-405 に収録されている. その他のテキスト版（完全でない）英訳, 文献およびカルヴァンの議論の詳しい説明については, わたしは Detmers が Calvin-Studienausgabe 4 のために書いた序文（357-364 頁）を指示する. Achim Detmers, Reformation und Judentum. Israel-Lehren und Einstellungen zum Judentum von Luther bis zum frühen Calvin, Stuttgart-Berlin-Köln 2001, 293-297（Calvin-Studienausgabe 4 の序文とほとんど同じもの）をも参照せよ.

51）わたしが以下で引用する Detmers, Reformation und Judentum, 294-295 を参照せよ. S.G. Burnett は Sefer Nizzachon jaschan, 13 世紀の匿名のユダヤ人の文書を挙げている. カルヴァンはこの文書をおそらくセバスティアン・ミュンスターをとおして知っていただろう. 彼はマタイの福音書をヘブライ語に翻訳し出版した. その中でミュンスターは上述の匿名の文書からのいくつかの部分を引用している.

52）Idem, 295.

53）E.I.J. Rosenthal,〈Anti-Christian polemic in medieval Bible commentaires〉in: Jewish Journal of Jewish Studies 11（1960）, 115-135, repr. in E.I.J. Rosenthal, Studia Semitica I, London 1970, 165-185 を参照せよ.

54）De Greef, Calvijn en zijn uitleg van de Psalmen, 102-103 を参照せよ.

7 一致の追求とそれに続く議論

7.1 「聖晩餐についての信仰告白(*Confessio fidei de eucharistia*)」(1537年)

1537年9月にカルヴァンとファレルは，ベルンで開催された教会会議に参加した．ベルンの市参事会の要請でジュネーブの市参事会によって，この会合に彼らは派遣された．これにはストラスブルクとバーゼルの神学者も参加した．そこで彼らはカピト (Capito)，ブツァー (Bucer)，ミュコニウス (Myconius)，グリュナエウス (Grynaeus)，ヴィレ (Viret) に出会った．そこでは三位一体論と聖晩餐について論じられた．この意見の交換は相互の一致のために重要なものであった．というのは，1536年5月にブツァーとカピトは，ヴィッテンベルクで行われた聖晩餐に関する会談にストラスブルクから参加していたからである．彼らはそこで，他の出席者（とくにルター）とともに，メランヒトンによって作成された「和協信条(*Formula Concordiae*)」（WAB12, Nr.4261を参照のこと）に署名していたからである．ベルンの教会会議の間に，ブツァーとカピトは「ヴィッテンベルクの信条(*Wittenberger Concord*)」の署名に認められる彼らのルターへ接近を弁護した．聖晩餐に関するカルヴァンによって書かれた信仰告白「聖晩餐についての信仰告白（*Confessio fidei de eucharistia*）」（CO 9, 711-712, OS1,435）は，ストラスブルクの人ブツァーとカピトによっても受け入れられた．[1]

この「信仰告白」の中では，霊によって起こされるキリストとの信者の交わり，つまり，その体と血との，またキリストの霊との交わりを，カルヴァンは強調する．カルヴァンは，パンとぶどう酒という要素におけるキリストの現臨を拒否する．キリストは天にいるからである．それにもかか

ブリンガー

わらず,霊によるキリストとの交わりは真の交わりなのである.

7.2 ブリンガーおよびチューリヒとの一致(1549年の「チューリヒ協定」)

1544年9月,ルターは「聖なるサクラメントについての簡潔な信仰告白,シュヴェンクフェルトとスイス人を駁す(*Kurzes Bekenutnis vom heiligen Sacrament wider Schwenckfeld und die Schweizer*)」という文書(WA54, 141-67)を出版した.これによって,ルターとツヴィングリの後継者との間の聖晩餐理解についての古い論争が再び燃えあがった.カルヴァンもルターとチューリヒ(ブリンガー)との間の聖晩餐論争を1544年10月10日のファレル宛の手紙で論じている(*CO*11, 755).ファレルは,カルヴァンにチューリヒに行って,そこの兄弟に和解を呼びかけてほしいと求めていた.しかしカルヴァンは,この議論に関する文書資料のすべてを用いることはでき

ないと書いた．その上，チューリヒの人々に対して，この問題について議論しないように求めることは，もはや役に立たないだろう．まずその論争を止めるようにと呼びかけねばならない人は，まさにルターその人だからである，と．

　すなわち，ルターとチューリヒとの関係はカルヴァンが書いた1544年11月25日のブリンガー宛の手紙でも話題になった（*CO*11, 772-775）．カルヴァンによれば，もちろんルターは自身を抑制するためにもっと努力しなければならないであろう．もしルターがその生来の激情を，キリストの仕え人たちに対して燃やすのではなく真理の敵に対し向けるなら，また，もし彼が自分自身の欠点をもっと悟る努力をするならば，さらによかっただろう．しかし彼に欠けているところを非難すると同時に，彼の天才的な能力を思いやることも，われわれの義務である，とカルヴァンは書いている．ブリンガーとその同僚には，とくにここでわれわれが関係しているのは，多くのことを負っているキリストの仕え人の最初の一人であることを考えてほしい．ルターとの論争では不信心な者を喜ばす以外に何もなしえないだろう．仮にルターの反論を招いたとしても，論争を止め，教会への損害を拡大しないほうがよりよいであろう，とカルヴァンは書いている．カルヴァンは聖晩餐の問題自体へは踏み込まず，代わりにそれらを口頭で討論することを望んでいる．

　ブリンガー宛の11月25日の手紙におけるカルヴァンの呼びかけにもかかわらず，チューリヒの人々はルターの「聖なるサクラメントについての簡潔な信仰告白（*Kurzes Bekenntnis vom heiligen Sakrament*）」に対して「チューリヒの教会の仕え人の真実な信仰告白（*Wahrhaftes Bekeuntnis der Diener der Kirehe zu Zürich*）」（BSRK 153-159 を参照のこと）という小冊子で応答している．カルヴァンは1545年6月28日にメランヒトンに宛てて（*CO*12, 98-100），ルターとチューリヒの人々の間での聖餐論争について，チューリヒの人々は，彼らの問題の見方が原理的に正しいというのであるから，それに応答する理由があったであろう」とカルヴァンは書いている．しかし，彼らは別のしかたで書かねばならなかったか，あるいは沈黙しなければならな

かったであろうと，カルヴァンは考えている．聖晩餐論争の最も重要な点に関しては，彼の考えでは彼らが問題を不適切に扱った．彼自身たいへん恥ずかしいと思っているルターについても，正しいと認めることができない．最悪なのは，ペリクレスのように雷を落とすルターに，誰一人として言動を慎むように注意しないことだ，そのことについてあえて苦情を言わねばならない，とカルヴァンは考えている．さらに彼は，メランヒトンが聖晩餐についてのその見解を明らかにすることを望んでいた．というのは，迷っていた多くの信者がそれを待っているからである，と．

　1547 年 1 月 24 日に，市参事会の委任で，カルヴァンは住民を激励するためにスイスの諸都市を巡る旅に出た．カール 5 世がドイツのプロテスタントの諸侯との戦いで成果を上げ，ドイツの南部は今や彼の支配下にあった．というのは，ザクセンのヨーハン・フリードリヒとヘッセンのフィリップがザクセンのモーリッツの脅威のもと，自分の領土に退却したからである．ドイツのプロテスタントは困難な状況に陥り，スイスの人々は脅かされるのを感じていた．

　カルヴァンがこの旅行でチューリヒを訪ねたときに，彼はブリンガーから彼の聖晩餐についての文書「主キリストとカトリックのサクラメントについての最終論文（*Absoluta de Christi Domini et Catholicae Sacrementis tractatio*）」（1551 年出版）を受け取った．カルヴァンは自宅に戻るとすぐにこの文書を読み，ブリンガーの求めで書いた 1547 年 2 月 27 日付の手紙（*CO*12,480-489）で，ブリンガーの説明に完全には満足していないと伝えている．そこでカルヴァンは，とくに聖晩餐におけるキリストの臨在を論じている．目に見えるかたちではキリストは臨在しない，その体は天にあり，聖晩餐は地上で祝われるからである．しかし，信ずる心にはこの空間的な隔たりは霊の力によって架橋される．パンとぶどう酒は確かにしるしではあるが，しかし，たんなる空虚なしるしではない．「というのは，パンはその体が一度わたしのために犠牲とされたばかりでなく，それがわたしに，今日もそれによって生かされている食べ物として提供されることも表しているからである」．

カルヴァンは教会の職務に関して，神によって起こされる復活は職務とは区別されなければならない，というブリンガーの考えに問題を感じた．み言葉の仕え人は，神から離れて，自らは，何もすることができない．しかし，もし霊の業がそれに結びつけられるなら，人間の奉仕はきわめて高くたたえられねばならない．

スイスの諸都市をめぐる旅の間に，カルヴァンはベルンも訪ねた．そこで彼は，ツヴィングリ派とルター派の牧師の間の対立が大きいことを確認した．それについて懸念し，後に彼らに手紙を書き（CO12, 675-679），両者が自分の立場を率直に議論できるような討論をとおして，彼らの対立に架橋することを期待した．手紙において（それについては，われわれは不幸にもそのテキストのほんの一部しか持っていない）彼は討論のための三つの点を提案している．すなわち，霊的職務の目的とはたらき，サクラメントの効力，そして，聖晩餐におけるキリストの臨在，である．

一方ブリンガーは，聖晩餐に関するその文書についてのカルヴァンの註解に応答した．不幸にもその手紙は，いまは失われてしまった．しかし，1548 年 3 月 1 日のブリンガー宛のカルヴァンの手紙からは（CO12, 665-667），ブリンガーがカルヴァンの書いたすべてのことを論駁しようとしたことは明白である．カルヴァンはブリンガーと論争しようと願ってはいないと答えている．その応答の中で，彼はただブリンガーの求めで友人の義務を果たしたにすぎないこと，そしてブリンガーとの何らかの一致をみたいと願っていること，カルヴァンは聖晩餐におけるキリストとの交わりを，ブリンガーよりもさらに親密に考えていること，しかしいっそう十分な一致に到達するように望んでいると書いている．

キルヒマイヤー（Kilchmeier）によって率いられたツヴィングリ派の牧師とルター派の牧師たち，ズルツァー（Sulzer），ゲルング（Gerung）およびシュミット（Schmidt）との間のベルンにおける衝突はいっそう深刻になる．ヴィレとローザンヌの同僚は，ルター派の見解の廉で非難され，4 月にベルンで釈明せねばならなかった．彼らは，カルヴァンに同伴するように求めたが，カルヴァンはその中に入らない方がよいと考えた（4 月 29 日付の手紙を

参照のこと，*CO*12, 687-689）．ズルツァーとベルンにおける他の二人のルター派の牧師は，その職務を解任された．ヴィレと彼の同僚はベルンでは何もなしえなかったので，カルヴァンは，ヴィレの求めで，チューリヒがベルンに対して好ましい影響を及ぼすことを期待して，ペンテコステ後にファレルと一緒にチューリヒへ行く決心をした．チューリヒではしかしながら，カルヴァンとその他の者たちは，同僚と聖晩餐についての真の討論をすることはできなかった．それゆえに彼らから，ベルンへの積極的働きかけは期待できなかった（ベルンを離れることを余儀なくされた後にバーゼルで教授になったズルツァー［Sulzer］宛のカルヴァンの手紙を参照のこと —— *CO*12, 727-731）．彼らはしかしチューリヒの市参事会に面会を許された．

　ジュネーブへ戻った後，6 月 26 日のブリンガー宛の手紙（*CO*12, 727-731）で，カルヴァンは自分とファレルが聖晩餐について，ブリンガーと彼の同僚と話すことができなかったことを遺憾に思っていること，彼らは争いでなく一致を求めていたこと，また，ブリンガーがベルンとのより良好な関係のために，協力するだろうと希望していること，さらにカルヴァンは，彼の神学では，しるしと事柄の同一視は問題にならないことをブリンガーに納得させようとしていること，サクラメントは，もしそれがわれわれの手をとってキリストに導かず，われわれがすべての良きものを彼に求めないならまったく何の益もないこと，さらにブリンガーが，救いはただキリストにのみ求められ，神のみを救いの唯一の原因とし，また救いはただ霊の隠れた働きによってのみ受け入れられると保証すると述べるこの教理からなおそれ以上のことを正当に要求できるとは実際思わない，とカルヴァンは述べている．

　カルヴァンはまたこの手紙の中で，チューリヒで疑惑をもって見られていたブツァーとの関係をも述べている．もし，ブツァーがまさに今再現したような信仰告白に署名したとすれば，どんな権利があってブツァーから身を遠ざけるように要求するのか，と．

　ブリンガーは 1548 年 11 月に，6 月 26 日のカルヴァンの手紙に答えた．彼は，カルヴァンが聖晩餐についての説明を 24 点に要約し，彼自身の註

釈を加えてカルヴァンに送った（CO7, 693-700）. 1549年1月21日にカルヴァンは24点に関してブリンガーの註釈に手紙で答え（CO13, 164-166）, 誤解を除こうとしている. もし今まで, 彼らの間に何の基本的不信感もなかったとすれば, もはや長い時間議論することは, 何もあるいはほんのわずかしかないであろうと彼は述べている.

　ブリンガーは（おそらく3月に）ある手紙で（CO13, 221-223）答え, 自身の未熟さの許しを求め, ブツァーに対して親愛の情を表している. 聖晩餐に関して信仰告白における一致にいたるかもしれない, と. それをめざして, ジュネーブの牧師は聖晩餐に関する二十条からなる信仰告白を作成した（CO7, 723-726）. 彼らはこの信仰告白をベルンへ送った. そこでは教会会議が開かれていた. しかし, このジュネーブの信仰告白はこの教会会議には提出されなかった.

　5月20日に, カルヴァンはファレルとともにチューリヒへ行った. 彼は, 問題は書面で解決できると書かれた5月11日のブリンガーの手紙をまだ受け取っていなかった（CO13, 278-280）. カルヴァンにとっては, この旅行は公的なしるしを帯びていた. というのは, 彼は市参事会の許可をもってベルンとチューリヒへ行って, 彼らにフランスとの同盟の必要性を説得しようとしていたからである（5月7日付のブリンガー宛のカルヴァンの手紙を参照のこと（CO13, 266-269）. その中で彼はブリンガーに, チューリヒの当局に対してフランスで迫害されている兄弟についての対応を求めるようにと, 激励している）. カルヴァンとファレルはチューリヒへ公式に行って, そして数時間で聖晩餐に関して一致にいたった. 会談のための出発点はジュネーブの信仰告白であった. そしてその二十条のうち十七条がほとんど一語一語採用された. この一致は「チューリヒの教会の牧師とジュネーブの教会の牧師ジャン・カルヴァンのサクラメントの問題における相互の一致（*Consensio mutua in re sacramentaria ministrorum Tigurinae Ecclesiae, et D.Ioannis Calvini ministri Genevensis Ecclesiae,iam nunc ab ipsis authoribus edita*）」（CO7, 733/734-744 en OS2, 246-253）に確定されている. この「チューリヒ協定（*Consensus Tigurinus*[3]）」[2]は二十六箇条からなり, 三部, つまりキリスト論的な序論（一—六条）, サクラメント

論の説明（七-二十条），ここではカトリックとルター派の見解が退けられている．そして結論の部分（二十一-二十六条）はすべてその他の見解の論駁にあてられている．

　カルヴァンは6月5日にジュネーブへ戻った．彼はこの早い出版を迫った．というのは，彼はこの一致にドイツの諸教会にとって彼らが，スイスの人々がサクラメント派ではないと確認できる大きな意味を認めていたからである．しかし，この「協定（*Consensus*）」はスイスの諸教会が公式に採用した1551年になってやっと出版された．序言と結語は公式版から除かれた．というのはベルンがそれに反対したからである．その代わり，協定の序言の代わりにカルヴァンが，いくつかの点で明確化を求めた1549年8月1日付の手紙が載せられ，二十六箇条の終わりには，答えたチューリヒの神学者の1549年8月30日付の手紙が載っている．

　「協定（*Consensus*）」のラテン語のテキストは，ほぼ同じ時期（2月／3月）にチューリヒとジュネーブで出版された．カルヴァンは少し後にフランス語訳を出版した．すなわち「チューリヒの教会の牧師とジュネーブの教会の牧師ジャン・カルヴァンのサクラメントの問題における相互の一致（*L'Accord passé et conclud touchant la matière des sacramens, entre les Ministres de l'Eglise de Zurich, et Maistre Iehan Calvin Ministre de l'Eglise de Genève* A Geneve, 1551）」（Opuscules 1137-1145）である．ブリンガーはドイツ語訳を作った．すなわち，「チューリヒの教会の牧師とジュネーブの教会の牧師ジャン・カルヴァンのサクラメントの問題における相互の一致（*Einhälligkeit, Der Dienern der Kilchen zu Zürich und herren Joannis Calvini dieners der Kilchen zu Genff deren sy sich im handel der heyligen Sacramenten gëgen andern erklärt und vereinbared hahend*）（Zurich, 1551）」である．

　1549年6月28日にカルヴァンは，ブツァーに「協定（*Consensus*）」の複製を手紙を添えて送った（*CO*20, 393-395）．おそらく，ブツァーは「協定（*Consensus*）」についてなお改善の余地を残していると考えるだろうが，達成されたものを肯定的に見るだろう，と彼は書いている．カルヴァンはブツァーの考えに興味をもっている．ブツァーは8月14日の手紙でいくつ

かの批判的な所見とともに答えている（*CO*13, 350-358 を参照のこと）．彼は
ルターが不当に扱われていると考える．彼によれば，キリストとの交わり
についてはあまりに慎重に語りすぎ，またあまり聖書的に語られていない．
また昇天の意味も十分明瞭に告白されていない．カルヴァンは，サクラメ
ントの働きに関して，二，三の点をもっと詳しく扱わなかったのは自分の
責任ではない，と答えている（*CO*13, 437-440）．しかしながら，真理におい
て一致し，主要な点を遵守することはよいことだと彼は答えている．

　カルヴァンはまた「協定」についてバーゼルのミュコニウスにも書いて
いる．というのも，彼はベザから，ミュコニウスがその助言を求められず
気分を害している，と聞いたからである．カルヴァンは 11 月 13 日の手紙
でミュコニウスに「協定」がいかにして成立したのかを説明している（*CO*13,
456-457 を参照のこと）．「協定」が，彼とブリンガーとの間の個人的手紙の
交換の後で予想せず達成されたとき，バーゼルとの協議を不要と判断した
のはとくにチューリヒの兄弟であった．それはミュコニウスを軽蔑して協
議したのではなく，チューリヒでは，彼については肯定的なこと以外何も
語られてこなかったからである，とカルヴァンは考えている．

7.3　チューリヒ協定(*Consensus Tigurinus*)についての
　　　ルター派ヴェストファルおよびヘスフシィウスとの議論

　1554 年にカルヴァンはハンブルクの牧師ヨアヒム・ヴェストファル
（Joachim Westphal）によるいくつかの文書に応答した[4]．その中で彼は 1549
年に結ばれ，1551 年に出版されたチューリヒ協定を攻撃していた．ヴェ
ストファルは聖晩餐の見解ではルターに倣い，カルヴァンとその他の者の
拡大する見解を警戒しなければならない深刻な脅威だと考えた．彼の「主
の晩餐とサクラメントについての書物から集められ，混乱し，それ自体一
致しない意見の寄せ集め（*Farrago confusanearum et inter se dissentium opinionum
de coena Domini ex sacramentariorum libris congesta*）」は，1552 年にマグデブル

クで出版された. その中で, 彼は一連の人々をその著作から引用してサクラメント派というレッテルを貼った. そこにはツヴィングリ, エコランパディウス, ブツァー, ブリンガー, カルヴァン, ヨハネス・ア・ラスコが含まれていた. 圧倒的に釈義的＝教義的文書「使徒パウロと福音史家の言葉によって示された共通の主の晩餐についての正しい信仰 (*Recta fides de Coena Domini ex verbis apostoli Pauli et evangelistarum demonstrata ac communita*)」も, 続いて, 1553年にマグデブルクで出版された.

　ブリンガーの強い要請にもかかわらず, カルヴァンははじめは応答するつもりはなかった (*CO*15, 95). しかし, ヴェストファルの攻撃によってルター派と改革派との間の関係が多くのところで (たとえばフランクフルトやヴェーゼルで) マイナスの影響を受け, また, メランヒトンが失望したことにまったく関与しないのを見て, 彼はついに別の決断をした.

　1554年10月6日, カルヴァンは「サクラメントについての健全な正統信仰の教理の弁明 (*Defensio sanae et orthodoxae doctrinae de sacramentis*)」をブリンガーへ送った. その中で彼はルター派自体ではなく, ヴェストファルのような熱狂主義者を論駁した. この文書はヴェストファルの文書に対するスイスの諸教会の共同の答えとして出版される予定であった. カルヴァンはチューリヒがそれに合意するときにのみ, それをベルンとバーゼルに送ろうとした (*10月6日付のブリンガー宛のカルヴァンの手紙を参照のこと ―― CO*15, 225-256).

　チューリヒから, カルヴァンはヴェストファルにはあまりにも激しすぎ, ルターにはあまりに温和すぎると聞かされた (*CO*15, 272-290). 彼はそれにいくつかの変更の提案をもって応じた. 彼はヴェストファルについては抑制しているが, ルターに関しては, スイスとルターとの間の協定をもう一度強調するつもりはなかった. これによればサクラメントは, そこにおいて神が, 言葉で表しているものを証言するゆえに, ただ空虚なしるしではないのである.

　ブリンガーはチューリヒの名で同意を言明し, ジュネーブとその後チューリヒでの早急な出版を迫った. 彼はまた時間の関係で, その他

の教会からの合意を断念すべきであるとの意見である（*CO*15, 349-352）.
「サクラメントについての健全な正統信仰の教理の弁明（*Defensio sanae et orthodoxae doctrinae de sacra mentis*）」[5]（*CO*9, 5-36: OS2, 263-287）の出版は 1555 年 1 月にジュネーブとチューリヒで行われた.

　しかしながら, ジュネーブにおける出版は問題なしにはおこなわれなかった. というのは市参事会がこの文書を前もって検閲しようとしたからである. これはカルヴァンをたいへん怒らせ, 彼はほとんど原稿を燃やそうとしたほどであった.「もし, わたしがもう百年生きたとしても, 彼らの都市で今後何も出版しないであろう」と彼はファレルに書き送っている（*CO*15, 356）.

　この文書は三つの部分からなっている. すなわち, 他の教会へこの文書が献呈されている手紙の後に,「チューリヒ協定（*Consensus Tigurinus*）」の擁護, 協定のテキストが続いている[6].

　1556 年 1 月, カルヴァンはヴェストファルに反対する二番めの文書「ヨアヒム, ヴェストファルの中傷に対するサクラメントについての敬虔な正統信仰の第二の弁明 *Secunda defensio piae et orthodoxae de sacramentis fidei Contra Ioachimi Westphali calumnias*）」（Genevae）を 1556 年に書いた（*CO*9, 41-120）[7]. この文書で彼は, 1555 年にフランクフルトで出版されたヴェストファルの書物「そのサクラメントの偽りの誹謗に対する正当な弁明（*Adversus cuisdam sacramentarii falsam criminationem iusta defensio*）」に答えている. その書物は, カルヴァンの「弁明」への返答であった. ヴェストファルの書物のタイトルが示しているように, 彼はスイスの人々を引き続きサクラメント派とみなしている. その上, 彼はカルヴァンのルターの引用は不正確であり, そしてヴェストファルによれば「チューリヒ協定」と「アウクスブルク信仰告白」はカルヴァンがその「弁明」で主張しているように互いに一致してはいない.

　カルヴァンがその答えの中でスイスの教会の教理全体を説明するのをみたいと考えていた, とくにたび重なるブリンガーの願いで（*CO*15, 854, 1555 年 11 月 2 日付の手紙）, ついにカルヴァンは, ヴェストファルの最後の

出版物に対して1556年に出版された上述の文書で答えたのである．それが出るほんの少し前に彼はブリンガー宛に（1555年12月25日 —— CO15, 358-359），まったくほんの少しの人間しか攻撃しない力作を完成した，と書いている．それを読めば，ブリンガーは自分がなお癒されねばならない人々の敵意を避け，彼らの怒りを静めようとどれほど努めたかを認めるだろうと．

　カルヴァンはこの文書をザクセンの牧師に献呈した．献辞の中で彼はヴェストファルとの争いが始まった経緯を説明している．「チューリヒ協定（Consensus Tigurinus）」が聖晩餐論についての20年以上の論争を経てついに締結された後で，ヴェストファルがスイスの人々を攻撃して論争を再燃させた．カルヴァンはこの論争を望んでいないことを明らかにしている．不一致はずっと以前に解決されるべきであった．それが無謀な反対の側からの傲慢というほかない理由で再び火をつけられているのである．キリストにおける一致に訴えて，彼はルター派の牧師にこの不測の威嚇的な分裂に対して戦うことを呼びかけている．

　しかしながら，ヴェストファルに対するカルヴァンの第二の文書に続いて，文筆上の論戦は激しさを増した．ブリンガーは弁明書を出版し，多くのルター派の牧師はヴェストファルの側に結集してスイスの人々を攻撃し始めた．

　カルヴァンとヴェストファルの間の論戦は，1557年に続けられた．ヴェストファルがカルヴァンの最後の文書に三つの新しい小冊子で応答し，その中で彼はとりわけメランヒトンを彼の見解の証人として引用したからである．カルヴァンはその「ヴェストファルへの最終勧告（Ultima admonitio ad Westphalum）（Geneva）」（1557 —— CO9, 137-252）を出版した．[8] この文書で目立つのは，カルヴァンのくり返されるアウグスティヌスへの言及である．それは，カルヴァンがほとんどあるいはまったくこの教会教父を読んでいないというヴェストファルによる，非難を受けた結果であろう．この文書の第二部で，カルヴァンはザクセンの牧師たちの信仰告白「下ザクセンの牧師の信仰告白（Confessiones fidei ministrorum Saxoniae inferioris）」を扱っている．

7 一致の追求とそれに続く議論 *283*

L'ACCORD
PASSE ET CON-
CLVD TOVCHANT LA
MATIERE DES SACREMENS,
entre les Ministre s de l'Eglise de Zurich,
& Maistre Iehan Caluin Ministre de l'E-
glise de Geneue.

I. COR. I.
Ie vous prie mes freres, au nom
de nostre Seigneur Iesus Christ,
que vous parliez tous d'vne sorte,
& qu'il n'y ait point de partialitez
entre vous : mais que soyez vniz en
vn mesme sens & propos.

A GENEVE,
De l'imprimerie de Iehan Crespin.
M. D. LI.

CONSENSIO
MVTVA IN RE SA-
CRAMENTARIA MINI-
STRORVM TIGVRINAE EC-
clesiae, & D. Ioannis Caluini ministri
Geneuesis Ecclesiae, iâ nûc ab
ipsis authoribus
edita.
∴

I. Cor. I.
Obsecro vos fratres per nomen
Domini nostri Iesu Christi, vt idem
loquamini, & non sint inter vos dis-
sidia, sed sitis integrum corpus, eadé
mente, & eadem sententia.

GENEVAE,
Ex officina Ioannis Crispini.
M. D. LI.

「チューリヒ協定」のタイトル・ページ（フランス語［左］・ラテン語版［右］）

　彼らにカルヴァンは，ヴェストファルに反対する，以前の文書を献呈していた．ヴェストファルは，カルヴァンが不当にもこれを行い，この信仰告白を彼の最後の文書へ証拠として付け加えたと非難したからである．

　ヴェストファルは1558年に，なお二つの文書でカルヴァンの「最終勧告（*Ultima admonitio*）[9]」に応答しているが，カルヴァンは個別の文書ではもはや応答していない．しかし，ヴェストファルとのこの論戦は，もう一度1559年の『綱要』（Ⅳ 17, 20-34）にみられる．

　1561年にカルヴァンは，ヴェストファルとのすべての論戦の後にもう一度聖晩餐論に一つの文書をささげている．その理由はハイデルベルクで1559年以来聖晩餐について激しい論戦が行われていたからである．厳格なルター派ティレマン・ヘスフシィウス（Tilemann Heshusius）は（カルヴァンは，彼をルターのサルと呼んでいる ── CO18, 84）ハイデルベルク大学の講師

で，プファルツ伯によって弁明を求められたときに，ヘスフシィウスは，聖晩餐をカルヴァンやブリンガーとともに祝うことはできないと断言した．書記官のゲオルク・フォン・エルバッハ（Georg von Erbach）は，彼に，もし，そこにカルヴァンとブリンガーがいるとしても天国（heaven）に行くことを望まないかどうかと尋ねた（1559 年 10 月 5 日付のカルヴァンの手紙を参照のこと —— CO17, 655-656）．ヘスフシィウスは「サクラメント派に対する主の晩餐におけるキリストの体の現臨ついて（De praesentia corporis Christi in coena Domini contra sacramentarios）」なる文書をイェーナで 1560 年に出版した．カルヴァンはそれをブリンガーをとおして手にし，その「聖晩餐においてキリストの肉と血に真にあづかることについての聖なる教理の明白な説明，ヘスフシィウスの霧を追い払うために（Dilucida explicatio sanae doctrinae de vera participatione carnis et sanguinis Christi in sacre Coena ad discutiendas Heshusii nebulas, Geneva）」（1561 —— CO9, 457-517）．で対処した．この文書の中で，カルヴァンは，たいへん詳細に，われわれが聖晩餐でどのようなしかたでキリストの体と血とにあずかるのかを論じ，教会教父たちにたいへん注目している．

　カルヴァンはヘスフシィウスとのさらなる議論についてベザに委ねている．ベザも 1559 年のヴェストファルとの議論をまた継続した．

註

1) 英訳（〈序文〉付き）in: Calvin: Theological Treatises, J. K. S. Reid, ed., 167-169. カルヴァンと聖晩餐についての文献は 4 章註 28 を参照せよ.

2) 「チューリヒ協定 Consensus Tigurinus」のドイツ語訳は Dora Scheuner がおこなっている. in: KBRS 115（1959）, 194-197. ドイツ語訳付きラテン語のテキストについては Calvin-Studienausgabe 4, 12-27（Eberhard Busch による「序文」1-10 頁）を参照せよ.

  英訳は in: Tracts and Treatises 2, Henry Beveridge, ed., 212-220 および Ian D. Bunting の訳は in: JPH 44（1966）, 45-61.

3) 文献：Timothy George,〈John Calvin and the Agreement of Zurich（1549）〉in: John Calvin and the Church: A prism of Reform, Louisville（KY）, 1990, 42-58. TRE 8（1981）, 189-192（チューリヒ協定についての Ulrich Gäbler の論文）.

4) Joseph N. Tylenda,〈The Calvin-Westphal exchange. The Genesis of Calvin's Treatises against Westphal〉in: CTJ 9（1974）, 182-209. Idem, 〈Calvin and Westphal: Two Eucharistic Theologies in Conflict〉in: Caivin' s Books, Wilhelm H. Neuser en anderen, eds., 9-21.TRE 35（2003）, 712-715（Irene Dingel の論文）を参照せよ.

5) 完全なタイトルは，Defensio sanae et orthodoxae doctrinae de sacramenti, eorumque natura, vi, fine, usu, et fructu: quam pastores et ministri Tigurinae ecclesiae et Genevensis antehac brevi consensionis mutuae formula complexi sunt: una cum refutatione probrorum quibus eam indocti et clamosi homines infamant.

  1555 年に由来するカルヴァンの手になるフランス語訳もある. Brieve resolution sur les disputes qui ont esté de nostre temps quant aux Sacremens, contenant l' approbation de l' Accord fait par ci devant entre les ministres et pasteurs des Eglises de Zurich et Geneve, touchant la nature, vertu, fin, usage et fruit des Sacremens: pour montrer que ceux qui en mesdisent sont gens escervelez, qui ne cherchent qu' à obscurir ou pervertir la bonne et saine doctrine（このテキストについては Opuscules,

1469-1497 および Calvin, homme d' Eglise: oeuvres choisies du réformateur et documents sur les eglises réformées du XVIe siècle, 2e édition, Genève 1971 を参照せよ).

英訳は，Tracts and Treatises 2, Henry Beveridge, ed., 221-244. 文献として，Bernard Cottret,〈Pour une sémiotique de la Réforme: Le Consensus Tigurinus（1549）et La Breve resolution…（1555）de Calvin〉in: AESC 39（1984），265-285; Bibliotheca Calviniana 2, 572-581.

6) カルヴァンの文書の出版をめぐる全経過については，Plath, Calvin und Basel, 174-192 を参照せよ.

7) Bibliotheca Calviniana 2, 607-613 をも参照せよ.

　 フランス語訳は，in Opuscules, 1498-1577.

　 英訳は，Tracts and Treatises 2, Henry Beveridge, ed., 245-345.

8) 完全なタイトルは，Ultima admonitio Ioannis Calvini Ad Ioachimum Westphalum, cui nisi obtemperet, eo loco posthac habendus erit, quo pertinaces haereticos haberi iubet Paulus. Refutantur etiam hoc scripto superbae Magdeburgensium et aliorum censurae, quibus coelum et terram obruere conati sunt.

　 フランス語訳は，in Opuscules, 1578-1694. 英訳は，Tracts and Treatises 2, Henry Beveridge, ed., 346-494. Biblioteca Calviniana 2, 652-657 をも参照せよ.

9) これは以下の文書に関係している. Confutatio aliqout enormium mendaciorum Ioannis Calvini および Apologia confessionis de Coena Domini contra corruptelas et calumnias Io.Calvini scripta, この二つは Ursel で印刷されている.

10) フランス語訳は，in Opuscules, 1694-1751. 英訳は，in: Calvin: Theological Treatises, J. K. S. Reid, ed., 258-324. この文書に出版に際してなお二つの文書が追加された（Bibliotheca Calviniana 2, 806-813 を参照せよ）. すなわち，カルヴァンの Optima ineundae concordiae ratio, si extra contentionem quaeratur veritas（CO 9, 517-524 および OS 2, 291-295; フランス語訳，in Opuscules 1751-1755）並びに彼がスタンカロとの関連でポーランドの兄弟宛に 1560 年 6 月 9 日に書いた手紙である（6 章 6. 3. 3 Responsum ad fratres Polonos, quomodo mediator sit Christus, ad refutandum Stancaro errorem — CO 9, 333-342 を参照せよ）.

　 Optima ineundae concordiae ratio に関しては Wim Janse,〈Calvin, à Lasco und Beza: eine gemeinsame Bericht eines

Forschungsseminars mit offenem Ausgang 〉 in: Calvinus Praeceptor Ecclesiae,Herman J. Selderhuis, ed., 209-231 を 参 照 せ よ. 上 述 の 文書がいかなる文脈で成立したかを確定することは困難である. Optima ineundae concordiae ratio の英訳については Calvin: Theological Treatises, J.K.S. Reid, ed., 325-330 を参照せよ.

8 『綱要』

8.1 『綱要』(1536年)

1533 年末または 1534 年のはじめに，カルヴァンはフランスの南部に滞在した．かなり長い期間，彼はシャルル・デプヴィル（Charles d'Espeville）という仮名で，クレ（Claix）の司祭でアングレームの司教座聖堂の聖堂参事全員ルイ・デュ・ティイエ（Louis du Tillet）の家で過ごした．そこではゆっくりとデュ・ティイエのたいへん多くの蔵書を利用することができ，研究をさらに前進させ『綱要』の初版に取り組むことができたのである．

1535 年に，彼はこの初版を完成させた．この版は，1535 年 8 月 25 日付の国王フランソワ 1 世に宛てられた，カルヴァンの手紙で始まっている．手紙からはカルヴァンは，この書をとおして，貧弱な知識しかない者たちをいっそう装備するために，キリスト教の教理を教えようとしていることが伺われる．彼のフランスの同国人の多くはイエス・キリストを求めて飢え・渇いているが，キリストについての正しい知識をもっている者はきわめてわずかである，と彼は書いている．

上述の手紙に関しては，カルヴァンはそれ以前にフランスで出版された二冊の書物に倣っている．つまり，1525 年にバーゼルで出版され，国王フランソワ 1 世に献呈されたファレルの「神を信頼し隣人を助けるために，すべてのところでの各々のキリスト者にきわめて必要な，要約した簡潔な宣言（*Summaire et briefve declaration daulcuns lieux fort necessaires a ung chascun chretien pour mettre sa confiance en dieu et ayder son prochain*）」とアビニヨン出身のフランソワ・ランベール（François Lambert）によって 1529 年に書かれた「キ

リスト教大全（*Somme Chrestienne*）」がそれである．後に挙げた書物は，ランベールがマールブルクの教授であったときに書いたものである．この書はヘッセンのフィリップ伯の委任で福音主義の教理の真理を確信させるために皇帝カール5世に届けられた．

1536年のカルヴァンの『綱要』は，この書物が一般の民衆に教育を授けるために書かれたにもかかわらず，目立つのはフランス語の翻訳がないことである．カルヴァンは，『綱要』をもって洗礼派の暴徒と同等とみなされ，血の迫害を受けていたフランスの福音主義者の擁護のために，信仰告白を国王に提出することを意図していた．カトリックの側（コクレウス〔Cochlaeus〕とケノー〔Ceneau〕）から，また人文主義者の側（ギョーム・ビュデ〔Guillaume Budé〕とサドレート〔Sadoleto〕）からも，人々は文書で福音主義者を洗礼派の煽動者と同等とみなした．加えて，国王は1535年2月1日にドイツのプロテスタントの諸侯に向けられ，またその中で「檄文事件（affaire des placards）」後の福音主義者の迫害を正当化しようとする声明に署名した．国王によれば，福音主義者はドイツのプロテスタントと同列ではなかった．国王にとっては福音主義者は官憲が戦わなければならない洗礼派の暴徒であった．『綱要』をとおしてカルヴァンは，国王に，改革に応ずる勢力を動かしているものについてより確かな情報を与えようとした．カルヴァンは国王への手紙の中で洗礼派と距離をとり，また福音主義者に対して持ち出された告発を反駁している．その際，彼はとりわけカトリックの側から表明される分離主義者の告発に敏感だった．カルヴァンにとっては聖なる普遍的教会が問題であり，その真の形態を描いているのである．

『キリスト教綱要』（*Christianae religionis Institutio*）の（ラテン語の）初版（*CO* 1, 1-252: *OS* I, 11-283）は，1536年3月にバーゼルの印刷業者トーマス・プラッター（Thomas Platter）とバルタザール・ラシウス（Barthasar Lasius）によって出版された．その完全なタイトルは以下のようであった．「キリスト教綱要，敬虔（信仰）の大要および救いの教理を知るために必要な諸事を含む，敬虔（信仰）を求めるすべての人にとっての必読の書，最新刊（*Christianae religionis institutio,totam fere pietatis summam,et quicquid est in doctrina salutis cognitu necessarium,complectens omunibus pietatis studiosis lectu dignissimum opus,ac recens editum)*[2]］こうした詳細なタイトルは当時ごく普通のことであった．その目的はタイトルでその書物の内容を明瞭にして推奨することにあった．『綱要 (*Institutio*)』のタイトルでは，この書物が敬虔のほぼ完全な要約を行い，救いの教理について無条件で知らなければならないすべてを記述しており，さらにそれは，敬虔に身を献げるすべての者にとって読むに価するものであると言われている．

　カルヴァンは『綱要』のはじめでは,聖なる教理全体の総体は二つの部分,すなわち，神の認識と自己の認識からなると言っている．この書き出しは彼自身によって認められ (*CO* I, 27 を参照のこと)，そして『綱要』全体がこの書き出しから著述されているという意味で独創的なものであるが，この発言自体は独創的なものではない．ルター，ツヴィングリ，ブツァーもまたそのように述べていたからである．

　ラテン語版はすぐに，売り切れた．カルヴァンは『綱要』のフランス語への翻訳に取り組んだ．しかしこれを完成し，出版するにはいたらなかった[3]．

　カルヴァン研究においては，多くの関心が，カルヴァンは『綱要』の執筆時にどのような資料に導かれたのかという問題に向けられた[4]．形式に関しては，『綱要』は教理問答 (*Katechismus*) に類似している．カルヴァンはこの書物の構想，とくに最初の四章の順序では，1529 年のルターの「小教理問答」に従っている.ここではカルヴァンは中世においても普通であったように，律法，使徒信条,主の祈り，そしてサクラメント (洗礼と聖晩餐) の説明を順にしている —— その場合，彼の考えによれば聖晩餐が必ず毎週祝われねばならないこと，そして彼はそうした礼拝のために礼拝規則をも起草していることが目につく —— (*CO* I, 139-140; OS 1, 161)．この書物の護教的性格はそれに続く，二つの章で明らかになる．つまり，残りの (偽りの) 五つのサクラメントとキリスト者の自由，教会と国家のキリスト教的な教理，霊的および世俗的な統治が論ぜられている章である[5]．

　ルターの影響は『綱要』の形式においてばかりでなく，その内容におい

CHRISTIA
NAE RELIGIONIS INSTI-
tutio,totam ferè pietatis summã,& quic
quid est in doctrina salutis cognitu ne-
cessarium, complectens : omnibus pie-
ratis studiosis lectu dignissi-
mum opus,ac re
cens edi-
tum.

PRAEFATIO AD CHRI
stianißimum REGEM FRANCIAE, qua
hic ei liber pro confeßione fidei
offertur.

IOANNE CALVINO
Nouiodunensi autore.

BASILEAE,
M. D. XXXVI.

1536 年版『綱要』のタイトルページ

ても認められる. カルヴァンは明らかにきわめて重要な 1520 年のルター
の文書によって（『キリスト者の自由について』『教会のバビロン捕囚の序曲』が挙
げられるが）影響を受けたが, しかしルターのその他の文書をも用いてい
る[6]. さらにメランヒトン[7], ブツァー[8], ツヴィングリ[9]の影響も受けた.

8.2 『綱要』(1539年)

カルヴァンは 1538 年にジュネーブから追放の後, バーゼルに定住した
ときに, 『綱要』ラテン語版の改訂を執筆する機会を得た. 1539 年 8 月 1
日に, 彼はこの新版のために序言を書いた. これは 1536 年版より三倍の
分量で, 今度はストラスブルクで印刷された[10]. いくつかの複製がカトリッ
クの地域での普及のためにカルヴァンの仮名アルクィヌス（*Alcuinus*）で
印刷された. カルヴァンはこの版のタイトルに「キリスト教綱要（*Institutio*

Christianae Religionis)」を付け加え，今やこの著作が初めて実際にタイトルに対応するようになっていることが目にとまる[11]．1536 年版は教理問答的な手引きであり，そこではカルヴァンはとくに一般の大衆のための教育が目的であった．新版は，彼はとくに神学生に向けている．カルヴァンは彼らを聖書の教理の目的と内容に精通させようとしている．ここで，カルヴァンがその後，註解書における聖書の釈義と，『綱要』における神学的な主題の論評の間でおこなう区別が明らかとなる．

『綱要』の新版ではカルヴァンは元の最初の六つの章は変えていないが，しかし新しい章を付け加え，その結果この著作は十七章となっている．最初の二つの章は神認識と人間の認識と自由意志についてを扱っている．この章においても，他の新しい章の主題においても，メランヒトンの影響が認められる．メランヒトンは 1535 年の「ロキ・コムーネス（Loci Communes）」で主題（Loci）の選択と順序に関してはパウロのロマ書によっておこなった[12]．

旧約と新約の関係についての章，幼児洗礼の直接的な弁護，またカルヴァンが教会について書いていることからは，彼がストラスブルクで洗礼派ときわめて多くの接触をもっていたことが見られる．都市の市民となるためにカルヴァンは，きわめて多くの洗礼派が属していた仕立屋のギルドに加わったのである．

この『綱要』では 1536 年にそのロマ書の註解書が出版されたブツァーの影響も感じられる．その影響は，とくに予定についてカルヴァンが書いているものに示されている[13]．彼は一つの章で，予定と予見とを議論しているが，両者は救いについての実践的な問題と切り離せない．つまりある人は説教を聞くがしかも福音についてまるで何も知ろうとせず，別の人はその豊かな恵みのために神に感謝し神に信仰の力を求めて祈るという具合には切り離せない．

ラテン語の読めない者のために，カルヴァンは 1539 年の『綱要』をフランス語に翻訳した．この版は 1541 年にジュネーブへの帰還後ほどなく出版された．そのタイトルは「キリスト教綱要（*Institution de la religion*

294

chrestienne)」となっている[14]. ラテン語版もフランス語版もフランスでは断罪された. また 1542 年 7 月 1 日に発布された高等法院令では,『綱要』を所有する者を告発するように命じた.

8. 3 『綱要』(1543年および1545年)

1543 年に『綱要』のラテン語新版が出版され, これは 1545 年に再版された[15]. 章の数を四章増やし, 今や二十一章になった. 増補は誓願と修道院についての一章, 使徒信条の論評の中での教会についての条項に対するいっそう詳しい考察 (今や 4 章にわたって論じられている), またカルヴァンが神学的に基礎づける職務についての広範な部分に関わっている[16]. この版のフランス語の翻訳は 1545 年にジュネーブで表紙にヨハン・シュトゥルム (Johannes Sturm) の推薦を付けて出版された. この版の第十五章をジャン・クレスパン (Jean Crespin) が 1551 年にコンラート・バティウス (Conrad Badius) と共同で「われらの主イエス・キリストの祈りの解説 (*Exposition sun l'oraison de nostre Seigneur Iesus Christ*)」(*CO* 3,424-450) として出版した. クレスパン (Crespin) は 1550−1552 年に 1550 年の『綱要』の分冊版をも用意した (次の節を参照のこと).

8. 4 『綱要』(1550年)

1550 年の春に, ジュネーブで綱要のラテン語の改訂第 3 版が出版された. 1553 年と 1554 年にその再版が続いて出された[17]. この 1550 年版の分量は以前の版に比べて再び幾分増量された. その増大はとくに良心についての説明に関係している (Inst, III 19, 15-16 を参照のこと). 章は現在では通し番号を付された節に分割されている. ヴァレラン・プーラン (Valérand Poullain) (*CO* 13, 192 を参照のこと) が二つの, 一つは重要なテーマの索引, もう一つは引

用された聖書テキストと他の神学的著作からの引用についての索引を付け加えた．1551 年にはこの版のフランス語の翻訳が出版され，再版が 1553年，1554 年，1557 年と続いた．1551 年のこの翻訳は 1550 年のラテン語版と比べると，若干の補足，とくに，体のよみがえりについての説明の補足である（テキストについては *OS* IV, 443-445 を参照のこと）．こうした補足はカルヴァンとレリオ・ソッツィーニ（Lellio Sozzini）の間の 1549 年におこなわれた文通の結果である（10.1 を参照のこと）．

最終的にこの増補は 1559 年のラテン語版にも取り入れられた（Inst III, 7 と 8 を参照のこと）．1550 年の『綱要』の一部はジャン・クレスパン（Jean Crespin）によって個別でも出版された[18]．

8.5 『綱要』(1559年)

1559 年 8 月 1 日にカルヴァンは，1559 年に出版された『綱要』の最終版のために読者への序言を書いた[19]．その中で彼は 1558−1559 年の冬は重病であり，また生涯の終わりを予想したと伝えている．彼は当時，もう一度『綱要』の新版を出版しようと考えて多大な努力をした．というのは，彼にとっては以前の諸版は完全には納得できるものではなかったからである．さらに彼は，序言の中で，聖書を理解するために，神学生をこの書物によって手助けすることがその意図である，と書いている．『綱要』は結局，それをとおしてわれわれが聖書に何を求め，どのような目標に聖書の内容が向けられているのかが明らかにされる宗教大全と見なされよう，と彼は書いている[20]．

カルヴァン自身，なお『綱要』の最終版のフランス語の翻訳を用意し，これは 1560 年に出版された[21]．

形式ではそれ以前の諸版と 1559 年の『綱要』の最終版の間の相違が目立っている[22]．『綱要』は今や全体で八十章をもつ四巻から構成されている．第 1 巻は，創造者なる神の認識を，第 2 巻は，まず律法のもとで父祖に，

その後われわれにも福音において啓示されたイエス・キリストにおける救い主なる神の認識を扱っている．第3巻では，そこでキリストの恵みが獲得される方法，われわれのためにそこから生まれる果実，およびそれに続く影響が問題となっている．第4巻は，それによって神がわれわれをキリストとの交わりに召し，われわれをそこに保持する外的な補助手段を扱っている．この四巻がさらに章に分けられているのである．

『綱要』の最終版の内容は以前の版と比べて，またしても増大している．このことはそこで巻と章への分割が記されているタイトルばかりでなく，その素材がきわめて増加したので，ほとんど新しい著作と言えるほどであることにも示されている．この増補では，第一に，カルヴァンが他の人々と教理についておこなった議論の影響が感じられる．ルター派，とくに聖晩餐についてのヴェストファルとの論争，神の似像，キリストの業，義認についてのオジアンダー（Osiander）との議論，そして，キリストの功績と死者の体のよみがえりについてのレリオ・ソッツィーニとの議論が挙げられる．しかし，カルヴァンは，人間の堕罪や自由意志の喪失というような一定のテーマについてのいっそうの素材を提供した．

註

1) カルヴァン自身，1541 年の『綱要』のフランス語版のために手紙を翻訳した．この手紙は 1541 年には以下のタイトルで単行本も出版された．Epistre au Treschretien Roy de France, Francoys Premier de ce nom; en laquelle sont demonstrées les causes dont precedent les troubles qui sont auiourdh'huy en l'Egise. ジャック・パニエは序文と註釈を付けてこの手紙の本文を刊行した．Jean Calvin, Epître au Roi..., Paris 1927. この手紙のラテン語本文はドイツ語の翻訳とともに Calvin-Studien ausgabe I/1, 66-107（59-65: Christian Link の序文）に収録されている．『綱要』の特徴に関しては以下を参照せよ，H. Obendiek, 〈Die Institutio Calvins als 〈Confessio〉 und 〈Apologie〉 in: Theologische Aufsätze Karl Barth zum 50 Geburtstag, Ernst Wolf（ed,）, München 1936, 417-431.

2) 英 語 の 翻 訳 は，Calvin, Jean, 1509-1564. Institution of the Christian religion, Translation of Christianae religionis institutio...pubished in 1536 by Ford Lewis Battles, Atlanta 1975.（M. Howard Rienstra が改訂版を用意した．Institutes of the Christian religion, Grand Rapids, MI 1986）オ ラ ン ダ 語の翻訳は，Institutie 1536, Dr. W. van Spijker 訳 Kampen 1992（repr. Houten 2005）．文献としては，W. G. Hards, A collation of Latin texts of the first edition of Calvin's Institution, Baltimore 1958. H. W. Simpson, 〈The Editio Princcps of the Institutio Christianae Religionis by John Calvin〉in Calvinus Reformator, His contribution to Theology, Chureh and Society, Potchefstroom 1982, 26-32. P. Barth, 〈Die Erwahlungslehre in Calvins Institutio von 1536〉in: Theologische Aufsätze, Karl Barth zum 50 Geburtstag, Munchen 1936, 432-442.

3) R. Peter 〈La premiere édition de l'Institution de la religion chretienne de Calvin〉in Le Livre et la Réforme, Numéro Special de la Revue française d'histoire du livre 50（NS）1986, 17-34（ お よ び in: Livre et la Réforme, Rudolphe Peter と Bernard Roussel［eds.,］, Bordeaux 1987）Peter は Barth, Niesel および Pannier に 1536 年の『綱要』のフランス語の翻訳が存在したに違いないという点では同意しない．W. Niesel と P. Barth 〈Eine

französische Ausgabe der ersten Institutio Calvins〉in: Th. Bl7,〈1928〉2-10. jacques Pannier,〈Une premiere〈Institution〉française dès 1537〉in: RHPhR8〈1928〉513-534 を参照せよ.

4) A. Lang,〈Die Quellen der Institutio von 1536〉in: Ev. Th. 3〈1936〉100-112. F. Wendel, Calvin. Ursprung und Entwicklung seiner Theologie, Neukirchen-Vluyn, 1968, 101-118, Alexander Ganoczy, Le jeune Calvin, Genese et evolution de sa rocation réformatrice, Wiesbaden 1966, 138-195. Battles と Rienstra 版の註釈をも参照せよ（註2）.

5) Tavard, The Starting Point of Calvin's Theology, Grand Rapids〈MI〉2000 119-123 を参照せよ.

6) Wendel, Calvin, 109-113, Ganoczy, Le jeune Calvin, 139-150 を参照せよ. W. Diehl はその論文〈Calvins Auslegung des Dekalogs in der ersten Ausgabe seiner Institutio und Luthers Katechismen〉in: ThStkr71〈1898〉141-162, でカルヴァンの十戒解釈へのルターの影響を指示している. また W. van't Spijker, Luther en Calvijn: de invloed van Luther op Calvijn blijkens de Institutie, Kampen 1985, 16-21, および同〈The influence of Luther on Calvin according the Institutes〉in: John Calvins institutes, His Opus Magnum, Potchefstroom, 1986, 83-105 をも参照せよ. カルヴァンとルターの間の関係一般についてはわれわれは, W. Balke〈Calvin en Luther〉in: Luther en het gereformeerde protestantisme, Den Haag 1982, 99-117, およびそこに挙げられている文献を指示する. また, Joachim Rogge〈Themen Luthers im Denken Calvins〉in: Calvinus Servus Christi, Wilhelm Neuser〈ed,〉. Budapest 1988, 53-72 をも参照せよ.

7) Wendel, Calvin 113. Ganoczy, Le jeune Calvin, 150-156. 彼は, メランヒトンの Loci communes（1521）と Institulio との関係に立ち入っている. Calvin-Melanchthon の関係に関してはさらに以下を参照せよ. A. Lang,〈Melanchthon und Calvin〉in Idem, Reformatio und Gegenwart, Detmold, 1918, 88-135. Richard A. Muller,〈Ordo docendi: Melanchthon and the Organization of Calvin's Institutes, 1536-1543〉in Melanchthon in Europe, His Work and Influence Beyond Wittenberg, Karin Maag〈ed.,〉. Grand Rapids〈MI〉. 1999 123-140.

8) 1530 年に, ブツァーの福音書の註解の第2版が出版された. ブツァーの影響はとくに悔悛の教えにみられる. その他にカルヴァンは主の祈りのブツァーの説明によって導かれている. Wendel, Calvin, 115-122. Alexander Ganoczy, Le jeune Calvin, 166-178 お よ び W. van't Spijker,

〈The influence of Bucer on Calvin as becomes evident from the Institutes〉
in: John Calvins Institutes, His Opus Magnum, Potchefstroom 1986, 106-
132 をも参照せよ. カルヴァンのブツァーへの関係一般に関してはわ
れわれは Wilhelm Pauck, 〈Calvin and Butzer〉in: JR9 (1929), 237-256
(The heritage of the Reformation, Glencoe 1961, 85-99 における復刻) J.
Courvoisier, 〈Bucer et Calvin〉in: Calvin à strasburg, straßburg, 1938, 137-
166. H. Strohl, 〈Bucer et Calvin〉in: BSHPF87 (1938), 354-360, および
W. van't Spijker 〈Bucer et Calvin〉in: Martin Bucer and Sixteenth Europe.
Actes du colloque de Strasbourg (28-31 août 1991). Leiden/New York/
Köln 1993 461-470.

9) ツヴィングリに関してはカルヴァンはツヴィングリの Commentarius
de vera et falsa religione (1525) を知っていたに違いない. Alexandre
Ganoczy, Le jeune Calvin 156-166 を参照せよ. カルヴァンとツヴィ
ングリ間の関係一般に関しては, Fritz Blanke, 〈Calvins Urteil über
Zwingli〉in: Zwingliana 11 (1959) 66-92 また in: Fritz Blanke, Aus der
Welt der Reformation, Fünf Aufsätze Zürich 1960, 18-47 を指示する.

10) 文献,『綱要』のさまざまな版の叙述と内容説明に関しては W. Niesel
〈Descriptio et historia editionum Institutionis latinarum et gallicarnum
Calvino vivo emissarum〉in: *OS* III, VI-L を参照せよ. カルヴァンの
思考の発展と『綱要』のさまざまな版の関係については以下のも
のが挙げられる. J. Köstlin, 〈Calvins Institutio nach Form und Inhalt
in ihrer geschichtlichen Entwicklung〉in: ThStKr41 (1868), 6-62, 410-
486. B. B. Warfield, 〈On The Literary History of Calvin's 〈Institutes〉in:
The Presbyterian and Reformed Review 10 (1899), 193-219, Jean-Daniel
Benoit, 〈The History and Development of the Institutio: How Calvin
Worked, in: John Calvin (Courtenay studies in Reformation, Theology I) G.
E. Duffield (ed.,). Appleford 1966, 102-117.
Pierre Imbart de la Tour, Calvin et l'Institution de la religion chretienne,
Paris 1935. Wendel. Calvin, 91-126, Ford Lewis Battles, 〈Calculus Fidei〉
in: Calvinus Ecclesiae Doctor, Wilhelm H. Neuser (ed.,), Kampen 1978,
85-110, W. H. Neuser 〈The development of the Institutes 1536 to 1559〉
in: John Calvins Institutes, His Opus Magnum, Potchefstroom 1986,
33-54 Richard. A. Muller The Unaccommodated Calvin. Studies in the
Foundation of a Theological Tradition, New York/Oxford 2000, 118-158.

11) タ イ ト ル は「Institutio christianae religionis nunc vere demum suo titolo

respondens Argentorati 1539」である. *CO* I, 253-1152 のテキストを参照せよ.

12) 『綱要』のこの版へのメランヒトンの Loci communes の影響につい
ては Richard Muller の論文(註 7) を参照せよ. Richard A. Muller,
The Unaccommodated Calvin. Studies in the Foundation of a Theological
Tradition, New York/Oxford 2000, と Olivier Millet, 〈Les Loci communes
de 1535 et l'Institution de la Réligion chretienne de 1539-41, ou Calvin en
dialogue avec Melanchthon〉in Melanchthon und Europa, Stultgant 2002,
85-96 をも参照せよ.

13) W. Van't Spijker, 〈Prädestination bei Bucer und Calvin. Ihre gegenseitige
Beeinflussung und Abhängigkeit〉in: Calvinus Theologus, 85-111. Van`t
Spijiken はこの論文を次の言葉で終わっている「カルヴァンが『綱要』
の第 2 版の後に予定についてのその議論に付け加えたものは大部分そ
の弁護に関連している. その場合, 自明のごとく, 二重予定の教えが
大いに強調された. この点において抵抗が最も強かったからであった.
しかしながら実践的・宗教的な基本的特徴と聖書への忠実はこの拡張
によって何ら損なわれなかった. その点ではカルヴァンはブツァーに
忠実に留まった」.

14) タイトル, Institution de la religion chrestienne: en laquelle est comprinse
une somme de pieté, et quasi tout ce qui est necessaire a congnoistre en la
doctrine de salut. テキストについては *CO* 3 と 4; Jean Calvin, Institution
de la Religion Chrestienne. Texte établi et présenté par Jacques Pannier,
Paris, 1936-1939(1961 年再版) を参照せよ.

15) タイトルは 1539 年版と同じ. Institutio christianae religionis nunc vere
demum suo titolo respondens. *CO*1, 253-1152 のテキストを参照せよ(1539
年版のテキスト, 1543-1554 年の諸版の補足付き).

16) P. Frankel はこの増補をそのストラスブルク滞在と 1540-1541 年の
宗教会談の間のカルヴァンの経験との関連で見ている. P. Fraenkel,
〈Trois passages de l'Institution de 1543 et eurs rapports avec les colloques
interconfessionels de 1540-41〉in: Calvinus ecelesiae Geneveusis custos, W.
H. Neuser(ed.,)Frankfurt M. 1984, 149-157.

17) テキストについては, *CO*1, 253-1152 を参照せよ(1539 年版のテキスト,
1543-1554 年版の増補付き).

18) ここでは, De praedesti natione et providentia Dei および De libertate
christiana の見出しのもとに一巻本で出版された *CO* I, 896-902 および
CO I, 820-840 が問題となっている. さらに *CO* I, 1123-1154: De vita

nominis christiani, Genevae, 1550 が問題となっている．そのうち，1550 年にはジュネーブで同時にフランス語の翻訳Traieté de la vie chrestienne が出版された．Exposition des dix commandements du Seigneur（主の十戒の釈義）の刊本（Genève 1551）にはカルヴァンの十戒の釈義が入っている．Crespin はこれになおメランヒトンの Loci communes における十戒の説明を付け加えた．これはすでに 1546 年にフランス語の翻訳で Jean Girard によって出版されていた．1552 年にはジュネーブで Disputatio de cognitione hominis（CO I, 305-372）が出版され，そして第二章としてアウグスティヌスの De praedestinatione sanctorum（J. P. Migue〔ed.,〕, Patrologia latina 44, 961-964）が付け加えられた．

19）タイトルは，Institutio christianae religionis, in libros quatuor nunc prima digesta, certisque distincta capitibus, ad aptissimam methodum: aucta etiam tam magna accessione ut propemodum opus novum haberi possit, Genevae, 1559. テキストについては CO2 および OS3-5 を参照せよ．ドイツ語の翻訳は，Neukirden 1986.

20）文献として，Paul C. Bottger, Calvins Institutio als Erbauungsbuch. Versuch einer literarischen Analyse, Neukirchen-Vluyn 1990. Interpreting John Calvin, Ford Lewis Baltles, Robert Benedetto（ed.,）, Grand Rapids（MI）1996, 139-246, Randall C. Zachman, 〈What Kind of Book Is Calvin's Institules?〉in: CTJ35（2000）238-261 および in: Randal C. Zachaman, John Calvin as Teacher, Pastor, and Theologian, The Shape of His Writing and Thought, Grand Rapids 2006, 77-102, W. van't Spijker, Bij Calvijn in de leer, Een handleiding bij de Institutie, Houten 2004.

21）Jean Calvin, Institution de la Religion Chrestienne. Edition critique avec introduction, notes et variantes Publiée par Jean-Daniel Benoit, Paris 1957-1963. 始めは，カルヴァンがこのフランス語版の著者であるか否かについて多くのためらいがあった．Wendel, Calvin 98-99 を参照せよ．現代フランス語訳を J.Cadier, Insutition de la Religion Chrelience, Parijis 1936-1939 が用意した．

22）カルヴァンがこの『綱要』に最終的に与えた形式についての文献については，Richard A. Muller, The Unaccommodated Calvin, Studies in the Foundation of a Theological Tradition, New York/Oxford 2000, 132-139. なおカルヴァンの存命中に 1559 年のラテン語版に従って，また 1560 年のフランス語版に従って出版された諸版の場合，再版が問題となっている．

9 その他の出版物

　この章では，他の章に収めることができなかったいくつかの文書に注意を向ける．われわれはカルヴァンが，ド・フュルステンベルクのために，またジャック・ド・ブルゴーニュのために，その訴訟を弁護するために書いたいくつかの文書を取り挙げる．それでわれわれは，この項目のために「法律家としてのカルヴァン」との表題を選んだ．おそらく彼の手になる原稿が保存されており，そこでは教会財産への彼の見解が示されている．さらに彼はいくつかの序言を書いた．つまりメランヒトンの「ロキ・コムーネス」とフランセスコ・スピエラ（Francesco Spiera）の本のために序言を書いた．最後にド・サコネ（De Saconay）宛のカルヴァンによって書かれた皮肉を込めた祝辞とボーデュアン（Baldunius）とおこなった議論と関係する文書を挙げることにする．

9.1　法律家としてのカルヴァン

9.1.1　ド・フュルステンベルクのための弁明書(1539−1540年)

　1539年にカルヴァンは，ストラスブルクでギョーム・ド・フュルステンベルクと接触している．フュルステンベルクは南ドイツ出身の伯爵で，定期的にストラスブルクに滞在していた．彼は1535年以来，国王フランソワ1世を支持していた．フランソワは彼をヴァート（Waadtland〔Vallées vaudoises〕）地域における長官に任命した．フランソワ1世は1538年のは

じめにカール5世に対する戦いでいくつかの兵士の分隊を必要としたときに，ド・フュルステンベルクに助けを要請した．ド・フュルステンベルクは兵士募集のための以前の協力者の一人で，最近この王によって解雇されたセバスチャン・フォーゲルスペルガー（Sebastien Vogelsperger）の援助を求めた．しばらくして，フォーゲルスペルガーはその部下とともにド・フュルステンベルクの兵役に就こうとしないことが明らかになった．それは彼にとって威信を失うことを意味した．加えて，フランスの国王はド・フュルステンベルクの兵力を縮小しようとしており，他方ストラスブルク，バーゼル，ジュネーブ，ベルンの諸都市はまさに，ド・フュルステンベルクがフランスの福音主義者のためにフランスの国王のもとで影響力を用いることを望んでいた．

カルヴァンは二つの弁明書の執筆でド・フュルステンベルクを助けている．最初の文書は1539年9月15日付の「フュルステンベルク伯ギョーム氏の宣言（*Declaration faicte par Monsieur Guillaulme, Conte de Furstenberg*）」であり，第二の文書は「フュルステンベルク伯ギョーム氏の第二の宣言（*Seconde declaration faicte par Monsieur Guillaulme, Conte de Furstenberg*）」で1540年2月9日付である[1]．この二つの文書は，同時にドイツ語版が1539年あるいは1540年にストラスブルクで出版された．

9.1.2 ファレの領主ジャック・ド・ブルゴーニュのための弁明書（1548年）

1548年2月に，カルヴァンは市参事会の承諾を得てバーゼルに向かった．そこで彼はジャック・ド・ブルゴーニュという，ファレとブレダム（Bredam）の領主とその妻のヨーランド（Yolande）を訪ねた．ド・ファレはフィリップ善公（Filips de Goede）の庶子の孫息子であった．彼はカール5世の宮廷で成長した．そして，すでにその青年時代に宗教改革に加わっていた．カルヴァンは1543年10月14日に，シャルル・デプヴィルの名で書いた手紙（*CO* 11, 628-631）で，移住するようにと彼に勧めた．その祖国ではもはや安全とは感じられなかったからである．ド・ファレとその妻は1545年にはジュネーブへ向かう途上にあったが，ド・ファレの病気のためにスト

ラスブルクから先には進めなかった．1547 年 1 月に彼らはシュマルカルデン戦争のためにバーゼルに行った．カルヴァンはそこに彼らを訪問した．カルヴァンは，彼らのためのジュネーブでの住居を探すことに尽し，それについてペラン（Perrin）とも相談した．ペランは 1547 年 5 月末にド・ファレへのカルヴァンの手紙（*CO* 12, 529-530）を携えてバーゼルを経てパリに行った[2]．1548 年 2 月にカルヴァンはド・ファレとその妻と，未だに延期されているジュネーブへの転居を私的に話し合った．1548 年夏にド・ファレとその妻はベルンの領土にある都市ジュネーブ郊外の地所フィジ（Veigy）に定住した．

ド・ファレは 1545 年 4 月 16 日にケルンからカール 5 世宛の手紙を送っており，その中で彼は，カトリック教会内で死ぬ以外何も望んでいないと，あらゆるうわさ（たとえば彼は洗礼派となったというような）に抗弁した．皇帝は 1546 年 6 月 10 日にド・ファレの財産を差し押えた．カルヴァンはド・ファレと相談して皇帝に対して彼の行動を弁明するために弁明書を書いた．この文書は 1548 年 3 月に印刷された場所とカルヴァンの名前の記載なしに出版された．そのタイトルは以下のようになっている．「高貴な領主，ファレとブレダムの領主ジャック・ド・ブルゴーニュの弁明，皇帝陛下へ，信仰告白について負わされた中傷をはらすために（*Excuse de noble seigneur, Jaques de Bourgoigne, S. de Fallez et Bredam: pour se purger vers la M. Imperiale, des calomnics à luy imposées, en matiere de sa Foy, dont il rend confession*）[3]」

9.2 教会の財産について（1545 年）

どのように厳正に教会の財産を取り扱われなければならないのか，それについてたとえば修道院の閉鎖後に官憲が処分権を手に入れるのか，それが教会が取り組んだ問題であった．ファレルは 1545 年にヌーシャテルで官憲と行われた議論で，カルヴァンに支持を求めた．カルヴァンは，教会財産の利用についての争いは害を及ぼすことがあるので，ヌーシャテルの

市参事会には向かわないほうがよいと思う，と 10 月 13 日にファレルに宛てて書いている（CO 12, 189-190）．とにかく，カルヴァン自身，ジュネーブで今にいたるまで，この問題に関しては願うことを達成できていなかった（ファレル宛の 11 月 2 日付の手紙 —— CO 12, 205-206 を参照のこと）．しかし，ファレルが強く求め続けるなら，応じようとカルヴァンは言っている．そしておそらく，それが実際行われた．ヌーシャテルの牧師の図書室には手書きの説明書があり，そこには別人によって，これは一度神に献げられた教会の財産の合法的な所有とその利用についてのカルヴァンの見解である，と書かれていた（テキストについては CO 10a, 249-251）[4]．

9.3 カルヴァンによって書かれたいくつかの序文

9.3.1 メランヒトンのロキ・コムーネスのための序文（1546年）

メランヒトンの「ロキ・コムーネス（Loci Communes）」の 1545 年版のフランス語訳がジュネーブで 1546 年に出版された．「神学大全あるいはロキ・コムネース改訂・拡大最終版，M. フィリップ・メランヒトン（La somme de theologic, ou Lieux Communs, reveuz et augmentez pour la derniere foys, Par M. Philippe Melanchthon）」がそれである．カルヴァンが序言を書いた（CO 9, 847-850）．カルヴァンはメランヒトンについて，神は彼を特別な賜物で飾られたと言っている．そして続いてその本を読者に紹介している．カルヴァンはメランヒトンに対して批判的ではなく，また序言で，彼が自由意志と予定について書いていることについても批判的ではない．このことは，カルヴァンが後の 1552 年に，予定についてジャン・トロリエ（Jean Trolliet）との議論のなかで，すべてがメランヒトンと同じではないと示しているので目立つことである．トロリエはメランヒトンに訴えて，罪を神自身に帰しているとしてカルヴァンを非難した（CO 14, 334-345 を参照のこと）．カルヴァンは 1552 年 10 月 6 日に市参事会に手渡した文書の中で書面で応じている（CO 14, 371-377）．メランヒトンと彼を互いに対立させる者は，明らかに教

9 その他の出版物 *307*

メランヒトン
(ルーカス・クラナッハ)

会全体に大きな不正を加えることにならざるをえない，とそこで述べている．しかしカルヴァンは，メランヒトンと彼の間には教育の方法において相違があると認めている．メランヒトンは，好奇心の強い人間に神の秘密を探究する機会を与えすぎることを恐れて，かえってあまりにも人間の理性に順応しようとした．このようにしてメランヒトンは予定の問題で，神学者としてよりも哲学者(彼はプラトンをも挙げている)として多く語った，と．

9.3.2 フランセスコ・スピエラ(Francesco Spiera)についての文書のための序文(1550年)

パドヴァ出身のイタリア人の弁護士フランセスコ・スピエラは宗教改革を選んだ．しかし，異端審問の過酷な圧力のもとで，彼はその福音主義の信仰を捨てることを誓った．その後，彼が重病になったときに，これらすべてのことは，信仰の撤回によっておこなった赦されざる罪によると考えた．1548年に彼は絶望のなかで死んだ．ヘンリクス・スコトゥス（Henricus

Scotus〔Henry Scriniger, Scrimger とも〕）は医者たちが下した診断を記録した．この小冊子は 1550 年にジュネーブで出版された（「フランセスコ・スピエラにおける記憶すべき絶望の見本・誓絶された信仰告白のため」）序言はカルヴァンの手によるもので，1549 年 12 月の日付である（テキストは *CO* 9, 855-858）[6]．

9. 4　ガブルエル・ド・サコネへの祝辞(1561年)

1561 年にカルヴァンは，ガブリエル・ド・サコネ（Gabriel de Saconay）宛の皮肉を込めた祝辞，すなわち「尊い司祭，領主ガブリエル・ド・サコネ，リヨンの教会の聖歌隊先唱者へ，イングランドの国王のために書かれた美しい優雅な序文のための祝辞」（*CO* 9, 421-456）[7]を書いた．ド・サコネはリヨンの司祭で，ヘンリー 8 世によってルターの「教会のバビロン捕囚について」に反対して，1521 年に書かれた「七つのサクラメントの擁護」を新たにそれに序文を付けて 1561 年にリヨンで出版した．カルヴァンはこの「祝辞」でそれに応じている．

9. 5　ボーデュアン(*Balduinus*)との議論(1561–1563年)

後でボーデュアン（Baudouin）（ラテン語名 Balduinus）がアントワーヌ・ド・ブルボン（Antoine de Bourbon）によってその庶子を養育するように任命されたことを聞き知った 1561 年 12 月 24 日にカルヴァンは，ジャンヌ・ダルブレ（Jeanne d' Albret）宛に手紙を書いている（*CO*19,196-198）．カルヴァンは，ボーデュアンは背教者で，神の仕え人を妨害する目的で王侯に取り入ろうとしている，とジャンヌにそこで警告している．

フランソワ・ボーデュアンは有名な法律家で，一時カルヴァンと親しくなり，このときには秘書でもあった．彼はカルヴァンのいくつかの手紙を盗みその信用を悪用した．1556 年には良好な関係が再び回復されたが，

1561 年にボーデュアンがフランスへ赴きロートリンゲン（Lotharingen）の枢機卿シャルル（Charles）への奉仕を志願したとき，ボーデュアンが枢機卿にポワシーの宗教会談への宗教改革派の参加者を逮捕するように進言したことをカルヴァンが聞いた時に，決定的な断絶にいたった．それにボーデュアンは 1561 年にバーゼルで匿名出版された小冊子「敬虔なつとめ，あるいはこの宗教の不和のなかで真に公の平和を愛する者のつとめ（De officio pii ac publicae tranquillitatis vere amantis viri, in hoc religionis dissido）」の著者であると疑われたことも加えられる．これは実際にはゲオルゲ・カッサンダー（George Cassander）の手になるものであるが，ボーデュアンによってフランスで広められた．カッサンダーはこの文書の中で，とくにカルヴァンと他の者たちがローマ・カトリック教会を離れることによって教会分裂の罪を犯していると申し立てた．カルヴァンはその「狡猾なかの仲介者への答[8]」の中でボーデュアンに「信用できない仲介者」と返答している．彼はボーデュアンにニコデモ主義の罪を帰している．ニコデモ派に対するその以前の文書におけると同様に，カルヴァンはローマ・カトリック教会はバール礼拝の罪を犯していると指摘し，それとは距離をとるべきであるとしている．

　1562 年にもカルヴァンとボーデュアンの間での書面での論争は続けられている．ボーデュアンは 1562 年にパリで出版された彼の「評判の小冊子と中傷者についての法律に関する註解」の中で，カルヴァンが彼を「つとめについて」の著者とみなしていることでカルヴァンに腹を立てているが，彼はカッサンダーの見解を引き続き支持し，この新しい文書で激しくカルヴァンを攻撃した．カルヴァンは「ボーデュアンの誹謗への応答（Genevae）1562）」（CO 9, 561-580）[9]の中でこれに応えている．この文書の中で，カルヴァンは自身に対してもたらされた非難に立ち入っている．この文書はボーデュアンがまだ完全に彼を支持していた初期にカルヴァン宛に書いた 14 通の手紙とボーデュアンに反対する第三者のいくつかの文書が含まれている[10]．ボーデュアンは 1562 年にパリで出版された「ジャン・カルヴァンへの第二の応答」をもって応じた．その後カルヴァンは，1563 年にジュ

ネーブで出版されたベザの小冊子のための序言と考えられる文書で，た
だ短くそれに答えたのみである．「エケボリの背教者フランシスクス・ボ
ルデュウィヌスの誹謗へ，ウェツェリのテオドロス・ベザの応答とヨハン
ネス・カルヴァンの短い書簡」(*CO* 9, 859-862 を参照のこと)[11]．カルヴァンは，
以後は論争をベザに委任した．ボーデュアンは 1564 年になお「カルヴァ
ンとベサへのフランソワ・ボーデュアンの応答のため，聖書と伝統につい
てのカルヴァンの反駁付（1564)」で答えているが，しかしベザはもはや
応じていない．

註

1) Plaidoyers pour le comte Guillaume de Furstenberg, Première réimpression de deux factums publiés à strasbourg en 1539-1540, avec introduction et notes par Rodolphe Peter, Paris 1994（Etudes d'Histoire et de Philosophie Religieuses publiées sous les auspices de la Faculté de Théologie Protestant de l' Université de Strasbourg, no 72）. R. Peter,〈Jean Calvin, avocat du comte Guillaume de Fürstenberg〉in: RHPhR51（1971）, 63-78 をも参照せよ.

2) この節で挙げられた二通の手紙は Jean Calvin, Lettres à Monsieur et Madame de Falais, Françoise Bonali-Fiquet, ed., 35-40 および 149-151 の手紙 1, 手紙 34 としても見られる.

3) Franciscus Balduinus によって 1548 年になされたラテン語訳については *CO* 10a, 273-294 を参照せよ. A. Cartier は 1896 年に再発見されたフランス語の初版を序文を付して再版した.

L'excuse de noble Seigeur Jacques de Bourgogne, Seigneur de Falais et de Bredam, par Jean Calvin, reimprimée pour la premiere fois sur l'unique exemplaire de l'edition de Genve 1548, avec une introdution（Paris 1896; 2me éd., revue et augmentée, Geneve 1911）. Conrad Hubert がカルヴァンの弁明書を 1549 年にドイツ語に翻訳した（*CO* 13, 297-298 を参照せよ）.

4) 英訳については, Calvin's Ecclesiastical Advice, tranlaled by Mary Beaty and Benjamin Farley, Louisville（KY）1991, 143-145 を参照せよ.

5) カルヴァンが1552年11月27日（*CO* 14, 415-418）と 1554年8月27日（*CO* 15, 215-217）にメランヒトンに宛た手紙を参照せよ.

6) フランセスコ・スピエラの物語はさまざまな言語で出版されている（ラテン語, ドイツ語, イタリア語など）オランダ語訳は 1669 年にユトレヒトで出版された（De verschrickelijcke Historie van Franciscus Spira…カルヴァンの序文については189-194頁を参照せよ）. 文献として, Van Veen,〈Verschooninghe van de roomsche afgoderye〉, 44-45（彼女はスピエラが体験した恐怖を目にとめて「真の信仰にしっかり立つように」読者にカルヴァンが促したと書いている. A. I. Schutte, Pier Paolo Vergerio:

The making of an Italian reformer, Genevè 1977 はスピエラの病気の間，司教ヴェルジェリオ（Vergerio）の意義にとくに注目している（239-246頁）．

7）この文書は 1561 年にフランス語訳でも出版された（Congratulation à venerable Prestre Messire Gabriel de Saconnay…）．

フランス語のテキストについては Opscules, 1822-1850 を参照せよ．Douglas Floyd Kelly の手による英訳は in: Calvin Studies II, John Haddon Leith and Charles Edward Raynal III., ed., Davidson 1985, 109-118, 〈Congratulations to the Venerable Presbyter, Lord Gabriel of saconay, Precentor of the Church at Lyon for the beautiful and elegant preface that he wrote for the book of the King of England 1561〉の表題である．

8）タイトルは，Responsio ad versippllem quendam mediatorem, qui pacificandi specie rectum Evangelii cursum in Gallia abrumpere molitus est, Genevae 1561 (*CO* 9, 525-560).1561 年にパリでこの文書のフランス語訳が出版された（Response a un cauteleux et rusé moyenneur ... Opuscules 1885-1918）．さらに Richard Stauffer, 〈Autour du Colloque de Poissy. Calvin et le 《〈De officio pii ac publicae tranquillitatis vere amantis viri》〉 in: L' Amiral de Coligny et son temps, Paris 1974, 135-153 および in: Richard Stauffer, Interprètes de la Bible 246-267. Van Veen, 〈Venschooninghe van roomsche afgoderye〉, 49-54 を参照せよ．

9）フランス語訳，in Opuscules, 1974-1991.

10）Bibliotheca Calviniana 2, 969-973 をも参照せよ．

11）フランス語訳，in Opscules, 1918-1920.

10 手紙[1]

　カルヴァンの手紙は，彼の仕事全体の重要な部分をなしている．このことは「カルヴァン著作集」を参照すれば，直ちに確認できる．バウム(Baum)，クーニッツ(Cunitz)，ロイス(Reuss)は10bから20巻までにカルヴァンのきわめて多くの手紙および彼宛の手紙をも収録した[2]．しかしこれらの手紙は，そこで初めて出版されたのではない．ベザがシャルル・ド・ヨンヴィル(Charles de Jonviller)の助けで最初の出版の用意をし，1575年に出版された[3]．カルヴァンはその死の直前に，教会の役に立つなら，必要ならばこれを出版するようにと手紙をベザに委託した．1575年の手紙の最初の出版に続いて他のさまざまな版が出版された[4]．ここではジュール・ボネによって準備されたフランス語訳二巻の出版「手書き原本によりはじめて出版されたカルヴァンの書簡集(Paris 1854)[5]」，およびＡ．Ｌ,エルマンジャールによって準備された九巻の出版，「フランス語圏び諸国における宗教改革者の書簡集，宗教改革に関するその他の手紙と歴史的略歴付き(Genf 1866-1897)[6]」を挙げておく．エルマンジャール(Hermanjard)は，手紙の出版に関しては1544年までしか進まなかった．彼の版は手紙に付けられた詳しい説明があるので重要である．時折まだ出版されていないカルヴァンの手紙が発見されている[7]．カルヴァンの手紙の新版は『カルヴァン著作集』の改訂版で出版されている[8]．

　カルヴァンの手紙はさまざまな点で重要である．そこからまず,他の人々との彼の交わり，またあらゆる状況での彼の見解にまったく個人的に彼をそこからまず知ることができる．とりわけ，ヌーシャテルの同僚のファレ

ル，ローザンヌのヴィレ，チューリヒのブリンガーと多く文通した[9]．また彼は，さまざまな困難な状況に陥っている人々に彼らを霊的に支えるために，多くの牧会的な手紙を書いた[10]．重要な地位で神に仕えようとするその他の人々を，彼は切り開かれた道をさらに先に進むようにしばしば鼓舞した．そのことは，彼の書物の中で有名な人物に献呈した手紙の中で確認することができる．また問いに答えた手紙も，きわめて多くある．この章で述べられるレリオ・ソッツィーニ（Lelio Sozzini）との文通と，メンソ・ポッピゥス（Menso Poppius）宛の手紙はその実例である．また，モンベリアル（Montbéliard）の牧師との文通は，カルヴァンが求められた助言にどう応えたかの実例である．こうした手紙は実に多くの情報を含んでいる．

われわれは第 1 章で，さらに続く章でも，カルヴァンの手紙からのデータを何度も使用した．この章では，カルヴァンは彼と人々とのいくつかの接触を取り上げる．すでにレリオ・ソッツィーニとの文通，メンソ・ポピウス宛の手紙，モンベリアルの牧師との文通を挙げた．さらにポーランドとの接触の一部，イングランドとスコットランド（Eduard Seymour, Thomas Cranmer, John Knox）との文通にも注目をする．このようにして，カルヴァンの手紙の意義が実例として知られることを願っている．

10.1　レリオ・ソッツィーニとの文通[11]

1549 年にレリオ・ソッツィーニ（Lelio Sozzini）（1525-1562 年）とカルヴァンの文通が始まった．彼はシエナ（Siena, イタリア）の出身であった．ソッツィーニは 1547−1552 年にヨーロッパ中を何度も旅行した．1548−1549 年の冬にはジュネーブへ行った．彼は甥のファウスト・ソッツィーニをとおしてポーランドにおける反三位一体主義の成立に影響を与えた．1561 年にレリオ・ソッツィーニによって「ヨハネ福音書の第一章の簡単な説明」が出版された．これをもって，イタリアの反三位一体主義者の間でのソッツィーニの時代が始まった[12]．

ソッツィーニは，1549 年 5 月 14 日にカルヴァンに手紙を書き，その中でカルヴァンに混合結婚，ローマ・カトリック教会における子どもの洗礼，体の復活についての考えを求めた．カルヴァンはその最初の手紙の中では（6 月末 —— CO 13, 307-311），彼自身が言っているように，状況に強いられて —— 提出された問いにただ短く立ち入っただけであった．復活についての問いには，一番詳しくカルヴァンは答えている．聖書からのさまざまなテキストが引用され，教会教父の考えがテルトゥリアヌス（Tertullianus）の引用の助けを借りて，復活では体の復活が問題になっていることを強調するために再現されている．もし主なる神がわれわれの体をよみがえらせないとすれば，死者の復活は問題にならない（『綱要』3, 25, 7, 8 を参照のこと）．彼の返事が示しているように（7 月 25 日付 —— CO 13, 336-340），すべての点においてソッツィーニは満足したわけではなかった．

二度めの手紙（1549 年 12 月 7 日付 —— CO 13, 484-487）では，カルヴァンは，自分は死者の体の復活について聖書が語っていることに従おうとしているので，それ以上立ち入ることができないと書いている．さらに彼は混合結婚とローマ・カトリック教会における子どもの洗礼への彼の見解を詳しく説明している．結婚に関しては，カルヴァンはキリスト者は，一緒にキリストに従う用意のある女性と結婚すべきであると考えている．混合結婚が教会によって承認さるべきか否かとのソッツィーニの問いに，カルヴァンは結婚の際になされた約束が有効であると言っている．その子どもを受洗させない者は子どもをカトリック教会で受洗させるときよりも大きな害悪をもたらす，とカルヴァンは答えている．キリスト者の義務は洗礼に際してキリストの戒めに反することをすべて拒否することである．洗礼の効力は洗礼の執行者に依存しない．洗礼の執行をめぐって多くの誤りがあるとしても，キリストの命令に基づいて父・子・聖霊の名で再生の証しとして洗礼が授けられることは確定している．カルヴァンがローマ・カトリック教徒にみられる教会のある名残りについて語るときに，彼はそのことで個々の選ばれた者ではなく，教皇制の中になおある荒廃した教会の廃墟をさしているのである．

文通は続いている．1552年1月1日にカルヴァンは改めて手紙を書き（*CO* 14, 229-230），ソッツィーニに自制を呼びかけている（逆説がないこと屁理屈がないこと，み言の学校ではただ必要なもののみが伝えられること）．彼は，ソッツィーニが彼に提出したような思弁的な問いでこれ以上困らせないよう望んだ．

1555年にカルヴァンの「老レリオ・ソッツィーニの若干の問いへの応答」（*CO* 10a, 160-165）が出版された[13]．彼はそこでソッツィーニによって提出された四つの問いに答えている．この問いが正確にはどのようなものか知られていないが，われわれはカルヴァンの返答のみを出発点とすることができよう．最初の問いはソッツィーニが避けようとする功績という言葉に関係している（『綱要』II 17.1 を参照のこと）．第二の問いは予定に関係し，第三の問いは信仰，第四は神の怒りと愛の経験に関係している[14]．

10.2　ポーランドとの文通[15]

1555年12月29日にカルヴァンはフランセスコ・リスマニノ（Francesco Lismanino）の要望で，9通の手紙をポーランドに送った（*CO* 15, 900-914）．リスマニノは1546年に聴罪司祭としてイタリア出身の女王ボナ・スフォルツァ（Bona Sforza）とともにポーランドに行った．そこでリスマニノはカルヴァンの影響を受けた．リスマニノは国王ジギスムント・アウグスト（Sigismund August）に週に二度も『綱要』から講義をした．リスマニノは1553年にジュネーブにカルヴァンを訪問する機会をもったときに，彼は修道服を脱いで結婚した．1556年はじめに彼はポーランドへ戻った．カルヴァンはまだリスマニノがポーランドへ戻る前に彼から，カルヴァンが手紙を書くことができるポーランド貴族数名のリストの付いた手紙を受け取った（*CO* 15, 868-871）．

上述の9通の手紙の中でカルヴァンは，当該のポーランド人に信仰に堅く立つよう鼓舞し，また彼らに力を尽して宗教改革の導入を促進するように呼びかけた．彼はその際，聖書の国語への翻訳と，牧師養成のための学

ア・ラスコ

校の設立をも考えていた.

　1556年5月2日にポーランドのピンクツォウ（Pinczow）で教会会議が招集され，7名の牧師と10名の貴族によって署名された手紙でカルヴァンにポーランドへ来るように求めている（CO 16, 129）．ジュネーブの牧師たちは市参事会宛の手紙でこの依頼を支持しており（CO 16, 131-132），その中で彼らはポーランドへの旅行のためにカルヴァンに数か月の休暇を与えるように求めている．

　カルヴァンは，1557年3月8日にポーランドの牧師と貴族に —— それ以前に誰かに手紙を託す機会はなかったが —— 一時ポーランドに来るようにとの彼らの依頼に応ずることができなかった．というのは，自分はジュネーブを留守にすることができず（CO 16, 420-421），さらにヨハネス・ア・ラスコ（Johannes à Lasco）がその間にポーランドにおり，それで彼の訪問はそれほど緊急ではないであろうと考えたと伝えている．

　1558年11月19日にカルヴァンは指導的なポーランド人宛にいくつかの手紙を書いた．その一人がヤン・タルノフスキ（Jan Tarnowski）で，彼は1555年12月29日付のカルヴァンの手紙に対して，1556年6月26日付の手紙で（CO 16, 215）応じている．タルノフスキは宗教改革の導入は騒動

にいたると考えた．カルヴァンは手紙で（CO 17, 382-383）タルノフスキの率直な返事を高く評価している．それから彼はアポロ（Apollo）が宗教の重要意義について神託で語っているクセノフォン（Xenophon）からある箇所の引用をして国家における平安のための宗教の大きな意義を指摘している．彼は統治する者はその義務を果たし，神によって指導されねばならないと考えている．しかし主なる神は，避けえないあらゆる騒動をも耐えられる，とカルヴァンは詩編46編を挙げて述べている．

　1559年5月にタルノフスキが応じ（CO 17, 517-520を参照のこと），それに再びカルヴァンが答えている（1559年11月15日付の手紙 —— CO 17, 673-676）．彼はそれから神の奉仕と政治的責任との関係に詳しく立ち入っている．タルノフスキは，国家の指導者はとりわけ平穏と平和をめざさねばならないと主張している．しかし，それが唯一の義務ではない，パウロはテモテへの手紙一2章2節で，真に神を畏れ，敬虔で静かで平穏な生活について語っている．神がそこで聖なる絆で結びつけているものをわれわれが互いに分離してはならない，とカルヴァンは反対している．また，カルヴァンによれば，宗教をあらゆる混乱の原因として指摘することは不正である．政治的行動では時と場合を考慮して慎重に仕事に着手することはよいことである．しかし，ずる賢さが慎重さに代わってはならない．もし，タルノフスキが迷信の廃止で，また，神への真の礼拝を導入することで，何もしないことを賢明と考えているなら，彼は神よりも賢明であると考えているのではなかろうか，とカルヴァンは述べている．

　カルヴァンは続く手紙で（1560年6月9日付 —— CO 18, 102-103），彼はタルノフスキがおこなったすべてを，教会の宗教改革のための積極的な関心をもって飾ること以外何も望んでいないと説明している．

　1558年11月19日にカルヴァンが手紙を書き送った者の一人はクヤヴィーンの司教ヤコブ・ウチャンスキ（Jakob Uchanski）であり，彼はその司教区にあらゆる種類の更新，パンとぶどう酒での聖餐式，司祭の結婚の禁止の廃止，礼拝へのポーランド語の導入などを取り入れようとした．カルヴァンは手紙で（CO 18, 380-382を参照のこと）確実に切迫した多くの問題

のために司教を励ました．しかし，この司教は後にその計画を撤回し，ローマと和解し，大司教になったのである[16]．

10.3　メンソ・ポッピゥス宛の手紙[17]

1559 年 2 月 26 日にカルヴァンは，彼がマンスラークト（Manslagt, 東フリースラント）の牧師メンソ・ポッピゥスから受け取った手紙の返事を書いている．ポッピゥスは，牧師の養成，子どものしつけ，緊急洗礼，訓練など教会生活に関係する非常に多くの問いに関して助言をカルヴァンに求めた．カルヴァンは，提出された問いに短い返答を弁解しながら書いているように，彼はあらゆる面で関わっているあらゆる種類の職務上の仕事や公私の問題で，ひどく煩わされていた．その他に，彼はほとんど 5 か月間病気のためにすっかり家に縛りつけられていた．彼は今少し回復したが，病気によって衰弱し，まだ仕事をすべてこなすことができなかった．しかし，彼は提出された問いに応じ，そしてポッピゥスを財政の点でも援助している（CO 17, 451-454 を参照せよ．ポッピゥスの反応については 9 月 10 日付の手紙 ── CO 17, 629-632 を参照のこと）．

10.4　モンベリアル伯領の牧師との文通

1543 年 10 月 7 日にカルヴァンはモンベリアル伯領の牧師に ── その中の一人はトゥサン（Pierre Toussaint）であるが ── 宛てて手紙を書いている．というのは，その公爵がサクラメント祝典のためにルター派の祭式を導入したために，彼らはどうすべきなのかわからずにいたからである（CO 11, 624-626）．カルヴァンは，聖晩餐に加わろうとする者が審査の申し出をするのはよいことであると考えている．しかし乱用を防ぐために，彼はそうした審査の目的は何なのかを定めている．すなわち，無知な者への深い

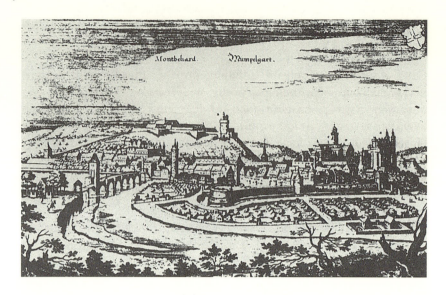

17世紀のモンベリアル

信頼をもった指導，その日々の生活でキリスト者の義務を果たしていない者への勧告，おびえた良心のための慰めがそれである．病人の聖餐式はそれが不可欠で適切であるならばよかろう．もし彼らが聖餐式を願い，そしてその用意をするなら，これは処刑前の犯罪者との聖餐式にも適用される．しかし，その祝典は信徒の交わりの中でおこなわれなければならない．普通の礼拝後，一人の教会員の求めで聖餐式を行うのはよくない．その祝典は，すべての人がそれを知りその用意ができるように予め予告されねばならない．幾人かがしばしば聖餐式を願うなら，それを拒否してはならない．

カルヴァンは緊急洗礼には激しく反対している．葬儀の場合，棺を教会に運び入れず，直接墓地に向かい，そしてそこで弔辞を述べることが好ましいと思っている．彼は鐘を鳴らすことには反対するが，あまり激しく反対しないようにと助言している．というのは，それが彼には論争する価値がないものだと思われたからである．もちろん，信心にいたらず，迷信的な性格をもっている祝日の拒否を固持することはまさに彼の願いであっ

た．さらに，カルヴァンはモンベリアルの牧師たちに，領主に対して厚かましく，わがままにふるまわないよう勧告している．カルヴァンはもし彼らが理由なくその領主に向かったのでないことがわかれば，確実に彼らに寛大になるであろうと言っている．

1544 年 5 月 8 日にカルヴァンは同僚たちと相談した後に，改めてモンベリアルの牧師に手紙を書いた．というのは彼らからルター派の祭式の導入に関する問題の経過についての詳しい報告を受けたからである（CO 11, 705-708）．人々が不当にもヴィッテンベルクを盾にとっている．ルターはわれわれと同様にそれには同意しないだろう，とカルヴァンは書いた．緊急洗礼に関しては，救いは洗礼にあるのではないと指摘している．洗礼によって，そこでわれわれが神の民へ受け入れられ，選ばれる契約が封印されるのである．信徒の子どもも，神の約束のお陰でこの契約に属するのである．約束が封印される洗礼がおこなわれなかったとしても，約束はそれ自体で十分なのである．洗礼は教会の問題であり，産婆の問題ではなく，それはみ言の奉仕と結ばれていなければならない．アウグスティヌスが初代教会に存在した信徒による洗礼の慣習について明確に断言していないとしても，彼はその問題を是認しているのではない．カルタゴ（Carthago）の（第 4 回）教会会議で，女性は思い上がって洗礼を施してはならないと決議された，とカルヴァンは言っている．

どのようにしなければならないのかという牧師の問いに，彼ら牧師たちがその領主に，何が彼に服従することを妨げているか説明しなければならない，とカルヴァンは答えている．もし領主がそこで応じないのなら，牧師たちは，人間よりも神に服従しなければならないというペトロの言葉によって導かれねばならない．

鐘を鳴らすこと，祝日を守ることに関してカルヴァンは，そうした問題を，彼らが神によって与えられた持ち場を離れるよりも，むしろ耐えねばならない，と彼らに喚起している．しかし，このことは彼らがその苦情をもち出してはならないという意味ではない．

カルヴァンは，領主が牧師の集会を禁じている点を本当に耐えがたいこ

ととして挙げている．もし牧師がもはや互いに協議しえないなら，教会はどうなるであろうか．そうした教会の壊滅を是認するよりは百回死ぬほうがましである，とカルヴァンは言っている．

1544年10月10日にカルヴァンは，ヴュルテンベルクの牧師，エルハルト・シュネップ(Erhard Schnepf)に，彼がシュネップにも呼びかけていたが，モンベリアルの牧師の一人，エンゲルマン（Engelmann）に言動を慎むように注意することによって，モンベリアルの兄弟を助けるように呼びかけた．エンゲルマンは不信心な者も聖餐式においてキリストの体を受け取るのかどうか，という問題をもち出していた．カルヴァンはいくつかの問題，すなわち不信心な者の邪悪さはこのサクラメントの本質と効力に何ら影響しない．また，このサクラメントにおいては，彼ら自身がキリストとの交わりをもっているというようには，不信心な者はキリストを受け取らないことは，明白でなければならないと考えている．それ以上に，彼はこのことについて互いに論争するよりはこうした質問を止めるべきである，という考えである．上述の二点が確定しているとすれば，教会はそうした問題から何を得るというのであろうか？

10.5　イングランドおよびスコットランドとの文通[19]

カルヴァンは1549–1550年頃にきわめて詳細な手紙を，1547年にも，まだ若年の国王エドワード6世（Eduard VI）のための摂政会議の長になったエドワード・シーモア宛に書いている[20]．1548年7月25日にカルヴァンはすでにテモテへの手紙の註解書をシーモアに献呈していた（3.2.1を参照のこと）．カルヴァンは —— そのときには彼の投獄について知らされていないが —— 彼に新しい手紙を書いて，その中で彼を新たにイングランドの宗教改革の継続へ奮起させている．彼は福音の仮面をつけてすべてを混乱させている心霊主義者，ローマの反キリストの迷信に固執している者に注意するよう，彼に警告している．官憲はキリストに服従しなければな

らない．カルヴァンは，教会の改革のために大きな意味をもつ三点を挙げている．すなわち，正しい国民の教育，乱用の廃止，罪・醜聞・無規律との戦いである．

　最初の点を論ずる中でカルヴァンは，よい説教の重要性（Ⅱテモテ 3：16），説教されなければならないことが要約されている信仰告白，そして彼らがよい教理と，偽りや誤ったものとを区別できるようになるためのよい教理を子どもと知識を欠く者に伝えるための教理問答，乱用の廃止を論ずる中で，カルヴァンは具体的実例として聖餐の際の死者のための祈りを挙げている．また彼は，洗礼の際の塗油と終油を廃止し，み言と教会の建設のために役立つことを堅持するべきであると思っている．霊的問題で指導する者は弱い者を十分配慮しなければならないが，彼らを強め，完全にまで導びかねばならない．教会外の問題で起こるように平和のために譲歩することは正しくない．われわれは神のみ言によって導かれなければならない．

　規律に関してカルヴァンは，聖なる聖餐が醜聞を起こす行状を続ける教会員によって冒瀆されないよう，主教と牧師に配慮を喚起している．「教理がいわば教会に生命を与える教会の魂であるように，規律と罪の処罰は体を結び合わせ，力を与える腱である」．

　1552 年には，カンタベリーの大主教トーマス・クランマー（Thomas Cranmer）と文通している．3 月にクランマーは，福音主義の教会会議を，教理のあらゆる部分について語るだけでなく，大きな権威をもった仕事を後の世代に伝える目的をもつ，これらの教理の共同の宣言を起草する目的で開催することを，カルヴァンに提案した（CO 14, 306）．クランマーはメランヒトンとブリンガーにも手紙を書いている．カルヴァンは 4 月にクランマーに返事を書いた（CO 14, 312-314）．カルヴァンはクランマーの計画について述べているがそれを実現するのは難しいと考えている．カルヴァン自身に関しては「もしわたしが何らかの役に立つなら，もしそのことで必要ならば，十の海をも渡っていくことさえわたしはいとわない」と言っている．彼は，クランマーに，すべてのことが思いどおりにいかなかったと

クランマー

しても，何かを達成するまでやりとおすようにと懇願している．

　1552年10月にクランマーは，カルヴァン宛に新たな手紙を書いている（CO 14, 370）．メランヒトンから彼はまだ何も聞いていなかった（このことはカルヴァンは，メランヒトンが遠く離れて，連絡するのに困難な場所に住んでいるので予測していた）．そしてブリンガーは，彼とメランヒトンにとってはカール5世とフランスの国王間の戦争のために，教会会議のためには時期が好ましくないと考えていた．クランマーは今のところその計画は実現できていないと認めている．一方，彼はカルヴァンに，イングランドの宗教改革を強力に続けることを約束している．

　カルヴァンはジョン・ノックス（John Knox）とも文通している（1559年11月8日付の手紙 —— CO 17, 665-668，および1561年4月23日付の手紙 —— CO 18, 434-435を参照のこと）．ノックスはスコットランドに戻っており，カルヴァンにあらゆる種類の助言を求めている．たとえば悔悛の情を示さない，破門された両親の子どもに，洗礼を授けることができるのか，などである．

文通は順調に進んでいない．ある手紙は紛失してしまい，カルヴァンは新たに書き起こした．彼は，ノックスに厳しい態度を幾分和らげるようにと望んでいる．洗礼は厳粛におこなわれなければならない．第一に，洗礼において神が言われていることに注意を払わなければならない．多年にわたって神がその契約を保持されてきたとすれば，祖父母や父母が離反しても，それが突然中断されることはない．神の約束は最初の子孫に有効なばかりでなく，幾千世代にわたって及ぶ．両親以外のその他の者も洗礼の質問に答えることができる．もちろん両親には，その義務が指摘されねばならない．しかし誰かが洗礼の約束をおこない，そのよい養育に配慮するならば，その洗礼は拒否されてはならない．

註

1) 文献．J. Pannier, Calvin écrivain, sa place et son rôle dans l' histoire de la langue et de la littérature françaises, Parijs 1930. H. Ruff, Die französischen Briefe Calvins. Versuch einer stylistischen Analyse, Glarus 1937. Jean-Daniel Benoit, 〈Calvin the Letter-Writer〉 in: John Calvin, G.E. Duffield, ed., 67-101. Douglas Kelly, 〈The Transmission and Translation of the Collected Letters of John Calvin〉 in: SJTh 30（1977）, 429-437. Paul Gerhard Chee, 〈Johannes Calvinein Bild nach seinen Briefen〉 in: RKZ 21（1980）, 159-161. Mr J. Swanepoel, 〈Calvin as a Letter-writer〉 in: Our Reformational Tradition, Potchefstroom 1984, 279-299. William G. Naphy, 〈Calvin's Letters: Reflections on their Usefulness in Studying Genevan History〉 in: ARG 86（1995）, 67-89. Cornelis Augustijn / Christoph Burger / Frans P. van Stam, 〈Calvin in the Light of the Early Letters〉 in: Calvinus Praeceptor Ecclesiae, Herman J. Selderhuis, ed., 139-157. きわめて多くの注意をカルヴァンの文通に払っている研究は，W. Nijenhuis, Calvinus Oecumenicus. Calvijn en de eenheid der kerk in het licht van zijn briefwisseling, 's-Gravenhage 1959 である．

2) Johannis Calvini Opera, Braunschweig 1872-1879，の10巻bから20巻までに「カルヴァン書簡宝典（Thesaurus Epistolicus Calvinianus）」を含んでいる．この部分は4302通の手紙からなるが，そのうち約1300通がカルヴァン自身のものである．この版の記述については Ioannis Calvini Epistolae I（1530-sep. 1538）, Cornelis Augustijn en Frans Pieter van Stam, eds., Genève 2005 における〈General introduction〉24を参照せよ．

3) Ioannis Calvini epistolae et responsa, quibus interiectae sunt insignium in Ecclesia Dei virorum aliquot etiam epistolae. Eiusdem I. Calvini vita a Theodoro Beza genevensis Ecclesiae Ministro accurate descripta. Index rerum insigniorum. Omnia nunc primum in luce edita, Genevae 1575.
この仕事は399通の手紙を含み，そのうち299通をカルヴァン自身が書いている．詳しい情報については Ioannis Calvini Epistolae I, Genève

2005, 17-18 を参照せよ.

4）とくに〈General introduction〉in Ioannis Calvini Epistolae I, Genève 2005, 11-31 を参照せよ.

5）この最初 278 通の手紙を含んでいた版は英語に翻訳され何度も規模を大きくしながら再版された. Letters of John Calvin. Compiled from the original manuscripts and edited with historical notes by Dr. Jules Bonnet. Translated by D. Constable and M. R. Gilchrist, 2 vols, 1855-1857 Edinburgh および 4 vols, Philadelphia 1858（repr. New York 1972）. Letters of Calvin は Selected Works of John Calvin: Tracts and Letters, 7 vols., Henry Beveridge and Jules Bonnet, eds., Grand Rapids（MI）1983.（および The Comprehensive John Calvin Collection, Albany, OR 1998 — electronic resource, AGES software.）

6）この仕事の徹底した記述については Ioannis Calvini Epistolae I. Genève 2005, 22-26 の〈General introduction〉を参照せよ. Herminjard のこの仕事の再版は 1965-1966 年に Nieuwkoop で出版された.

7）Uwe Plath はその論文〈Eiu unbekaunter Brief Calvins vom Vorabend der Religionskrieg in Frankreich〉in: ARG 62（1971）244-266 でいくつかの実例を挙げている（244-245 頁註 2 を参照せよ）. さらにわれわれはサロ（Sarrau）コレクションの手紙を挙げる. Les lettres à Jean Calvin de la Collection Sarrau, publicées avec une notice sur Claude et Isaac Sarrau par Rodolphe Peter et Jean Rott, Paris 1972（CRHPhR 43）.〈General introduction〉in Ioannis Calvini Epistolae I, Genève, 2005, 26 をも参照せよ.

8）出版されているのは Ioannis Calvini Epistolae, Volumen I（1530-sep. 1538）, Cornelis Augustijn en Frans Pieter van stam, eds., Genève 2005.

9）カルヴァンとヴィレの文通については Robert D. Linder,〈Pierre Viret and John Calvin As Soul-Mates and Co-Laborers in the Work of the Reformation〉in: Calvin Studies Society Papers, 1995, 1997, David Foxgrover, ed., Grand Rapids（MI）, 1998, 134-158. Willem Balke,〈Jean Calvin und Pierre Viret〉in: Calvin in Kontext der Schweizen Reformation, Peter Opitz, ed., 57-92. カルヴァンとブリンガーとの文通については André Bouvier: Henri Bullinger, reformateur et couseiller oecuménique, le successeur de Zwingli, d'après sa correspondence avec les reformés et les humanistes de langue française, suivi de notes complèmentaires et de XXVI lettres inédites en appendice, Neuchâtel/Parijs 1940. W. Kolfhaus,

〈Der Verkehr Calvin mit Bullinger〉in: Calvin studien 1909. Festschrift zum 400. Geburtstage Johann Calvins, Josef Bohatec, ed., Leipzig 1909, 27-125.

F. Büsser,〈Calvin und Bullinger〉in: Calvinus Servus Christi, Wilhelm H. Neuser, ed, Budapest 1988, 107-126.

Aurelio A. Garcia〈Bullinger's Friendship with Calvin: Loving One Another and Edyfying the church〉in: Calvin Studies Society Papers 1995, 1997, David Foxgrover, ed 119-133 を参照せよ.

10）たとえばローザンヌからの5人の学生に書いた手紙，彼らは1552年にフランスに向かうその旅の間にリヨンで逮捕され，1553年5月16日に公開で処刑された．カルヴァンは，ブリンガーやヴィレと共に，彼らを釈放するために擁護した一人であった．カルヴァンはしかし，彼らの殉教者となる準備についても書いている（CO 14, 331-334, 423-425, 469-471, 490-492, 544-547 をも参照せよ）.

文献：Mirjam G. K. van Veen,〈...les sainctz Martyrs.... Die Korrespondenz Calvins mit fünf studentes aus Lausanne über das Martyrium（1552）〉in Calvin im Kontext der Schweitzer Reformation, Peter Opitz. ed., Zurich 2003, 127-145.

11）1549年の文通（4通の手紙が関係している）については，R. Lazzaro,〈Four letters from the Socinus — Calvin correspondence（1549）. translated and edited by Ralph Lazzaro〉in: Italian Reformation Studies in Honor of Laelius Socinus, J. A. Tedeschi. ed., Firenz 1965, 215-230.

12）Lelio Sozzini に関しては The Oxford Encyclopedia of the Reformation, Hans J. Hillerbrand, ed Volume 4, NewYork-Oxford 1996, 90-91 を参照せよ.

13）英訳は Calvin's Ecclesiastical Advice, translated by Mary Beaty and Benjamin Farley, 25-32.

14）David Willis,〈The influence of Laelius Socinus on Calvin's doctrines of the merits of Christ and The assurance of faith〉in: Italian Reformation Studies in Honor of Laelius Socinus, J. A. Tedeschi, ed., Firenze. 1965, 231-241 をも参照せよ.

15）ポーランドとのカルヴァンの接触の詳しい記述については Nijenhuis, Calvinus Oecumenicus, 22-35 を参照せよ.

16）ポーランドとのカルヴァンの接触については第6章も参照せよ.

17）メンソ・ポッピゥスに関しては Biografisch Lexikon voor de geschiedenis van het Nederlandse Protestantisme, deel 2, D. Nauta en anderen, eds.,

Kampen 1983, 370-371.（ポッピゥスの著作と文献に言及した J. J. Kalma の論文）を参照せよ.

18）ジュネーブの市参事会はチューリヒとベルンの教会の慣習に従い聖晩餐が病人の家庭で執行されるのを正しいとは考えなかった. カルヴァン自身はそれについては異なった考えであった. 彼の立場についてはカスパール・オレヴィアヌス宛の 1563 年 12 月 1 日付の手紙をも参照せよ（*CO* 20, 200-201）.

19）カルヴァンのイングランドとの接触については W. Nijenhuis, Calvinus Oecumenicus, 19-22 および 200-219 を参照せよ.

20）正確な日付は確かでない. Bibliotheca Calviniana I, 365 を参照せよ.

11 書誌学上のデータ

『カルヴァン著作集』（*Opera Calvini*）第 59 巻 461−586 頁には，「カルヴァン書籍目録（*Bibliographia Calviniana*）」が見いだされる．ここに，「カルヴァンの著作の年代順一覧表（*catalogus chronologicus operum Calvini*）」と「アルファベット順の索引，*catalogus systematicus operum quae sunt de Calvino cum indice auctorum alphabetico*」がある．エリクソン（Alfredus Erichson）が 1900 年にベルリンでこの文献表を出版した．重版は 1960 年および 1979 年にニューコープで出版された．

ニーゼル（W. Niesel），ケンプ（D. Kempff）およびデ・クラーク（P. de Klark）はその続編を用意した．「カルヴァン文献目録（*Calvin-Bibliographie*）」ミュンヘン，1901−1951 年である．フレンケル（P. Fraenkel）他は，ニーゼルの書に補遺を用意した．以下を参照せよ．Pierre Fraenkel, "Petit supplément aux Bibliographies calviniennes, 1901-1963". これは，BHR（= Bibliothèque d'Humanisme Et Renaissance）33，1971 年，385−413 頁に所収されている（387 − 389 頁に "Corrigenda et addenda a W. Niesel: Calvin-Bibliographie", 392−413 頁に "Supplement bibliographique 1901-1963" がある）．「*A Bibliography of Calviniana 1959-1975.*」ケンプ（D. Kempff），ポチェフストルーム，1975 年（重版，1983 年）．「Calvin Bibliography 1960-1970.」ティレンダ（Joseph N. Tylenda）の編集．デ・クラーク（P. de Klark）の改訂版が，CTJ（= Calvin Theological Journal）6，1971 年，156−193 頁にある．その更新情報は以下のとおり．CTJ 7（1972），221-250; 9（1974），38-73 および 210-240; 10（1975），175-207; 11（1976），199-243; 12（1977），164-187; 13（1978），166-194;

14 (1979), 187-212; 15 (1980), 244-260; 16 (1981) 206-221; 17 (1982), 231-247; 18 (1983), 206-224; 19 (1984), 192-212; 20 (1985), 268-280; 21 (1986), 194-221; 22 (1987), 275-294; 23 (1988), 195-221; 24 (1989), 278-299; 25 (1990), 225-248; 26 (1991) 389-411; 27 (1992), 326-352; 28 (1993), 393-419; 29 (1994), 451-485; 30 (1995), 419-447; 31 (1996), 420- 463; 32 (1997), 368-394 (デ・クラーク〔Peter De Klerk〕およびフィールズ〔Paul Fields〕編) ; 33 (1998), 375-398 (フィールズ〔Paul Fields〕編) ; 34 (1999), 396-416; 35 (2000), 297-314; 36 (2001), 343-364; 37 (2002), 297-317; 38 (2003), 299-320; 39 (2004), 357-376; 40 (2005), 291-311; 41 (2006), 297-320; 42 (2007), 346-376 (以降は, Calvin Theological Seminary の HP〔https://internal.calvinseminary.edu/pubs/journal.php〕を参照).

さらに, 1972 年以来毎年発行されており, 特にカルヴァン文献報告も含まれている「*Archiv für Reformationsgeschichte*」の「別冊 (Beiheft)」も参照のこと. ARG.B 1 (1972), 35-38; 2 (1973), 30-33; 3 (1974), 31-34; 4 (1975), 24-26; 5 (1976), 21-23; 6 (1977), 23-25; 7 (1978), 28-31; 8 (1979), 21-23; 9 (1980), 26-27; 10 (1981), 22-23; 11 (1982), 24-27; 12 (1983), 40-41; 13 (1984), 45-46; 14 (1985) ; 36-38, 15 (1986) ; 32-34; 16 (1987) , 28-30; 17 (1988) , 23-24: 18 (1989), 22-25; 19 (1990), 19-23; 20 (1991), 20-24; 21 (1992), 23-25; 22 (1993), 14-17; 23 (1994), 18-20; 24 (1995), 17-19; 25 (1996), 21-22; 26 (1997), 17-18; 27 (1998) , 20-21; 28 (1999) , 37-39; 29 (2000) , 25-29; 30 (2001) , 26-29; 21 (2002), 31-33; 32 (2003), 33-36; 33 (2004), 25-27; 34 (2005), 21-24; 35 (2006), 33-36; 36 (2007), 24-27; 37 (2008), 27-29; 38 (2009), 36-59 ; 39 (2010), 22-26; 40 (2011), 45-48; 41 (2012), 30-33; 42 (2013), 28-32; 43 (2014), 22-23.

書誌学上重要なものは, ペーター (Rodolphe Peter) およびジルモン (Jean-Francois Gilmont) による *Bibliotheca Calviniana : les oeuvres de Jean Calvin publiées au XVIe siècle* の以下の 3 部である.

第 1 巻 *Ecrits théologiques, littéraires et juridiques : 1532-1554.* ジュネーブ, 1991 年.

第 2 巻 *Ecrits théologiques, littéraires et juridiques : 1555-1564.* ジュネー

ブ，1994 年.

第 3 巻 *Ecrits théologiques, littéraires et juridiques : 1565-1600.* ジュネーブ，2000 年.

最後に，ビハリー（M. Bihary）によってまとめられた「*Bibliographia Calviniana*」をあげておく必要があろう．これは，カルヴァンの著作と，1850 年から 1997 年までの期間に出版されたそのドイツ語，フランス語，英語およびハンガリー語による翻訳の文献一覧を提供するものである．2000 年には，プラハでこの本の第 3 版が出版された．

〔訳註　以下の文献表も参照のこと．フィールズ（Paul Fields）"De werken van Calvijn: losse uitgaven en verzameld werk.". ゼルダーハイス（Selderhuis）編，Calvijn Handboek, カンペン，2008 年，27–34 頁に所収〕.

カルヴァン著作選集および全集

1552 年，ジュネーブで一冊の書物が出版された．カルヴァンの著作を 1 巻に蒐集した『カルヴァン小作品全集（*Ioannis Calvini opuscula Omnia in num volumen collecta*）』である[注]．その文書はすべてラテン語にでで書かれた．もともとフランス語で著された諸文書については，ニコラ・デ・ガラール（Nicolas des Gallars ca. 1520-ca. 1580）がラテン語訳を用意した．

1576 年には，ジュネーブでカルヴァンの全神学著作のラテン語版が，ベザの序言付で出版された．ベザはこの版をオラニエ公ウィレム（Willem van Oranje）に献呈している．この著作集に，それまでラテン語でもフランス語でも出版されていなかった諸論文や，カルヴァン『セネカ「寛容論」註解』が含まれていたことが，書名からわかる．その完全な書名は以下のとおり．Ioannis Calvini *Tractatus theologici omnes, nunc primum in unum volume, certis classibus congesti: quorum aliqui ne latine nec gallicae prius editi fuerunt. His acesserunt eiusdem Calvini in libros Senecae De clementia Commentarii.* 1552 年のカルヴァンの「*Opuscula omnia*」と比べると，

「*Tractatus theologici omnes*」のカルヴァンの諸文書が教育的な部分と論争的な部分とに分類されていることが注目される[2].

1566 年, ジュネーブで, カルヴァンのフランス語諸文書からなる一書 が 出 版 さ れ た.「*Recueil des opuscules, C'est à dire, Petits traictez de M. Iean Calvin. Les uns reveus et corrigez sur le Latin, les autres translatez nouvellement de Latin en François.*」である[3]. テオドール・ド・ベーズは, この書をルネ・ド・フランスに献呈した. 重版が 1611 年に出版されている. 2003 年, ジュネーブの Librairie Droz 社が,「*Receuil des opuscules (1566)*」の CD-ROM 版を出版した.

カルヴァンの著作はまた, シッパー版においても刊行されている. そのように通称されるのは, その 1667 年版が, アムステルダムでヨハンネス・ヤーコブ・シッパーによって出版されたものだからである. 19 世紀にアウグスト・トールク (A. Tholuck, 1799-1877) が, カルヴァンの新約聖書や創世記や詩編の註解書を出版した際に用いたのも, この版であった. 学術書においてはしかし, この版でなく「*Opera Calvini*」から引用するのが通例である.

「*Opera Calvini*」版は, 1863 年から 1900 年に, G・バウム (Guilielmus Baum), E・クーニッツ (Eduardus Cunitz) および E・ロイス (Eduardus Reuss) によって用意され,「*Ioannis Calvini opera quae supersunt omnia*」の書名で出版された. 全 59 巻ある. 学問的な著作においては, たいてい *CO* という略号をもって引用される. ただし, この版がメランヒトンとツヴィングリの著作をも含む『宗教改革全集 (*Corpus Reformatorum*)』の中に, 29 巻から 88 巻として所収されたために, カルヴァン引用に *CR* という略号が用いられることもある (したがって, *CR* 29 は *CO* 1 と同じということになる).

カルヴァンの著作選集は, バルト (P. Barth), ニーゼル (W. Niesel) およびショイナー (Dora Scheuner) が用意した.「*Johannis Calvini Opera Selecta*」である. この叢書は五部からなり, 1926 年から 1952 年の間に, ミュンヘンで出版され, 何度か重版された (引用の際の略号は *OS*).

カルヴァンの説教に関しては「*Opera Calvini*」に, 多く見出される. さ

らなる重要な資料は *Supplementa Calviniana, Sermons inédits* である．1936年以来，以下の巻が（ノイキルヒェン Neukirchen/ Neukirchen Vluyn にて）出版されている．第1巻，サムエル記下についての説教（リュッカート〔Hanns Rückert〕編，1936 - 1961 年）．第2巻，イザヤ書13-19章についての説教（バロワ〔George Barrois〕編，1961-1964 年）．第3巻，イザヤ書30-41章についての説教（イグマン〔Fransis M. Higman〕，パーカー〔Thomas H.L. Parker〕とトープ〔Lewis Thorpe〕編，1995 年）．第5巻，ミカ書についての説教（ベノワ〔Jean Daniel Benoit〕編，1964 年）．第6巻，エレミヤ書と哀歌についての説教（ペーター〔R. Peter〕編，1971 年）．第7巻，詩編説教，受難，復活および聖霊降臨節の説教（ミュールハウプト〔Erwin Mulhaupt〕編，1981 年）．第8巻，使徒言行録についての説教（バルク〔Willem Balke〕およびモーン〔Wilhelmus H.Th. Moehn〕編，1994 年）．第10／3巻，預言者エゼキエルの黙示の書36-49章についての説教（ドゥ・ボア〔Erik Alexander de Boer〕およびナギー〔Barnabas Nagy〕編，2006 年）．第11／1巻，創世記1章1節-11章4節についての説教（アンガマル〔Max Engammar〕編，2000 年）．第11／2巻，創世記11章5節-20章7節についての説教（アンガマル編，2000 年）．（その他，マッキー〔Elsie Anne McKee〕がコリントの信徒への手紙一を担当し準備中と言及）．

　マックス・アンガマル は，以下の出版にも携わっている．「Jean Calvin, *La Famine spirituelle : sermon inédit sur Esaïe 55, 1-2,* Genf 2000.」．これは，イグマンによる英訳付であった．

　3章（3.4）の終わりには，これまで出版されていない説教についての概観がある．

　1992 年以降，国際カルヴァン学会の議長団の指揮下でカルヴァン研究の助成が企図され，ジュネーブの Librairie Droz 社のもと，「*Calvini Opera*」の改訂版が批判的な考証資料（apparat）と註をつけて出版されている．「註解の著作（*Opera exegetica*）」では以下が出版されている．第11／1巻，*In evangelium secundum Johannem Commentarius, Pars prior.*（フェルト（Helmut Feld）編，1997 年）第11／2巻，*In evangelium secundum Johannem Commentarius, Pars altera.*（フェルト編，1998 年）第12／1巻，

Commentariorum in acta apostolorum liber primus.（フェルト編, 2001 年）第 12 ／ 2 巻, *Commentariorum in acta apostolorum liber posterior.*（フェルト編, 2001年）第 13 巻, *Commentarius in Epistolam Pauli ad Romanos.*（T. H. L. パーカーおよび D. C. パーカー編, 1999 年）第 15 巻, *Commentarii in secundam Pauli Epistolam ad Corinthios.*（フェルト編, 1994 年）第 16 巻, *Commentarii in Pauli Epistolas ad Galatas ad Ephesios ad Philippenses ad Colossenses.*（フェルト編, 1992 年）第 19 巻, *Commentarius in Epistolam ad Hebraeos.*（T. H. L. パーカー編, 1996 年）.

　「教会の文書（*Scripta ecelesiastica*）」の叢書では, 以下のような分巻が出版されている.

　第 1 巻, *De aeterna Dei praedestinatione.* ed. Wilhelm H. Neuser, Genève 1998.

　第 2 巻 *Instruction et confession de foy dont on use en l'Eglise de Geneve - Catechismus seu christianae religionis institutio Ecclestiae Genevensis.* ed. Anette Zillenbiller; *Confessio Genevensium praedicatorum de Trinitate*, ed. Marc Vial, Genève 2002.

　「教訓・論争文書（*Scripta didactica et polemica*）」の叢書では, 以下の分巻が出版されている.

　第 1 巻, *Contre la secte phantastique et furieuse des libertins, qui se nomment spirituelz（avec une épistre de la mesme matière, contre un certain cordelier suppost de la secte, lequel est prisonnier à Roan）*. および *Response à un certain holandois, lequel sous ombre de faire les chrestiens tout spirituels, leur permet de polluter leur corps en toutes idolatries*（ミルヤム・ファン・フェーン〔Mirjam van Veen〕編, 2005 年）.

　第 2 巻, *Briève instruction pour armer tous bons fidèles contre les erreurs de la secte commune des anabaptistes*（ファン・フェーン〔Mirjam van Veen〕編, 2006 年）.

　第 3 巻, *Defensio sanae et orthodoxae doctrinae de servitute et liberatione humani arbitrii*（レーン〔Anthony N. S. Lane〕編, 2008 年）.

書簡の叢書では第一巻 (1530–sep. 1538, ジュネーブ, 2005 年) が出版された.

新しい展開として,カルヴァンの著作が CD-ROM のような現代的な機器によっても入手できるようになった.「*Receuil des opuscules* (1566)」の CD-ROM 版についてはすでに言及した.「*Supplementa Calviniana*」に納められているカルヴァンの説教や,「*Calvini Opera denuo recognita*」の版に出版された著作などのように,Droz によって,さらなる電子版が予告されているものがある.

1998 年,AGES ソフトウェアによる CD-ROM が「ジャン・カルヴァン全コレクション (*The Comprehensive John Calvin Collection*)」という書名で出版された.これには,英語に翻訳されたカルヴァンの著作がいくつか含まれている (とくに彼の聖書註解書や『綱要』およびセネカ『寛容論』註解も).

アペルドールン (オランダ) では,ゼルダーハイス (Herman J. Selderhuis) の指揮下で,『宗教改革全集 (*Corpus Reformatorum*)』に納められたカルヴァン総著作集の DVD 版が準備されている〔2005 年,ソフトウェア「カルヴァン著作集データベース 1.0 Calvini Opera Database1.0」としてすでに公になっている〕.

カルヴァン(オリジナル)の他の版

綱要

1541 年 (フランス語) 版 —— *Institution de la religion chrestienne*, texte établi et présenté par Jacques Pannier, 全 4 巻, パリ, 1936－1939 年 (重版 1961 年).

1560 年 (フランス語) 版 —— *Institution de la religion chrestienne. Edition critique avec introduction, notes et variantes publiée par Jean-Daniel Benoit.* 全 5 巻, パリ, 1957‒1963 年.

註解書

Iohannis Calvini Comentarius in Epistolam Pauli ad Romanos, T. H. L. パー

カー編，ライデン，1981年.

諸文書

L'excuse de noble seigneur Jacques de Bourgogne, seigneur de Falais et de Bredam, par Jean Calvin, réimprimée pour la première fois sur l'unique exemplaire de l'édition de Genève 1548, avec une introduction par Alfred Cartier, パリ，1896年. 第二版；revue et augmentée，ジュネーブ，1911年.

*La forme des prières et chantz ecclesiastiques, avec la manière d'administrer les Sacremens, et consacrer le mariage: selon la coustume de l'Eglise ancienne.*1542年（ピドー〔P. Pidoux〕によるファクシミリ版，カッセルおよびバーゼル，1959年）.

Pseaumes Octantetrois de David, mis en rimes Françoise par Clément Marot, Théodore de Bèze. ジュネーブ（印刷ジャン・クレスパン〔Jean Crespin〕），1551年. および，*La forme des prieres et chantz ecclesiastiques en Catéchisme.* ジュネーブ，1552年（ファクリミリ版，New Brunswick N. J. 1973年）.

Le catéchisme français de Calvin, publié en 1537, réimprimé pour la première fois d'après un exemplaire nouvellement retrouvé et suivi de la plus ancienne Confession de foi de l'Église de Genève, avec deux notices par Albert Rilliet et Théophile Dufour. ジュネーブ，1878年.

Psychopannychia.（『魂の眠り』，1534年）ツインマリ（Walther Zimmerli）編，ライプチヒ，1932年.

Calvin's First Psalter（『カルヴァンの最初の詩編』，1539年）. テリー（Sir Richard R. Terry）による，評註と旋律へのモーダル旋法的ハーモニー和声（modal harmony）を伴う編集，ロンドン，1932年.

Deux congrégations et exposition du catéchisme. Première réimpression de l'édition de 1563 avec une introduction et des notes par Rodolphe Peter. パリ，1964年.

L'ABC français. ジュネーブ，1551年. ペーター（Rodolphe Peter）による再版，以下に所収. *Regards contemporains sur Jean Calvin, actes du Colloque*

Calvin, Strasbourg 1964. パリ，1965 年，182 - 202 頁.

Calvin's Commentary on Seneca's De Clementia.（『カルヴァンのセネカ寛容論註解』）バトルズとユゴー（André Malan Hugo）による解説，翻訳および註付. ライデン，1969 年.

Three French Treatises〔Traité des reliques, Traité de la Cène, Excuse aux Nicodémites〕. イグマン（M. Higman）編，ロンドン，1970 年.

Des Scandales. ファティオ（Olivier Fatio）による批評版，ラパン（C. Rapin）との共著，ジュネーブ，1984 年.

Advertissement contre l'astrologie judiciaire. ミエ（Olivier Millet）による批評版，ジュネーブ，1985 年.

Plaidoyers pour le Comte Guillaume de Fürstenberg. Première réimpression de deux factums publiés à Strasbourg en 1539-1540. ペーター（R. Peter）による解説と註付，パリ，1994 年（Études d'histoire et de philosophie religieuses, no. 72. ストラスブルク大学プロテスタント神学学部の助成による出版）.

Trois Libelles anonymes. イグマンおよびミエ編，編者による解説と註付，ジュネーブ，2006 年.

書簡

Correspondance des réformateurs dans les pays de langue française : recueillie et publiée, avec d'autres lettres relatives à la Réforme et des notes historiques et biographiques par A. L. Herminjard. 全 9 巻，ジュネーブおよびパリ，1866 - 1897 年（重版：ニューコープ，1965-1966）.

Lettres de Jean Calvin recueillies pour la première fois et publiées d'après les manuscrits originaux par Jules Bonnet. 全 2 巻，パリ，1854 年.

Lettres anglaises, 1548-1561. Textes choisis, transcrits et présentés par Albert-Marie Schmidt, パリ，1959 年.

Les lettres à Jean Calvin de la Collection Sarrau, publiées avec une notice sur Claude et Isaac Sarrau par Rodolphe Peter et Jean Rott. パリ，1972 年.

Lettres à Monsieur et Madame de Falais, texte établi, annoté et présenté par

Françoise Bonali-Fiquet. ジュネーブ, 1991 年.

現代語版, 翻訳

『綱要』
1536 年初版

Institution of the Christian religion. バトルズ編, アトランタ, 1975 年.

Institutes of the Christian religion. ロンドン, 1986 年 (リーンストラ [M. Howard Rienstra] によるバトルズ 1975 年訳の改訂版).

Institutie 1536. シュパイカー (W. van' t Spijker) 訳, カンペン, 1992 年 (重版, フーテン, 2005 年).

1559 年最終版

Institutes of the Christian Religion (LCC = The Library of Christian Classics vol. 20, 21). マクニール (John T. McNeill) 編, バトルズによる訳と索引, フィラデルフィア／ロンドン, 1960 年.

Institution de la religion chrétienne. カディエ (Jean Cadier) およびマルセル (Pierre Marcel) による本文選定, 全 4 巻, ジュネーブ, 1955－1958 (重版 1978 年および 1995 年).

Unterricht in der christlichen Religion. ヴェーバー (Otto Weber) 訳, 編纂による最終版, ノイキルヘン－ヴリュイン, 1997 年 (第 6 版), 2008 年 (第 7 版).

Institutie of onderwijzing in den christelijken godsdienst. ジゾー (A. Sizoo) によるラテン語からの翻訳, デルフト, 1931 年.

(『キリスト教綱要　最終版 (1559)』, 渡辺信夫訳, 新教出版社, 1962－1965 年 (全 7 巻). 全面改訂版 (全 3 巻)：第 1 篇・第 2 篇, 2007 年. 第 3 篇, 2008 年. 第 4 篇, 2009 年).

註解書

Calvin's Commentaries. エディンバラ，1843−1855年，重版，1981年，グランドラピッズ（MI）.

Calvin's New Testament Commentaries. 全12巻，ディヴィッド（David W. Torrance）およびトーマス（Thomas F. Torrance）・トーランス編，エディンバラ，1972年.

Calvin's Old Testament Commentaries.

——第18巻，エゼキエル書Ⅰ（1−12章），フォクスグローヴァー（D. Foxgrover）およびマルティン（D. Martin），グランドラピッズ（MI），1994年.

——第20巻，ダニエル書Ⅰ（1−6章），パーカー訳，グランドラピッズ（MI）1993年.

説教集

Sermon on Isaiah's Prophecy of the Death and Passion of Christ. パーカー編，ロンドン，1956年.

Sermon on the Epistle to the Ephesians. ロンドン，1973年（ゴールディング [Arthur Golding]訳 *The Sermon upon the Epistle of S. Paule too the Ephesians*. ロンドン，1577年の改訂版）.

Sermon on the Epistles to Timothy & Titus. エディンバラ／カーライル（Pa），1983年（トムソン [Laurence Tomson] 訳 Sermon on the Epistles of S. Paule to Timothie and Titus. ロンドン，1579年のファクシミリ版）.

Sermon on Deuteronomy. エディンバラ／カーライル（Pa），1987年（ゴールディング訳 *The Sermon upon the fifth Booke of Moses called Deuteronomie*. ロンドン，1583年のファクシミリ版）.

Sermon on 2 Samuel, Chapters 1-13. ケリー（Douglas Kelly）訳，エディンバラ，1992年.

Sermon on the book of Job. エディンバラ，1993年（ゴールディング訳 *Sermon upon the Booke of Job*. ロンドン，1574年のファクシミリ版）.

Sermon on Galatians. ゴールディング訳，1574年. 現代活字による再版，

オーデュボン（N. J.），1995年.

Sermon on the book of Micah. ファーレイ（Benjamin Wirt Farley）編，フィリップスバーグ（N.J.），2003年.

Rechtvaardiging door het geloof. モーン（W. H. Th. Moehn）による翻訳解説つきの4説教，ハウテン，1999年.

De geestelijke honger, een preek over Jesaja 55:1 en 2. ブールケ（Christa Boerke）による翻訳解説つき，カンペン，2002年.

その他の諸文書

Petit traité de la Sainte Cêne de notre seigneur Jésus-Chris. シャテラン（Harald Châtelain）および マルセル（Pierre Marcel）による現代語への改訂版，パリ，1959年.

Calvin, homme d'église: oeuvres choisies du réformateur et documents sur les eglises réformées du XVIe siècle. 第二版，パリ，ジュネーブ，1971年.

La vraie piété. Divers traités de Jean Calvin et confession de foi de Guillaume Farel. バクス（Irena Backus）およびシメリ（Claire Chimelli）による現代語版，ジュネーブ，1986年.

Calvin. Œuvres choisies. 現代語版，ミエ（Olivier Millet）による編註，パリ，1995年.

Calvin-Studienausgabe. ブッシュ他（Eberhard Busch, Matthias Freudenberg, Alasdair Heron, Christian Link, Peter Opitz, Ernst Saxer, Hans Scholl）による編集（オリジナル本文およびドイツ語対訳. 全10巻が刊行），ノイキルヘン－ヴリュイン，1994年〜刊行中.

第1.1-1.2巻　*Reformatorische Anfänge 1533-1541*
第2巻　*Gestalt und Ordnung der Kirche*
第3巻　*Reformatorische Kontroversen*
第4巻　*Reformatorische Klärungen*
第5.1-5.2巻　*Der Brief an die Römer*
第6巻　*Der Psalmen-Kommentar*（抄）

第 7 巻　*Predigten über das Deuteronomium und den 1. Timotheusbrief*（1555-1556）.

第 8 巻　*Ökumenische Korrespondenz*

John Calvin' s Tracts and Treatises. ビヴァレッジ（Henry Beveridge）によるラテン語オリジナルからの訳，エディンバラ，1844 年. 重版，グランドラピッズ（MI），1958 年（この版にはトーランス〔Thomas F. Torrance〕による歴史的脚註および解説が加えられている）.

第 1 巻　*On the Reformation of the Church*

第 2 巻　*On the Doctrine and the Worship of the Church*

第 3 巻　*In the Defense of the Reformed Faith.*

Calvin: Theological Treatises. リード（J. K. S. Reid）による訳と解説，ロンドン／フィラデルフィア，1954 年.

Concerning the Eternal Predestination of God. リードによる訳と解説，ケンブリッジ，1961 年. 重版，ルイヴィル（KY），1997 年.

Catechism 1538. バトルズ（Ford Lewis Battles）訳註，ピッツバーグ（PA），1972 年（改訂版，1976 年）.

Concerning Scandals. フレーザー（John W. Fraser）訳，グランドラピッズ（MI），1978 年.

Treatises against the Anabaptists and against the Libertines. ファーレイ（Benjamin Wirt Farley）編訳および註，グランドラピッズ，1982 年.

Congratulations to the Venerable Presbyter, Lord Gabriel of Saconay, Precentor of the Church at Lyon, for the Beautiful and Elegant Preface the He Wrote for the Book of the King of England.　ケリー（Douglas F. Kelly）訳. Calvin Studies II, リース（John H. Leith）およびレナール（Charles Raynal III）編，ディヴィットソン（N.C.），1985 年，109 – 118 頁に所収.

Calvin's Calvinism. Treatises on the eternal predestination of God and the secret providence of God. コール（Henry P. Cole）訳, ロンドン, 1856 – 1857 年, グランドラピッズ（MI），1987 年.

A Reformation Debate. Sadoleto's Letter to the Genevans and Calvin's Reply, with an Appendix on the Justification Controversy. オーリン（John C. Olin）による編集，解説，グランドラピッズ（MI），1966 年（第 7 版，1987 年）.

Calvin's Ecclesiastical Advice. ビーティー（Mary Beaty）およびファーレイ（Benjamin W. Farley）の翻訳，リース（John H. Leith）による序言，ルイヴィル（KY），1991 年.

Instruction in Faith（1537）. フールマン（Paul T. Fuhrmann）編訳，ルイヴィル（KY），1992 年（1949 年および 1977 年に先立つ出版がある）.

Apology of John Calvin, to Messrs. the Nicodemites upon the Complaint that they make of his too great Rigor（1544）. カヤヤン（Eric Kayayan）訳. CTJ29, 1994 年，346 − 363 頁に所収.

The Bondage and Liberation of the Will. A Defense of the Orthodox Doctrine of Human Choice against Pighius. レーン（A. N. S. Lane）編，デヴィース（G. I. Davies）訳，グランドラピッズ（MI），1996 年.

ヘッセリンク（I. John Hesselink）の *Calvin's First Catechism.* バトルズ（Ford Lewis Battles）による 1538 年カテキズムの訳に基づく註解書，ルイヴィル（KY），1997 年.

Von de ewigen Vorherbestimmung Gottes : durch die er die einen Menschen zur Seligkeit erwählt, die anderen in ihrem Verderben belassen hat : des weiteren von der Vorsehung, durch die er die menschlichen Ereignisse regiert : Übereinkunft der Pastoren der Kirche zu Genf, entworfen von Johann Calvin, Genf 1552. ノイザー（Wilhelm H. Neuser）編訳，デュッセルドルフ，1998 年.

Calvijn over de Bijbel. Enkele brieven, inleidingen en hoofdstukken uit de Institutie. デ・クレーフ（W. De Greef）による翻訳と解説，ハウテン，1998 年.

Het geloof dat wij belijden. De eerste catechismus van Calvijn（1537）. デ・クレーフ（W. De Greef）による翻訳と解説，ハウテン，2003 年.

De handzame Calvijn. ブラウワー（Rinse Reeling Brouwer）による解説と編註およびツワネポル（Klaas Zwanepol）による解説. ファン・ドーレン（Hein van Dolen）およびパルドン（Hannie Vermeer-Pardoen）による新訳，アムステルダム，2004 年，67 − 130 頁.

書簡集

Letters of John Calvin. ボンネ（Jules Bonnet）によるオリジナル文書からの
編集および歴史的註，コンステーブル（D. Constable）およびギルクリスト（M.
R. Gilchrist）訳，全4巻，ニューヨーク，1973年（初版からの重版，第1-2巻，
エディンバラ，1855-1857年，第3-4巻，フィラデルフィア，1858年）．

Johannes Calvins Lebenswerk in seinen Briefen. シュヴァルツ（Rudolph
Schwartz）選によるドイツ語訳，全3巻，ノイキルヘン・ヴリュイン，
1961-1962年．

註

1) 内容については以下を参照のこと. *Bibliotheca Calviniana* 1, 461-462.
2) 内容については以下を参照のこと. *Bibliotheca Calviniana* 3, 244-249.
3) 内容については以下を参照のこと. *Bibliotheca Calviniana* 3, 97-99. *Receuil des opuscules*, 1759-1767 にも, それ以前には公にされていなかったカルヴァンの文書が含まれている. すなわち「*Reformation pour imposer silence à un certain belistre nommé Antoine Cathelan, jadis cordelier albigeois*」(CO 9, 121-136 も参照せよ) で, ここで取り上げられているのは, ジュネーブ市当局から 1556 年に書くように求められた, 失われているアントワーヌ・カテランの文書に対するカルヴァンの返答である.「*Bibliotheca Calviniana*」(3, 100-101) と, ミエ (Olivier Millet) 編の「*Œuvres choisies*」, (251-272)(そこでミエは註とカルヴァンによる本文を示している) を参照せよ. マクレゴー (Rob Roy McGregor) による英訳は以下のとおり. *Correction To Impose Silence On A Certain Scoundrel Named Antoine Cathelan, Fomer Gray Friar of Albigeois in*: CTJ 35 (2000), 66-75.

略語リスト

AESC	Annales Economies Sociétés Civilisations
ARG	Archiv für Reformationsgeschichte
ARG.B	idem, Beiheft
BHR	Bibliotèque d'humanisme et renaissance
BPfKg	Blätter für plälzische Kirchengeschihete und religiöse Volkskunde
BSHAG	Bulletin de la société d'histoire et d'archéologie de Genève
BSHPF	Bulletin de la société de l'histoire du protestantisme français
BSRK	Bekenntnisschriften der reformierten Kirche
CO	Ioannis Calvini Opera quae supersunt omnia（Corpus Reformatorum de delen 29-88）
COR	Ioannis Calvini Opera Omnia Denua Recognita et Adnotatione Critica Instructa Notisque Illustrata
CR	Corpus Reformatorum
CRHPhR	Cahiers de la Revue d'histoire et de philosophie religieuses
CTJ	Calvin theological journal
Ep.	Ioannis Calvini Epistolae（Series VI uit COR）
EvQ	Evangelical quarterly
EvTh	Evangelische Theology
FZPhTh	Freiburger Zeitschrift für Philosophie und Theologie
JPH	Journal of presbyterian history
JR	Journal of religion
JSG	Jahrbuch für schweiuerische Geschichte
KBRS	Kirchenblatt für die reformierte Schweiz

LCC	Library of Christian classics
Menn. QR	Mennnonite quaterly review
MGKK	Monatschrift für Gottesdienst und kirchenliche Kunst
NAKG	Nederlands archif voor kerkgeschiedenis
NTT	Nederlands theologische tijdschrift
OS	Ioannis Calvini Opera Selecta
RHPhR	Revue d'histoire et de philosophie religieuses
RKZ	Reformierte Kirchenzeitung
RThPh	Revue de théologie et de philosophie
SC	Supplementa Calviniana
SJTh	Scottish journal of theology
SVRG	Scheriften des vereins für Reformationsgeschichte
ThBl	Theologische Blätter
ThRef	Theologia reformata
ThStKr	Theologische Studien und Kritiken
TRE	Theologische Realenzyklopädie
WA	Weimarer Ausgabe
WA B	Weimarer Ausgabe, Briefwechsel
WThJ	Westminster theological journal
ZKG	Zeitschrift für Kirchengeschichte
Zwing	Zwingliana

文献

Augusutijn, C., *De godsdienstgesprekkn tussen Rooms-Katholieken en Protestanten van 1538 tot 1541*, Haarlem 1967.

――――――, 'Die Autorschaft des "Consilium admodum paternum"' in: W. Van' t Spijker, ed., *Calvin. Erbe Und Auftrag. Festschrift Wilhelm Neuser Zu Seinem 65. Geburtstag*, Kampen 1991, 255-69.

――――――, "Das Wormser Buch: Der letzte ökumenischen Konzens versuch Dezember 1540" *BPfKg 62*（1995）: 7-46.

Augustijn, Cornelis / Burger, Christoph / Stam, Frans P. van, 'Calvin in the Light of the Early Letters' in: *Calvinus Praeceptor Ecclesiae: Papers of the International Congress on Calvin Research, Princeton, August 20-24, 2002*, Herman J. Selderhuis, ed., Geneva 2004, 139-157.

Autin, Albert, *Un Episode de la vie de Calvin: La crise du nicodémisme, 1535-1545*, Toulon, 1917.

――――――, *L'Echec de la réforme en France*, Parijs 1918.

Babelotzky, Gerd, *Platonische Bilder und Gedankengänge in Calvins Lehre vom Menschen*, Wiesbaden 1977.

Baehler, E., "Petrus Caroli und Johann Calvin" in: *JSG 29*（1904）, 41-169.

Bainton, Roland H., *Hunted Heretic*, Boston 1953.

Bakhuizen van den Brink, J. N., *La Confession de foi des églises refomnées de France de 1559, et la Confession des Pays-Bas de 1561, Bulletin des Églises Wallones 5.6*, Leiden 1959.

――――――, *Protestantse pleidooien II*, Kampen 1962.

Balke, W., *Calvijn en de doperse Radikalen*, Amsterdam 1973（Englese vertaling: W. Balke, *Calvin and the Anabaptist Radicals*, Grand Rapids, MI 1981）

――――――, 'Calvijn over de geschapen werkelijkheid in zijn Psalmen-commentaar' in: *Wegen en gestalten in het gereformeerd protestantisme: Een bundle studies over de geschiedenis van het gereformeerd protestantisme aangeboden aan Prof. Dr. S. van der Linde*, Amsterdam 1976, 89-103.

_____, 'Het avondmaal bij Calvijn' in: *Bij brood en beker: Leer en gebruik van het heilig avondmaal in het Nieuwe Testament en in de geschiedenis van de westerse kerk*, onder redactie W. van 't Spijker e.a., Goudriaan 1980, 178-225.

_____, 'Calvijn en Luther' in: *Luther en het gereformeerd protestantisme*, Den Haag 1982, 99-117.

_____, 'Calvijn en de vier koninkrijkin in de profetie van Daniël' in: *Calvijn en de bijbel*, Kampen 2003, 175-210 (oorspronkelijke, beknoptere versie in: *Hoffnung für die Zunkunft: Modelle eschatologischen und apokalyptischen Denkens* Ed Noort and Mladen Popovic, eds., Groningen 2001, 46-64).

Bartel, Oscar, 'Calvin und Polen' in: *Regards contemporains sur Jean Calvin: Actes du colloque Strasbourg 1964*, Wilhelm Niesel and François Wendel eds., Straatsburg 1964, 253-268.

Barth, P., 'Die Erwählungslehre in Calvins Institutio von 1536' in: *Theologische Aufsätze: Karl Barth zum 50. Geburtstag*, Ernst Wolf, ed, München 1936, 432-442.

Barthel, Pierre, e.a., *Acts du colloque Guillaume Garel, Neuchâtel 29 septembre-1er octobre 1980*, 2 delen, Lausanne 1983 (*Cahiers de la revue de théologie et de philosophie* 9/I en 9/II).

Barthélemy, Dominique, Henri Meylan (†) en Roussel, Bernard, *Olivétan. Celui qui fit passer la Bible d'hébreu en français. Textes de Calvin et d'Olivétan*. Bienne 1981.

Battles, F.L., 'The Source of Calvin' s Seneca Commentary' in: *John Calvin* (Courtenay Studies in Reformation Theology 1), G. E. Duffield, ed, Appleford 1966, 38-66 en in: *Interpreting John Calvin. Ford Lewis Battles*, Robert Benedetto, ed., Grand Rapids 1996, 65-89.

_____, 'Calculus fidei' in: Caivinus Ecclesiae Doctor, W. H. Neuser, eds, Kampen 1980, 85-110.

Bauer, Karl, *Die Beziehungen Calvins zu Frankfurt a. M.*, Leipzig 1920 (*SVRG* 38).

Bavaud, Georges, *La Dispute de Lausanne* (*1536*): *Une Étappe de l'évolution doctrinale des réformateurs romands*, Fribourg 1956.

Bedouelle, Guy, 'Faber Stapulensis' in: *TRE* 10 (1982), 781-783.

Beekenkamp, W.H., 'Calvijn en Sadoleto' *Veritatem in Caritate* 4 (1959), 21-

文献 *351*

27.

Benedetto, Robert, ed., *Interpreting John Calvin: Ford Lewis Battles*, Grand Rapids（MI）1996.

Benoit, Jean-Daniel, *Calvin, directeur d'âmes*, Straasburg 1947（Nederlandse vertaling van de hand van A.J.A Mondt-Lovink: *Calvijn als zielzorger*, Nijkerk z.j.）.

―――――, 'The History and Development of the *Institutio*: How Calvin Worked' in: *John Calvin. Courtenay Studies in Reformation Theology I*, Gervase E.Duffield, ed., Abingdon 1966, 102-117.

―――――, "Calvin the Letter-Writer" in: John Calvin, Courtenay Studies in Reformation Theology I, G.E. Duffield, ed., Abingdon 1966, 67-101.

Benoit, J.D., Courvoisier, J., en Scherding, P., *Calvin à Strasbourg*, Strasbourg 1938.

Barriot, M. François, 'Un Procès d' athéisme à Genève: l' affaire Gruet（1547-1550）' in: *BSHPF* 125（1979）, 577-592.

Berthoud, G., *Antoine Marcourt, reformateur et pamphlétaire du 'Livre des Marchans' aux Placards de 1534*, Genève 1973.

Beza, Theodore, *Correspondance de Théodore de Bèze I (1539-1555)*, by H. Aubert e.a. eds., Genève 1960.

Bihaly, M., *Bibliographia Calviniana*, Praag 2000（Derde editie）.

Blacketer, Raymond Andrew, *L'École de Dieu. Pedagogy and Rhetoric in Calvin's Interpretation of Deuternomy*, Grand Rapids（MI）1997.

―――――, 'Smooth Stones, Teachable Hearts: Calvin's Allegorical Interpretations of Deuteronomy10:1-2' in: *CTJ* 34（1999）, 36-63.

Blanke, Fritz, 'Calvins Urteile über Zwingli." Zwingliana 11（1959）, 66-92 en in: Fritz Blanke, *Aus der Welt der Reformation: Fünf Aufsätze*, Zurich 1960, 18-47.

Blasser, Emil. 'Vom Gesetz in Calvins Predigten über den 119. Psalm' in: *Das Wort sie sollen lassen stehn: Festschrift für D. Albert Schädelin*, Bern, 1950, 67-78.

Boer, E.A. de, *Loflied en hekeldicht. De geschierdenis van Calvijn's enige gedicht. Het Epinicion Christo cantanum van 1 januari 1541*, Haarlem 1986.

―――――, 'Jean Calin et Esaïe（1564）. Edition d'un texte inconnu, introduit par quelques observations sur la différence et les relations entre congrégation;

cours et semons' in: *RHPhR* 80 (2000), 372-395.

_____, John Calin on the visions of Ezekiel. *Historical and Hermeneutical Studies in John Calvin's 'sermons inédits', especially on Ezek. 36-48*, Leiden 2004.

_____, The Presene and Participation of Laypeople in the *Congrégations* of the Company of Pastors in Geneva' in: *SCJ* (2004), 651-670.

Bibliotheca Calviniana. Zie bij: Peter, Rodolphe (†) en Gilmont, Jean-François.

Böttger, Paul C., *Calvins Institutio als Erbauungsbuch. Versuch einer literalischen Analyse.* Neukirchen-Vluyn, 1990.

Bohatec, Josef, ed., *Calvinstudien 1909, Festschrift zum 400. Geburstage Johann Calvins*, Leipzig 1909.

Bohatec, J., *Budé und Calvin: Studien zur Gedankenwelt des französischen Frühhumanismus*, Graz 1950.

Borgeaud, Charles, *Histoire de l'Université de Genève. Vol. 1, L'Académie de Calvin, 1559-1798*, Genève 1900.

Bouvier, André. *Henri Bullinger, réformateur et conseiller oecuménique, le successeur de Zwingli, d'aprè sa correspondance avec les réformés et humanistes de langue françise, suivi de notes complémentaires et de XXVI lettres inédites en appendice*, Neuchâtel/Parijs, 1940.

Breen, Quirinus. John Calvin: a study in French Humanism, Grand Rapids (MI), 1931.

Brienen, T., *De littugie bij Johannes Calvijn: zijn publicaties en zijn visies*, Kampen 1987.

Bürki, Bruno, 'Jean Calvin aveit-il le sens liturgique?' in: Communio sanctorum: Mélanges offerts à Jean-Jacques von Allmen, B.Bobronskoy e.a., eds., Genève, 1982, 157-172.

Büsser, F., 'Bullinger as Calvin' s Model in Biblical Exposition: An Examination of Calvin's Preface of the Epistle to the Romans' in: *In Honour of John Calvin, 1509-64. Papers from the 1986 International Calvin Symposium McGill University*, E. J. Furcha, ed., Montreal 1987, 64-95.

_____, "Calvin und Bullinger." in: *Calvinus Servus Christi*, Wilhelm H. Neuser, ed., 107-26, Budapest, 1988.

Buisson, Ferdinand, *Sébastien Castellion, sa vie et son oeuvre*, 2 delen, Parijs 1892 (herdruk Niewkoop 1964).

Cadier, Jean, "Sadolet et Calvin." *RHPhR* 45 (1965), 72-92.

文献 *353*

Carpi-Mailly, Olivia, ˝Jean Calvin et Louis du Tillet: Entre foi et amitié, un échange révélateur.˝ in: *Calvin et ses contemporains*, Olivier Millet, ed., Genève, 1998, 7-19.

Casalis, George en Roussel, Bernard, eds., *Olivétan, traducteur de la Bible. Actes du colloque Olivétan Noyon, mai 1985*, Parijs 1987, 163-168.

Chee, Paul Gerhard., ˝Johannes Calvin - ein Bild nach seinen Briefen.˝ *RKZ* 21 (1980), 159-161.

Chenevière, Marc-Edouard. *La Pensée politique de Calvin*. Genève, 1937 (herdr. Genève 1970).

Cole, Henry P., ed., Calvin' s Calvinism. Treatises on the eternal predestination of God and the secret providence of God. Londen, 1856-1857, repr, Grand Rapids (MI), [1987].

Cornelius, C. A., *Der Besuch Calvin's bei der Herzogin Renata von Ferrara im Jahr 1536*, [s.l.] 1893.

Cottret, Bernard., ˙Pour une sémiotique de la Réforme: Le *Comsensus Tigurinus* (1549) et *La Brève résolution...* (1555) de Calvin' in: *AESC* 39 (1984): 265-285.

Courvoisier, J., ˙Les Catéchismes de Genéve et de Strasbourg' in: *BSHPF* 84 (1935) , 105-121.

_____, ˝Bucer et Calvin.˝ in: *Calvin à Strasbourg*, 1538-1541, Straasburg 1938, 137-166.

Crottet, A., *Correspondance française de Calvin avec Louis du Tillet. 1537-1538*, Laussanne/Parijs 1850.

Dankbaar, W.E. ˙Het apostlaat bij Calvijn' in: *NTT* 4 (1949-50) : 177-192. en in: *Hervormers en humanisten: Een bundel opstellen*, Amsterdam 1978, 185-99.

_____. Calvijn: zijn weg en werk, Nijkerk, 1957 (3e dr. Nijkerk 1986) .

_____. ˙Calvijns oordeel over het concilie van Trente, inzonderheid inzake het rechtvaardigingsdecreet' *NAKG* 45 (1962) : 79-112 en in Idem, Hervormers en humanisten, 67-99.

_____. ˙ Het doctorenambt bij Calvijn' RHPhR 44 (1964) , 364-388. Ook in: Idem, *Hervormers en humanisten. Een bundle postellen*, 153-183, Amsterdam 1978, 153-183.

Dardier, Charles. ˙Un Problème biographique. Quelle est la date de la première édition de la Psychopannychia de Calvin?' *BSHPF* 19/20 (1980), 371-382.

Dentzinger, Henricus en Schönmetzer, Adolfus, eds., *Enchiridion Symbolorum definitionum et declarationum de rebus fidei et morum*, Freiburg 1965.

Detmers, Achim, *Reformation und Judentum. Israel-Lehrenund Einstellungen zum Judentum von Luther bis zum frühen Calvin*, Stuttgart-Berlin-Köln 2001.

Diehl, W. 'Calvins Auslegung des Dekalogs in der ersten Ausgabe seiner Institutio und Luthers Katechismen' in: *ThStKr* 71 (1898): 141-162.

Dörries, Hermann, "Calvin und Lefèvre." in: *ZKG* 44 (1925): 544-81.

Doumergue, Émile, *Jean Calvin: Les Hommes et les chose de son temps*, 7 vol., Lausanne-Neuilly, 1899-1927.

Droz, Eugénie, 'Calvin collaborateur de la Bible de Neuchâtel' in: *Chemins de l'hérésie. Textes et docments*, Genève, 1970, Tome 1,102-117.

_____. "Calvin et les nicodémites." in: *Chemins de l'héresie: Textes et documents*, Tome I, 131-171.

Dubief, Henri, 'Hugenotten' in: *TRE* 15 (1986), 618-629.

Dubois, Claud-Gilbert, 'Jean Calvin, commentaires sur le premier livre de Moyse'in: Idem, *La conception de l'histoire en France au XVIe sicle* (1560-1610), Parijs 1977, 307-315.

Dufour, Théophile, *Notice bibliographique sur le Catéchisme et la Confession de foi de Calvin (1537) et sur les autres livres imprimés à Neuchâtel dans les premiers temps de la Réforme (1533-1540)*, Genève 1970 (herduk van de editie uit 1878).

Dumont, Eugène-Louis, 'Histoires des traités' in: Genève 26-27 mai 1976, Commemoration des traités de combourgeoisie avec Fribourg, Berne 1526 et Zürich 1584 [Genève] , 1976, 49-59.

Dunant, E., *Les Relation politique de Genève avec Berne et les Suisses de 1536 à 1564*, Genève 1894.

Edmondson, Stephen, *Calvin's Christology*. Cambridge, 2004.

Eire, C.M.N., "Calvin and Nicodemism: A Reappraisal." *SCJ* 10 (1979): 45-69.

_____, *War against the Idols: The Reformation of Worship from Erasmus to Calvin*. Cambridge, 1986.

Engamarre, Max, 'Des Sermon de Calvin sur Esaïe découverts à Londres' in: *Calvin et ses contemporains*, Olivier Millet, ed., 69-81. Genève, 1998.Vgl. Max Engammare, 'Calvin Incognito in London: The Rediscovery in London of Sermon on Isaiah' *Huguenot Society Proceedings* 26 (1996), 453-462.

_____, "D' une Forme de l' autre: Commentaires et Sermon de Calvin sur la Genèse." in: *Calvinus Praeceptor Ecclesiae: Papers of the International*

Congress on Calvin Research, Princeton, August 20-24, 2002, Herman J. Selderhuis, ed., Geneva 2004, 107-138.

Erichson, Alfred, *L'Eglise française de Strasbourg au XVIe siècle*. Straasburg, 1886.

Fazy, H, 'Procès de Jecques Gruet, 1547' *Mémoires de l'Institut national genevois* 16（1886）.

Feld, Helmut. 'Um die reine Lehre des Evangelium: Calvin Kontroverse mit Sadoreto 1539' in: *Catholica* 36（1982）: 150-180.

Fischer, Danielle, 'Michel Cop: Congrégation sur Josué 1/6-11 du 11 juin 1563, avec ce qui a été ajouté par Jean Calvin' (Première impression du manuscript originalk, avec une introduction et des notes) in: *FZPhTh* 34（1987）: 205-229.

Friedman, Jerome, *Michael Servetus: A Case Study in Total Heresy*, Geneva, 1978.

Gäbler, Ulrich, 'Concensus Tigurinus' in *TRE* 8（1981）, 189-192.

_____, *Huldrych Zwingli: Eine Einführung in sein Leben und sein Werk*, München 1983.

Gagnebin, Bernard, "L' Histoire des manuscrits des Sermon de Calvin." in: *SC* 2, xiv-xxviii.

Gamble, R.C., 'The Sources of Calvin' s Genesis Commentary: A Preliminary Report' *ARG* 84（1993）: 206-221.

Ganoczy, Alexandre en Müller, Claus, *Calvin's handschriftliche Annotationen zu Chrysostomus. Ein Beitrag zur Hermeneutik Calvins*, Wiesbaden 1981.

Ganoczy, Alexandre, *Le Jeune Calvin. Genèse et évolution de sa vocation réformatrice*, Wiesbaden 1966（Englese editie: *The Young Calvin*. Translated by David Foxgrover and Wade Provo. Philadelphia, 1987 en Edinburgh 1988）.

Garcia, Aurelio A., 'Bullinger' s Friendship with Calvin: Loving One Another and Edifying the Churches' in: *Calvin Studies Society Paper, 1995, 1997*, David Foxgrover, ed., 119-33. Grand Rapids（MI）1998.

Garside jr., Charles, *The Origins of Calvin's Theology of Music, 1536-1543*, Philadelphia 1979.

Gautier, Jean-Antoine, *Histoire de Genève des origines à l'ànnée 1690*, Genève 1914.

Geering, A., 'Calvin und die Musik' in: *Calvin-Studien 1959*, Jürgen Moltmann, ed., Neukirchen 1960, 16-25.

Geisendorf, Paul F., *Théodore de Bèze*. Genève, 1949.

George, Timothy, 'John Calvin and the Agreement of Zurich (1549)' in: *John Calvin and the Church: A Prism of Reform*, Louisville (KY) 1990, 42-58.

Gilmont, Jean-François, *Bibliographie des éditions de Jean Chrespin* (2 delen), Verviers 1981.

_____, *Jean Calvin et le livre imprimé*, Genève 1997.

Gilmont, Jean-François, et al., eds., 'Bibliotheca Gebennensis: Les Livres inprimés à Genéve de 1535 à 1549' *Genava 28* (1980): 229-251.

Ginkel, A. van, *De ouderling*, Amsterdam 1975.

Giran, Étienne, *Sébastien Castellio et la réforme caviniste*, Parijs 1914.

Girardin, Benoit, *Rhétorique et Théologique: Calvin, Le Commentaire de l'Epître aux Romains*, Parijs 1979.

Goeters, J. F. G. 'Thomas von Kempen und Johannes Calvin' in: *Thomas von Kempen: Beiträge zum 500. Todejahr 1471-1971*, Kampen 1971, 87-92.

Govett, R., ed., *Calvinism by Calvin; Being the Substance of Discourses delivered by Calvin and the other Ministers of Geneva on the Doctorine of Grace*, Londen, 1840. repr. Miami Springs, (Fla) 1984.

Greef, W. de, *Calvijn en het Oude Testament*, Groningen 1984.

_____, 'Ein Verhältnis von Predigt und Kommentar bei Calvin, dargestellt an dem Deutronomium Kommentar und den -Predigten' in: *Calvinus servus Christi*, Wilhelm H. Neuser, ed, Budapest 1988, 195-204.

_____, *Calvijn over de Bijbel*. Enkele brieven, inleidingen en hoofstukken uit de *Institutie*, vertaald en ingeleid door dr. W. de Greef, Houten 1998.

_____, *Calvijn en zijn uitleg van de Psalmen. Een onderzoek naar zijn exegetische methode*, Kampen 2005.

Greengrass, Mark, *The French Reforamtion*, Oxford en New York, 1987.

Greenslade, S.L., ed., The Cambridge History of Bible, Vol. 3, The West from the Reformation to Present day, Cambridge 1963 (repr. 1978).

Groot, D.-J de. 'Melchior Volmar, ses rapports avec les réformateurs français et suisses' in: *BSHPF 83* (1934): 416-439.

Guggisberg, Hans R., 'Castellio' in: TRE 7 (1981), 663-665.

Guggisberg, Kurt. 'Calvin und Bern' in: *Festgabe Leonhard von Muralt*, Martin Haas and René Houswirth, eds., Zürich 1970, 266-285.

Guillaume Farel 1489-1565, Biographie nouvelle, Nouchâtel 1930.

Halaski, Karl, *Der Prediger Johannes Calvin: Beiträge und Nachrichten zur Ausgabe der Supplementa Calviniana*, Neukirchen 1966.

Hards, W.G., *A Collation of the Latin Texts of the First Edition of Calvin's Institution*, Baltimore 1958.

Hasper, H., *Calvijns beginsel voor den zang in den eredienst*, 2 delen, 's-Gravenhage 1955-1976.

Haury, David A. 'English Anabaptism and Calvin's Briéve instruction' *Menn. QR* 57 (1983), 145-151.

Hazlett, W. Ian P. 'Calvin's Latin Preface to His Proposed French Edition of Chrysostom's Homilies: Translation and Commentary' in: *Humanism and Reform: The Church in Europe, England and Scotland, 1440-1643, Essays in Honour of James K. Cameron*, edited by James Kirk, Oxford 1991, 129-150.

Hedtke, Reinhold, *Erziehung durch die Kirche bei Calvin: Der Unterweisungs- und Erziehungsauftrag der Kirche und seine anthropologischen Grundlagen*, Heidelberg 1969.

Herminjard, A.L., *Correspondance des Réformateurs dans les pays de langue française recueillie et publié avec d'autres lettres relatives à la Réforme et des notes historiques et bibliographiques*. Genève 1866-1897 (herdr. Nieuwkoop 1965).

Heyer, Henri, *L'Église de Genève, 1535-1909*, Geneva 1909.

Higman, Fransis M. 'Un pamphlet de Calvin réstitué à son auteur' *RHPhR* 60 (1980), 167-180 en 327-337, ook in Francis Higman, *Lire et découvrir: La circulation des idées au temps de la Réforme*, Genève 1998, 131-154.

_____, 'The Question of Nicodemism' in: Calvinus Ecclesiae Genevensis Custos, Wilhelm H. Neuser, ed., Frankfurt am Main 1984, 165-166.

_____, 'Bucer et les Nicodémites' in: *Martin Bucer and Sixteen Century Europe: Actes de colloque de Strasbourg (28-31 août 1991)*, C. Krieger and M. Lienhard, eds., 646-652. Leiden/New York/Keulen 1993. (ook in: Francis Higman, *Lire et découvrir. La circulation des idées au temps de la Réforme*, Geneva 1998, 637-650.)

Hochuli-Dubuis, Paule, ed., *Registres de Conseil de Genève a l'epoque de Calvin*, Nouvelle série, Tome I: du 1er mai au 31 décembre 1536, Geneva 2003. Tome II, du 1er janvier au 31 décembre 1537, Geneva 2003.

Höpfl, Harro, *The Christian Polity of John Calvin*, Cambridge 1982 (herdr. 1985).

Holtrop, Philip C., *The Bolsec Controversy on Predestination, from 1551-1555: The statements of Jerome Bolsec, and the responses of John Calvin, Theodore*

Beza, and other reformed theologians. Lewiston 1993.

Hugo, André Malan, *Calvijn en Seneca*, Groningen/Djakarta, 1957.

Hunt, R. N. Carew, *Calvin*, Londen 1933.

Hwang, Jung-Uck, *Der junge Calvin und seine Psychopannychia*, Frankfurt 1991.

Imbart de la Tour, Pierre, *Calvin et l'Institution de la religion chrétienne*, Parijs 1935.

Jahr, Hannelore, *Studien zur Überliefungsgeschichte der Confession de foi von 1559*, Neukirchen 1964.

Janse, Wim, 'Calvin, à Lasco und Beza: eine gemeinsame Bericht eines Forschungsseminars mit offenem Ausgang' in: *Calvinus Praeceptor Ecclesiae*, Herman J. Selderhuis, ed., 209-231.

Jenny, Beatrice. *Das Schleitheimer Täuferbekenntnis 1527*, Schaffhäuser Beiträge zur vaterländischen Geschichte 28. Thayngen 1950.

Jenny, Markus, *Luther, Zwingli, Calvin in ihren Liedern*, Zürich 1983.

John Calvin's Institutes. His Opus Magnum, Proceedings of the Second South African Congress for Calvin Research, July 31- August 3, 1984, Potchefstroom 1986.

Junod, E., ed., *La Dispute de Lausanne (1536) . La Théologie réformée après Zwingli et avant Calvin. Textes du colloque international sur la Dispute de Lausanne (29 Septembre - 1$_{er}$ octrebre 1986)*, Lausanne 1988.

Kelly, Douglas. "The Transmission and Translation of the Collected Letters of John Calvin." SJTh 30 (1977) : 429-37.

Kelly, Douglas, 'The transmission and Tramslation of the Collected letters of John Calvin' in: *SJTh* 30 (1977), 429-437.

Kerner, Hanns, 'Guillaume de Budé' in: *TRE* 7 (1981), 335-338.

Kim, Yoon Kyung, Hermeneutics and the Law: A Study of Calvin' s Commentary and Sermon on Psalm 119, Grand Rapids (MI) 2000 (MA thesis).

Kingdon, Robert M., *Geneva and the Coming of the Wars of Religion in France 1555-1563*, Genève 1956.

_____, 'Calvin and the Government of Geneva' in: *Calvinus ecclesiae Genevensis custos*, W.H. Neuser, ed., Frankfurt am Main 1984, 49-67.

_____, Registres du Consistoire de Genevè au temps de Calvin. Tome 1, 1542-1544, édité par T. A. Lambert, I. M. Watt, avec l'assistance de J. R. Watt. Genève, 1996; Tome 2, 1545-1546, publ. avec Wallace McDonald; Genève,

2001; Tome 3, 1547-1548, publ. avec Wallace McDonald. Genève, 2004. Deel 1 is reeds verschenen in een Englese vertaling: *Registers of the Consistory od Geneva in the Time of Calvin*, Volume I, 1542-1544. Grand Rapids (MI) 2000.

Kingdon, Robert M. en Linder, Robert D., eds., *Calvin and Calvinism: Sources of Democracy*, Lexington, Mass. 1970.

Koch, Ernst. 'Erwägungen zum Bekehrungsbericht Calvins' in: *NAKG* 61 (1981) 185-97.

Köhler, Walther. *Zürcher Ehegericht und Genfer Konstitorium, II, Das Ehe- und Sittengericht in den Süddeutchen Reichsstädten, den Herzogtum Wüttemberg und in Genf*, Leipzig 1942.

Köstlin, J., 'Calvins Institutio nach Form und Inhalt in ihrer geschichtlichen Entwicklung' *ThStKr 41* (1868), 6-62, 410-486.

Kok, Joel Edward, The Influence of Martin Bucer on Calvin's Interpretation of Romans: A Comparative Case Study, Ann Arbor 1993 (facsimile-editie van dissertatie Duke University, Durnam N. C. 1993).

Kolfhaus, W., 'Der Verkehr Calvins und Bullinger' in: *Calvinstudien: Festschrift zum 400. Geburstage Johann Calvins*, Josef Bohatec, ed., Leipzig 1909, 27-125.

Kraus, H.J., 'Calvins exegetische Prinzipien' in: *ZKG 79* (1968), 329-341; Engels: 'Calvins Exegetical Principles' *Interpretation 31* (1977),8-18.

_____, 'Vom Leben und Tod in den Psalmen. Eine Studie zu Calvins Psalmenkommentar' in: Idem, *Biblisch-theologische Aufsätze*, Neukirchen 1972, 258-277.

Kuropka, Nicole, 'Calvins Römerbriefwidmung und der Consensus piorum' in: *Calvin im Kontext der Schweizer Reformation: Historische und theologische Beiträge zur Calvinforschung*, Peter Opitz, ed., Zürich 2003, 146-67.

Labarthe, Olivier, *La Relation entre le premier catéchisme de Calvin et la première confession de foi de Genève*, Thèse de licence, Faculté autonome de théologie protestante, Genève 1967 (dactylogr.).

Lambin, Rosine, 'Calvin und die adeligen Frauen in Frankreich' in: *Reformierten Perspektiven: Vorträge der zweiten Emder Tagung zur Geschichte des Reformierten Protestantismus*, Harm Klueting and Jan Rohls, eds., Wuppertal 2001, 37-51.

Lane, A.N.S., 'Calvin's Use of the Fathers and Medievals' in: *CTJ 16* (1981), 149-205.

_____, 'The Influence upon Calvin of His Debate with Pighius' in:

Auctoritas Patrum I: New Contributions on the Reception of the Church Fathers in the 15th and 16th Century, ed. by L. Grane, A. Schindler, M. Vriendt, Mainz 1998, 125-139.

_____, 'The Sources of Calvins Citations in his Genesis Commentary' in: *Interpreting the Bible. Historical and Theological Studies in Honour of David F. Wright*, A.N.S. Lane, ed., Leicester 1997, 47-97 en in Anthony N. S. Lane. *John Calvin. Student of the Church Fathers*, Grand Rapids (MI), 1999, 205-259.

_____, 'Calvin and Article 5 of the Regensburg Colloquy' in: *Calvinus Praeceptor Ecclesiae: Papers of the International Congress on Calvin Research, Princeton, August 20-24, 2002*, Herman J. Selderhuis, ed., Geneva 2004, 233-63.

Lang, August, *Die Bekehrung Johannes Calvins*, Leipzig 1897, (2^e dr. Aalen 1972).

_____, 'Melanchthon und Calvin' in: *Reformation und Gegenwart*, Detmold 1918, 88-135.

_____, 'Die Quellen der Institutio von 1536' in *EvTh* 3 (1936). In het Engels in: *EvQ* 8 (1936)

Lange van Ravenswaay, J.M., 'Calvin und Farel — Aspekte ihres Verhältnisses' in: *Actes du Colloque Guillaume Farel*, ePierre Barthel e.a., eds., Tome I, 63-72.

Lazzaro, R., 'Four Letters from the Socinus-Calvin Correspondence (1549), translated and edited by Ralph Lazzaro' in: *Italian Reformation Studies in Honor of Laelius Socinus*, J. A. Tedeschi, ed., Firenze 1965, 215-230.

Lecoultre, H., 'Le Séjour de Calvin en Italie d' après des documents inédits' in: *RThPh* 24 (1886), 168-192.

_____, 'Calvin d' après son commentaire sur le De clementia de Sénèque' in: *RThPh* 24 (1891): 51-77.

Lecoultre, J., *Maturin Cordier et les oringines de la pédagogie protestante*, Neuchâtel 1926.

Léry, Jean de, *Histoire d'un voyage facit en la terre du Brésil* (*1578*), 2e édition 1580, texte établi, présenté et annoté par Frank Lestringant, Parijs 1994.

Linde, S. van der, 'Calvijn en Coornhert' *ThRef* 2 (1959), 176-187.

Lupton, L.F., 'Calvin' s commentary on Genesis' in: idem, *A History of the Geneva Bible, Vol. 5, Vision of God*, Londen 1973, 107-117.

Mansson, Nicolaus, *Calvin och budstjästen* (*Calvin and Worship*), Stockholm

文献 *361*

1970.

Márkus, Mihály, 'Calvin und Polen. Gedankenfragmente in Verbindung mit einer Empfehlung' in: *Calvinus Praeceptor Ecclesiae: Papers of the Intenational Congress on Calvin Research, Princeton, August 20-24, 2002*, Herman J. Selderhuis, ed., Geneva 2004, 323-330.

McDonnell, Kilian, 'Conception de la liturgie selon Calvin et l' avenir de la liturgie catholique' in: *Concilium* 42（1969）, 75-84.

McGrath, Alister, E., 'John Calvin and Late Midieval Thought: A Study in Late Midieval Influences upon Calvin's Theological Development' in: *ARG* 77（1986）: 58-78.

_____, *A Life of John Calvin*, Oxford 1990.

McKee, Elsie Anne, *John Calvin: On the Diaconate and Liturgical Almsgiving*, Genève 1984.

_____, *Elders and the Plural Ministry: The Role of Exegetical History in Illuminating John Calvin's Theology*, Genève 1988.

_____, ed., *John Calvin: Writings on Pastoral Piety,* New York-Mahwah（NJ） 2001.

McKim, Dolald K., ed., The Cambridge Companion to John Calvin, Cambridge 2004.

_____, ed., Readings in Calvin' s Theology, Grand Rapids 1984.

McNeil, John T., 'John Calvin: Doctor Ecclesiae' in: *The Heritage of John Calvin*, John H. Bratt, ed., Grand Rapids 1973, 9-22. en in: *Readings in Calvin's Theology*, Donald K. Mckim, ed., ［Grand Rapids, MI 1984］11-20.

Melles, Gerard, *Albertus Pighius en zijn strijd met Calvijn over het leberum arbitrium*, Kampen 1973.

Merwe, N. T. van der, 'Calvin, Augustine and Platonism: A Few Aspects of Calvin' s Philosophical Background' in: *Calvinus Reformator: His Contribution to Theology, Church and Society*, Potschefstroom 1982, 69-84.

Meylan, Henri, and Deluz, R., *La Dispute de Lausanne*, Lausanne 1936.

Millet, Olivier, *Calvin et la dynamique de la parole, Étude de rhétorique réformée*, Parijs 1992.

Moeckli, Gustave, Les livres imprimés à Genève de 1550 à 1600, par Paul Chaix, Alain Dufour et Gustave Moeckli, Nouvelle édition; revue et augumentée par Gustave Moeckli, Geneve 1966.

Moltmann, Jürgen, ed., *Calvin-Studien 1959*, Neukirchen 1960.

Monter, E. William, *Calvin's Geneva*, New York 1967.

Mooi, Remko J., *Het kerk-en dogmahistorische element in de werken van Johannes Calvijn*, Wageningen 1965.

Müller, Karl, 'Calvin und die Libertiner' in: *ZKG* 40 (1922): 83-129.

Naef, Henri, *La Conjuration d'Amboise et Genève*, Genève 1992.

_____, *Les Origines de la Réforme à Genève*, 2 vols., Genève 1936 (herdrukt in 1968).

Naphy, William G., *Calvin and the Consolidation of the Genevan Reformation*, Manchester/New York 1994.

_____, 'Calvin' s Letters: Reflections on Their Usefulness in Studying Genevan History' in: *ARG* 86 (1995), 67-89.

Nauta, Doede, 'Calvijns afkleer van een schisma' in: *Ex auditu verbi: Theologische opstellen aangeboden aan Prof. Dr. G. C. Berkouwer*, 131-56, Kampen 1965.

_____, *Guillaume Farel: In leven en werken geschest*, Amsterdam 1978.

Neugebauer, R., *Exegetical Structure in the Institutes of the Christian Religion and the Bblical Commentaries of John Calvin: A Study of the Commentary on the Four Last Books of Moses, Arranged in the Form of a Harmony* New York 1968 (M.A. Thesis Colombia University).

Neuser, W.H., 'Calvins Beitrage zu den Religionsgesprächen von Hagenau, Worm und Regensburg (1540/41)' in: *Studien zur Geschichte und Theologie der Reformation: Festschrift für Ernst Bizer*, Luise Abramowski e.a., eds., Neukirhen 1969, 213-237. Zie ook: *Handbuch der Dogmen- end Theologiegeschichte*, deel 2, Carl Andersen, ed., Gottingen 1980, 102-108 ('Wiedervereinigungs-versuche zwischen Katholiken und Protestanten') en de op blz. 102 gebiende literatuur.

_____, 'Calvins Urteil über den Rechtfertigungsartikel des Regensb. Buches' in: *Reformation und Humanismus: Robert Stupperich zum 65, Geburtstag*, edited by Martin Greshat et al., Witten 1969, 176-194.

_____, 'Calvinus Stellung zu den Apokryphen des Alten Testaments' in: *Text-Wort-Glaube: Studien zur Überlieferung, Interpretation und Autorisierung biblischer Texte*, Martion Brecht, ed., New York 1980, 298-323.

_____, 'The Development of the Institutes 1536 to 1559' in: *John Calvin's Institutes: His Opus Magnum* Potchefstroom 1986, 33-54.

_____, ed., *Die Vorbereitung der Religionsgespräche von Worms und Regensburg 1540/41, Texte zur Geschichte der evangelischen Theologie*, Vol. 4,

Texte zur Geschichte der evangelischen Theologie, Neukidchen 1974.

_____, ed., *Calvinus ecclesiae doctor: Die Referate des Internationalen Kongresses für Calvinforschung vom 25. bis 28. September 1982 in Amsterdam*, Kampen [1978].

_____, ed., *Calvinus Reformator: His Contribution to Theology, Church and Society*, Potchefstroom 1982.

_____, ed., *Calvinus ecclesiae Genevensis custos: Die Referate des Internationalen Kongresses für Calvinforschung vom 6. bis 9. September 1982 in Genf*, Frankfurt am Main 1984.

Niesel, Wilhelm, and Barth, Peter, 'Eine französische Ausgabe der ersten Institutio Calvins' *ThBl* 7 (1928): 2-10.

Nijenhuis, Willem, *Calvinus oecumenicus: Calvijn en de eenbeid der kerk in het van zijn briefwisseling*, 's-Gravenhage 1959.

_____, 'Calvijns houding ten aanzien van de oudkerkelijke symbolen tijdens zijn conflict met Caroli' in: *NTT* 15 (1960-1961), 24-47 (eveneens om het Engels: 'Calvin's Attitude towards the Symbols of the Early Church during the Conflict with Caroli' in: W. Nijenhuis, *Ecclesia Reformata: Studies on the Reformation*, Leiden 1972, 73-96.

_____, 'Calvijns "subita conversio", Notities bij een hypothese' *NTT* 26 (1972): 248-269.

_____, 'Calvin' in: TRE 7 (1981), 568-592.

Obendiek, H., 'Die Instituto Calvins als "Confessio" und "Apologie"' in: *Theologische Aufsätze: Karl Barth zum 50. Geburtstag*, Ernst Wolf, ed., München 1936, 417-431.

Our Reformational Tradition: A Rich Heritage and Lasting Vocation, Potschefsroom 1984.

Pannier, Jacques, *Calvin à Strasbourg*, Straasburg 1925.

_____, 'Une Première "Institution" française dès 1537' in: *RHPhR* 8 (1928), 513-534.

_____, *Calvin écrivain, sa place et son rôle dans l'histoire de la langue et de la littérature française*, Parijs 1930.

_____, *Les Origines de la Confession de foi et la Discipline des églises réformée de France*, Parijs 1936.

Paluku Rubinga, Nyanza N., *Calvin commentateur du prophète Isaie: le commentaire sur Isaie, un traité de son herméneutique*, diss. Straasburg 1978.

Parker, T. H. L., *The Oracles of God: An Introduction to the Preaching of John Calvin*, Londen en Redhill 1947.

_____, 'Calvin the Exegete: Change and Development' in: *Calvinus ecclesiae doctor*, Wilhelm H. Neuser, ed., Kampen [1978], 33-46.

_____, *John Calvin*, Glasgow 1982.

_____, *Calvin's Old Testament Commentaries*, Edinburgh 1986 (repr. 1993).

_____, *Calvin's Preaching*, Edinburgh 1992.

_____, Calvin' s New Testament Commentaries, 2nd ed., Londen 1971. Edinburgh 1993.

Partee, Charles, *Calvin and Classical Philosophy*, Leiden 1977.

_____, 'Farel' s Influence on Calvin: A Prolusion' in: *Actes de colloque Guillaume Farel*, Pierre Barthel e.a., eds., Lausanne 1983, 173-86.

Pauck, Wilhelm, 'Calvin and Butzer' *JR* 9 (1929), 237-256 en 2e dr. in: *The Heritage of the Reformation*, Glencoe, IL 1961, 85-99.

Peter, R., 'Calvin et la traduntion des Pseaumes de Louis Budé' in: *RHPhR* 42 (1962), 175-192 (Engelse vertaling 'Calvin and Louis Budés Translation of the Psalms' in: *Courtenay Studies in Reformation Theology. 1. John Calvin*, G. E. Duffield, ed., Abingdon 1966, 190-209).

_____, 'L'abécédaire genevois ou catechisme élémentaire de Calvin' in: *Regards comtemporains sur Jean Calvin, Actes du colloque Calvin Strasbourg 1964*, Parijs 1965, 171-205. Engels: 'The Geneva Primer or Calvin' s Elementary Catechism' in: *Calvin Studies V*. Papers Presented at a Colloquim on Calvin Studies at Davidson College Presbyterian Churh, Davidson, North Calorina, January 19-20, 1990, John Haddon Leith, ed., Davidson 1990, 135-161.

_____, 'Oeuvres Calvin publiées à Genève entre 1550 et 1600' *BHR* 31 (1969), 63-78.

_____, 'Jean Calvin, avocat du comte Guillaume de Fürstenberg' *RHPhR* 51 (1971), 63-68.

_____, 'Etudes critiques: Notes de bibliographie calvinienne à propos de deux ouvrages récents' in: *RHPhR* 51 (1971), 79-87.

_____, 'Calviniana et alia: Nouveaux complements au répertoire des imprimés genevois de 1550 à 1600' *BHR* 34 (1972): 115-123.

_____, 'Un Imprimieur de Calvin: Michel de Bois' *BSHAG* 16 (1978): 285-335.

_____, ʻLa première édition de l'*Institution de la religion chrétienne* de Calvin' in: *Le Livre et la Reforme, Numero Special de la Revue francaise d'histoire du livre* 50 (NS) 1986, 17-34 (en in: *Le Livre et la Reforme*, Rodolphe Peter en Bernard Roussel, eds., Bordeaux 1987).

_____, ʻCalvin and Liturgy, according to the Institutes' in: *John Calvin's Institutes: His Opus Magnum*, Potschefsroom 1986, 239-265.

Peter, Rodolphe, and Jean-François Gilmont, *Bibliotheca Calviniana. Les Oeuvres de Jean Calvin pibliées au XVIe siècle*, Vol. 1. *Écrits théologiques, littéraires et juridiques 1532-1554*, Genève 1991, Vol. 2, *Écrits théologiques, littéraires et juridiques 1555-1564*, Genève 1994;Peter, Rodolphe, and Jean-François Gilmont (avec la coll. de Christian Krieger), Vol. 3, *Écrits théologiques, littéraires et juridiques 1565-1600*, Genève 2000.

Piaget, A., ed., ʻLes actes de la dispute de Lausanne, 1536, publiés intégralement d' après le manuscript de Berne' in: *Mémoires de l'Université de Neuchâtel* 6, 1928.

Pidoux, Pierre, *Albert Pighius de Kampen, adversaire de Calvin*, Lausanne 1932 (unpublished Licence thesis).

Pin, Jean-Pierre, ʻPour une analyse textuelle du catéchisme (1542) de Jean Calvin' in: *Calvinus ecclesiae doctor*, Wilhelm H. Neuser, ed., Kampen [1978], 159-170.

Plath, Uwe, ʻEin unbekannter Brief Calvins vom Vorabend der Religionskriege in Frankreich' *ARG* 62 (1971), 244-266.

_____, *Calvin und Basel in den Jahren 1552-1556*, Zürich 1974.

Plomp, Johannes, *De kerkelijke tucht bij Calvijn*, Kampen 1969.

Posthumus Meyjes, G. H. M., ʻHet doctorenambt in Middleeeuwen en Reformatie' in: *Rondom het Woord* 15 (September 1973), 21-45.

Probes, Christine McCall, ʻCalvin on Astrology' *WThJ* 37 (1974-1975): 24-33 en in: *Articles on Calvin and Calvinism*, Richard C. Gamble, ed., Calvin on Science 12, New York/Londen 1992, 118-130).

Quack, Jürgen, ʻCalvins Bibelvorreden (1535-1546)' in: Idem, *Evangelische Bibelvorreden von der Reformation bis zur Aufklärung*, Gütersloh 1975, 89-116.

Regards contemporains sur Jean Calvin: Actes de colloque Calvin Strasbourg 1964, Parijs 1965.

Rieser, Ewald, *Calvin-Franzose, Genfer oder Fremdling? Untersuchung zum Problem der Heimatliebe bei Calvin*, Zürich 1968.

Rilliet, Jean, *Le Vrai visage de Calvin*, Toulouse 1982.

Roget, Amédee, *Histoire de people de Genève depuis la Réforme jusqu'à l'Escalade*, 7 vols., Genève 1870-83.

Rogge, Joachim, 'Themen Luthers im Denken Calvins' in: *Calvinus sevus Christi*, Wilhelm H. Neuser, ed., 53-72, Budapest 1988.

Rosenthal, E. I. J., 'Anti-Christian Polemis in Medieval Bible Commentaries' in: *Jewish Journal of Jewish Studies* 11 (1960): 115-135, repr. in E. I. J. Rosenthal, *Studia Semitica* I, Londen 1970, 165-185.

Roset, Michel, *Les Chronique de Genève*, Genève 1894 (gepubliceerd volgens het oorspronkelijke manuscript door Henri Fazy).

Rotondò, Antonio, *Calvin and the Italian Anti-Trinitarians*, translated by John and Anne Tedeschi, Saint Louis (Missouri) 1969.

_____, 'Biandrata' in: *TRE* 5 (1980), 777-781.

Rott, Jean, 'Documente strasbourgeois concernant Calvin, I. Un Manuscrit autographe: La Harangue de recteur Nicolas Cop' in: *RHPhR* 44 (1964): 290-311 en in: *Regards contemporains sur Jean Calvin: Actes de colloque Calvin Strasbourg 1964*, Parijs 1965, 28-49.

Roussel, B., 'Un privilège pour la Bible d' Olivétan (1535) ? Jean Calvin et la polémique entre Alexander Alesius et Johennes Cochlaeus' in: *Le Livre et la Réforme*, (*Revue française d'histoire du livre*, Nouelle série Nr. 50, 1986) Rodolphe Peter and Berard Roussel, eds., 233-261, Bordeaux 1986 (opnieuw uitgegeven, Bordeaux 1987).

Ruff, H., *Die französischen Briefe Calvins: Versuch einer stilistischen Analyse*, Glarus 1937.

Russell, S. H. 'Calvin and the Messianic Interpretation of the Psalms' *SJTh* 21 (1968), 37-47.

Rutgers, F.L., *Calvijns invoeloed op de Reformatie in de Nederlanden, voor zooveer die door hemzelven is uitgeofend*, Leiden 1899 (repr. Leeuwarden 1980).

Schellong, Dieter, *Calvins Auslegung der synoptischen Evangelien*, München 1969.

Scholl, Hans, *Reformation und Politik: Politische Ethik bei Luther, Calvin und Frühhugenotten*, Stuttgart 1976.

_____, 'Karl Barth as Interpreter of Calvin' s Psychopannychia' in: *Calvinus Sincerioris Religionis Vindex: Calvin as Protector of the Purer Religion*, Wilhelm H. Neuser en Brian G. Armstrong, eds., Kirksville, (Miss)

1997, 291-308.

Schreiner, Susan E., '"Through the Mirror dimly": Calvin's Sermon on Job' in: *CTJ* 21 (1986), 175-193.

_____, Where Shall Wisdom Be Found? Calvin's Exegesis of Job from Medieval and Modern Perspectives, Chicago 1994.

Schultesz-Rechberg, G. von, *Der Kardinal Jacobo Sadoleto: Ein Beitrag zur Geschichte des Humanismus*, Zürich 1909.

Schulze, L. F., *Calvin's Reply to Pighius*, Potchefstroom 1971.

_____, 'Calvin's Reply to Pighius — A Micro and Macro View' in: *Calvinus ecclesiae Genevensis custos*, Wilhelm H. Neuser, ed., Frankfurt am Main 1984, 171-185.

Schutte, A.J., *Pier Paolo Vergerio: The making of Italian reformer*, Genève 1977.

Schwendemann, Wilhelm, *Leib und Seele bei Calvin: Die erkenntnistheoretische und anthropologische Funktion des platonischen Leib-Seele-Dualismus in Calvins Theologie*, Stuttgart 1996.

Simpson, H. W., 'The Editio Princeps of the Institutio Christianae Religionis by John Calvin' in: *Calvinus Reformator: His Contribution to Theology, Church and Society*, Potschefsroom 1982, 26-32.

Sprenger, P., *Das Rätsel um die Bekehrung Calvins*, Neukirchen 1960.

Staedtke, Joachim, Johannes Calvin: Erkenntnis und Gestaltung, Göttingen 1969.

Spijker, Willem van't, *De ambten bij Martin Bucer*, Kampen 1970.

_____, 'Prädestination bei Bucer und Calvin: Ihre gegenseitige Beeinflussung und Abhängigkeit' in: *Calvinus theologus*, Wilhelm H. Neuser, ed., Neukirchen 1976, 85-111.

_____, *Luther en Calvijn: De invloed van Luther op Calvijn blijkens de Institutie*, Kampen 1985, 16-21.

_____, 'The Influence of Luther on Calvin according to the Institutes' in: *John Calvin's Institutes: His Opus Magnum*, Potchefstroom 1986, 83-105.

_____, 'The Influence of Bucer on Calvin as Becomes Evident from the Institutes' in: *John Calvin's Institutes: His Opus Magnum*, Potchefstroom 1986, 106-132.

_____, 'Bucer und Calvin' in: *Martin Bucer and Sixteenth Century Europe: Actes du colloque de Strasbourg (28-31 août 1991)*, Leiden/New York/Keulen

1993, 461-470.

_____, *Calvin: Bibliographie und Theologie*, Göttingen 2001.

_____, *Bij Calvijn in de leer: Een handleiding bij de Institutie*, Houten 2004.

Staedtke, Joachim, *Johannes Calvin. Erkenntnis und Gestaaltung*, Götteingen 1969.

_____, 'Abendmahl' in: *TRE* 1 (1977), 106-122.

Stam, Frans P. van, 'Le livre de Pierre Caroli de 1545 et son conflict avec Calvin' in: *Calvin et ses contemporains*, Olivier Millet, ed., 21-41, Genève 1998.

_____, 'Leo Jud als programmatischer Interpret Calvins' in: *NAKG* 79 (1999) 123-141.

_____, 'Farels und Calvins Ausweisung aus Genf am 23. April 1538' in: *ZKG* 110 (1999), 209-28.

_____, 'Die Genfer Artikel vom Januar 1537: Aus Calvins oder Farels Feder?' *Zwingliana* 27 (2000), 87-101.

_____, 'Der Autor des Vorworts zur Olivétan-Bibel A tous amateurs aus dem Jahr 1535' *NAKG* 84 (2004), 248-67.

Stauffer, R., 'Les Sermon inédits de Calvin sur le Livre de Genèse' *RThPh* 97 (1965), 26-36.

_____, 'Eine englische Sammlung von Calvinpredigten' in: *Der Prediger Johannes Calvin: Beiträge und Nachrichten zur Ausgabe der Supplementa Calviniana*, Karl Halaski, ed., Neukirchen 1966, 47-80.

_____, 'Lefèvre d' Étaples, artisan ou spectateur de la Réforme?' *BSHPF* 113 (1967): 405-423 en in: *Positions luthériennes* 15, (1967), 247-262 en in: Richard Stauffer, *Interprètes de la Bible: Études sur les réformateurs de XVIe siècle*, [Parijs 1980] 11-29.

_____, 'L' Exégèse de Genèse 1, 1-3 chez Luther et Calvin' in: *In principio: Interprétations des premiers versets de la Genèse*, Parijs 1973, 245-266 en in: Richard Stauffer, *Interprètes de la Bible: Études sur les réformateurs de XVIe siècle*, [Parijs 1980] 59-85.

_____, 'Autour du colloque de Poissy: Calvin et le "De officio pii ac publicae tranquillitatis vere amantis viri"' in: *L'Amiral de Coligny et son temps*, Parijs 1974, 135-153 en in: Richard Stauffer, *Interprètes de la Bible: Études sur les réformateurs de XVIe siècle*, [Parijs 1980] 249-267.

_____, 'Zwingli et Calvin, critique de la conffesion de Schleitheim' in: *The Origins and Characteristics of Anabaptism*, Marc Lienhard, ed., La Haye 1977,

文献 369

126-147（ook in: Richard Stauffer, *Interprètes de la Bible: Études sur les réformateurs de XVIe siècle*, [Parijs 1980] 103-128.)

⎯⎯⎯⎯, 'L' Apport de Strasbourg à la Réforme française par l' intermédiaire de Calvin' (een artikel uit 1977) o.a. in: Idem, *Interprètes de la Bible: Études sur les réformateurs de XVIe siècle*, [Parijs 1980], 153-165.

⎯⎯⎯⎯, *Dieu, la creation et la Providence dans la prédication de Calvin*, Berne 1978.

Steenkamp, J. J., 'Calvin' s Exhortation to Charles V (1543)' in: *Calvinus Sincerioris Relidionis Vindex: Calvin as Protector of the Purer Religion*, Wilhelm H. Neuser en Brian G. Armstrong, eds., Kirksville (Miss) 1997, 309-314.

Steinmetz, David C., 'Calvin as am Interpreter of Genesis' in: *Calvinus Sincerioris Relidionis Vindex: Calvin as Protector of the Purer Religion*, Wilhelm H. Neuser en Brian G. Armstrong, eds., Kirksville (Miss) 1997, 53-67.

Stolk, J.M., *Johennes Calvijn en de godsdienstgesprekken tussen rooms-katholieken en protestanten in Hagenau, Worms en Regensburg (1540-1541)*, Kampen 2004.

Strasser, O.E., 'Calvin I Leben und Schriften' in: *RGG* 1 (3ᵉ Aufl. 1957), 1588-1593.

Strohl, H., 'La théorie et la pratique des quatre ministères à Strasbourg avant l'arrivée de Calvin' in: *BSHPF* 84 (1935), 123-144.

⎯⎯⎯⎯, 'Bucer et Calvin' *BSHPF* 87 (1938), 354-60.

Stückelberger, Hans Martin, 'Calvin und Castellio' *Zwingliana* 7 (1939): 91-128.

Stupperich, Robert, 'Calvin und die Konfession des Paul Volz' *RHPhR* 44 (1964) 279-89.

Subilia, C., *La Dispute de Lausanne*, Lausanne 1885.

Swanepoel, J., 'Calvin as Letter-Writer' in: *Our Reformational Tradition: A Rich Heritage and Lasting Vocation*, Potchefstroom 1984, 279-299.

Tavard, George H., *The Stating Point of Calvin's Theology*, Grand Rapids (MI) 2000.

Theil, Albrecht, *In der Schule Gottes: Die Ethik Calvins im Spiegel seiner Predigten über Deuteronomium*, Neukirchen-Vluyn 1999.

Thomas, Derek, *Proclaiming the Incomprehensible God: Calvin's Teaching on Job*, Ross-shire 2004.

Tylenda, Joseph N., 'Christ the Mediator: Calvin versus Stancaro' *CTJ* 8 (1973): 5-16.

_____, 'The Controversy on Christ the Mediator: Calvin's Second Reply to Stancaro' *CTJ* 8 (1973): 131-57.

_____, 'The Calvin-Westphal Exchange: The Genesis of Calvin's Treatises against Westphal' *CTJ* 9 (1974): 182-209.

_____, 'Calvin's first reformed sermon? Nicholas Cop's discourse – 1 November 1533' *WThF* 38 (1975-76): 300-318.

_____, 'The Warning That Went Unheeded: John Calvin on Giogio Biandrata' *CTJ* 12 (1997): 24-62.

_____, 'Calvin and Westphal: Two Eucharistic Theologies in Conflict' in: Calvin's Books Festschrift to Peter de Clark, Wilhelm H. Neuser en anderen, eds., Heerenveen 1997, 9-21.

Urban, Waclaw, 'Die grossen Jahre der stanarianischen Häresie (1559-1563)' *ARG* 81 (1990): 309-19.

_____, 'Stancaro' in: *TRE* 32 (2001), 110-113.

Veen, Mirjam G. K. van, 'Sursum corda. Calvijns polemiek tegen nicodemieten, in het bijzonder tegen Coornhert' *NAKG* 79 (1999), 170-203.

_____, *'Verschoonighe van de roomsche afgoderye': De polemiek van Calvijn met nicodemieten, in het bijzonder met Coornhert,* ' t Goy-Houten 2001.

_____, ' "... les sainctz Martyrs..." . Die Korrespondenz Calvins mit fünf Studenten aus Lausanne über das Martyrium (1552)' in: *Calvin im Kontext der Schweitzer Reformation: Historische und theologisch Beiträge zur Calvinforschung*, Peter Opitz, ed., Zürich 2003, 127-145.

Veer, M. B. van' t, *Catechese en catechetische stof bij Calvijn*, Kampen 1941.

Veissiere, Michel, 'Guillaume Briçonnet' in: *TRE* 7 (1981), 187-190.

Verboom, W., *De catechese van de Reformatie en de Nadere Reformatie*, Amsterdam 1989.

DeVries, Dawn, 'Calvin's Preaching' in: *The Cambridge Companion to John Calvin*, Donald K. Mckim, Cambridge/New York 2004, 106-124.

Walchenbach, John Robert, *The Influence of David and the Psalms on the Life and Thought of John Calvin*, Pittsburgh (Pa) 1969.

_____, *John Calvin as Biblical Commentator: An Investigation into Calvin's Use of John Crysostom as an Exegetical Tutor*, Pittsburgh 1974.

Warfield, B. B., 'On the Literary History of Calvin's "Institutes"' in:

Presbyterian and Reformed Review 10 (1899), 193-219.

Waskey Jr, Andrew J. L., John Calvin' s Theory of Political Obligation: An Examination of the Doctrine of Civil Obedience and Its Limits from the New Testament Commentaries, Hattiesburg 1978 (diss.).

Wendel, F., *L'Église de Strasbourg, sa constitution et son organization*, Parijs 1942.

_____, *Calvin. Source et évolution de sa pensèe religuiese*, Genève 1950 (2e ed. revue et completee Genève 1985). Engelse vertaling: *Calvin: The Origins and Development of His Religious Thought*, Londen 1963; Duitse vertaling: *Ursprung und Entwicklung seiner Theologie*, Neukirchen 1968.

_____, *Calvin et l'humanisme*, Parijs 1976.

Wernle, Paul, *Calvin und Basel bi zum Tode des Myconius, 1535-1552*, Tübingen 1909.

White, Robert, 'An Early Reformed Document on the Mission to the Jews' *WThJ* 53 (1990-91): 93-108.

_____, 'Calvin and the Nicodemite Controversy : An Overlooked Text of 1541' *CTJ* 35 (2000): 282-96.

Wilcox, Peter, ' "The Restoration of the Church" in Calvin' s "Commentaries in Isaiah the prophet" ' *ARG* 85 (1994): 68-96.

Wilkie, Robert G., and Verhey, Allen, 'Calvin' s Treatise "Against the Libertines" ' *CTJ* 15 (1980): 190-219.

Willis, David, 'The Influence of Laelius Socinus on Calvin' s Doctrines of the Merits of Christ and the Assurance of Faith' in: *Italian Reformation Studies in Honor of Laelius Socinus*, J. A. Tedeschi, ed., Firenze 1965, 231-41.

Witvliet, John D., 'Images and Themes in Calvin' s Theology of Liturgy: One Dimension of Calvin' s Liturgical Legacy' in: *The Legacy of John Calvin. Papers Presented at the 12th Colloquium of the Calvin Studies Society, April 22-24, 1999*, David Foxgrover, ed., Grand Rapids (MI) 2000, 130-152.

Wolf, H. H., 'Die Bedeutung ded Musik bei Calvin' *MGKK* 41 (1936).

Woudstra, Marten H., *Calvin's dying bequest to the Church: a critical evaluation of the commentary on Joshua*, Grand Rapids (MI) 1960.

Zachman, Randall C., 'What Kind of Book Is Calvin's Institutes?' in: CTJ 35 (2000), 238-261.

_____, 'Expounding scripture and applying it to our use: Calvin's Sermon on Ephesians' in: SJT 56 (2003), 481-507.

1. 論ぜられたカルヴァンの著作

カルヴァンの説教の出版については第3章（3.4）の参照を指示したい. ここではただ「4回の説教……（1552年）」の出版だけを挙げる. ジャン・クレスパンによって個別に出版された『綱要』の一部については第8章の註18を参照のこと. ＊のついた著作はカルヴァンがその唯一の著者ではないもの, ＊＊のついた多くの著作はほかの著者の著作のカルヴァンによる論評のついた版, ＊＊＊のついた著作の場合はほかの著者の翻訳である.

1531　Praefatio in Nic. Chemini Antapologiam 23, 99, 100

1532　Senecae libri duo de clementia cum commentario 24, 99-101, 289

1533　Concio academica ＊ 103

1535　Ioannis Calvinus caesaribus, regibus, principibus, genti busque omnibus Christi imperio subditis 29, 106, 107

　　　　－ A tous amateurs de Iesus Christ et de son Evangile 29, 107, 108

？　　－ Praefatio in Chrysostomi homilias 29, 105

1536　Christianae religionis institutio 25, 29, 161, 168, 193, 224, 231, 254-257, 259

1537　Epistolae duae de rebus hoc saeculo cognitu necessariis 29, 176, 193

　　　　－ Deux discours au colloque de Lausanne 196

　　　　－ Articles concernant l' organisation de l' église de Genève ＊ 33, 154-157, 160, 168

　　　　－ Instruction et confession de foy ＊ 33, 157, 159, 168, 185

　　　　－ Confessio de trinitate propter calumnias P. Caroli 224, 225

　　　　－ Confessio fidei de eucharistia 241

1538　Catechismus sive christianae religionis institutio ＊ 158, 168

　　　　－ Articuli ad pacem Genevae restituendam ＊ 160, 161

？　　－ Institution puerile 169

1539　Institutio christianae religionis 32, 258-261

1. 論ぜられたカルヴァンの著作　*373*

　　　　－ Aulcuns pseaulmes et cantiques mys en chant * 163
　　　　－ Sadoleti epistola. Calvini responsio ** 39, 196-198
　　　　－ Declaration faicte par Monsieur Guillaulme, conte de Furstenberg 37,
　　　266
　1540　Epistre de Sadolet. Avec la response de Calvin ** en *** 39, 196-198
　　　　－ Commentarii in Epistolam Pauli ad Romanos 35, 113-114
　　　　－ Seconde declaration faicte par Monsieur Guillaulme 37, 266
　1541　Institution de la religion chrestienne 254, 260, 261
　　　　－ Petit traicte de la saincte Cene 35, 172-174
　　　　－ Consilium Pauli III. Eusebii Pamphili（= Calvini）explicatio ** 201
　　　　－ Les actes de la iournée imperiale, tenue en la cité de Regespourg **
　　　202
　　　　－ Epistre au treschretien roy de France, Francoys premier 254
　　　　－ Epistre aux fideles monstrant comment Christ est la fin de la Loy 109
　　　　－ Ordonnances ecclesiastiques * 47, 50, 52, 149, 171, 186-188, 191
　1542　Vivere apud Christum non dormire 27, 215
　　　　－ Le catechisme de l' Eglise de Geneve 59, 169
　　　　－ La Manyere de faire prieres 164, 167
　　　　－ La forme des prieres et chants ecclesiastiques 163-167
　　　　－ Exposition sur l' Epistre de S. Iudas 115
　1543　Institutio christianae religionis 261
　　　　－ Defensio doctrinae de servitute arbitrii contra Pighium 205
　　　　－ Advertissement du proffit qui reviendroit la Chrestienté 18, 203
　　　　－ Supplex exhortatio ad Carolum V. et principes 82, 209-211
　　　　－ Petit traicte monstrant que doit faire un homme fidele entre les papistes
　　　175-181, 194
　　　　－ Comment Jesus Christ est la fin de la Loy 108-109
　　　　－ Préface des lettres de Farel et Caroli 225-226
　　　　－ Exposition sur l' Epistre aux Romains 113
　1544　Epinicion Christo cantatum 200
　　　　－ Supplication sur le faict de la Chrestienté 82, 209-211
　　　　－ Excuse a Messieurs les Nicodemites 176-181
　　　　－ Articuli facultatis Parisiensis cum antidoto ** 208-209
　　　　－ Les Articles de la Faculté de Paris avec le remede ** 208-209
　　　　－ Advertissement sur la censure de Sorbonne 209

374

- Brieve instruction contre les anabaptistes 217-219
1545 Institution religionis christianae 261
- Institution de la religion chrestienne 261
- Le catechisme de l' Eglise de Geneve 170
- Catechismus Ecclesiae Genevensis 170
- Psychopannychia 27, 216, 217, 219
- Contre la secte phantastique des libertins 219-222
- Admonitio Pauli III ad Caesarem cum scholiis ** 211
- Pro Farello et collegis eius adversus P. Caroli calumnias 226
- Argument et sommaire de l' Epistre aux Romains 113
- Libellus de coena domini *** 172-174
1546 Brevis instructio contra Anabaptistas et Libertinos
- Préface de la Somme de Melanchthon 268
- Préface mise en tete des livres apocryphes de l' ancien testament 110-111
- Commentarii in priorem Epistolam Pauli ad Corinthios 115-116
- Ordre sur la visitation des Ministres et paroisses depan-dentes de Geneve * 191
1547 Epistre contre un certain cordelier 222
- Acta synodi tridentinae cum antidoto ** 212
- Commentaire sur la premiere Epistre aux Corinthiens 115-116
- Commentaire sur la seconde Epistre aux Corinthiens 115-117
- Ordonnances sur la police des eglises de la campagne * 47, 191
1548 Les actes du Concile de Trente avec le remede contre la poison ** 212
- Admonitio de Reliquiis *** 203-204
- Commentarii in secundam Epistolam ad Corinthios 115-117
- Commentarii in quatuor Pauli Epistolas, ad Galatas Ephesios, Philippenses, Colossenses 117
- Commentaire sur quatre Epistres de S. Paul 117
- Commentarii in utramque Epistolam ad Timotheum 117-118
- Commentaire sur les deux Epistres à Timothée 117-118
- Apologia Iacobi a Burgundia 266-267
- Excuse de Jaques de Bourgoigne 266-267
1549 De vitandis superstitionibus 179
- Advertissement contre l' astrologie qu' on appelle iudiciaire 171, 183

1. 論ぜられたカルヴァンの著作　*375*

- Admonitio adversus astrologiam 183
- Interim adultero-germanum ** 212-213
- L' interim avec la vraye facon de reformer l' Eglise ** 212-213
- Commentarii in Epistolam ad Hebraeos 118-119
- Commentaire sur l' Epistre aux Ebrieux 118-119

1550 Institutio totius christianae christianae 60-61, 262
- Appendix Libelli adversus Interim adultero-germanum 213
- De scandalis 171, 184-185
- Des scandales 184-185
- Praefatio in libellum de Francisco Spiera 269
- Commentaire sur l' Epistre aux Romains *** 113-114
- Commentarii in priorem Epistolam ad Thessalonicenses 119-120
- Commentarii in posteriorem Epistolam ad Thessalonicenses 119-120
- Commentarius in Epistolam ad Titum 119
- Commentaire sur l' Epistre Tite 119
- Commentaire sur l' Epistre de sainct Jacques 120

1551 Institution de la religion chrestienne 60-61
- l' ABC François * 170
- Consensio mutua in re sacramentaria * 241-248
- L' accord passe et conclud touchant la matiere des sacremens * 241-248
- Commentarii in Isaiam prophetam 125-127
- In omnes Pauli Epistolas atque etiam in Epistolam ad Hebraeos commentaria (Calvijns commentarius in Epistolam ad Philemon verscheen in deze editie) 120
- Commentaire sur l' Epistre de S. Paul à Philemon 120
- Commentarii in Epistolas canonicas 121
- Commentaires sur les Epistres canoniques 120-121
- Commentaire sur les deux Epistres de sainct Paul aux Thessaloniciens 120
- Commentaire sur la premiere et seconde Epistre de sainct Pierre Apostre 121
- Commentaire sur l' Epistre Canonique de sainct Iean 120
- Commentaire sur l' Epistre Canonique de sainct Iude 115
- Epistre aux fideles monstrant comment Christ est la fin de la Loy 109

– Preface aux lecteurs (in: Les pseaumes van Budé) 111

1552 De aeterna Dei praedestinatione 206-208

– De la predestination eternelle de Dieu 206-208

– Quatre sermons avec exposition du Pseaume 87, 141-142, 187

– Commentaires sur le prophète Isaïe 125-126

– Commentariorum in Acta apostolorum, Liber I 121-123

– Le premier livre des commentaires sur les Actes des apostres 121-123

1553 La maniere d' interroguer les enfans 171

– In evangelium secundum Iohannem, commentarius 123

– Commentaire sur l' Evangile selon sainct Jean 123

1554 Defensio orthodoxae fidei de trinitate contra errores Serveti 230-231

– Declaration pour maintenir la vraye foy de la Trinité * 230-231

– Traité des benefices *** 194

– In primum Mosis librum··· commentarius 129-130

– Commentaire sur le premier Livre de Moyse 129-130

– Commentariorumin Acta apostolorum. Liber posterior 122-123

– Le second livre des commentaires sur les Actes des apostres 122-123

1555 Defensio sanae et orthodoxae doctrinae de sacramentis 249-250

– Brieve resolution 249-250

– Responsio ad Laelii Socini quaetiones 277

– Harmonia ex tribus evangelistis composita 123-125

– Concordance qu' on appelle Harmonie, Item, l' Evangile selon sainct Jehan 123-125

– Chant de victoire, chante a Jesus Christ 200

1556 Secunda defensio contra Westphali calumnias 250

– In omnes Pauli Epistolas atque in Epistolam ad Hebraeos, item in canonicas Petri, Iohannis, Iacobi, et Iudae, quae etiam catholicae vocantur 116, 120

– Commentaires sur toutes les Epitres de S. Paul, sur l' Epistre aux Hebrieux et les Epitres canoniques 120

– Reformation pour imposer silence à un certain belistre nommé Antoine Cathelan, jadis cordelier albigeois 289

– Admonition paternelle à l' Empereur avec expositions de Calvin 211

? – Optima ineundae concordiae ratio, si extra contentionem quaeratur veritas 252

1557 Reponses a certaines calomnies et blasphemes 143, 232-233
　－ Brevis responsio ad diluendas nebulonis calumnias 143, 232-233
　－ Ultima admonitio ad Westphalum 251-251
　－ In librum Psalmorum commentarius 130-131
　－ In Hoseam Prophetam praelectiones 134
　－ Leçons sur le Prophète Hosee 134
1558 Calumniae nebulonis cuiusdam cum responsio ** 233
　－ Responsum ad quaestiones Blandratae 234-235
　－ Le Livre des Pseaumes 130-131
　－ Psychopannychie 27, 216, 217, 219
　－ Contra Mennonem 238
1559 Institutio christianae religionis 96, 252, 263-264
　－ Commentarii in Isaiam Prophetam 126-128
　－ Praelectiones in duodecim prophetas minores 134-135
1560 Responsum ad Polonos contra Stancarum 236
　－ Response aux calomnies d' Albert Pighius⋯ 205
　－ Leçons sur les douze petits prophètes 134-135
　－ Breve et clarum doctrinae de coena Domini compendium 174
　－ Institution de la religion chrestienne 263
1561 Ministrorum ecclesiae genevensis responsio ad nobiles polonos et
　　　Franciscum Stancarum Mantuanum de controversia mediatoris * 236
　－ Impietas Valentini Gentilis detecta 235
　－ Gratulatio ad Gabrielem de Saconay 270
　－ Congratulation à Messire Gabriel de Saconnay 270
　－ Dilucida expositio de vera participatione carnis et sanguinis Christi 252
　－ Les Ordonnaces Ecclesiastiques de l' eglise de Geneve * 149, 171, 192
　－ Responsio ad versipellem quendam mediatorem 271
　－ Response a un cauteleux et rusé moyenneur 271
　－ Commentaires sur le livre des Pseaumes 130-131
　－ Praelectiones in librum prophetiarum Danielis 135-136
1562 Congrégation sur l' élection eternelle de Dieu 149-150
　－ Responsio ad Balduini convicia * 271
　－ Response à un certain Holandois 182
　－ Leçons sur le livre des prophéties de Daniel 135-136
　－ Confession de Foy pour presenter à l' empereur 94-95

1563 Brevis admonitio ad fratres Polonos 237

    – Epistola qua fidem admonitionis ad Polonos confirmat 237

    – Ad Francisci Balduini convicia, Bezae Responsio, Calvini Epistola *
272

    – Praelectiones in librum prophetiarum Jeremiae et Lamentationes 136

    – Mosis libri V. cum commentariis 131-132

    – Deux congregations du second chapitre de l' Epistre aux Galatiens.
Item l' exposition du 43e dimanche du Catechisme

    – Ad questiones et obiecta Iudaei cuiusdam 238-240

1564 Commentaires sur les cinq livres de Moyse 131-132

    – Commentaires sur le livre de Iosué 132-133

    – In librum Iosue commentarius 132-133

– Confession de foy pour présenter à l' Empereur 94-95

1565 Leçons tant sur les Revelations que sur les Lamentations du Prophète
Ieremie 136

    – In viginti prima Ezechielis prophetae capita praelectiones 136-137

    – Leçons sur les vingt premiers chapitres d' Ezechiel 136-137

1567 – Responsum ad quaestiones Georgii Blandratae 235

2. 人名索引

ア

アウグスティヌス　Augustinus　108, 110, 129, 150, 168, 180, 194, 221, 223, 253, 282, 301, 321

アグリコラ, ヨハンネス　Agricola, Johannes　229

アタナシウス　Athanasius　247

アーメルバッハ, ボニファキウス　Amerbach, Bonifacius　29

アモー, ピエール　Ameaux, Pierre　52-53

アリストテレス　Aristoteles　22

アルクィヌス　Alcuinus（schuilnaam van Calvijn）292

アルチャティ, アンドレア　Alciati, Andrea　24, 107-108

アルフォンソ　Alfonso van Ferrara　88

アルブキウス, アウレリウス　Albucius, Aurelius　107

アレシィウス, アレクサンダー　Alesius, Alexander　154

アンブロシウス　Ambrosius　222

アンリ, ナヴァル王　Hendrik van Navarre　26

アンリ2世（フランス王）Hendrik II（koning van Frankrijk）

アンリ4世（フランス王, アンリ・ド・ブルボンを参照）Hendrik IV（koning van Frankrijk）

ヴァターブル, フランソワ　Vatable, Francois　21, 25

ヴァディアン　Vadianus　80

ヴァリエール, ジャン　Vallière, Jean　20

ヴァレンティヌス　Valentinus　243

ヴァングル, ピエール・ド　Wingle, Pierre de　116

ウィクリフ　Wyclif　22

ウィッテンハム　Whittingham　76, 77

ヴィレ, ピエール　Viret, Pierre　29, 32, 37, 42, 44-45, 47, 50, 54, 56-57, 61, 64, 79-80, 102-103, 117-118, 125, 191, 215-216, 221, 228, 246, 248-249, 271, 275-276, 314, 327-328

ヴィレガニョン, ド　Villegagnon, de　90

ウィレム, オラニエ公　Willem van Oranje　333

ヴェストファル, ヨアヒム　Westphal, Joachim　129, 279-284

ウェルス, ユストゥス　Wels, Justus　78

ヴェルジェリオ（司教）Vergerio（bisschop）312

ヴェルヌ, ジャン　Vernou, Jehan　89

ヴェルミーリ, ペトルス・マーター　Vermigli, Pertus Martyr　85, 91, 105, 131, 192, 208

ヴォルマール, メルキョール　Wolmar, Melchior　23, 24, 123, 268

ウチャンスキ, ヤコブ　Uchanski, Jakob（bisschop van Kujawien）318

ウブラック, ギョーム　Houbracque, Guillaume　78

エウセビウス　Eusebius　222

エコランパディウス, ヨハンネンス　Oecolampadius　29, 32, 186, 280

エチエンヌ, ロベール Estienne, Robert 80,
117
エック, ヨーハン Eck, Johann 125, 219, 220
エドワード 6 世（イングランド王）Eduard
VI（koning van Engeland）124, 126, 130,
131, 140, 322
エピクロス Epicurus 22
エマニュエル・フィリベール（サヴォワ公）
Emanuel Philibert（hertog van Savoye）71
エラスムス Erasmus 22, 29, 109, 110, 111,
253
エリク（スウェーデン王太子）Erich（kroonprins
van Zweden）137
エリザベス（イングランド女王）Elisabeth I
（koningin van Engeland）131
エルキュール・デステ（フェララ公）Hercule,
d'Este（hertog van Ferrara）30, 213
エルバッハ, エバーハルト・フォン Erbach,
Eberhard von 92
エルバッハ, ゲオルク・フォン Erbach, Georg
von 284
エンゲルマン Engelmann 322
オジアンダー Osiander 296
オットマン, フランソワ Hotman, François
72, 85, 194
オベール Aubert 58
オポリン Oporin 60
オリヴェタン, ピエール・ロベール
Olivetanus, Pierre Robert 23, 30, 115-119, 154
オレヴィアヌス, カスパール Olevianus,
Casper 207, 329

カ

カステリョ Castellio, Sébastien 46, 59, 62,
78, 102-103, 118, 122, 246, 249, 252-255, 266-
267
カッシオドルス Cassiodorus 222
カッサンダー, ゲオルゲ Cassander, George
309
カテラン, アントワーヌ Cathelan, Antoine
346
カピト, ヴォルフガング Capito, Wolfgang
Fabricius 29, 33, 35, 44, 118, 155, 218, 239,
271
カラッキオリ, アントニオ Caraccioli,
Antonio 92
カラッキオリ, ガレアッツォ Caraccioli,
Galeazzo 123, 256
ガラール, ニコラ・デ Gallars, Nicolas des
75, 82, 130, 185, 197, 222, 249, 263, 333
カール 5 世（皇帝）Karel V（keizer）30-31,
37-38, 46, 55, 80-81, 122-123, 219, 226-229,
248, 274, 290, 304-305, 324
カロリ, ピエール Caroli, Pierre 21, 36, 246-
248
ギーズ, クロード・ド Guise, Claude de 84
ギーズ, シャルル・ド Guise, Charles de 84
ギーズ, フランソワ・ド Guise, François de
84, 85, 88, 93-95
ギーズ家 Guise de（familie）84, 93
キムヒ, ダビデ Kimchi, David 261
キプリアヌス Cyprianus 188
キルヒマイヤー Kilchmeier 275
クーザン, ジャン Cousin, Jean 139
グスタヴ・ヴァーサ（スウェーデン王）
Gustav Wasa（koning van Zweden）137
クセノフォン Xenophon 318
グライター, マッティアス Greiter, Matthias
178
クラインベルク, ゲオルク Kleinberg, Georg

2. 人名索引 *381*

253

グラウブルク，ヨハン・フォン　Glauburg,
　Johann von　104
グランヴェル　Granvelle　218, 220
クランマー，トーマス　Cranmer, Thomas
　124, 323, 324
クリオーネ　Curione　62, 236
クリスチャン3世（デンマーク王）　Christiaan
　III（koning van Denemarken）　127
クリストフ（ヴュルテンベルクの）　Christoph
　（van Württemberg）　93, 124, 253
グリナン，ド　Grignan, de　79
グリバルディ，マッテオ　Gribaldi, Matteo
　255-256, 268
グリュエ，ジャック　Gruet, Jacques　55, 103
クリュソストモス　Chrysostomus　29-30, 115,
　253
グリュナエウス，ジーモン　Grynaeus, Simon
　29, 121, 136, 271
クルソル，アントワーヌ・ド　Crussol, A. de
　97
クルトワ　Courtois　73-74, 246
クレスパン，ジャン　Crespin, Jean　294, 295,
　338
クロー，エリー　Corauld, Elie　33, 36, 112,
　172
グロッパー　Gropper　220
ゲオルク（ヴュルテンベルク伯）Georg（graaf
　van Württemberg）268
ケノー　Ceneau　290
ケルヴェンカ，マッティアス　Cervenca,
　Mattias　37
ケルドー　Cerdo　243
ゲルング　Gerung　275
ゲンティリス，ヴァレンティノ　Gentilis,

Valentino　256,-257
ケンピス，トマス・ア　Kempis, Thomas　22
コーヴァン，アントワーヌ　Cauvin, Antoine
　19, 30, 99
コーヴァン，アンヌ　Cauvin, Anne　99
コーヴァン，ジェラール　Cauvin, Gérard　19,
　25
コーヴァン，ジャック　Cauvin, Jacques　36
コーヴァン，シャルル　Cauvin, Charles　19,
　25
コーヴァン，マリ　Cauvin, Marie　19, 30
コーヴァン，リシャール　Cauvin, Richard
　21
コクレウス，ヨーハン　Cochlaeus　154, 222,
　290
コックス，リチャード　Coxe, Richard　77
コナン，フランソワ・ド　Connan, François de
　23, 108
コップ，ギョーム　Cop, Guillaume　22, 26
コップ，ニコラ　Cop, Nicolas　26, 29, 111-114
コップ，ミシェル　Cop, Michel　54, 75, 168
コラドン，ニコラ　Colladon, Nicolas　27, 82,
　98, 134, 136-137, 143, 175, 267
コリニ，ガスパール・ド　Coligny, Gaspard de
　83, 86-91 93-95, 105, 139
コリニ，シャルロッテ・ド　Coligny, Charlotte
　de　83
コルディエ，マチュラン　Cordier, Mathurin
　21, 22, 39, 42, 46, 64, 126
コルン，アンブラール　Corne, Amblard　53
コールンヘルト　Coornhert　192-194, 209
コロネル，アントニオ　Coronel, Antonio　22
コンタリーニ　Contarini　220
コンデ（ルイ・ド・ブルボンを参照）　Condé
　（zie Bourbon, Louis de）

サ

サコネ, ガブリエル・ド Saconay, Gabriel de 303, 308

ザトラー, ミヒャエル Sattler, Michael 241

ザドレ, フランソワ・デ Adrets, François des 94

サドレート, ヤコポ Sadoleto, Jacopo 40, 216-217, 223, 233, 290

サン＝アンドレ, ジャン・ド Saint-André, Jean de 67-68, 150

サン＝ジェレ, メラン・ド Saint-Gelais Mellin de 194

シェヴァリエ, アントワーヌ＝ラウル Chevallier, Antoine-Raoul 64

ジェネトン, ド Geneston, Matthieu de 75

シェムトーブ・ベン・イサーク・イブン・シャプルト Schemtob ben Isaak Ibn Schaprut 260

シギスムント・アウグスト (ポーランド王) Sigismund Augustus (koning van Polen) 125, 158, 316

シクルス, ゲオルギウス Siculus, Georgius 224

シーモア, アンナ Seymour, Anna 124

シーモア, エドワード (サマーセット公) Seymour, Eduard (hertog van Somerset) 124, 314, 322

シモンズ, メノー Menno Simons 193, 242, 259

シャポノ Chaponneau 73-74

シャルティエ, ギョーム Chartier, G. 90

シャルル (ロートリンゲンの) Charles (van Lotharingen) 309

シャルル9世 (フランス王) Karel IX (koning van Frankrijk) 87, 90-91, 93, 182

シャンプロー, エメ Champereau, Aimé 42, 75

シュヴェンクフェルト Schwenckfeld 36

シュトゥルム, ヨハンネス Sturm, Johannes 37, 44, 63, 85, 93, 105, 120, 216, 218, 294

シュネップ, エルハルト Schnepf, Erhard 322

シュミット Schmidt 275

ショーヴェ (ジュネーブ市長) Chauvet (bergermeester in Genève) 68

シルヴィウス, ヤコブ Sylvius, Jakob 258

スコトゥス, ヘンリクス Scotus, Henricus 307

スタドニツキ, スタニスラウス Stadnitzki, Stanislaus 258

スタトリウス, ピエール Statorius, Pierre 268

スタンカロ, フランセスコ Stancaro, Francesco 257-258, 286

スタンホープ, アンナ Stanhope, Anna 124

ストルドゥール, ジャン Stordeur, Jean 36

ストルドゥール, ユディト Stordeur, Judith 37

スピエラ, フランセスコ Spiera, Francesco 303, 307, 311

スービーズ, ジャン・ド Soubise, Jean de 95

ズルツァー, ジーモン Sulzer, Simon 91, 93, 104, 217, 275-276

セネカ Seneca 25, 108-110, 333, 339

セルヴェトゥス, ミカエル Servet, Michel 27, 50, 62, 128, 245, 249-253, 265-267

ソッツィーニ, ファウスト Sozzini, Fausto 314

ソッツィーニ, レリオ Sozzini, Lelio 295-

296, 314-315

ソニエ Saunier 39, 46

タ

タイユ, デュ Tailly, du 218

タゴ, ジャン Tagaut, Jean 65

ダッハシュタイン, ヴォルフガング Dachstein, W. 178

ダニエル, フランソワ Daniel, François 23-25, 107, 110

ダネス, ピエール Danés, Pierre 25

ダルブレ, ジャンヌ Albret, Jeanne d' 86-87, 92-94, 308

タルノフスキ, ヤン Tarnowski, Jean 317-318

ダングレーム, マルグリト Angoulême, Marguerite d' 21, 107, 123, 214, 243-246

ダンジェスト, イブ Hangest, Yves de 20

ダンジェスト, クロード Hangest, Claude de 110

ダンジェスト, シャルル Hangest, Charles de 19-20, 110

ダンジェスト, ジャン Hangest, Jean de 110

ダンジェスト, ルイ Hangest, Louis de 20

ダンデロ, フランソワ Andelot, François d' 83

タンペート, ピエール Tempête, Pierre 22

ツヴィングリ Zwingli 29, 32, 186, 240, 272, 280, 291-292, 299, 334

ツェベデ Zébédée 68-69

ツェル Zell 177

ツルキンデン, ニコラオス Zurkinden, Nikolaus 71-72, 256, 266

ティイエ, ジャン・デュ Tillet, Jean du 260

ティイエ, ルイ・デュ Tillet, Louis du 26-

28, 30, 36, 213, 215-216, 260, 289

ティエリー, カンタン Thierry, Quintin 27, 243-244

テクストル, ベノア Textor, Benoit 126

デステ, エルキュール (フェララ公) Este, Hercule d' (hertog van Ferrara) 88

デプヴィル, シャルル (カルヴァンの仮名) Espeville, Charles d' (schuilnaam van Calvijn) 26, 30, 213, 249, 289, 304

デュシュマン, ニコラ Duchemin, Nicolas 23-25, 30, 107, 213-214, 231

テルトゥリアヌス Tertullianus 315

トゥサン, ピエール Toussaint, Pierre 75, 124, 319

トゥルノン, フランソワ・ド Tournon, François de

トリ, ギョーム・ド Trie, Guillaume de 250

トルガー, ヤコブ Truger, Jacobus 103

トレキウス Threcius 135

トレメリウス, インマヌエル Tremellius, Immanuel 64

トレル, マリー Torel, Marie 75

トロリエ, ジャン Trolliet, Jean 56-57, 60-62, 306

ナ

ネロ (皇帝) Nero (keizer) 108

ノックス, ジョン Knox, John 76-77, 132-133, 314, 324-325

ノルマンディ, ローラン・ド Normandie, Laurent de 80, 82, 194, 196

ハ

パウロ3世 (教皇) Paulus III (paus) 219, 228

パグニウス，サンクテス　Pagninus, Sanctes
115

パセリウス，カロルス（カルヴァンの仮名）
Passelius, Carolus (schuilnaam van Calvijn)
91

バティウス，コンラート　Badius, Conrad
219, 294

バデュエル，クロード　Baduel, Claude　143

ハラー，ヨハンネス　Haller　67

バーリー，ウィリアム・セシル　Burleigh,
William Cecil　132

バリー・ド・ラ・ルノディ，ジャン・デュ
Barry, Jean du　85

ハルデンベルク，アルベルト・リツァエウス
Hardenberg, Albert Rizaeus　188

パンフィリウス，エウスビウス　Pamphilius,
Eusebius　219

ピギウス，アルベルトゥス　Pighius, Albertus
220, 223-224

ビュデ，ギョーム　Budé, Guillame　25, 28,
80, 100, 290

ビュデ，ジャン　Budé, Jean　51, 82, 93, 126

ビュデ，ルイ　Budé, Louis　119

ビュデ夫人　Budé, mevr.　80

ビュール，イドレット・ド　Bure, Idolette de
36

ファーブル家　Favre（familie）　53, 54

ファブリ，クリストフ　Fabri, Christophe
104, 150, 239

ファレ，ブルゴーニュを参照　De Falais, zie
Bourgonge

ファレル，ギョーム　Farel, Guillaume　21,
32-34, 36-37, 39-47, 52, 54-57, 61, 66, 72-73,
75-76, 79, 81-82, 98, 103, 116, 119-120, 123,
125, 133, 148-150, 171-172, 175-176, 177-178,
195, 203, 214-216, 218-220, 227-228, 241-242,
246-249, 252, 264, 271-272, 276-277, 281, 289,
305-306, 313-314

フィリップ（ヘッセンの）　Philips (van
Hessen)　46, 274, 290

フィリップ善公　Filips de Goede　304

フェリーペ2世　Filips II　83

フェルディナント1世　Ferdinand I　218

フォーゲルスペルガー，セバスチャン
Vogelsperger, Sébastien　304

フォルジュ，エティエンヌ・ド・ラ　Forge,
Etienne de la　25, 27-28

フォルツ，パウル　Volz, Paul　36

フォンテーヌ，ニコラ・ド・ラ　Fontaine,
Nicolas de la　127, 250-251

フス　Hus　22

ブツァー，マルティン　Bucer, Martin　33, 37-
38, 45-47, 111, 121, 134, 177, 183, 189-190,
192, 200, 221, 226, 229, 234, 239, 271, 277,
279-280, 291-293, 298-300

プーパン，アベル　Poupin, Abel　54

フープマイヤー，バルタザール　Hubmaier,
Balthasar　263

フュメ，アントワーヌ　Fumée, Antoine　189-
190, 228

フュルステンベルク，ギョーム・ド
Fürstenberg, Guillaume de　37, 303-304

ブラウラー，アンブロシィウス　Blaurer,
Ambrosius　84

ブラウンシュヴァイク＝ヴォルフェン
ビュッテル，ハインリッヒ・フォン
Braunschweig-Wolffenbüttel, Heinrich von
139

フラシウス・イリュリクス　Flacius Illyricus
230

プラッター, トーマス Platter, Thomas 290

プラトン Plato 22, 61, 307

プーラン, ヴァレラン Poullain, Valérand 78, 104, 189, 242, 264, 294

フランソワ1世(フランス王) Frans I (koning van Frankrijk) 21-22, 25, 26, 30-31, 38, 46, 79-80, 108, 112, 213, 225, 248, 289, 303

フランソワ2世(フランス王) Frans II (koning van Frankrijk) 84, 86-87

ブランドラタ, ジオルジオ Blandrata, Giorgio 128, 256, 268

ブリソンネ, ギョーム Briçonnet, Guillaume 20, 21

フリードリヒ3世 (プファルツの) Frederik III (van de Palts) 138, 220, 260

ブリュリ, ピエール Brully, Pierre 178

ブリンガー, ハインリッヒ Bullinger, Heinrich 29, 52, 58, 66, 71-72, 79-81, 86, 90, 93-95, 103, 105, 117, 121, 132, 137, 150, 192, 224, 229-230, 252, 272-282, 284, 314, 323, 327-328

ブール, アンヌ・デュ Bourg, Anne du 85

フルーク, ユリウス Pflug, Julius 229

ブルクハルト Burckhardt 133

ブルゴーニュ, ジャック・ド Bourgogne, Jacques de 122, 150, 303-305

ブルボン, アントワーヌ・ド Bourbon, Antoine de 83, 89, 92-94, 308

ブルボン, アンリ・ド Bourbon, Henri de 134

ブルボン, ルイ・ド (コンデ公) Bourbon, Louis de (prins van Condé) 85, 87, 91, 93-96

フレデリク (デンマーク王太子) Frederik (kronprins van Denemarken) 127, 160

ブレデローデ, ヨーランド・ド Brederode,

Yolande de 122, 305

フレロン, ジャン Frellon, Jean 249

ブレンツ, ヨハンネス Brenz, Johann 91, 224, 253

フローテ, ゲールト Grote, Geert 22

ベカニス, ヴィダル・ド・ Becanis, Vidal de 219

ベザ, テオドール Béze, Theodore de 23-24, 29, 36, 64-65, 82, 85, 87, 91-93, 95-96, 98, 117, 119, 126, 135, 139, 175, 182, 225, 236, 254, 255, 259-260, 267-268, 279, 284, 310, 313, 333

ヘスフス, ティレマン Heshusius, Tileman 269, 279, 283-284

ベディエ, ノエル Bédier, Noël 22

ペラン, アミ Perrin, Ami 39, 41, 53-58, 71-72, 305

ペラン・ファーブル一族 Perrin-Farve (familie) 53-54

ベリウス, マルティヌス Bellius, Martinus 253

ペルッセル, フランソワ Perrucel, Francois 78

ヘルディング, ミヒャエル Helding, Michael 229

ベルテリエ, フィリベールト Berthelier, Philibert 50-52, 103

ベルテリエ, フランソワ・ダニエル Berthelier, François Daniel 58

ベルナール, ジャック Bernard, Jacques 39, 42, 45

ベレ, デュ Bellay, du 55

ベロ, フランソワ Béraud, François 65

ヘンリー8世 Hendrik VIII (hertog van Ferrara) 308

ポッピウス, メンソ Poppius, Menso 314,

319, 328
ボーデュアン，フランソワ　Baudouin,
　François　138, 303, 308-310
ボナ・スフォルツァ　Bona Sforza　316
ホフマン，メルキヨール　Hofmann, Melchior
　242
ボーム，ピエール・ド・ラ　Baume, Pierre de
　la　31, 216
ボルセック，ジェローム　Bolsec, Jérome　60,
　62, 68, 104, 122, 150-151, 168, 223-224

マ

マカール，ジャン　Macard, Jean　82, 196
マクシミリアン　Maximiliaan (koning)　96
マール，アンリ・ド・ラ　Mare, H. de la　39,
　42
マルキオン　Marcion　243
マルクール，アントワーヌ　Marcourt, Antoine
　28, 39, 41-42, 101
マルティアヌス・ルキアヌス（カルヴァンの
　仮名）　Martianus Lucianus (schuilnaam van
　Calvijn)　28
マルティネンゴ，カエルソ　Martinengo,
　Caelso　82
マロ，クレマン　Marot, Clément　30, 178,
　182, 213
ミクロン，マルティン　Micron　259, 269
ミュコニウス，オズヴァルト　Myconius,
　Oswald　29, 80, 271, 279
ミュンスター，セバスティアン　Münster,
　Sebastian　29, 270
ムスクルス　Musculus　78, 134
メア，ジョン　Mair, John　22
メアリー（イングランド女王）　Mary (koningin
　van Engeland)　76, 131

メガンダー　Megander　247
メグレ，ローラン　Maigret, Laurent　56
メディシス，カトリーヌ・ド　Medicis,
　Catherine de　84, 87, 91, 97
メランヒトン，フィリップ　Melanchthon　38,
　46, 61, 103, 111, 121, 190-192, 208, 216, 218-
　221, 223-224, 227, 258, 271, 273-274, 280, 282,
　292-293, 298-300, 301, 303, 306-307, 311, 323-
　324, 334
メルシィエ，ジャン　Mercier, Jean　34, 260
メルラン，ジャン・レモン　Merlin, Jean
　Raymon　90, 94
モネ，ル　Monet, Roux　53
モラン，ジャン　Morand, Jean　39, 41
モーリッツ（ザクセンの）　Maurits (van
　Saksen)
モレル，ド　Morel, de　93, 97, 196
モロー　Moreau　75
モントフォルト，バシリウス　Montfort,
　Basilius　253
モンモール卿　Montmor　20, 22

ヤ

ユート，レオ　Jud, Leo　214, 232
ユリウス 3 世（教皇）　Julius III (paus)
背教者ユリアヌス　Julianus Apostata　93
ヨーハン・フリードリヒ（ザクセン選帝侯）
　Johan Frederik (keurvorst van Saksen)　133-
　134, 274
ヨハネス 22 世（教皇）　Johannes XXII (paus)
　240
ヨンヴィル，シャルル・ド　Jonviller, Charles
　de　137, 138, 313

ラ

ライネツ Lainez 91

ラグニエ, デニス Raguenier, Denis 141-143

ラシウス, バルタザール Lasius, Balthasar 290

ラスコ, ヨハネス・ア Lasco, Johannes à 188, 280, 317

ラツィヴィル, ニコラス Radziwill, Nilolaus 128, 160

ラブレー Rabelais 22

ラボリ, アントワーヌ Laborie, Antoine 89

ラングロワ, ジャック Anglois, Jaques l' 89

ランジ, ジャン Lange, Jean 69

ランティニ, ド Rentigny, de 82

ランドレ, クリストフ Landré, Chr. 113

ランベール, フランソワ Lambert, François 289

リエル, ヴェンデリン Rihel, W. 123

リシュ, ピエール Richer, Pierre 90

リスマニノ, フランセスコ Lismanino, Francesco 268, 316

ルイ 12 世 Lodewijk XII 30, 213

ルーセル, ジェラール Roussel, Gérard 21, 25-27, 30, 112, 214, 245

ルター, マルティン Luther, Martin 20-23, 111, 133, 186, 190-191, 223, 226, 253, 271-274, 279-281, 283, 291-292, 298, 308, 321

ルネ・ド・フランス(ナバラ女王) Renée(Renata) de France (koningin van Navarre) 21

ルフィ, ジャック Rufi,Jacques 94

ルフェーブル・デタープル, ジャック Lefèvre d'Etaples, Jacques 20, 27, 115, 116, 118

ルフラン, ジャンヌ Lefranc, Jeanne 19

レオ 10 世 (教皇) Leo X (paus) 20

レグラン, アウグスティン Legrand, Augustin 78

レトワール, ピエール・ド Estoile, Pierre de l' 23-24, 107-108

ロヴェルジェ・ジャン Lauvergeat, Jehan 89

ロシュ = フーコー伯, ド・ラ Roche-Foucauld, graaf de la 95-96

ロゼ (ジュネーブの書記官) Roset (secretaris van Genève) 65

ロピタル, ミシェル・ド Hospital, Michel de l' 91

ロベール, ピエール (オリヴェタンを参照) Robert, Pierre zie Olivetanus

ロヨラ, イグナティウス Loyola, Ignatius van 23

ワ

ワード Warde, W. 144

3. 地名索引

アウクスブルク　Augsburg　226, 229

アオスタ　Aosta　30

アーラウ　Aarau　79

アングレーム　Angoulême　26, 289

イングランド　Engeland　76-78, 124, 126-127, 129-131, 133, 140, 308, 314, 322, 324, 329

ヴァシー　Vassy　93-94

ヴィエンヌ　Vienne　250-251

ヴィッテンベルク　Wittenberg　32, 33, 36, 38, 216, 227, 271, 321

ヴィルナ　Wilna　128, 268

ヴェーゼル　Wesel　78, 280

ヴォルムス　Worms　38, 43-46, 82, 217-220, 228

オルカン　Oerscamp　19

オルレアン　Orléans　23-25, 28, 87-89, 94-95, 107, 110, 123, 213, 239

カトー・カンブレジ　Câteau-Cambrésis　62, 83

クレ　Claix　26

クレラック　Clairac　27

サヴォワ　Savoye　31, 62, 71, 85

サン・ジェルマン（の勅令）　St. Germain (edict van)　93, 95

シャトブリアン　Châteaubriant　80, 81

シャフハウゼン　Schaffhausen　51-52, 58, 71-72, 80

シャンベリ　Chambery　89

ジュシィ　Iussy　67

シュパイエル　Spiers　218, 226-227

シュライトハイム　Schleitheim　241

ストラスブルク　Straatsburg　21, 28-29, 31, 34-38, 40-47, 63, 72, 79, 102, 110-111, 118, 120, 122, 123, 135, 177-178, 183, 185, 189, 198-200, 205, 215-218, 220, 215-218, 220, 234, 239-240, 248, 251, 263-264, 271, 292-293, 300, 303-305

チューリヒ　Zürich　29, 34, 38, 51-52, 58, 62, 71-72, 79, 81, 91, 103, 149-150, 176, 192, 209, 211, 251, 256, 266, 272-274, 276-282, 285, 314, 328

トノン　Thonon　68

トリエント　Trente　89, 91, 126, 226, 228-230

ドロ　Dreux　94-95

ヌーシャテル　Neuchâtel　28, 34, 45-47, 62, 72-76, 115, 151, 155, 203, 241, 246, 305-306, 313

ネラック　Nérac　27, 85

ノワイヨン　Noyon　19-20, 23, 25, 110

ハーゲナウ　Hagenau　38, 41, 43, 217-219

バーゼル　Bazel　20, 28-30, 32, 34-35, 45, 47, 51-52, 60, 62, 66, 71-72, 80-82, 103, 118, 121, 150, 153, 174, 183, 204, 213-214, 236, 239, 246, 248, 251-253, 266, 271, 276, 279-280, 289-290, 292, 304-305, 309, 338

パリ　Parijs　20-28, 31, 55, 64, 82, 84, 86, 89, 93, 99, 107-108, 110-112, 150, 168, 189-190, 196-197, 214, 225, 239, 243, 246, 260, 305, 309, 312

フェララ　Ferrara　30, 88, 213

フォンテーヌブロー　Fontainebleau　86-88

ブラジル　Brazilië　90

フランクフルト　Frankfurt　37-38, 63, 72, 76-78, 96, 102, 104, 129, 197, 217, 219, 266, 280-281

フリブール　Fribourg　31, 85

ブールジュ　Bourges　24, 54, 73, 107, 110, 123

ベルン　Bern　31-32, 34, 39-40, 43-44, 47, 51-52, 55, 58, 63, 66-69, 71, 79, 81, 104, 149-151, 168, 174, 176, 211, 215, 217, 236, 246-248, 251, 255-257, 264-266, 271 275-278, 280, 304-305, 329

ポーランド　Polen　125, 128, 158, 256-258, 268, 286, 314, 316-318, 328

ポワシー（宗教会談）　Poissy（godsdienstgesprak te）　91-92, 309

ポワチエ　Poitiers　27-28, 89, 210

マールブルク（宗教会談）　Marburg（godsdienstgesprak te）　186, 290

メッツ　Metz　81, 84, 248

モー　Meaux　20-21

モルジュ　Morges　39

モンベリアル　Montbeliard　75, 124, 314, 319, 321-322

リヨン　Lyon　28, 82, 94-95, 115, 168, 182, 194, 216, 249-250, 308, 328

ルーアン　Rouen　79, 94, 245, 253

レーゲンスブルク　Regensburg　38, 45-47, 104, 217, 219, 220, 221

ローザンヌ　Lausanne　32, 44, 57, 59, 64-65, 68-69, 80, 82, 90, 104, 149, 215, 246-247, 275, 314, 328

4. 事項索引

アウクスブルク信仰告白　Augsburgse confessie, Confessio Augustana　92, 96, 218, 281

アウクスブルクの暫定協定　Interim van Augsburg　226, 229-230

アカデミー（ジュネーブの）　Academie (van Genève)　22, 62-65, 97, 199

アンボワーズ（の講和）　Amboise (verde van)　95-96

アンボワーズ（の陰謀）　Amboise (sanenzwering van)　85-87

一般祈祷書　Book of Common Prayer　76

ヴィッテンベルクの和約　Wittenberger Concordia　32-33, 36, 271

ヴォルムス本　Wormser Boek　220

選び（予定も参照）　verkiezing (zie ook predestinatie)　136, 144, 149-150

雅歌　Hooglied　59

火刑裁判所　Chambre ardente　80

カルヴァンの哲学的背景　filosofische achtergrond van Calvijn　100

教会規則　kerkorde　47-50, 59, 92, 149, 171, 197-201

教会財産　kerkelijke goederen　232, 303, 305

キリスト論　christorogie　259

近代的敬虔　moderne devotie　22

檄文事件　Affaire des placards　28, 246, 290

コレージュ・デ・カペット（カペット学寮）　Collège des Capettes　19

コレージュ・ド・ナヴァル（ナヴァル学寮）　Collège de Nevarre　26

コレージュ・ド・フランス　Collèdge de France　25

コレージュ・ド・モンテーギュ（モンテーギュ学寮）　Collège de Montigu　22-23

コレージュ・ド・ラ・マルシェ（ド・ラ・マルシェ学寮）　Collège de la Marche　21

コレージュ・ド・リーヴ（リーヴ学寮）　Collège de Rive　39, 63, 119

コレージュ・フォルテ　Collège Fortet　25

コレージュ・ロワイヤル（王立学院）　Collège Royal　25, 58

再洗礼派　anabaptisen　129, 239-241, 262

サン・ジェルマン・デ・プレ　St. Germain-des-Prés　20

サン・ピエール　St. Pierre　32, 55, 63, 65, 120

三位一体　drie-eenheid, triniteit　73, 246-248, 250, 252, 254-256, 265, 271

執事　diaken　199, 200

4. 事項索引　*391*

シャンボール（協定）　Chambord (vrede van)　81

自由主義者　libertijnen　49, 242-245, 263-264

シュライトハイム信仰告白　Confessio Schlattensis　241-242, 263

巡察　visitaie　200-201, 230

スコットランド　Schotland　154, 314, 322, 324

ストア　Stoa　22

ストア学派　stoïcijnse school　108

聖晩餐　avondmaal　38-39, 51, 133, 273, 318, 320, 322-323, 328

摂理　voorzienigheid　110, 132

占星術　astrologie　185, 194

洗礼　doop　176, 178, 180, 200, 230, 241, 249-250, 252, 291, 293, 315, 319-321, 323, 325

洗礼派　doper(s)　27, 34, 36, 240-241, 264, 290, 293, 305

ソルボンヌ　Sorbonne　20-22, 24-26, 116, 225, 236, 246

第一スイス信仰告白　Convessio Helvetica prior　32

魂の眠り　zielenslaap　240-242

チューリヒ協定　Consensus Tigurinus　192, 272, 277, 279, 281, 282, 285

長老　ouderling　198-200

ドイツ神学　Theologia Teutsch　78

トリエント（公会議）　Trente (concilie)　228-230

ニコデモ派　nicodemieten　185, 188-192, 194, 214, 309

偽ニコデモ派　pseudo-nicodemieten　185, 192-193

破門　excommunicatie　50-52, 172-175, 199, 324

反三位一体論者　anatitriniariërs　255, 268

フランス信仰告白　Confessio Gallicana　84, 91-92, 196-197

フランクフルトの休戦　Frankfurter bestand　102, 217

ボヘミア兄弟団　Boheemse Broeders　37

唯名論　nominalisme　22

ユグノー　hugenoten　85-88, 93-95, 105, 182

ユダヤ人　jood　259-261, 270

ユニテリアン　unitariërs　258, 268

予定　predestinatie　60, 62, 68-69, 78, 150-151, 224, 236, 255, 293, 300, 306-307, 316

レーゲンスブルク本　Regensburge Boek　220, 234

ワルドー派　waldenzen　79-80, 116

訳者あとがき

本書は Dr. Wulfert de Greef, Johannes Calvijn, Zijn werk en geschriften, 2ᵉ herziene druk, Uitgeverij KOK, Kampen, 2006. の全訳である.

「カルヴァンは抜きん出た名声の人，教会史の偉大な人物の一人である. しかし，彼はどんな人で何を書いたのだろうか？ こうした問いに答えるために多くの書物が書かれてきた.

しかし，カルヴァンについての一層の見通しを得ようとしとくにその著作に取り組もうとしたときに，私は道案内として助けになる本を見つけることができなかった. この本はそうした欠けを補う試みである」.

著者は初版の序文で本書執筆の事情をこのように書いている.

カルヴァンの生涯をたどるなかで，あるいはその著作や手紙を読むなかで，訳者も先人の仕事から多くのことを学んできた. しかしきわめて広範囲にわたるカルヴァンの働きと著作をこのように一人の著者が一冊の書物でコンパクトにまとめたものはそれほど多くないと思う.

翻訳は自派の神学校での講義のためや牧師としての自分の養いのために行ってきたものである. 最初にグレーフの本書に接したのは原書第一版の英訳をとおしてであった. その後原書の改訂第二版が出たが，これもまず手に入れたのはそのドイツ語訳で，原書第二版（本書）を手にしたのはそのずっと後になってからだった. そのつど関心のある部分を自身のために翻訳していたが，第二版では追加の部分を原文に無理に挿入したり，ドイツ語訳ではかなり自由な翻訳が目立っていた. 今回出版するにあたり，原書のオランダ語と照合したが，なお不十分なところや誤りがあるかもしれないが，ご寛恕ご指摘いただければありがたい. この点では一麦出版社の西村勝佳さんに大変お世話になった. 感謝している. なお，第 11 章「書

誌学上のデータ」の部分は一緒に学んできた一人，大石周平牧師（日本キリスト教会府中中河原伝道所）が翻訳を助けてくれた．

このような翻訳でも出版されるまでには，内外を問わず直接・間接の多くの方々の言葉や励ましによって支えられてきたことを改めて思い起こし感謝している．

なお著者についてであるが，ヴルフェルト・デ・グレーフ博士は1939年生まれ，現在オランダ・プロテスタント教会の名誉牧師である．1984年にユトレヒト国立大学で「カルヴァンと旧約聖書」で博士号を取得，とくに宗教改革関連と聖書釈義についての著作がある．

2017 年 5 月 17 日
菊地信光

ジャン・カルヴァン
その働きと著作

発行............2017 年 7 月 28 日　　第 1 版第 1 刷発行

定価............［本体 6,800 ＋消費税］円

訳者............菊地信光

発行者........西村勝佳

発行所........株式会社一麦出版社

　　　　　　札幌市南区北ノ沢 3 丁目 4-10 〒052-0083
　　　　　　Tel.（011）578-5888 Fax.（011）578-4888
　　　　　　URL http://www.ichibaku.co.jp/
　　　　　　携帯サイト http://mobile.ichibaku.co.jp/

印刷............㈱アイワード

製本............石田製本㈱

装釘............鹿島直也

©2017, Printed in Japan
ISBN978-4-86325-103-8 C3016 ￥6800E
落丁本・乱丁本はお取り替えいたします.

一麦出版社の本

ジュネーブの議会と人びとに宛てたヤコポ・サドレート枢機卿の手紙×ジャン・カルヴァンの返答
サドレート×カルヴァン　石引正志訳

宗教改革の焦点01　当時のカトリック側の主張と宗教改革側の主張が簡潔・明解に示されていて「宗教改革の焦点」を理解するための第一級の史料である。

A5判　定価（本体2200＋税）円

「キリスト教綱要」を読む人のために
―7行で読むカルヴァン　バトルズ　金田幸男・高崎毅志訳

『キリスト教綱要』のエッセンス。確かな道案内として、講読の手引きとなるであろう。『綱要』の一節ごとに分析がなされ、主題が明確にされており大変便利である。

菊判　定価（本体3800＋税）円

カルヴァンの教会論《増補改訂版》
渡辺信夫

カルヴァンが教会を論じるとき、その初めと終わりとを見通していた。ここに理解の鍵がある。『綱要』の翻訳で知られる著者のライフワーク！　新たな項目を加えた〈決定版〉。

菊判　定価（本体4200＋税）円

カ　ル　ヴ　ァ　ン
ヴィルヘルム・ノイザー　池永倫明訳

カルヴァンはいかにして宗教改革者となったのか？　時代的・社会的状況との関連から明らかにする。カルヴァン研究の成果を反映した評伝。

四六判　定価（本体2800＋税）円

カルヴァンとカルヴィニズム
キリスト教と現代社会　日本カルヴィニスト協会編

カルヴァン主義は、学術・文化・芸術・政治・経済にどのような影響をあたえたか。各界で活躍する論者によって有神的文化樹立のためになされた講演と論考。

A5判　定価（本体5600＋税）円

ヨハネス・ア・ラスコ　1499―1560
―イングランド宗教改革のポーランド人　バージル・ホール　堀江洋文訳・解題

カルヴァンが理想とした長老制による教会訓練、国家権力とかかわりのないかたちの教会として最初の「教会規程」を執筆。この「教会規程」がのちの改革・長老教会の典型となった。

四六判変型　定価（本体2200＋税）円

長老職―改革派の伝統と今日の長老職
ルーカス・フィッシャー　吉岡契典訳

神の言葉のもとで教会を治める働き。今日の世界で直面している実践的課題を示す。改革派教会の伝統とともに今日的課題にも啓発されるに違いない。

A5判　定価（本体2000＋税）円